诗学与美学研究丛书

王柯平——著

古典研究与美学探寻

北京大学出版社
PEKING UNIVERSITY PRESS

图书在版编目（CIP）数据

古典研究与美学探寻 / 王柯平著 . —北京：北京大学出版社，2023.10
（诗学与美学研究丛书）
ISBN 978-7-301-34298-5

Ⅰ.①古… Ⅱ.①王… Ⅲ.①美学–研究–中国–古代 Ⅳ.① B83

中国国家版本馆 CIP 数据核字（2023）第 147740 号

书　　名	古典研究与美学探寻 GUDIAN YANJIU YU MEIXUE TANXUN
著作责任者	王柯平　著
责 任 编 辑	张文礼
标 准 书 号	ISBN 978-7-301-34298-5
出 版 发 行	北京大学出版社
地　　址	北京市海淀区成府路 205 号　100871
网　　址	http://www.pup.cn　新浪微博 @ 北京大学出版社
电 子 邮 箱	编辑部 wsz@pup.cn　总编室 zpup@pup.cn
电　　话	邮购部 010-62752015　发行部 010-62750672 编辑部 010-62767315
印 刷 者	三河市北燕印装有限公司
经 销 者	新华书店
	650 毫米 ×965 毫米　16 开本　20.75 印张　337 千字 2023 年 10 月第 1 版　2023 年 10 月第 1 次印刷
定　　价	98.00 元

未经许可，不得以任何方式复制或抄袭本书之部分或全部内容。
版权所有，侵权必究
举报电话：010-62752024　电子信箱：fd@pup.pku.edu.cn
图书如有印装质量问题，请与出版部联系，电话：010-62756370

目　录

序 / I

古典批评与希腊传统

　　一　古典研究与历史意识 / 003

　　二　古典批评的四根支柱 / 017

　　三　在神话与哲学之间 / 059

　　四　重识"美的阶梯喻说" / 077

　　五　人之为人的神性向度 / 102

　　六　城邦构想与教育理念 / 118

　　七　悲剧净化说的渊源与反思 / 139

　　八　古希腊教育传统与摹仿理论 / 164

　　九　教育目的与完善公民 / 179

　　十　希腊遗教的启示 / 183

　　十一　为学之路与古代哲学 / 188

　　十二　陈康释"Alētheia"问题 / 204

现代美学与艺术教育

　　十三　现代美学的核心任务 / 209

　　十四　跨文化美学片议 / 213

十五　王国维诗学的创化之道 / 217

十六　诗化哲学与文体刍议 / 225

十七　艺术鉴赏与敏悟能力 / 230

十八　从禅宗公案来审视丹托的艺术观 / 239

十九　实践美学：论辩与真理 / 243

二十　特色为美的城建原则 / 249

美学问题与文化琐议

二十一　中国古典美学文本的翻译问题 / 257

二十二　符号论美学与艺术哲学问题 / 262

二十三　美学研究中的可能缺漏 / 266

二十四　美学与道德问题 / 269

二十五　跨文化对话片议 / 272

二十六　从话语伦理看中国形象塑造 / 274

附　录

附录1　人文化成与东学西传 / 283

附录2　如何走出无形的洞穴 / 294

附录3　询问孔子的诗教思想 / 302

附录4　古代乐教的六种妙用 / 307

附录5　最后一次交谈 / 313

附录6　李泽厚先生谈学琐忆 / 318

主要参考文献 / 321

序

少时诵读李太白《惜余春赋》，慕其古雅文采，感其离别情深，但对其嗟叹时光飞逝却不以为然。现如今笔者年近七旬，复诵如下数行：

> 惜余春之将阑，每为恨兮不浅。……春每归兮花开，花已阑兮春改。叹长河之流春，送驰波于东海。春不留兮时已失，老衰飒兮逾疾。恨不得挂长绳于青天，系此西飞之白日。

不免感慨良多，如同身受，深谙西飞白日速驰，挂天长绳难觅，似水年华易逝。不过，按庄子所说，生生死死，失之交臂；心外无物，境随心转；与天为徒，顺其自然；人若能燕处超然，亦可开启属于自己的人生旅程。

年过花甲以来，笔者用功甚勤，力争逐年完成自己原定研究计划，特别是近来约定的英文写作计划。如今看来，已然力不从心，需给自己留下更多"空白"，常看四围花草，时望天上流云，聆听林中鸟啼，以便康养身心，做些力所能及之事。

有鉴于此，我暂且放弃原来构想，在饭后茶余整理这部文稿。其中所集，大多是近年来的论作与琐议，有的刊于杂志，有的载于报纸，有的见于论集，有的源自书序，长短不齐，深浅不一，但都是自己当时关注的问题和初步的看法。现汇集于此，就教于方家。

寥寥数语，忝列为序。

2022 年中秋于京郊寓所

古典批评与希腊传统

一　古典研究与历史意识[1]

从语文学（philology）角度从事古典研究，可谓一种传统做法或学术常态。然而，自维拉莫威兹（Wilamowitz-Moellendurff）拓展了语文学范围之后，用于古典研究的方法系统，犹如章鱼的触觉一样，伸向诸多不同领域。20世纪以降，基于语言阐释的分析方法独占鳌头，致使古典研究的理路在趋于精密的同时，也受到相应的钳制，结果在学术视域方面偏于文本语义而轻视历史意识。这一问题在西方学界并未引起足够重视，但作为中国研究者，则应对此进行必要和审慎的反思。鉴于柏拉图是古典研究的代表对象，我们不妨以此为例，尽可能扼要地检视此领域中的相关范式及其问题，继而昭示文化历史方法的必要性与历史意识的三重性，同时表明"阐旧邦以辅新命"的基本旨趣所在。

范式及其问题

毋庸赘述，阅读柏拉图的对话文本，通常与理解和探讨柏拉图思想主旨（尤其是哲学思想）的方法密切相关。按照瑞阿勒（Giovanni Reale）的归纳，解释柏拉图思想的历史一般可分为三个阶段或三种范式，第一是沿用了1500年的新柏拉图主义范式（the Neoplatonic paradigm）。究其根本，此范式源自旧学园派（the Old Academy），其代表人物为普洛丁，侧重从比喻的角度来解读和阐述柏拉图的思想。第二是发端于18世纪末19世纪初的体系论范式（systematic paradigm）。该范式历时150余年，其代表人物为特恩曼（Wilhelm Gottlietb Tenneman）、施莱尔马赫（Friedrich E. D. Schleiermacher）和邵瑞（Paul Shorey）等，主要做法是根据现有的对话文本，来总结和抽绎柏拉图的思想体系，具有代表性的论作包括特恩曼所著的《柏拉图的哲学体系》（System

---
[1]　此文发表于《中国哲学年鉴》2016年第1卷。

der Platonischen Philosophie, Leipzig, 1792-1795），李特尔（H. Ritter）主编的《哲学史：出自施莱尔马赫的手稿遗作》(Geschichte der Philosophie, aus Schleiermachers handschriftlichen Nachlass, Berlin: G. Reimer, 1839），邵瑞所著的《柏拉图哲学的整一性》(The Unity of Plato's Philosophy, Chicago: University of Chicago Press, 1960），狄格尔施特德（E. N. Tigerstedt）所撰的《新柏拉图学派解释柏拉图的衰落》(The Decline and Fall of the Neoplatonic Interpretation of Plato, Helsinki: Societas Scientarum Fennica, 1974），格斯里（W. K. C. Guthrie）所撰的《希腊哲学史》第 5 卷（A History of Greek Philosophy, vol. 5. Cambridge: Cambridge University Press, 1978），克洛特（Richar Kraut）主编的《剑桥版柏拉图思想导读》(The Cambridge Companion to Plato. Cambridge: Cambridge University Press, 1992），等等。第三则是图宾根学派（the Tübingen School）于 20 世纪 50 年代所倡导的"秘传论范式"（esotericist paradigm），其代表人物包括克雷默（H. J. Krämer）、盖塞尔（K. Gaiser）和瑞阿勒（G. Reale）等，他们认为形于文字的对话文本无关紧要，而那些"未成文的教诲"（unwritten teachings）才是解释柏拉图思想的核心部分。这一范式的代表性论作有雷阿尔（Giovanni Reale）所著的《解释柏拉图思想的新范式及其基础》(I tre paradigmi storici nell' interpretazione di Platone e i fondamenti del nuovo paradigma. Napoli: Istituto Suor Orsola Benincasa, 1991）、《柏拉图思想新释》(Per une nuova interpretazione di Platone. Milan: Università Cattolica del Sacro Cuore, 1989），克雷默所撰的《柏拉图与亚里士多德论德性：柏拉图本体论的实质与历史》(Arete bei Platon und Aristoteles: zum Wesen und zur Geschichte der Platonischen Ontologie. Heidelberg: C. Winter, 1959）与《柏拉图与形而上学基础》(Plato and the Foundation of Metaphysics, trans. John R. Catan. Albany: Sunny, 1990），盖瑟尔（K. Gaiser）所撰的《柏拉图的未成文之教诲》(Platons Ungeschriebene Lehre. Stuttgart: E. Klett, 1968），等等。

总体看来，上列范式的归纳结果比较笼统，存在一些问题：（1）三种范式均忽视了新学园对柏拉图的怀疑论解释方法；（2）第二种范式把许多不同的立场观点不加区别地堆放在一起；（3）第三种范式在某种程度上夸大了离经叛道的秘传作用。以冈察雷兹（Francisco J. Gonzalez）为代表的一些古典学者认为，第二种范式包括一位论（unitarian）和发展论（developmentalist）两种解释方法，此两者连同秘传论解释方法的共同之处在于：试图从不系统的、零碎的和不设定结论的对话形式中提炼出一套系统性的柏拉图哲学思想。这几种方法可以归之为"教义论范式"（dogmatic paradigm），与此相对的则是以新学园派为主要代表的"怀疑论范式"(skeptical paradigm)。前者的目的是要证明柏拉图旨在建立一套哲学理论,后者的目的是要表明柏拉图旨在借助怀疑论的方法来反驳或拒绝发展一套哲学理论,因此运用论辩、诗化和修辞等不同手段,来瓦解自以为是的做法和倡导不设定任何结论的开放性探索之路(open-ended inquiry)。这两种广义上的范式,历史悠久,影响甚大,大多数研究柏拉图的古典学者游历于两者之间。有鉴于此,冈察雷兹等古典学者意在推行第三种与众不同的范式,也就是他们所谓的"第三条道路"或"第三种方式"(the third way)。这种方式试图把哲学与口语、哲学与修辞、哲学与戏剧、哲学与想象、怀疑论与教义论、成文与不成文的教诲等等传统的对立因素,一并纳入追问的范围。一般来讲,探求"第三种方式"的学者尽管有的偏于质疑或反驳,有的偏于建构或印证,但其共同之处在于"非同寻常地重视柏拉图对话中的文学、戏剧与修辞性相,力图避免将研究目的与系统学说的建构或反驳等同起来。相反地,他们认为柏拉图的对话给人以'灵感',给人提供了一种世界'观','劝导'人采取行动,扩展人的'想象力','引领'人自行进行探索,传布一种反思的、实践的和非命题性的知识,或者邀请人参与对话,以便积极探寻真理,等等"。[1]

作为一名中国读者或研究者,我觉得西方的方法固然可以参考借鉴,但不一定要亦步亦趋。这里至少关涉两大原因:其一,我们有良好的历史感或历史意识,一方面会自觉地设法进入历史,在努力缩短历史文化距离的同时寻求文本中所隐含的历史意义;另一方面会有意识地走出历史,尽可能在现实语境中体悟"温故而知新"的特殊效应和探寻其外延性的现实意义。其二,我们有良好的文学意识,对形象性的隐喻或比喻及其象征意味比较敏感,而柏拉图的对话在结构和修辞上富有戏剧性和文学性,这样有利于引导我们进行思辨性的感知和想象。当然,我们的短处主要在于围绕逻各斯的逻辑实证和哲学思辨方面,这就需要有选择地借鉴西方学者的科学方法与优秀成果。另外,从诗学角度来解读柏拉图的代表作《理想国》,不只是因为"摹仿论"等学说是奠定西方美学或诗

---

[1] Francisco J. Gonzalez (ed.), *The Third Way: New Directions in Platonic Studies* (Maryland: Rowman & Littlefield Publishers, 1995), pp. 1-2; 3-22.

学的重要基石，还因为诗学兼顾哲学与文学的基本特征，包含着道德与政治层面上的实践智慧，同时又在对话形式中流溢出"诉诸情感的议论"（ad hominem argumentation），这正是引导人们走出"洞穴"、走向哲学（爱智之学）的有效途径。

文化历史方法

需要说明的是，从事古典研究的现代语文学方法（philological approach），并非像通常所臆断的那样，只限于借助辞源学、句法学、语义学和语用学等手段，对文本及其相关概念展开批评、解释与重构，而是突破了语言的局限和文本的疆界，通过历史与社会的视域和文化人类学的方法，拓展了研究的多层向度与解释的可能空间。其实，在广义上，语文学这门艺术从其本性与各个方面来看，可以说是"对一种文明的研究"，即对希腊—罗马文明（Graeco-Roman civilization）的研究。在维拉莫威兹眼里，"该文明是一整体，尽管我们并不能确切地描述其发端与终结；语文学的任务就是利用科学的力量来复活那已逝的世界——借此重新创构诗人的诗歌、哲学家的思想、立法者的理念、神庙的圣洁、信众与非信众的感受、集市与港口的热闹生活、陆地与海洋的面貌，以及工作与休闲的人们……由于我们要努力探寻的生活是一整体，所以我们的语文学这门科学也是一整体。将语文学划分为语言学与文学、考古学、古代史、铭文学、古币学以及稍后出现的纸草学等各自独立的学科，这只能证明是人类自身能力局限性的一种办法，但无论如何不要让这种学科划分窒息了我们对整体的意识，即便是专家也要注意这一点"[1]。

---

[1] Wilamowitz, *History of Classical Scholarship* (from *Geschichte der Philologie*, trans. by Alan Harris, Baltimore: The John Hopkins University Press, 1982), p.1. Cited from Bruno Gentili, *Poetry and Its Public in Ancient Greece* (trans. Thomas Cole, Baltimore: The John Hopkins University Press, 1990), p.224. 另参阅维拉莫威兹：《古典学的历史》（陈恒译，北京：生活·读书·新知书店，2008年），第1—2页。需要说明的是，维拉莫威兹的德文原作名为 *Geschichte der Philologie*（《语文学的历史》或《语文学史》），英译者将其易名为 *History of Classical Scholarship*（《古典学术的历史》或《古典学术史》）。但在正文里，英译者依然沿用了"philology"一词。国内学界有时将该词译为"语言学"，有时将其译为"文献学"，我个人倾向于接受"语文学"的译法，因为它不仅包括了语言学与文献学的相关内容，同时也关涉历史学、民俗学或文化人类学等学科的相关要素。

很显然，维拉莫威兹试图通过古典研究来"复活"古代世界的宏大愿景，实可谓一种雄心勃勃的、颇具浪漫主义色彩的主观想象。难怪有的学者讥讽说，维拉莫威兹这位古典学大师所作的述评，是"把另一个世界的昔日英雄唤醒，并对他们进行褒贬"[1]。我以为，古典研究的学术意义类似一种知识考古学，可借此洞察和预测人类文化历史发展的过去、现状以及未来的可能走向；但就其现实意义而言，这在一定程度上有助于我们了解古代先贤的思维方式，有助于我们反思既往人文化成的历史遗教，有助于我们克服只知今而不知昔所形成的狭隘观念，同时也有助于我们在保持与历史联系的同时，利用古代文学、艺术和哲学来丰富现代人过于散文化和平面化的生活。在此意义上，当我们解读或重思古典文本的含义（meaning）与意义（significance）时，总是联系相关问题而展开，总是与试图解决这些问题的动机密不可分；因此，我们的所作所为，不再是被动的，而是主动的；不再是过去的，而是当下的；不再是生活之外的，而是生活之内的，这一过程本身就是一种精神活动，一种作为行动的思想或作为思想的行动。

需要指出的，当维拉莫威兹运用语文学方法进行古典研究时，他试图将如此众多的学科纳入其中，这几乎将语文学等同于文化史（Kulturgeschichte）了。事实上，他是为了解救古典语文学的危机，或者说是为了应对尼采的无情攻击[2]，"有意想把以赫尔曼（Gottfried Hermann）及其杰出的学生

---

[1] 转引自休·劳埃德-琼斯：《导言》，见维拉莫威兹：《古典学的历史》，第2页。
[2] 同上书，第9—11页。尼采（Friedrich Nietzsche, 1844—1900）比维拉莫威兹（1848—1931）年长4岁，相继在德国著名的古典语法中学舒尔普弗塔（Schulpforta）和波恩大学接受过教育。尼采在波恩赢得了著名学者里奇尔（Friedrich Ritschl, 1806—1876）的高度赞赏，在后者的支持和推荐下，年仅24岁的尼采在瑞士巴塞尔大学获得了全职教授席位。3年后，尼采利用讲演课程形成了自己的思想，出版了《悲剧的诞生》一书。其间，尼采在批评基督教价值观的过程中，抓住信仰问题不放，将这种信仰归咎于歌德时代的古典学者，因为他们认为模仿古代经典是为了装饰理想的类型。与此同时，尼采批评了盛行于那个时代的历史主义，抨击了那些把古代人想象成同自己一样的学者，特意提醒学者应设法通过进入古人生活的想象力，以期感觉到古人与自身的不同，并且警告过分专业化所带来的危害，坚持认为获得知识只是一种手段，而不是目的。《悲剧的诞生》出版后，在德国学界引发了一场激烈的争论。从古典学的角度来看，尼采著作中存在大量错误与夸张之处，而尼采本人过分激动的腔调，也委实激怒了维拉莫威兹。后者为此专门撰写过一本小册子，对尼采进行了极端的攻击。尼采随后在一篇题为《我们这些语文学家》（"We Philologists"）的文章中，以其人之道还治其人之身，毫不客气地（转下页）

里奇尔（Friedrich Ritschl）、拉赫曼（Lachmann）为代表的文献学术传统与以维克尔（Welcker）为代表的宗教、艺术和考古学传统，以伯伊克（Boeckh）为代表的结合文献研究的历史学术传统综合起来，从而使所有这些学科均可在唯一发展起来的古典学（Altertumswissenschaft）概念中找到各自的位置"[1]。

在我看来，对于现代的古典学者来说，这一系列学科知识的准备是对资格条件的理想设定，而"对整体的意识"这一要求则是力所能及的现实准则。该准则鼓励研究者既要进入文本以解析其内在含义，也要走出文本以发掘其外延意义，这应当说是由古典研究的解释技能（interpretative technique）与历史向度（historical dimension）所决定的。也就是说，"若要深入探讨文本的结构和确定其诸多意义，语文学读者务必采用多层次的解释技巧，要对文本进行句法学、语义学和语用学的综合性思索……另外，他的视域务必密切结合语言规范分析与社会人类学分析这两种方式，要尽可能完整地复原文本的编码，也就是尽可能完整地复活与文本相关联的思想与惯例这一系统"[2]。由此得出的最终结果，才有可能是"全面的历史重构"（historical reconstruction in all its aspects）。但要想真正实现这一目标，其基本前提则要首先确立尼采所倡导的那种研习态度，即：

> 语文学是一门古老而庄重的艺术，要求其爱好者首先须做到这一点：不随大流，耐得寂寞，潜心沉静，从容不迫——此乃金匠的艺术，文字的鉴赏，需要精心而审慎从事，如果草率匆忙，则将一事无成。不过，正由于上述原因，今日更有必要从事这项工作；正是通过

（接上页）攻击了那些不够尊重古代、过于自大而又不善辞令的语文学家，并建议他的对手维拉莫威兹放弃语文学的教职席位，转而献身于哲学的和预言的使命来结束这一争论。历史地看，尼采与维拉莫威兹两人之间的争论，在一定程度上是尼采的支持者里奇尔和维拉莫威兹在波恩那些教授中的朋友奥托·雅恩（Otto Jahn，1813—1869）早期争论的延续。实际上，尼采有关德国语文学正面临崩溃的黑色预言是夸大其词。在老学者蒙森（Theodor Mommsen，1817—1903）这一榜样力量的鼓舞下，维拉莫威兹及其同辈以惊人的能量，阻止了语文学衰落的最初迹象，并取得了比过去半个世纪里的成就更为辉煌的业绩。

[1] 休·劳埃德－琼斯：《导言》，见维拉莫威兹：《古典学的历史》，第12页。译文稍有改动。
[2] Bruno Gentili, *Poetry and Its Public in Ancient Greece* (trans. Thomas Cole, Baltimore: The John Hopkins University Press, 1990), p. 233.

这种方式，语文学研究更加吸引我们，更让我们陶醉其中，尤其在这个匆匆忙忙、朝夕营营和粗俗不堪的"工作"时代里，人们总想马上"搞定一切"，其中包括阅读新书或古书。语文学这门艺术不能轻易地搞定任何东西，而是教导我们好好地阅读，慢慢地阅读，深入地理解，审慎地前思后想，这既要保留意见，也要开放门户，同时也要敏锐的眼睛与灵巧的手指。[1]

看得出，尼采推崇的是一种"慢工出细活"的学术理路，故此把语文学这门艺术归属于"素心人"乐于为之的严肃事业，这在相当程度上如同宋儒程子的劝学箴言一样，要求学者尽力养成静守此心，不可急迫，涵泳其间而后得之的钻研功夫。另外，我以为，尼采所谓"敏锐的眼睛"，主要意指精心的阅读、细致的辨析和审慎的判断；所谓"灵巧的手指"，则主要表示资料的选择、方法的运用和练达的写作。这一切都建立在勤学与凝思的基础之上。

但须提醒的是，在古典研究过程中，通过细密的语文学方法来探究实在的知识固然重要，但恐怕在理论意义上仍属手段，而非目的。其最终目的理应在于匡正自以为是的误解与浅见，澄清文本背后的根本性问题意识和探讨解决此类问题的假设性途径。说到底，这关乎人类历史上的先哲贤达对"人文化成"这一总体目标的追求与探索，这在本质上与"阐旧邦以辅新命"的学术立场是一致的。另外，我认为从事古典研究是一项耗时耗力的复杂工程，而任何个人的时间、精力与能力又总是十分有限的。为了避免重复性劳动和减少武断性结论，故需要以开放和客观的态度借鉴他人的优秀成果。与人文学科中的诸多领域相比，古典学研究的历史绵延与学术传承，更需要好之者与乐之者以前赴后继的献身精神，认真地借鉴、审慎地思索和努力地推进。在这方面，布克哈特（Jacob Burckhardt）的历史教训很值得我们汲取。他晚年用讲演稿汇集而成的《希腊文化史》（1898年），虽然享有开创性的方法论原则以及对希腊文化本质的洞察力，但他没有借鉴同时期古典学与历史考古学界所取得的最新研

---

[1] F. Nietzsche, *Daybreak: Thoughts on the Prejudices of Morality* (trans. R. J. Hollingdale). Cited from Bruno Gentili, *Poetry and Its Public in Ancient Greece*, p.223.

究成果，只是将自己的理解与评判，依旧建立在古籍文献阅读和自己年轻时对知识手册的掌握基础上，这便使得该部著作未能达到本应达到的更高水准，并由此招来一些专业人士的批评和嘲讽。譬如，维拉莫威兹在阅读之后，于1899年愤然写道："如果在这里我不能够指出雅各布·布克哈特的《希腊文化史》……并不是一本学术著作的话，我就是一个懦夫……这本书没有说出有关希腊宗教和希腊城邦的任何值得一读的东西，原因只是在于它忽视了学术界最近五十年在资料、史实、手段和方法上所取得的成就。布克哈特笔下的希腊已经不存在了，其中的那些仍属于古典审美主义者们的观点，要是在五十年前的话，他早就对它们发起恰如其分的攻击了。"[1] 紧随其后，博罗克（Julius Beloch）更为尖刻地讥讽道："一个聪明的半瓶子醋的业余爱好者为半瓶子醋的业余爱好者们所写的一本书。"[2]

上述苛评虽然略带情绪化武断色彩，但也的确道出了此书的局限性。无论对布克哈特本人来说，还是对希腊文化史的研究发展来讲，这些本应消减或避免的局限性，确是令人惋惜的憾事，同时也从反面表明借鉴优秀学术成果的必要。应当看到，在古典研究领域，新视野的形成或新观点的提出，在很大程度上有赖于新材料的发现与新方法的运用。通常，新材料的发现主要取决于仔细研读经典文本与经典研究文本；而新方法的运用则要求具备丰厚的知识结构与博采众长的自觉意识。对于前者，研究者需要掌握古典语言或更多的现代语言，以便能将其用作接触原始资料或世界上各类文献的钥匙；这样一来，这些资料与文献将会呈现出愈来愈多的思想原貌与可靠品性，继而会把相关的研究不断引向深入，由此能让研究者更为有效地辨识抄袭伪装的印迹与真知灼见的出处；为此，研究者不仅需要成为某一领域的精深专家，也需要成为诸多领域的博学之士，即出于认知兴趣与问学目的而广泛涉猎，此乃研习者在某些领域真正学有所成的基本保障。要知道，"你若想对整个学科拥有

---

[1] 维拉莫威兹：《希腊悲剧》（柏林，1899），第二卷前言，第7页。转引自奥斯温·穆瑞（Oswyn Murry）：《序言》，见布克哈特：《希腊人和希腊文明》（王大庆译，上海：上海人民出版社，2008年），第32页。

[2] 同上。

一个总括性的了解,并以此确保自己在个人领域里的地位,那么你就必须在许多领域里当一名'业余爱好者':在这种广泛阅读过程中,你不仅拓宽了自己的知识面,而且还学会了从许多不同角度审视问题的本领。不然的话,一旦超出了你所熟悉的小天地,你就会变成一个无知之人,并且在可能的情况下全然被别人当作一名学徒"[1]。我以为,在学科过分细化的今天,布克哈特的这一忠告是颇有道理的,尽管与他同时代的一些著名学者对于"业余爱好者"的称谓及其做法不以为然。

还需强调的是,在采用文化历史的方法来研习古希腊经典(尤其是柏拉图的对话作品)时,我认为至少应当考虑以下三个要素:

其一,由于时间距离与历史情境的变化,我们对研究对象的理解和认识无论自觉还是不自觉,都会基于各自的文化背景、知识结构或现有"前见",在不断尝试与理智想象中努力接近或涉入相关的历史文化语境,由此得出的阐释结果会或多或少"沾染上"个体性的差异与跨文化的差异。但这并非就是我们的"过错",而是一代代学人都会遇到的"常态",因此我们坚信符合逻辑推演的想象活动是思想的现实与研究的过程。自不待言,凭空的想象无异于虚构,而合理的想象有助于假设。通常,我们不能断定,但我们可以假定。这假定既要建立在言之有据的论证基础之上,也要经得起反驳与批评的严格考验。

其二,对于文化历史的研究应当采用一种超学科的宏观视野,应当将文化历史视为人类精神活动的发展史与演变史。如果我们接受布克哈特的历史观,认为希腊文化是通过实现精神的自由而形成的,相信历史的根本任务在于描写所有能够从美学角度来感受的人类精神的活动,那么,我们就需要特别重视希腊神话与艺术这两种表现形式。因为,此两者是希腊人用来在精神层面上调整人世生活的形式。凭借它们,希腊人似乎无须诉诸外力,而是完全通过感官上的直观性便可轻松自如地确保自己的价值诉求。希腊人在这两大领域充分展示和发挥了他们的才智。实际上,正因为拥有了这两种表现和观照形式,"希腊人能够把人类生活的一般结构上升到神圣和艺术的高度……希腊人不需要任何受某个社会阶层控制的强制性机

---

[1] 布克哈特:《世界历史沉思录》(金寿福译,北京:北京大学出版社,2007年),第19页。译文有修订。

构,也不需要任何由某些人随意篡改的救赎学说。相反,上述两种形式为希腊人提供了成为自由的个体的先决条件,同时在理论上为他们赋予了客观地观察周围世界的能力。希腊人描绘了在和谐且有秩序的大千世界中得到充分实现的人类精神,由此,希腊人培养了受'自由意志'支配的客观地观察世界的思辨能力,并且把它看做是永久的范本"[1]。

其三,无论从神话与艺术(诗乐)还是从宗教与哲学角度来阅读或研究柏拉图的对话作品,我们在审视柏拉图对待人生与人类生存状况的态度时,都经常会自然而然地思索希腊人对待人生与人类生存状况的态度,并将其作为我们现代人重思自己价值诉求时借以踩踏的垫脚石或支撑点。这样,我们就会自觉地反思其中蕴含的道理与值得传承的价值,由此进入一种鲜活而动态的历史体验之中。这种历史体验,被克罗齐(Benedetto Croce)称为一种"作为思想与行动的历史"(la storia come pensiero e come azione)体验。其间,历史阅读、历史叙述与历史判断三位一体,彼此之间相互促动、启迪和深化。在理想条件下,历史所激活的思想,不再是单纯的或被动的思辨,而是主动且理智的行动。因为,在克罗齐看来,唯有"思想作为行动才是积极的;思想既不是对实在的模仿也不是装实在的容器……思想活动在提出和解决问题中,而不是在被动接受实在的片段中展开;因此思想不在生活之外,甚至就是生活职能;这些看法都应视为从笛卡儿和维科到康德、黑格尔和当代思想家的全部近代哲学的成果"[2]。这就是说,思想作为行动就在生活之中,就是生活职能本身,就是在提出和解决与生活相关的问题中展开。这里所言的"生活",既关乎希腊人的生活,也关乎现代人的生活,因为人类在生活中所遇到的和所要解决的问题几乎大同小异。在此意义上,克罗齐断言"一切历史都是当代史"。他说:"当生活的发展逐渐需要时,死历史就会复活,过去史就变成现在的。罗马人和希腊人躺在墓穴里,直到文艺复兴欧洲精神重新成熟时,才把他们唤醒";"因此,现在被我们视为编年史的大部分历史,现在对我们沉默不

---

[1] 见耶尔恩·吕森:《序言:雅各布·布克哈特的生平和著作》,布克哈特:《世界历史沉思录》,第 XI 页。

[2] 克罗齐:《作为思想和行动的历史》(田时纲译,北京:商务印书馆,2017 年),第 25 页。

语的文献，将依次被新生活的光辉所照耀，将重新开口说话"。[1] 很显然，克罗齐要求人们从现实需要或生活实际出发，应以具有批判意识的研究去复活过去的历史，并用具有时代精神的思维去解读过去的文献，借此使沉默不语的文献发出振聋发聩的新声，因为，我们会根据自身精神的需要与生活的实际，会在解读与思考过程中重估或重构相关的内容，会在审视历史问题与解决现代问题时将两者加以比照和重思。有鉴于此，可将我所推举的上述方法，称作跨文化历史方法。自不待言，以此来研究柏拉图的经典文本，更需要我们从语言、文献、神话、艺术、文化、历史、学识、判断乃至思想与行动等方面，尽可能做好全方位的准备。[2]

历史意识的三重性

每谈及历史，总让我想起一个小插曲。那是 20 世纪 80 年代初期，我在澳大利亚堪培拉大学人文学院就读期间，在一次关于语言史与语义学的讨论课上，老师突然提出这样一个似怪不怪的问题："位于我们面前的是过去还是未来？"（What is in front of us, the past or the future ?）就在大家交头接耳交谈时，我壮着胆子回答说："过去位于我们面前，因为过去已经发生，成为历史研究的对象；而未来只是一个问号（question mark），人们可以憧憬或想象，但不知其然。况且，人们惯于从过去汲取经验，作为某种参照来设想未来的可能性。"这一回答得到老师的认可，继而问我为何产生

---

[1] 克罗齐：《历史学的理论和历史》（田时纲译，北京：中国人民大学出版社，2012 年），第 11 页。为了证明历史复活的内在动因和历史契机，克罗齐在这里还举例说："文明的原始形式既粗陋又野蛮，它们静卧着，被忘记了，很少有人关注，或被人误解，直到称作浪漫主义和王朝复辟的欧洲精神的新阶段才获得'同情'，即是说，才承认它们是自己现在的兴趣。"（同上书，第 11 页）在论及"一切历史都是当代史"这一命题时，克罗齐试图说明人们在进行思考或将要思考历史事件或文献时，就会根据其精神需要重构它们。因此，对克罗齐来说，所有这些曾经或将要被思考的历史事件或文献，也曾是或将是历史。要不然，"若我们仅限于实在历史，限于我们思想活动实际思考的历史，就会容易发现这种历史对多数人来说，既是同一的，又是当代的。当我所处历史时期的文化进程向我提出（补充说我作为个人，可能多余甚至不确切）有关希腊文明或柏拉图哲学或阿提卡风俗中独特习惯的问题时，那一问题就同我的存在相联系。"（同上书，第 4—5 页）

[2] 王柯平：《〈法礼篇〉的道德诗学》（北京：北京大学出版社，2015 年），第 14—21 页。

这一想法。我回应说:"读中国史书,经常发现有识之士每遇到当下的问题,总是以史为鉴,从中汲取经验教训,推论采用不同行动会产生哪些可能结果。久而久之,就自然形成这一意识。"

十年之后,我在瑞士洛桑大学哲学系就读期间,阅读了雅斯贝尔斯(Karl Jaspers)的著作《历史的起源与目标》(The Origin and Goal of History),进一步加深了我对历史整一性(unity of history)的领悟。所谓"历史整一性",一方面是基于历史本体论,将"历史的起源与目标"连接起来构成合二为一的关系。因为,"历史存在于起源与目标之间,整一性的理念在其中发挥作用。人类沿着自身的历史大道前行,但永远不会通过实现其最终目标而终结这条大道。人类的整一性就是历史的目的地。换言之,取得终极整一性便是历史的最终目的"[1]。在历史哲学意义上,这不仅涉及人类的生存基质(substratum of existence),也涉及人之为人的存在意识(consciousness of Being),同时也涉及人类幸福的探寻与世界和平的愿景,等等,这一切都将指向涵盖"起源与目标"的"具有超越性的大一"(the One of transcendence),到头来必然导向人类的"精神性实在"(spiritual reality)或"不可视宗教"(the invisible religion)。在另一方面,"历史整一性"是基于经验性时空结构,在"无限开放"(the boundless openness)与"无限交流"(the boundless communication)等动因的促进下,同时向过去、现在与未来三者开放,同时将看似处于不同时空中的三者联通起来。这需要确立一种现代历史意识,借此将过去、现在与未来三者视为一个历史整体。唯有如此,过去的事件、现在的深度和未来的可能,才能在意义的连接与感通中得到动态的理解和把握,同时才能形成人类所有可能做法或实践活动的前提条件。要知道,只有凭借历史总体意识,人类才能将自己的发源地或自己栖居的世界予以直观化。再者,"你对过去的总体性看得越清楚,你在经历现在时就越从容;你从过去获得的基础越深厚,你参与现在社会活动进程的作为就越杰出"[2]。由此可见,无论"历史整一性"与"历史总体意识"之间的因果关系如何,此两者都要求经由"无限开放"和"无

---

[1] Karl Jaspers, *The Origin and Goal of History* (trans. Michael Bullock, London: Routledge & Kegan Paul, 1953), p.264.

[2] Ibid., pp. 270-271.

限交流"的渠道,将过去、现在与未来的互动关系连接起来予以审视和重思。这一点委实与中国传统中的历史感或历史意识相互应和,因为彼此都强调历史意识理应贯通过去、现在和未来的三重性,其所不同则是在目的论追求上,中国历史意识侧重经世致用或实用智慧,而西方历史意识侧重形上本体或宗教超越。

那么,返回古典研究的方法论问题,上述历史意识的三重性又当如何体现呢?我个人以为,若从"阐旧邦以辅新命"的角度来看待古典研究,历史意识的三重性恰恰说明和强化了贯通古今的必要性。这里所言的贯通古今,与其说是知识论上的,不如说是方法论上的,在很大程度上意味着走出语言坎陷、走进历史整体(过去、现在与未来)的思索导向。如此一来,以往的历史就会成为现代的历史,理论的历史就会成为实践的历史;相应地,死的语言就会化为活的语言,死的文本就会化为活的文本。有鉴于此,我曾在一次有关古典研究的讨论会上讲过这样一段感言:"现代学者之于古今经典,须入乎文本,故能解之;须出乎历史,故能论之;须关乎现实,故能用之。凡循序渐进者,涵泳其间者,方得妙悟真识,终能钩深致远,有所成就。"

所谓"入乎文本,故能解之",就是要弄清文本的含义,要保证理解的准确性。这是关键的一步,是深入研究和阐发的基点。这一步如果走得匆忙,就有可能踏空,后来的一切努力势必会将错就错,到头来造成南辕北辙式的耗费。而要走好这一步,不仅需要严格的学术训练,也需要良好的语文修养,即古今文字与外语能力。要知道,在中外文本流通中,因语文能力不济所造成的误译与误用,自然会殃及论证过程与最终结论,其杀伤力无疑是从事学术研究和准确把握含义的大敌。在此阶段,重点是要解读文本的内旨或含义,所因循的主要是语言逻辑。

所谓"出乎历史,故能论之",其前提是"入乎历史",也就是进入历史文化的时空背景中,拓宽思维的广度与深度,参阅同时代以及不同时代的注释评说,继而在"出乎历史"之际,于整体把握或领会的基础上,就相关问题与论证进行分析归纳、论述评判。这里通常会涉及"视域的融合""文本的互动"与"语境的意义"等时下流行的解释学概念。当然,有些解释学概念不只限于文本解读与读者接受的技术性方法,而是关乎人之为人的存在形式与历史意识间的本体论关系。因此,我们在解释和论述他者及其理论观点时，自己会有意无意地参与到自我存在的生成过程里面。此时的"自我"，经常会进入"吾丧我"的存在状态，因为其感受与运思，会涉及他者乃至他者的他者，即从两人的对话与体验中外延到多人的对话与体验中。在理想条件下，这一过程所产生与所期待的可能效应，使人油然联想起柏拉图标举诗性智慧的"磁石喻"。显然，借助历史文化语境与互文性来开掘经典文本的要义及其目的性追求，主要因循的是历史逻辑。

所谓"关乎现实，故能用之"，具有两层意思。其一是在关注现实需要与问题的基础上，将相关思想中的合理因素加以适宜的变通或应用，以期取得经世致用或解决现实问题的可能效果。其二是在系统研究的基础上，通过再次反思，力求返本开新，实现创造性转化或转换性创化，以便取得新的理论成果，建构新的理论系统。这里离不开现实关切与问题意识，需要把死文本读成活文本，需要贯通古今来反思相关的话题与思想，所因循的主要是心理逻辑。后期的思想家，总是担负着承上启下的使命，他们运用因革之道，吸收不同养料，究天人之际，通古今之变，成一家之言。这一切都是在"入乎文本""出乎历史"和"关乎现实"的探索过程中，循序渐进，钩深致远，最终取得的成就。譬如，牟宗三以比较的视野，研究宋明理学与康德哲学，成就了他自己的思想系统。海德格尔基于个人的哲学立场，研究尼采的哲学与荷尔德林的诗歌，丰富了他的理论学说。

当然，此说绝非机械操作"学以致用观"的庸俗翻版，而是今人解读或感悟古人之作及其可能用意的有效途径之一。自不待言，从事古典研究的学者，既有爱智求真的自由意志，也有评价尚用的自由意志，这都将有意无意地沉淀在自己的研究方法与学术个性之中。因此，在因循学理的研究领域，任何主动的取舍都是合乎情理的，任何被动的强制都是有悖常识的。我想，这一道理大体上是不证自明、无须赘述的。

二　古典批评的四根支柱[1]

在西方文学批评史上,"古典批评"(classical criticism)历经希腊古风时期、希腊古典时期、希腊化时期、古罗马时期、奥古斯都时期、罗马帝国时期与基督教早期,时间跨度从公元前9世纪绵延至公元5世纪,前后长约1400年。古典批评的主要对象是诗歌与散文,诗歌包括史诗、颂诗、哀诗、抒情诗、悲剧诗、喜剧诗、讽刺诗与牧歌等体裁,散文涉及历史叙事、庭议雄辩、公众演说、对话与书信等体裁。总体而论,古典批评涉及文学、哲学、神话学、修辞学、语文学、伦理学、政治学与心理学等诸多领域。

古典批评

如此看来,"古典批评"中的"古典"(classical),可以说是一个涉及历史、文化和时间的三位一体概念。其中的"批评"(criticism),作为听众对诗乐吟诵和戏剧表演的本能反应和价值判断,犹如唱歌跳舞一样历史悠久。实际上,"批评"一词源自古希腊语 krisis,含有"评判""批评"与"区别"等用意。这种"评判"或"批评"做法,至少涉及三种相关活动。其一是古希腊吟诵荷马史诗的表演。这种表演实质上是一种双重评价过程:吟诵者绘声绘色地吟诵或表演荷马史诗时,自己一方面插话赞美相关描述的艺术感染力,另一方面,在场的听众也参与评价荷马史诗的妙处与吟诵者的表演技能。在《伊安篇》里,柏拉图详细地记述了伊安这位荷马史诗吟诵高手的表演艺术,同时也提出了诗歌、诗人、吟诵者与听众之间相互吸引的连锁反应。这种连锁反应通过比喻性描述,

---

[1]　此文发表于《外国美学》2021年第2期。

进而成为关乎诗性灵感与艺术感染力的磁石吸引学说。[1] 该学说从开启之日起，历经沧桑，影响至今。其二是古希腊文化传统中的竞赛意识和竞赛活动。除了世人皆知的各种体育赛事（最著名的是公元前776年开启的古代奥运会模式），戏剧表演也被纳入城邦每年举办的主要节庆活动之中。在希腊古典时期，雅典阿提卡戏剧表演与竞赛，成为城邦每年一度的主要盛事，筹备这场竞赛犹如筹备一场战争那样严肃和隆重。这期间不仅要筛选参赛剧作、演员与歌队，还要甄选符合资格的裁判，这些裁判类似于早期的批评家，他们在观摩戏剧表演过程中根据自己的评价和听众的反应，最后裁决出戏剧竞赛的优胜者。我们所熟知的古希腊三大悲剧诗人埃斯库勒斯、索福克勒斯与欧里庇得斯，都先后数次获得竞赛的胜利。其三是希腊化时期亚历山大理亚学派的专业人士，从评判"优秀经典"与评注解释经典的学术研究中，促进了古典批评的理论实践与理论建树。到此阶段，学者们对"批评"与"批评家"这类观念有了最为清晰和确定的认识。根据新近研究结果[2]，当时所用的批评（krisis）概念，其意在于"划分""区别"和"评判"需要或无须保存的作品和作者，这对希腊古典世界的"标准"（canon）概念至关重要。按照希腊语字面意思，kanōn 作为 canon 一词的原型，其本义是指"标杆"或"直尺规则"，后来借助提喻法这一修辞手段，将其转义为"标准""范型"。在亚历山大理亚时期，负责划分、区别和评判过程的学者，就是批评家（kritikoi）；而在古典时期，那些在标准范围内"被评判为值得包括在内"的作者，则被称为名作者（enkrithentes）；此术语类似于古罗马时期的经典（classici）概念，用其来表示"一流"（primae classis）作者。然而，对于名作者的批评，既非始于亚历山大理亚时期的学者，也非始于亚里士多德，而是发端于希腊古风时期。无论是在希腊古风时期还是古典时期，诗与歌在传统表演时，总是处在竞争的语境之中。一个显著的例子就是雅典的戏剧节传统。当时演出比赛的获胜者，是由评判员（kritai）做出"评判"或

---

[1] Plato, *Ion*, 535e.
[2] Gregory Nagy, "Early Greek Views of Poets and Poetry," in George A. Kennedy (ed.), *Classical Criticism*, vol. 1 in *The Cambridge History of Literary Criticism* (Cambridge: 1989, digital printing, 2003), pp. 1-2.

"批评"（krisis）的结果。[1] 不过，在我们看来，评判或批评的标准会因时而异。

伴随着古典批评而生成的文学理论，可以说是"发端于希腊古风时期，自身关涉口头吟游诗人和早期书写诗人；文学理论作为思想概念化的组成部分，标志着希腊哲学的诞生"[2]。有趣的是，由此诞生的希腊哲学，随即与作为文学圭臬的诗歌，进入长期博弈与竞争的张力之中，从而造成"古来有之的诗歌与哲学之争"。对此，信手拈来的证据有如下两个：一是柏拉图作为哲学家代表，在《理想国》第十卷里特意言及诗歌与哲学的长期争吵；[3] 二是阿里斯托芬作为诗人代表，在《云》剧里对哲学极尽讽刺挖苦之能事。不过，这种争吵或争论，必然促使古典批评的持续发展与不断深化。譬如，早前时期的古典批评，起码是在亚里士多德的《诗学》问世之前的古典批评，在很大程度上并不强调作者的意图，而是注重阐释包含在文本之内的诗歌。这是因为诗人的灵感是神所赐，或者从亚里士多德的角度看，这样做是为了说明神话（muthos）的内在逻辑结构。或者说，这样做是因为希腊古典时期的批评本身，主要关注的是"目的性"意图，即：意义与其说是人类作家给予，毋宁说是内在于文本之中。再者，古代与现代批评的第二种联系，是对记号与符号的兴致。如此一来，这就涉及人们所知的符号学，这相关言说见诸亚里士多德、斯多葛学派与怀疑论哲学家的著作，由此或许使读者联想到人们对阐释以及阐释学的兴趣。这虽然时常缺乏系统性，但却频繁出现在罗马帝国时期的著作里，人们将其应用于文学、梦境、宗教和神秘文本，甚至应用于作为整体的实在或存在。

在古希腊—罗马时期，古典批评至少涉及两种主要语境。其一，希腊古典时期涌现出不同流派的哲学家和智术士，他们都是将批评化为概念

---

[1] Plato, *Laws*, 659a-b.

[2] George A. Kennedy (ed.), *Classical Criticism*, vol. 1 in *The Cambridge History of Literary Criticism*, p. ix.

[3] Plato, *Republic*, 607b-608b. 在这里，柏拉图借用苏格拉底之口声称："这场[哲学与诗歌]斗争是重大的，其重要程度远远超过我们的想象。它是决定一个人善恶的关键。因此，不能让荣誉、财富和权力，也不能让诗歌诱使我们漫不经心地对待正义和一切美德。"另参阅王柯平：《〈理想国〉的诗学研究（修订版）》（北京：北京大学出版社，2014年），第八章第三节"哲学与诗歌为何而争？"。

并赋予理论基础的主要人物。在语法和修辞学校讲授文学，始于希腊化时期，这将某些批评意识延伸到整个具有读写能力或文化修养的公众。文学领域里的批评，屡见于各个历史时期，包括从古风时期到基督教初期，从荷马史诗中的描述到阿里斯托芬喜剧中的讽刺，从柏拉图等哲学家的诗论到亚里士多德的诗学，从希腊化时期与罗马诗人的自觉反思到后期希腊智术士学派的理论学说；然而，在罗马帝国辖制之下，诗歌的总体衰落导致诗人的批评质量下降。不过，新柏拉图主义者与基督教神学家引发的阐释圣典的需要，平添了一种新的批评冲动。可以说，对古典批评特感兴趣的或许是一位现代批评家；而对古典批评特感沮丧的或许是一位古典学者。总体而言，古典批评提供了西方传统的批评术语，界定了西方传统的诸多批评问题，但对于希腊文学和拉丁语文学的伟大成就，并未做出恰如其分的批评反应。在其鼎盛时期，古典批评的最佳之处，在于探讨诗歌的社会功能和语法及修辞细节等问题，诸如修辞格的命名和定义之类。古典批评的最弱之处，在于描述特定文学作品的总体结构与分析作品形象等方面，但其对雄辩或演说的描述则属例外。尽管柏拉图与亚里士多德等人采用一般术语，谈论有关适度、和谐、比例与整一性的艺术需要，但却没有任何古典批评家详述古典文学创构的特征或规律，而这恰恰是 20 世纪的学者一直强调的东西。无论是在荷马史诗里，还是在贯穿古代的所有文学形式中，都存在这样一种倾向：将事件、情景或雄辩组合在相互对立交错的图案模式之中，这在很大程度上就像把各式人物安排在建筑山墙雕刻里一样。[1]

托寓性阐释

值得注意的是，古典批评不仅为现代批评提供了诸多术语与理论学说，而且也开启了独特且有效的经典阐释学方法。在这方面，较能引起人们兴趣与反思的是"托寓性阐释"（allegorical interpretation）。简单说来，"托寓"（allegory）这一术语，在柏拉图笔下是指"一种含蓄意义"（*huponoia*）。在

---

[1] George A. Kennedy (ed.), *Classical Criticism*, vol. 1 in *The Cambridge History of Literary Criticism*, pp. xi-xiv.

修辞学家那里，托寓在特定语境里被用作一种比喻性修辞手法，用来言此物而意指彼物。[1]这种阐释方法发端于公元前6世纪的特阿根尼（Theagenes of Rhegium），所阐释的对象是荷马史诗里的诸神再现方式。前苏格拉底哲学家费雷西底（Pherecydes of Syros），曾将荷马笔下的诸神视为宇宙力量的再现。[2]

公元前5世纪，托寓性阐释得到哲学家梅特罗多洛（Metrodorus of Lampsacus）的推进与拓展，从原先用于阐释诸神，进而用来阐释英雄。据此，阿伽门农代表空气，阿喀琉斯代表太阳，赫克托尔代表月亮。[3]总体而言，贯穿于古代时期的托寓式阐释，大体上是哲学或宗教修辞的一种工具，同时也是将荷马史诗从批评家百般指责中解救出来的一门技艺。柏拉图笔下的神话经常是托寓，但他反对用托寓方式来解释作为教育组成部分的传统神话，因为青少年无法区别什么是托寓蕴涵、什么是字面意义（Rep. 2.378d）；在《斐德若篇》（229d-e）里，苏格拉底批评托寓乃是庸才的游戏，托寓打开的是想入非非的水闸，浪费的是理应用来处理更为严肃之事的时间。亚里士多德对于托寓也毫无兴趣。托寓并非亚历山大理亚时期文学学者的工具，但在斯多葛学派那里，托寓得以大规模复活，被用作讲授其哲学观点的一种方式，随之在解释新柏拉图主义和基督教学说方面应用广泛、影响甚巨。

这里不妨列举两个范例以窥其妙。第一例是公元1世纪的希腊斯多葛主义哲学家赫拉克利图斯（Heraclitus）对瘸子火神的解释。在荷马史诗《伊利亚特》首卷里，火神赫菲斯托斯（Hephaestus）被主神宙斯从空中抛到地面，结果落下瘸腿残疾，成为丑化神祇的代表。赫拉克利图斯就此评述说，荷马向我们讲述瘸子火神的故事，不是在用诗性寓言来愉悦读者。在荷马笔下，火有两种：一种是缥缈超凡之火，在宇宙里登峰造极，完美无缺；另一种是我们所知之火，其物质是陆地所生，可以腐化，每次需用其营养成分得以点燃。这就是荷马为何将最精妙之火，称为太阳神赫利俄斯（Helios）或宙斯的原因；而荷马把地上之火，称为瘸子火神赫菲斯托

---

[1] Demetrius, *Peri hermeneias* (*On Style*) (ed. Ludwig Radermarcher, Leipzig, 1901; rpt. Stuttgart, 1967), p. 99.

[2] Pfeiffer, *Classical Scholarship*, pp. 9-10; 有关托寓性阐释的诸动机，参阅 J. Tate, "On the history of allegorism," *CQ*, 28(1934), 105-114。

[3] Diels, and Kranz (eds.), Die Fragmente der Vorsokkratiker (6th ed. 3 vols., Zurich, 1951-2; rpt. 1966), 61A4.

斯，此火既容易点燃，也容易熄灭；与完美之火相比，地上之火就被顺理成章地被当作"瘸子"，特别就像任何瘸腿都需拐杖一样。我们所知之火，若无木材就不会燃烧，故此在象征意义上被称为"瘸子"。[1] 这显然反映出斯多葛学派的思想。赫拉克利图斯如此解释，意在针对伊壁鸠鲁学派与柏拉图学派对荷马的非议。这种阐释主要是道德性、象征性和奥秘性的，既涉及斯多葛学派的物理学，也涉及希腊古典时期某些理性主义的批评因素。

另一例是公元3世纪希腊新柏拉图主义哲学家波菲利（Porphyry of Tyre）对海妖洞的阐释。作为普罗丁的学生，波菲利的荷马研究声名远播。在其幸存论文《论海妖洞》（*On the Cave of the Nymphs*）里，他刻意描述和分析了伊萨卡岛上奥德修斯藏放礼品的那座海妖洞穴（*Od.* 13.102-12）。那是一个奇异之地，塞满石碗石罐，蜜蜂筑巢于内，海妖在石纺机上编织海紫色衣物。洞里水流不断，拥有两个入口：一个向北，凡人可借此下行；一个朝南，仅供诸神出入。如果说世界充满人类与诸神，那么，洞穴里的入口与出口，可以被视为人类下行之路和诸神上达之路。[2] 这一说法让人油然想起柏拉图在《理想国》第十卷里厄尔神话中有关上天入地洞口的描述。[3] 只不过前者关乎柏拉图的宇宙观或世界观，后者则涉及柏拉图的末世论与伦理学。无独有偶，公元2世纪的新柏拉图主义哲学家克洛纽斯（Cronius），也对此洞有过研究。他所得的结论是：此洞是一托寓，暗示"有智之士与普通之人"，指望我们探索每个细节的意味；而细节的奇妙性，暗示出托寓在场。[4] 不难看出，新柏拉图主义者的托寓性阐释，趋向多样的象征性阐释，而非单一的对应性阐释。托寓性阐释无疑包含多种可能的意义。不过，对多义现象的宽容态度，在古典批评家那里非同寻常，由此会将他们视为现代文学理论家。另外，依据新柏拉图主义世界观的典型特点，其主导宗教

---

[1] Heraclitus, *Allegoriae Homericae* (ed. Félix Buffière, Paris, 1962), Sect. 26.

[2] Porphyry of Tyre, *On the Cave of the Nymphs*, ed. and tr. Classic Seminar 609, Arethusa, Monograph 1 (Buffalo, 1969), sect. 2; also see other versions ed. with commentary L. Simonini (Milan, 1986), tr. Robert Lamberton (Barrytown, New York, 1983).

[3] Plato, *Republic* 614b-615e.

[4] 有关克洛纽斯（Cronius）的评说，参阅 Merlan in *Cambridge History of Later Greek and Early Medieval Philosophy* (ed. A. H. Armstrong, Cambridge, 1967), p.104, n.5。

与哲学的观念如下:"在宇宙层次结构的各个阶段与层面,任何事物代表其他某种事物,或者说,任何事物的确代表数个不同事物。"[1]

四根支柱

那么,在千余年的演变与沿革中,"古典批评"所凝结的代表性理论遗产到底有哪些呢?按照西方古典学界的权威说法,

> 古典批评传给后来数百年的最伟大遗产,无疑是其三部影响深远的文本,即:《诗学》《诗艺》与《论崇高》。就此三部文本而言,贺拉斯的《诗艺》虽然并非总是广为人知,但却最持续不断地为人所知且为人鉴赏;亚里士多德的《诗学》虽然确是有史以来最伟大的批评论文,但通过中世纪后来的拉丁语译本,仅为少数人所知;它对文艺复兴时期的文学和批评产生了主要影响,并在20世纪的批评思想中发挥了重要作用。朗吉努斯的《论崇高》,倘若确是他的著作,是在17世纪脱颖而出,激发了崇高膜拜者的灵感,一直延续到19世纪。[2]

在笔者看来,除了上列三部文本之外,还应加上柏拉图《理想国》第十卷。如此说来,这四部文本便构成古典批评的四根支柱。显而易见的是,前两个文本为哲学家撰写,后两个文本出自批评家之手。在理论绵延机制与思想相互影响方面,不难见出哲学与古典批评的内在联系。从历史沿革角度看,柏拉图的文本,依据形而上学的理念论,阐述了涉及艺术创构、再现加表现的摹仿论,由此奠定了诗歌之为诗歌或艺术之为艺术的本体论。亚里士多德的《诗学》,是从艺术哲学角度对柏拉图摹仿论的反转性回应,有关史诗、悲剧和喜剧体裁及其艺术特征的论述,也是如此。贺拉斯的《诗艺》,在理论基质上,是受亚里士多德诗学思想的影响,尽管其对拉丁语诗歌创作艺术进行了富有独创性的反思和总结。

---

[1] Donald A. Russell, "Greek Criticism of the Empire," in George A. Kennedy (ed.), *Classical Criticism*, vol. 1 in *The Cambridge History of Literary Criticism*, p. 325.

[2] George A. Kennedy (ed.), *Classical Criticism* vol.1, in *The Cambridge History of Literary Criticism*, p. 346.

至于归在"朗吉努斯"名下的《论崇高》，原文是用古希腊语撰写，思想是受新柏拉图主义的影响。故此，从思想源流与发展理路上看，将柏拉图的诗论纳入古典批评的核心遗产，委实是合乎情理之举。我们随后将对这四根支柱的理论要点及其新近研究成果，逐一进行简述，以便引起讨论。

柏拉图的诗论

《理想国》第十卷是柏拉图诗论的至要基石。与此关联密切的有《理想国》第三卷，《法礼篇》(*Laws*)第三、七卷，另外还有《伊安篇》(*Ion*)、《斐德若篇》(*Phaedrus*)和《会饮篇》(*Symposium*)等。迄今，相关论述甚多，这里补充三点。

摹仿论的多义指向

入乎其内而观，就会发现柏拉图对摹仿（mimesis）[1]的论述，实属其诗学思想中的代表学说。在《理想国》第十卷里，柏拉图提出了著名的"床喻"[2]，借此来图解摹仿的本质特征。这里，柏拉图以理式为始基，以真实为根本，以比较为方法，以价值为尺度，逐一论述了三类制造者、三类床和三类技艺。若按本末顺序排列，三类制造者分别为神明、木匠与画家；三类床分别为神明所创之床或自在之床，木匠所造之床或木质之床，画家所画之床或象形之床；三类技艺分别为运用型技艺、制作型技

---

[1] 古希腊语词 mimesis 通常英译为 imitation，也有译为 make-believe 的，汉译为"摹仿""模仿""虚构"或"假装"。德里达认为 imitation 是一种误导性的误译。索尔邦从艺术角度将 mimesis 等同于 art creation（艺术创构，参阅 Göran Sörbom, *Mimesis and Art*. Bonniers, 1966）；奥尔巴赫从文学角度将其阐释为 representation of reality（现实的再现，参阅 Erich Auerbach, *Mimesis: Dargestellte Wirklichkeit in der abendlandischen Literatur*, 1946；英译本见 *Mimesis: The Representation of Reality in Western Literature*, Princeton: Princeton University Press, 2003）；哈利维尔从美学角度将其解释为 representation-cum-expression（再现加表现，参阅 Stephen Halliwell, *The Aesthetics of Mimesis*, Princeton and Oxford: Princeton University Press, 2002）。除了专论艺术摹仿之外，柏拉图还在《理想国》第三卷与《法礼篇》第三卷和第七卷等其他对话里，论及身体摹仿（体育训练）、心理摹仿（人物表演的性格特征与观众的心理反应）、自然模仿（源于自然和动物音响的语言与音乐的创构）和神性摹仿（人利用神赐的礼物——理性，从内在德行上摹仿作为完美范型的神，以期实现人之为人，在于像神的自我完善目的）。

[2] Plato, *Republic*, Book X, 596-598d.

艺与摹仿型技艺或摹仿术。就其各自地位及其相互间的内在关系而论，神明是无所不能的原创者和"享有真知的运用者"，神明首先创造出独一无二的床之理式，也就是具有真正本质或最为真实的自在之床，并且依据自己所掌握的运用型技艺，判别出床的性能好坏与正确优美与否，然后留给掌握制作型技艺的木匠，由后者按照相关要求制作出具有物质形态和实际用途的木质之床；画家看到木质之床，借助自己所熟悉的摹仿型技艺，将其表象照样描摹下来，由此制作出自己的仿品，也就是他的所画之床或象形之床。

比较而言，自在之床象征真实，是所有床的理想原型或原创形式，属于形上本体的第一级事物；木质之床是自在之床的摹本，与真实相隔一层，属于好像真实的第二级事物；象形之床是木质之床的影像，与真实相隔两层，属于复制外观的第三级事物。从认识价值上看，柏拉图最重视神所创造的床之理式，其次是木匠所制作的木质之床。前者至真，尊之为体；后者似真，意在为用；体用虽然相关，但彼此二分，呈现出由体而用、由一而多的衍生关系。另外，神明贵在原创且有真知，木匠善于领悟且能制作，神明授意，木匠追随，两者结为设计先导与具体实施的传承关系。谈及画家的象形之床与摹仿型技艺，柏拉图毫不掩饰其鄙视与贬斥态度，认为画家骗人耳目，利用人性弱点，增加作品魅力。其所擅长的绘画与摹仿型技艺，"在工作时是在制造远离真实的作品，是同人心中远离理智的部分相交往，从中不会结出任何健康而真实的果实。总之，这种摹仿型技艺是低贱的技艺，与低贱的东西为伴只能生出低贱的孩子"。

仔细审视"床喻"，会有更多发现。譬如，柏拉图凭借"理式"的原创性和本真性，一方面是要揭示"实物"的衍生性与实存性，另一方面是要阐明"形象"的游戏性与欺骗性。按其所述，先验设定的"床自体"或"自然之床"，"由神制作"，可谓床之理式，具有原创性和本真性，是床之为床的唯一原型或"形式因"，属于观念上的抽象存在。这里所言的"存在"，意指"是其所是"或"床是如此"的"本质"。木匠依据床之理式打造出来的木床，具有衍生性和实存性，是"摹仿真实"的结果，属于空间里的物质实存。这里所言的"实存"，意指可以触摸和实用的"实物"。至于画家依照木床描绘出来的画床，代表床之形象或外观，是"摹仿影像"的产物，属于感知上的视觉形象，虽无实用性与真实性可言，但却具有游戏性与欺骗性。通常，游戏性会引致娱乐与快感，欺骗性会迷惑儿童与愚者的眼睛，使其以假当真或不分真假，误入认识事物真相的歧途。相比之下，"床自体"是绝对真实的，木床不是完全真实的，画床则是纯粹现象的。这是柏拉图的思想逻辑，其中隐含"一个形而上学的悖论"。因为，当我们思索床的设计原理时，我们会认为提供原型的"床自体"或"床之理式"是真的；但当我们想要睡一个好觉时，我们会认为具有实用功能的木床是真的；尽管有人会替柏拉图辩解说：前者所言的"真"，是本质意义上的"真"；后者所言的"真"，是功能意义上的"真"；此两者在语义学上是迥然有别的；等等。

学界针对"床喻"的解析，大多因为论证角度不同而"繁衍"不断。归纳起来，主要有以下几点：其一，从认识论角度来看，理式至真论会使人从上述"床喻"中，推演出一种"真实性层级结构"。这个结构包括三个层级，即以自在之床所代表的理式，以木质之床所代表的实物，以象形之床所代表的影像或形象。也就是说，形象的真实性与认识价值最低，实物的真实性与认识价值居中，而理式的真实性和认识价值最高。质而论之，真实性的高低，有赖于真实性的大小；真实性的大小，取决于同完美实体或神造理式的近似程度。在柏拉图那里，真实性等级越高，认识价值越大。故此，若自上而下地进行价值判断，即从一等真实下到三等真实，便呈递减趋向；若自下而上地进行价值判断，即从三等真实上达一等真实，则呈递增态势；前后两种方式都凸显了"理式"的核心或主导地位。但从认识经验过程来看，情况则有变化。这一变化尽管不会彻底颠覆上述价值判断的最终结果，但却会赋予画床一种特殊意义。因为，经验界不等于真实界，只是近似于真实界；经验界抑或表明"某种相似于真实但并非真实的东西"，抑或表明"某种渴望成为与理式相像"但却"相形见绌"的东西，结果只能艰难地显示出真实界所提供的某些形象。这些"形象"类似于事物的"表"，隐藏其后的实相等乎于事物的"里"。人的认识习惯，通常是一个由表及里的过程，也就是说，首先引人注目的是事物的外在形象（表），经由感性认识而达理性认识，人才会透过外在形象觉解内在真相或本质（里）。用柏拉图的话说，人首先会"观看到闪烁在光亮中的美"，然后才会"观看到显现在形象后的真"。画床所起的作用，犹如"闪烁在光亮中的美"；"床自体"或"床之理式"所象征的东西，犹如"显现在形象后的真"。可见，在此认识过程中，画床的引导与启示作用是不容忽视的。

其二，从目的论角度来看，柏拉图采用"床喻"这一修辞手段，实际上就等于采用了一种通俗易懂的形象说法，这有助于把人们从床这一熟悉的生活日用品那里，引向支撑自己哲学思想结构的"理式论"。在此意义上，他试图用形而上的"一"，来统领形而下的"多"，以化繁为简的阐述，来完成众象归一的立论。此外，在写实之风盛行的雅典，柏拉图明里是在抨击绘画艺术的摹仿本性，暗里是在抨击诗歌艺术的摹仿本性，实则为了表明城邦组织建构的合理性或正确性。诚如他在《理想国》第十卷开篇里所说的。"有许多理由使我确信，我们建构这座城邦的方式是完全正确的，特别是对诗歌问题所展开的思考。我们拒绝接受诗歌的摹仿部分。对于三分的心灵来说，摹仿型诗歌是我们最不愿意容许的东西。"为什么呢？按照柏拉图的观点，人的心灵由理智、激情与欲望三部分组成，理智是高尚部分，激情与欲望是低下部分。摹仿型诗歌擅长激发人的情感欲望和摹仿天性，由此会滋养或壮大其心灵中的低下部分，结果会使听众背离求真爱智的哲学，转而追随煽情取乐的悲剧诗人或其他摹仿型诗人，最终会对"他们的心灵产生破坏性影响，除非他们具有一种解毒剂，即对事物是其所是这一真相的认知"。"这一真相"，不是别的，正是"理式"。对"理式"的认识，便是对抗"破坏性影响"的解毒剂或矫正方法。

其三，从艺术本体论角度来看，"床喻"虽然意在贬低摹仿艺术的认识价值，抬高神造理念的原创意义，但反过来正好说明诗画等摹仿艺术何以生成的根源。在柏拉图心目中，艺术具有摹仿本性，艺术生成是摹仿理式与外物的结果。据"床喻"所示，"床之理式"是始基或范型。木匠直接摹仿这一理式，打造出代表"实用艺术"的木床，该木床在本体意义上是理式的副本或影子；画家直接摹仿木床，绘制出代表"娱乐或欣赏艺术"的画床，该画床在本体意义上是木床的副本或影子，同时也是理式的副本之副本或影子之影子。正因为如此，柏拉图认为木床作为直接摹仿理式的结果，与代表真实的理式相隔一层；而画床作为直接摹仿木床的影像，与代表真实的理式相隔两层。由此便可推导出如下几点：（1）理式的真实性最大，木床的真实性较少，画床的真实性最少。(2) 理式作为范型的地位至高，木床所代表的实用艺术次之，画床所代表的娱乐或欣赏艺术再次之。(3) 画家由于直接摹仿了木床，间接摹仿了理式，因此，画床与木床结为临摹或再现关系，而与理式结为象征关系。(4) 画家所绘制出的画床，是木床的直观或视觉形象，因此，画家的任务就是创造这种具有直观性的艺术形象。

显然，柏拉图对"摹仿"与"真实"的上述哲学思考，原则上应和于"真实性层级结构"的假设，据此可将理式视为一等真实，将实物视为二等真实，将形象视为三等真实。相应地，一等真实是原创因，二等与三等真实是派生物。这种基于认识论的价值判断逻辑，反映出摹仿论的某些确切用意。在柏拉图看来，摹仿实物是为了让形象与实物之间具有相似性。鉴于形象的审美价值，这种相似性会吸引我们的感官与视觉，借此发挥一种双重作用。一方面，相似性会唤起观众的好奇心，鼓励他们透过表象看到真实本身。这一点具有积极意义，因为相似性的认知价值就隐藏在其审美价值之中，凭借凝神观照外在形象，便有可能发现内在真理。另一方面，相似性在某种程度上是"模糊不清且骗人耳目的"，这是因为"我们对一些事物的知识从来不是精确无误的，就拿观画来说，我们不会那么仔细推敲，也不会对其吹毛求疵，而是满足于接受这种充满暗示和幻象的艺术所表现的东西"。显然，这一点具有消极意义，因为相似性会使我们远离真实，甚至会上当受骗，但我们却不以为然，反倒陶醉于这种充满游戏色彩、充满暗示和幻象的艺术之中。

如此看来，艺术凭借摹仿制造形象，形象属于三等真实，在本质上与二等真实和一等真实相联系。这种联系首先表现为形象与实物近似的不同程度，其次表现为形象与理式近似的不同程度。有鉴于此，艺术摹仿可以被视为一种具有象征意义的唤起形式，有助于揭示摹仿形象、实用物品和原创理式三者之间的潜在关系。换言之，艺术摹仿虽然存在于三等真实或感性经验之中，但在象征意义上既能唤起二等真实，也能唤起一等真实。常言道，"一叶知秋"，正如你看到一片落叶就能感受到秋天的到来一样，你完全可以通过凝神观照艺术摹仿所得出的形象，进而认识二等真实和一等真实。尽管真实的三个层次在价值判断上位于不同等级，但它们终究处在相互联结、密不可分的关系网络之中。

值得一提的是,柏拉图对摹仿艺术的形而上学评估,似乎隐含着他对艺术象征关系的心理学评估。通常,这种象征关系凭借感性形象,引发心理暗示或联想作用,由此体现或表露出不可见的真实或内在的理式。自下而上地看,从低到高的各等真实,均是以喻示或象征的方式,在其层级结构中相互联系着。换言之,如果所画之床是直接摹仿木质之床的影像,那同时也是间接摹仿床之理式的影像。反过来讲,床之理式如果在木质之床中留下直接的印迹,那同时也在象形之床中留下间接的印迹。更何况任何一位成熟的画家,在从事艺术创作时,大多不会恪守柏拉图所设立的这种逻辑顺序。相反,他会大胆地越过摹仿人工制品的边界,尽情地描绘和表现四周历历在目的自然景物;会放开自己的想象力,采用艺术特有的方式,将抽象概念、精神实体或各种神灵转化为直观的感性形象。实际上,现存的古希腊花瓶和雕刻等艺术品,都证明了这一点。

哲理诗的整合效用

在《理想国》第十卷里,柏拉图专门论及哲学与诗歌之争,认为这场纷争的重要性超过人们的想象,声称这场纷争是决定一个人善恶的关键。[1] 按照柏拉图的通常说法,诗歌基于摹仿,诗人善于说谎;诗歌表现情感,诗人擅长想象;此两者均不像哲学和哲学家那样侧重理智和逻辑,非但不能给人以真知、真理或智慧,反而会给人以影像、假象或幻象。故此,他依然坚持原来的判断,相信当初将诗歌逐出理想的城邦具有充分理由。[2]

从其不少对话中可以看出,有关哲学与诗歌之争,几乎以或显或隐的方式伴随着柏拉图的一生;或者说,诗歌的阴影(或倩影)始终伴随着他的哲学思考。在探寻充足理由的过程中,柏拉图试图从哲学认识论与伦理学的立场出发,来为诗歌的价值和效用重新进行定位,来指陈人们在道德观念和审美趣味上的种种误区。如此一来,柏拉图经常陷入两难抉择之境。他在谴责诗歌与诗人的同时,也直接和间接地为其辩护。因此,我们可以这样假定:柏拉图作为一个诗人哲学家,深知传统诗歌的历史

---

[1] Plato, *Republic*, 608b.

[2] Plato, *Republic*, 607b.

地位和文化意义。但从道德理想主义和政治工具主义原则考虑，他认为有必要对传统诗歌进行必要的删除或修改，以期达到"去粗取精，为我所用"的政治与道德目的。为此，他本人似乎把诗歌分为三类：第一类是摹仿诗，其主旨在于复制或再现自然界与人世间原有的事物与情景。这类诗歌由于本质上属于"技艺"性操作的结果，因此会随着技艺水平的波动起伏，在质量品位上显得良莠不齐，故而需要按照相关原则与实际要求进行取舍、改造和利用。第二类是神启诗，属于诗人迷狂、神灵附体时的杰作，其中的神来之笔近乎神明的启示或先知的箴言，委实是可遇而不可求。第三类是柏拉图最为推崇的哲理诗，这兴许是解决哲学与诗歌这一纷争的重要途径。这种诗并非用格律写成的韵文，而是富有诗歌品质的哲学对话。

柏拉图的哲理诗，主要是由形象生动的喻说与充满哲理的神话整合而成。从其对话文本中可见，柏拉图在谴责那些不合自设标准的诗歌时，并没有将神话包括在内。[1]《理想国》第十卷后半部讲述的厄尔神话，可以说是柏拉图式哲理诗的典范。实际上，哲理诗是哲学的诗化或诗化的哲学。柏拉图十分看重将哲理与诗意予以会通的诗化哲学，甚至相信仅凭这种诗化哲学，就足以拯救他心目中的理想城邦。柏拉图式的哲理诗，作为一种独特的杂糅文体，似乎让哲学与诗歌的纷争得以和合与消融，引致出"合二而一"的交汇性对话形式。此结果在一定程度上就像罗森（Stanley Rosen）所言："争纷消失在创造的话语中，结果诗不像诗、哲学不像哲学，而是哲学的诗。哲学没有诗，正像诗没有哲学一样，是不适宜的，或无法衡量的。"[2]

但要注意，如果哲学与诗歌内容和语境彼此应和，便可呈现为一种独特而有效的互补关系。实际上，此两者各有所长，对于柏拉图的诗学来说缺一不可。比较而言，哲学的优越之处在于可用智能来解释所要理解的东西。而诗在寻常的诗性感悟方面确实优于哲学。更何况古希腊诗歌（尤其是史诗、悲剧诗、喜剧诗与抒情诗）介于神话与历史、生活与哲学之间，形象而生动，具体而深刻，不仅富有奥秘特质与历史意识，而且

---

[1] 吉尔伯特·默雷：《古希腊文学史》（孙席珍等译，上海：上海译文出版社，2007年），第233页。
[2] 罗森：《诗与哲学之争》（张辉译，北京：华夏出版社，2004年），第34页。

富有生活情调与哲理价值。因此，在柏拉图那里，理式代替不了表象，哲学代替不了诗歌，反之亦然。这样，诗化哲学或哲学诗化，也就成了逻辑的必然。相应地，当我们阅读柏拉图的对话集时，我们非但没有必要去划定诗歌与哲学、诗人与哲学家之间的界限，反而要以诗意的情怀与哲理的眼光，在审美直观与理智直观的交融中，在创造性的想象与逻辑性的反思中，在作为诗人的柏拉图与作为哲人的柏拉图之间的思维张力中，凭借特定的文本语境去贴近相关的历史文化语境，进而在诗歌中探寻哲学，在哲学中体味诗歌，这兴许是解读柏拉图诗化哲学的有效途径。

诗性智慧的路径

《理想国》第十卷中的厄尔神话，呈现出一幅最后审判的末世论图景。在四个甬道交错出入的天堂与地狱之间，象征常绿与新生的草场位于中心，分为正义与不义的两类灵魂穿梭其中，代表赫尔墨斯的神使往来引领，喻示宇宙世界道德法则的纺锤贯通天地，决定万物命运的神灵位列上方，由此构成天地神人的有序空间，其中天地相对、神人交织，显得"天网恢恢，疏而不漏"。总体而言，这一神话容易使人联想到《斐多篇》(*Phaedo*) 和《高尔吉亚篇》(*Gorgias*) 中的另外两则神话，此三者在结构上的相似之处，正好体现在天、地、神、人、正义这五位一体的形象上，其中正义又是其他四个元素的关节点。相比之下，厄尔神话显得更为周圆而成熟，兼有前两者之长，一方面生动简明，天、地、神、人、正义等五元素各得其位，清晰易辨；另一方面中正无偏，在引入"学习哲学"这一重要向度的同时，强调了责任与态度的必要性，凸显了正义与智慧的重要性。从厄尔神话的叙事手法来看，戏剧性的情节编排与穿插其中的哲理性的论说相映成趣，使得一般读者在欣赏故事和反思其寓意的过程中，通常会在感性审美的情致驱动下，把那些言之凿凿的说教，当作不可或缺的点评或顺势接纳的定理。这种同哲学推论相结合的艺术表现手法，经常在对话进入关键的时刻加以运用，从而将人导向审美的体验和玄奥的遐想，亦如康德所说的那样，使人的"想象力"和"知性"这两种"认识能力进入自由的游戏状态"。此类游戏状态，既是直觉的、美学的，也是理智的、哲学的，而且也是和谐的、愉悦的。

柏拉图采用这种手法，意在通过神话的隐喻或托寓功能，进而推动自己的哲学思考。这种思考具有显著的"诗性智慧"特征，在很大程度上基于对神话或诗的哲学式复写，由此创构出玄秘的意象和戏剧性效果。正是借助这种诗性智慧，柏拉图驾轻就熟，从希腊文学与神话（包括口述文学传统中的道听途说）中选取自己所需的素材，然后依据哲学论说的需要，创造性地加以挪用，将灵动鲜活的诗性配料或审美元素注入自己的哲学话语之中。这也从另一个侧面表明，柏拉图珍视古希腊教育的传统遗产与历史背景，于是面对他臆想中的雅典读者，有意采纳了一条符合交谈伦理的效应原则，让自己的言说风格与修辞技艺适应当时的公众阅读习惯与社会文化环境。当然，这一做法并非单纯为了迎合公众趣味的权宜之计，而是其哲学思想中必不可少的组成部分。从神话故事在其哲学中所起的作用而言，这种富有诗性智慧的艺术表现方式已然成为柏拉图独有的哲学思维模式。该模式有益于营造一种引人入胜的氛围或场景，一方面促成有效的沟通，另一方面唤起重新的思考，因为类比性的描述加上逻辑性的推论，在语义学上会相互补充，由此构建的有机语境特性，有助于打破语言的局限，引发多义性的解释与外延性的感想。在这一点上，那种认为柏拉图哲学的价值在于"已能摆脱以神话方式表达出的'真理'"之说，显然低估了柏拉图的哲学运思方式及其表达"真理"的方式，所得出的那种非此即彼之论，意在把哲学与神话两种表达方式截然分开，那样难免会有过于简化之嫌。这主要是因为评说者未能充分认识到如下事实：柏拉图的诗性智慧是其哲学思维活动的典型特性之一。在此基础上形成的表述手法，一方面依据适宜原则借助诗歌来实现灵魂教育的重要目标，另一方面采取哲学方式来复写或创构神话故事以便凸显其相关论点。

根据维柯的说法，神话在古代作为一种特殊的"真实叙事方式"（*vera narration*），与寓言（*fabula*）一词的含义相关联。在人类历史的最早阶段，诸多寓言构成了首部"氏族部落的神圣法律"，奠定了一种永恒不变的表达方式。因此之故，历史上传承下来的神话或寓言，不仅包含约定俗成的意味，而且具有观念形态的影响。其所再现的诸神活动、力量和意志等等，通常会在人类的内心唤起惊奇与畏惧之情。早期，这种惊奇与畏惧之情，正是道德或伦理的原初起源。由此产生的崇拜和恐惧之感，会使人类出于自我保存或自我保护的目的而变得小心翼翼，谨言慎行。从厄尔神话中可以看出，这位英雄的游魂所经历的那些耸人听闻的事件和景象，似乎包含一种特殊的意向，意在激发人们的自我意识，劝导人们努力"认识自己"（gnothi sauton），也就是说，要求人们认识自己的本质、德性、灵魂、心态、行为、命运以及局限等等。一句话，它试图将人们导入正确的轨道，引向正义的生活。实际上是在发挥神话固有的"令人敬畏的功效"，以"劝谕的方式使大多数人规范自己的行为"。

在厄尔神话里，柏拉图凭借其诗性智慧，以奇诡的想象，"笼天地于形内，挫万物于笔端"，勾画出一幅具有永恒秩序、富有诗情画意的宇宙图景，其中的构成元素，气势雄浑，光怪陆离，包括贯通天地的光柱，巨大的挂钩，旋转的纺锤，变动的球面，流光溢彩的碗形圆拱，歌声妙曼的海女歌妖，八音共鸣的和谐乐调，象征过去、现在与未来的命运三女神，等等。在这幅图景里，柏拉图以转喻的修辞方式，以八个碗形圆拱的大小及其里外组合的顺序，从外向内地将其与恒星、土星、木星、火星、水星、金星、太阳和月亮对应起来，由此构成有机互动与小中见大的微缩直观型宇宙整体。与此同时，柏拉图还通过日月星辰的不同运行轨道和命运三女神的安排规定，将灵魂重新选择的新生模式或各自命运纳入其旋转的纺锤之中，从而使一切显得那么神圣、庄严、玄奥、壮美，充满不可逆转的绝对必然性。

另外，在那八个碗形圆拱的边口处，八位亭亭玉立的海女歌妖，只需各发一音便可组成宇宙和谐的乐章。这个令人生无限遐想的华美场景，也反映出柏拉图善于移花接木、为我所用的创新能力。我们知道，在荷马那里，这些海女歌妖原属史诗中所描述的女仙，她们预知所要发生的一切，她们用优美的歌声诱惑那些海员走向死亡。而在毕达哥拉斯那里，这些海女歌妖负责协调宇宙的乐音，使天体运动发出的音调彼此和谐。

总之，柏拉图对厄尔神话的创造性挪用，实际上是出于哲学论说的需要，或者说是"以哲学的方式对诗重新加以编排"，由此创构出其独特的哲理诗或诗性哲学。当然，从厄尔神话里，我们甚至也会把这则神话视为精神与道德上的一种心理考验，以此验证人类因其德性与行为而面对因果报应或重新选择之时，其灵魂的或然性会是什么？其灵魂的可塑性会有多大？或者说，我们自己通过反省自查会从中得到什么样的道德启示？

若将上述三个问题合一的话，就最有可能指向灵魂救赎或灵魂教育。那么，灵魂是如何得以救赎的呢？或者说，厄尔神话所提供的救赎途径是什么呢？从初步的分析来看，灵魂救赎的可能途径主要有三：一是"天国之路"，二是"地下之路"，三是"哲学之路"。辩证地看，此三者并非彼此孤立，而是相互联系，需要通过逐一认识和比较，方能洞察各自的利弊。"天国之路"平坦通达，以天赐的锦衣玉食来补偿美德善行，借此激励人们诚心向善，修养德性，护佑亡灵，祈福来生。与此相反，"地下之路"崎岖坎坷，以地狱里严酷的惩罪罚恶为手段，惊魂摄魄，极尽警示之能，借此规劝人们改邪归正，抛却逃脱罪责与惩罚的侥幸心理。这两种途径，尽管是以正义与不义为衡量尺度，试图在人心、人世与宇宙里确立相应一致的道德法则，但在总体上是依据业报轮回的思想，将天堂与地狱奉为惩恶扬善的两极，借此规导人们确立"善有善报，恶有恶报"的道德理念，注重此世今生的道德修为，确保死后来世的因果报应，体悟"苦海无边，回头是岸"的自我救赎之道。但是，当正义与不义两类灵魂或从天上下来，或从地下冒出，都聚集在象征宇宙中心和常绿重生的草场时，他们都面临重新选择生活模式的平等际遇。此时，节制或审慎的德性显得尤为重要。那些享受过锦衣玉食、自天而降的来客，或许会忘乎所以，自以为是，匆忙中做出草率的选择，导致自己来世命运多舛；而那些遭受或目睹过残酷磨难的地下来客，或许会小心翼翼，谨言慎行，在认真权衡利弊时做出更为合理的选择，使自己的来世柳暗花明。就前者而言，天国恩赐虽然合乎情理，但有可能造成"好事太过，必为坏事"的负面结果。就后者而论，地狱惩戒尽管狞厉可怖，但有可能产生"因祸得福"的积极效应。

正是在上述这种天地相分、各有利弊的矛盾语境中，柏拉图转而标举爱智养德的"哲学之路"。为此，他郑重地告诫说："凡是在人间能忠实地追求智慧（*hygios philosophoi*），拈阄时又不是拈得最后一号的话……这样的人不仅今生今世可以期望得到快乐，死后以及再回到人间来时走的也是一条平坦的天国之路，而不是一条崎岖的地下之路。"所谓 *hygios philosophoi*，英译为 a man loved wisdom sanely，也就是说，此人在活着时，务必真心诚意地研习哲学，务必合情合理地养育智慧。这实际上是通往天堂的"向上之路"(tes ano hodou)，是基于人生命运的必然性规定要求，而非基于拈阄抓号之类的偶然性附加条件，因为这种附加条件往往会把心存侥幸的选择者置于危险之境。要知道，在柏拉图的心目中，人们只有认真学习哲学，诚心追求智慧，聆听导师朋友的教诲，认识生活的真谛与德性的价值，才会获取真知，修养美德，持守善行，布施正义，不仅此生今世会幸福快乐，而且死后来世也会得到善报，最终使灵魂在安渡忘川、免受恶俗污染的同时，还能赢得"自己的爱和神的爱"，并在生前死后"诸事顺遂"。一般说来，"自己的爱"使人珍爱生活，修德向善，欣然而乐；"神的爱"使人保持虔敬之心，赢得神明佑护与恩赐，进入神人相和的至福境界。

如上所言，厄尔神话是一则哲理神话，柏拉图借此将哲学诗性化和感性化，并将神话哲学化或理智化，以便更为有效地推动和普及民众的哲学训练。厄尔神话实则为心灵教育神话，根据个人现世的道德修为与因果报应，在最后审判和奖罚分明的末世论基础上，由此设定两条路径，一是接受惩处和告诫作恶的向下之路，一是享受褒奖和敦促为善的向上之路，也就是柏拉图谆谆诱导的哲学之路，认真研习哲学，就能获得智慧，过上值得一过的人生。

值得一提的是，举凡神话，在柏拉图看来都是虚假的，但却包含一定的真理。而他自创的哲理神话，就像腓尼基人的传奇那样，既是"高贵的谎言"，又是必要的真理。这种哲理神话在传承和利用古希腊人传统宗教意识的同时，可以营造一种神秘有趣而又合乎情理的游戏氛围。正是在这种宗教性和精神化的游戏中，柏拉图试图让人们在游戏中接近、学习、认识和思索哲学，由此成为真正意义上的爱智之士，最终实现哲学教育与智慧人生的目的。事实上，在《理想国》第十卷末节，柏拉图在强调悉心研习哲学的重要性之后，最后以 eu prottomen 这一短语收尾。[1] 通常，该短语英译为"fare well"，汉译为"诸事顺遂"，笔者倾向于译为"做得好，活得好"(do well and live well)。作为目的论意义上的结果，这说明"哲学之路"，也就是柏拉图所说的那条"向上之路"，是通过"追求正义

---

[1]　Plato, *Republic*, 621d.

和智慧",养成审慎与明断的美德,上可连接"天国之路",下可摆脱"地下之路",凭借不懈的努力,既能争取前者之利,亦会排除后者之弊,从而恪守"中正无偏"的明智之道。

总体而论,柏拉图的诗论隐含内在的矛盾张力。一方面,他谴责诗人与诗歌,甚至颁布逐客令将一些诗人赶出"美好城邦",因此背负着敌视艺术与贬低艺术家的恶名。另一方面,他谙悉诗歌的艺术魅力及其审美教化等多重价值,认为对其适当加以利用,便有助于推行公民正确教育的终极目的和培养"爱其所应爱、恶其所应恶"的审美意识。从历史文化语境和教育目的论角度看,柏拉图的诗论也可称之为一种基于道德理想主义和政治工具主义的诗学,我们可将其简称为道德诗学。这种诗学主要基于道德理想主义和政治实用主义的原则,可分为两翼,由心灵诗学(*psycho-poetics*)和身体诗学(*somato-poetics*)两个有机联系的维度构成。以诗乐(*mousikē*)教育为主要内容的心灵诗学,旨在培养健康的心灵,敏锐的美感,理性的精神,智善合一的德行,以便参与管理城邦的政治生活。而以体操(*gymnastikē*)训练为主要内容的身体诗学,旨在练就健美的身材,坚韧的意志,高超的武功,优秀的品质,以便适应保家卫国的军旅生活。从目的论上讲,心灵诗学以善心为本,身体诗学以强身为用,柏拉图正是想通过心灵诗学与身体诗学的互补性实践,来达到内外双修、文武全才的教育目的,造就身心和谐、美善兼备的理想人格。[1]

顺便提及,柏拉图道德诗学的精神实质,是《理想国》精神实质的重要维度之一。按照相关说法,这种精神实质不仅基于文本自身的内容,基于富有想象力的同情性理解,而且也基于对希腊精神的深入研究。如果阅读时浮光掠影,那将一无所获。[2] 如此断言,难免失之绝对,但所获甚微,却是定然的事实。

亚里士多德的诗学

亚里士多德的《诗学》(*Poetics*),是基于哲学思索来探讨诗学或艺术

---

[1] 王柯平:《〈法礼篇〉的道德诗学》(北京:北京大学出版社,2015年),第三章第一节。
[2] 吉尔伯特·默雷:《古希腊文学史》,第232页。

原理的，因此不同于他自己的佚作《论诗人》(On Poets)与《荷马史诗问题》(Homeric Problems)。《诗学》的理论组成部分，主要包括诗歌的摹仿原理、艺术技巧、创作过程、可然性、真理性、史诗、悲剧与喜剧体裁的独特性、悲剧结构的整一性、虚构的想象性、悲剧的净化作用与快感体验，等等。值得注意的是，在现存的《诗学》残卷里，无论在认识论上还是创作论上，亚里士多德均是从积极肯定而非消极否定的角度出发，一方面对柏拉图相关思想做出适当的反拨和回应，另一方面尝试与柏拉图提出的挑战达成某种和解。亚里士多德的所作所为，可以说是"遵循具有哲学严谨性的标准，也就是亚里士多德在其他思想领域里寻求的那些标准"，并且"在掌握衡量尺度的基础上对诗歌理论进行了概述"。[1] 迄今，相关研究结果甚丰，这里仅补充说明两点：艺术摹仿自然，悲剧净化作用。

艺术摹仿自然

柏拉图的摹仿理论，直接影响了亚里士多德。鉴于两人亦师亦友的特殊关系，亚里士多德对柏拉图的相关学说，采取了传承、反思、补充或矫正的态度，继而提出了承前启后的摹仿诗学，确定了更为积极的价值取向。相比之下，柏拉图的摹仿理论主要建立在事关三等真实或理式的认识论基础之上，而亚里士多德的摹仿诗学主要是建立在事关普遍性的合规律性基础上之，两者的差异显而易见。按照亚里士多德的逻辑，"艺术摹仿自然"，诗歌作为一门艺术，必将摹仿自然。因此，"诗人是摹仿者"。乍一看来，这与柏拉图的理论起点似乎并无二致，但至少有三点需要予以澄清。

其一，就"艺术摹仿自然"而论，其中涉及三个概念：一是"艺术"，二是"摹仿"，三是"自然"。通常，古希腊语里的"艺术"，亦指"技艺"或"技能"，具有广义与狭义、实用与娱乐之分；这里所言的"艺术"，是指狭义上的诗歌、音乐、绘画、舞蹈、雕刻、戏剧等娱乐或观赏艺术。这些艺术门类，固然是由"摹仿"而来，无不具有摹仿性。但是，摹仿并非一切，更不是简单复制或拷贝。因为，艺术摹仿的过程，既是通过技能来构造形象的过程，也是借由感官来知觉想象的过程，同时也是借助

---

[1] Stephen Halliwell, "Aristotle's Poetics," in George A. Kennedy (ed.), *Classical Criticism*, vol. 1 in *The Cambridge History of Literary Criticism*, p. 151.

美感或形式感来选择恰当文词、动人韵律和优美姿态的过程。具有品味和素养的古希腊人深知，对于现实或外物的平庸摹仿，不仅令人生厌，而且不值一提。至于古希腊人所说的"自然"，其用意包含起源、生长、发展、内在质性与动态秩序等等。在这里，人们一般是从外在自然的事物方面去理解，将自然的造化之物（譬如天、地、植物、动物、山峦、江海与人类等）视为艺术构造形象时所"摹仿"的对象。其实，也可换一角度去理解"自然"，那就是不再将其视为自然的造化之物，而是将其视为自然的造化之力。这样一来，亚里士多德的这句名言，诚如哈里森（Jane Ellen Harrison）所说，不应被译为"艺术摹仿自然"或"艺术复制或再造自然物象"，而应译为"艺术像大自然一样创造万物"或"艺术摹仿造化万物的自然"。从《诗学》中不难看出，包括悲剧与喜剧在内的戏剧，是诗歌或诗乐艺术的代表形式，也是亚里士多德最为关注的艺术门类，其所摹仿或再现的内容，主要是人类行为及其生活状况。其中涉及的舞蹈艺术，所摹仿的也是剧中人物的性格、激情与行动。要知道，在亚里士多德眼里，甚至在众多古希腊人眼里，艺术总是与人类生活状况与人类本性的限度息息相关。在笔者看来，所谓"人类生活状况"，首先涉及人类的生存境遇、体验和情感等因素；所谓"人类本性的限度"，必然涉及人性的欲求、命运与时间等限度。人之为人，无论在自然限度的规约下，还是在人文教化的鼓动下，都不会甘愿成为被动的存在，故而对外物及其环境具有一种潜在的掌控、驾驭或为其所用的意向。故此，当艺术家将"自然"当作自己"摹仿"的对象时，不会单一地聚焦于对象的外在色彩与形状，而会关注对象的内在生命与力量，甚至会透过其生生不息的造化之力来体认生命的起源与本质，开掘其中与人生相关的真实效用与象征意味。如此一来，艺术家的"摹仿"过程，也就成为认识与判断的过程，再现与表现的过程，想象与创构的过程。更何况，物之为物的特性，一旦再现或表现在艺术作品之中，就会呈现出一种特殊的象征意义与审美价值，因为寻常之物会借助艺术的形式结构幻化出另一副样态，开辟出另一片天地。譬如，菲迪亚斯的神像雕刻，中国传统画中的山水花鸟，凡·高画中的农鞋，均是典型的范例。若按照"艺术即真理自行置入作品"这一命题或海德格尔的相关说法，物之为物的特性，关乎存在者的真理或物的普遍本质，正是通过艺术作品再现出来的。有鉴于此，艺术作品绝不是对那些时时现存手边的个别存在者（物体或对象）的再现，而是对其普遍本质的再现。[1]笔者以为，这一论点对于柏拉图来讲，无疑是过度阐释的产物；但对于亚里士多德而言，则是其逻辑推演的可能结果。

再就"自然"而言，我们有必要拓宽传统理解"自然"的向度，应当把"广袤深邃的自然现象"视为人类生活戏剧得以展开的"广大背景"。这一"背景"永恒长存，无论在过去，还是现在，都深深地影响了人类的想象，同时也有力地影响了人类的艺术。[2]迄今为止，现代艺术依然对自然背景情有独钟，借用风景艺术来描绘我们的梦想，抒发我们的情感，寄托我们的精神，安顿我们的灵魂。但是，在现代风景艺术作品中，远古时期主管山林水泽的神祇早已消隐，迷人的景象皆付阙如，只剩下空荡荡的舞台，上面没有演员，只有各式各样的风景和头绪纷繁的暗示。不过，在凝神观照的审美体验中，在天地神人的沉思遐想中，在寻找家园的憧憬梦境中，在时下诗与远方或远古呼唤的回应中，我们有望真正领悟到永恒自然的生命精神与创造力量，借此更好地理解古希腊艺术中的力量、特征及其创构原理，更好地体验植根在其中的激情乃至灵思。

其二，诗人理应摹仿什么？亚里士多德认为，诗人就像一位画家，必须摹仿下列三种对象中的任何一种："一是过去或现在发生的事情；二是传说或设想出来的事情；三是理应如此或应当这样的事情。"[3]一位"严肃而杰出的诗人"，他的关注焦点便是"理应如此的事情"。换言之，诗人的职责不在于描述已经发生或正在发生的事情，而在于描述可能或期望发生的事情，也就是根据可然律或必然律来描述可能发生的事情，不同的是，历史学家只记述已经发生的事情，无论双方是用韵文还是用散文进行写作，这便是两者的根本区别所在。因此之故，"诗歌比历史更富哲理性和严肃性，因为诗歌通常表现普遍的事情，而历史则只记载具体的

---

[1] 海德格尔：《艺术作品的本源》，见《林中路》（孙周兴译，上海：上海译文出版社，1997年），第15—20页。

[2] 哈里森：《古代艺术与仪式》（刘宗迪译，北京：生活·读书·新知三联书店，2008年），第129页。

[3] Aristotle, *Poetics*, 1460b, in S. H. Butcher, *Aristotle's Theory of Poetry and Fine Art* (London: Macmillan, 1911), pp. 96-97.

事件"。[1] 由此可见，亚里士多德意在扬诗抑史，其史学观稍嫌偏颇，对于像希罗多德与修昔底德这样的史学家而言，似乎有失公允。但这已超出本章讨论的范围，姑且存而不论。仅就希腊语的本义来讲，所谓"普遍的事情"，是指具有普遍性或一般性的事情；所谓"具体的事情"，则指具有特殊性或日常性的事情。按照亚里士多德的解释，"普遍的事情"就是"某一类人根据可然律或必然律可能会说或会做的事情"，"诗歌就是要表现这类事情，并给相关人物冠上姓名"。[2] 与此同时，亚里士多德还特意建议诗人要表现"那些不可能发生但貌似合理的事情，而非那些可能发生但看似不可信的事情"。[3] 因为，前一类事情更为可取，更有意义，更能彰显可然律与必然律的效应，更有可能接近那些理应如此的、合规律性的事情。

其三，诗歌这门艺术生成的根由何在？柏拉图将其归于摹仿，亚里士多德所见略同。但不同的是，柏拉图更多是从伦理道德角度消极地审视诗乐的摹仿特性，而亚里士多德更多是从审美心理角度积极地昭示诗乐的摹仿特性。柏氏的相关论述主要见诸《理想国》第十卷，亚氏的相关论述主要见诸《诗学》第四章。鉴于前者在上文里已有论述，这里仅就后者予以评说。在亚里士多德看来，"诗在整体上似乎源自两个原因，它们都深藏于人的天性之中。首先，人从孩提时候起就有摹仿的本能。人与其他动物的一个区别就在于人最擅长摹仿，并通过摹仿学到了最初的知识。人从被摹仿的事物中普遍地感受到快乐。……其次，摹仿是人的天性里的一种本能，是摹仿调式和节奏的本能（格律文显然是有节奏的部分）。所以，在诗的草创时期，那些在上述方面具有天赋的人，将其发展成特别的才能，最终在其纯朴的即兴口占基础上促成了诗的诞生。现在，诗依据作家的个性特征呈现出两大导向：一是较严肃者摹仿高尚的行动和好人的行动，而较浅俗者摹仿低劣小人的行动。前者起始于制作颂神诗和赞美诗，后者起始于制作漫骂式的讽刺诗"[4]。由此可见，亚里士多德将

---

[1] Aristotle, *Poetics*, 1451b, in S. H. Butcher, *Aristotle's Theory of Poetry and Fine Art*, pp. 34-35. Also see George Whalley, *Aristotle's Poetics: Translated and with a Commentary* (London: McGill-Queen's University Press, 1997), p. 81.

[2] Aristotle, *Poetics*, 1451b.

[3] Aristotle, *Poetics*, 1460a, in George Whalley, *Aristotle's Poetics: Translated and with a Commentary*, p.133.

[4] Aristotle, *Poetics*, 1448b, in S. H. Butcher, *Aristotle's Theory of Poetry and Fine Art*, pp. 15-17.

诗的起源与人的天性联系在一起。这种天性一方面表现为摹仿外物及其形象的本能，另一方面表现为摹仿调式与节奏的本能。人作为最擅长摹仿的动物，正是通过摹仿外物及其形象的本能而习得知识，继而在习得知识的过程中获得快乐，最终借助摹仿或再现，能将原本令人不快的对象转化成令人喜闻乐见的作品。再者，人出于天性与本能的需要，也擅长摹仿与自己的生命节律密切相关的音乐调式和节奏，并通过发展这种天赋，使其成为一种特殊才能，继而在即兴口占的基础上或随兴所至的吟唱中，创写了格律文或诗。而诗作为一门摹仿艺术，在不同诗人的不同品格的影响下，抑或摹仿庄严、高尚与好人的行动，抑或摹仿肤浅、低劣与小人的行动，由此便形成风格迥异、价值有别的颂神诗、赞美诗与讽刺诗。

总体而论，亚里士多德的摹仿诗学，主要是从正面和积极的方面言说。他所谓的"摹仿"观念，尽管涉及似与不似的再现问题，但已然融入了创构、思索与辨识的要求。这一要求不仅涉及可然律与必然律，而且涉及普遍性与貌似合理性，而这一切均关系到合规律性的艺术价值取向。譬如像诗歌这门艺术，正是通过题材的取舍，表现普遍的事情，来揭示对象合规律性生成、发展与变化的内在原理或逻辑，这种"更富哲理性与严肃性"的内涵或意义，非但不会妨碍、反倒会帮助人们认识周围的事物与世界。在此层面上，亚里士多德显然超越了柏拉图在摹仿诗学领域里的局限性。

那么，诗歌帮助人们认识事物的有效之处何在呢？为什么不用专门研究普遍性的哲学来直接取代诗歌呢？这两个问题最终会归结到同一个答案，即：诗歌能以艺术化的审美方式给人以快感，而注重思辨性与抽象化理论的哲学则不然。再者，诗歌中的神启与灵感之作，犹如神来之笔，会借用诗人之口，讲出不同凡响的神性预言，表达振聋发聩的真理启示，揭示某些隐藏在事物深处的奥秘。历史地看，从荷马到阿提卡悲剧作家，希腊诗人所创作的诗乐、合唱、舞蹈与表演等艺术，其显著的共性之一就是给人以快感或愉悦。这种快感或愉悦所引发的审美与精神体验，有赖于格律形式、情感表现、文辞魔法、幻觉魅力与神启灵感等多重要素。

悲剧净化作用

应当说，诗歌所引发的情感反应与艺术快感，正是诗歌的摹仿功能之一。这种反应与快感，是源自诗歌根据"可然律或必然律"所摹仿的那些"事情"，也就是那些"不可能发生但貌似合理的事情"，那些具有普遍性或合规律性的事情。在这里，"摹仿"已然不是简单地复制或效仿，而是艺术地再现和表现，甚至是创造性地想象与构造。至于"事情"，则是"事"与"情"的融合，不仅包含"事件、事理、事由或事物"等内容，而且包含"情况、情景、情绪与情感"等因素。它们综合在一起，构成了诗歌所需要的故事情节结构，这在悲剧诗中更是如此。相应地，悲剧所激发的"怜悯与恐惧"等情感反应，通过这些情感的净化之后，将会使人享受到更为深刻的快感。其中的关联，诚如亚里士多德所言："［悲剧］诗人务必凭借摹仿来引发快感，而这快感正是来自怜悯与恐惧。"[1] 简言之，亚里士多德的摹仿诗学，从更为积极的视域出发，深化了摹仿的功能，扩展了诗歌的主题，凸显了艺术的合规律性及其哲理性。值得注意的是，在古希腊雅典城邦，艺术教育从儿童开始，十分强调寓教于乐的游戏或娱乐形式，这在一定程度上就决定了古希腊教育重视儿童特性与游戏功能的传统意识，这一点与中国儒家强调"游于艺"的传统教育思想确有诸多相似之处。

那么，亚里士多德又是如何看待悲剧引发的情感"怜悯与恐惧"呢？在《诗学》第九、十四章里，亚里士多德指出：悲剧不仅摹仿某一完整的行动，而且摹仿令人恐惧和怜悯的事件。当这些事件令人感到震惊时，就更能产生那种［令人恐惧与怜悯的］效果。与此同时，这些事件由于遵从因果关系，故使上述效果得以强化或提高。因此，悲剧［通过表现这些事件］所引发的奇妙作用，大于这些事件自行发生或偶然发生所产生的效果。[2] 由此可见，悲剧中的"恐惧与怜悯"这两种感受，主要是由"事件的安排"或"事件产生的结局"引起的。这类"事件"之所以"令人

---

[1] Aristotle, *Poetics*, 1453b, in S. H. *Aristotle's Theory of Poetry and Fine Art.*, pp. 48-49.

[2] 亚里士多德：《诗学》，第九、十四章。另参阅该书第四章。另参阅 Butcher, S. H. *Aristotle's Theory of Poetry and Fine Art.* Bernays, Jacob. "Aristotle on the Effect of Tragedy," In Jonathan Barnes, Malcolm Schofield & Richard Sorabji (eds.). *Articles on Aristotle: Psychology and Aesthetics.* London: Duckworth, 2003, pp. 154-165。

恐惧"（*phoberōn*）或"令人怜悯"（*eleeinōn*），一方面是因为它属性"惨痛"，涉及相互"戕杀"这种毁灭性的"苦难"；另一方面是因为它发生在亲朋之间的行动中，而非发生在"宿敌之间，或既非亲朋又非宿敌之间的行动中"。在这方面，索福克勒斯的悲剧作品《俄狄浦斯王》与欧里庇得斯的悲剧作品《美狄亚》堪称范例。至于"悲剧特有的那种快感"，我们从亚氏的上述言说中仅能确认一点，即："那种快感是"通过摹仿来产生来自恐惧与怜悯的快感"。这里所谓"摹仿"，显然是舞台"演出"，是艺术的"再现加表现"，肯定不是"直接现实"，不是在现实生活中已经发生或即将发生的"事件"（令人"恐惧与怜悯"的"苦难""事件"）或"行动"（亲朋之间相互戕杀的"惨痛""行动"）。不过，这种"摹仿"又如何能够给人以"快感"呢？

在《尼各马科伦理学》里，亚里士多德从伦理"德性"的角度，提出了"中道"或"适中"原则。这一原则正是古希腊人一再推崇和努力践履的"适度"原则。举凡"过度"与"不及"（过犹不及）的感受与行为，在亚氏看来都是有悖于德性的，都是不好的，甚至是危险的。而符合"适度"原则的感受与行为，也就是既不多也不少的感受与行为，则是"最高的善和极端的美"。所谓"最高的善"，就是最好或最佳状态；所谓"极端的美"，就是极其适度或恰当的状态。仅就"恐惧与怜悯"这两种感受而言，唯有通过"摹仿"符合悲剧艺术要求的"事件"或"行动"，使它们得以适宜地"疏泄"或"净化"，从而既不多也不少，达到"适度"的状态，符合"中道"的要求，接受"理性的规定"，就可转化为"最高的善和极端的美"，这样也就随之成为可以获取的"悲剧特有的那种快感"了。事实上，按照通常的理解，这种快感可以说是"恐惧与怜悯"得到适度的"疏泄"或"净化"之后所产生的一种释放感或轻松感。[1]

再次强调指出，《诗学》是一部残卷，尤其关乎喜剧的论述，作为《诗学》第二卷不幸佚失。对此，现代有些古典学者建议参照《喜剧论纲》（*Tractatus Coislinianus*）予以补充，但因此书无法解释喜剧净化作用、喜剧性

---

[1] 关于"怜悯与恐惧"、"净化说"的渊源与流变的详细论述参见收入本书的《悲剧净化说的渊源与反思》一文。

结构以及如何引发笑料等喜剧手段，故此遭到另一些古典学者的否定，他们认为《喜剧论纲》是一部后人摹仿亚里士多德文风的伪作，理论可靠性与参考性有限。[1] 有关情感净化与情感动力的论述，则需要借鉴亚里士多德的《政治学》(*Politics*) 第八卷。有关情感论与想象力问题，则需要参考其《修辞学》(*Rhetoric*)。

亚里士多德所谈的"想象"(*phantasia*)，是在感觉和形象的基础上论述的，既涉及情感 (*pathē*)，也关乎理智 (*logisticke*)；通常，想象所引发的种种形象，有的令人快乐，有的使人痛苦，其内在的可评价性构成了认知的评估活动。这种"想象说"，历史悠久，绵延至中世纪后期和文艺复兴早期，对于须臾不离形象和想象的艺术产生了深远影响。[2] 在亚里士多德的心理学里，"想象"作为一种感官或感觉能力，一方面从记忆里唤起储存的形象，另一方面与视觉具有天然的联系。视觉是一种重要感官能力，没有视觉作用，想象则无能为力，这就如同没有光就无法看见外在对象一样。记忆好似一座容量巨大的水库，想象用以唤起形象来辅助主体做出抉择。譬如在道德行为和审美判断方面，想象的作用，不只是回顾那些已然经历或体验过的相似情境，还是从现存的经验里构建出潜在的解决问题的途径。亚里士多德将这种想象界定为"理智性想象"(*phantasia logistike*)，认为它具有联系和组合经验性知觉的能力，并将这种能力称之为"融合实践"，断言其在性质上具有建构性。这种想象力唯有人类具备，在求知欲望的驱动下，这种能力可以在联系和组合来自记忆的相关形象的过程中，对其各种结果进行筛选。与此同时，想象力具有自身的主动性，不仅可以在当下感知的对象中，也可以在已经感知过的记忆中，创造出一系列具有多种感性特征的相关形象。总体而言，亚里士多德的美学思想主要包含在《诗学》里，其中对一些具体问题的看法，如他认为悲剧的长度以一日为限等，虽然已经失去意义，但他所提出的基本美学理论，一直为后世各美学学派所重视。

---

[1] Stephen Halliwell, "Aristotle's Poetics," in George A. Kennedy (ed.), *Classical Criticism*, vol. 1 in *The Cambridge History of Literary Criticism*, pp.182-183.

[2] Malcolm Schofield, "Aristotle on the Imagination," in Barnes et al (eds). *Articles on Aristotle: 4. Psychology & Aesthetics*. London: Duckworth, 1979, rep.2003.

贺拉斯论诗艺

古罗马奥古斯都时期堪称拉丁语文学发展的"黄金时期"。在此期间涌现出三大诗人,贺拉斯(Horace, 65B. C.—8 B. C.)位列其一,另两位是维吉尔(Virgil)和奥维德(Ovid)。同一时期成就的两位主要批评家,贺拉斯也位列其一,另一位是狄奥尼修斯(Dionysius of Halicarnassus)。

贺拉斯既是诗人,也是批评家;不仅为自己的诗歌实践辩护,而且倡导其他人恪守同样的高标准;不仅推崇诗歌的娴熟艺术性,而且强调诗歌的道德责任感;虽然回避抽象而系统的论证,但极少忽视理论的严肃性。贺拉斯本人在雅典接受多年教育,精通古希腊语,擅长用希腊语写作。他除了敬慕古希腊文学经典之外,也对古希腊哲学传统情有独钟。作为诗人,他的代表作有《歌集》与《讽刺诗集》;作为批评家,他的代表作是《诗艺》(*Ars Poetica*)。[1] 有趣的是,《诗艺》是用书信体诗写就,可谓以诗文论诗艺的范本。

贺拉斯的《诗艺》全文共计476行,通常的引文注解,均采用诗行数码而非页码。值得一提的是,此文原为书信,是应皮索父子请求而撰,按顺序排列为第三封,收入贺拉斯的《书札》(*Epistles*)集。鉴于此信回应的是皮索父子提出的诗歌与戏剧问题,其内容涉及诗歌与戏剧的艺术理论,后来专此取名为《诗艺》。另外,贺拉斯虽然常用希腊语写作,但他的《诗艺》却以拉丁文版传布于世。[2] 总体看来,《诗艺》所论,主要分为三大部分:诗歌本质特征、戏剧艺术效果、诗人修养与责任。

诗歌本质特征

关于诗歌本质特征,贺拉斯主要关切的是整一性、技巧性与有用性。就整一性而言,一首诗务必前后连贯一致(1-8),务必呈现出必要的整一性(9-13)。整一性是源自史诗的创作法则,如果忽视或背离这一法则,在

---

[1] 有关贺拉斯的诗歌与诗艺引介,参阅王焕生:《古罗马文学史》(北京:人民文学出版社,2006年),第三编第二章"贺拉斯",第222—240页。另参阅 Doreen G. Innes, "Horace," in "Augustan Critics," cf. George A. Kennedy (ed.), *Classical Criticism*, in *The Cambridge History of Literary Criticism*, vol. I, pp. 254-267。

[2] Cf. *The Epistles and Ars Poetica of Horace: With Short English Notes for the Use of School* (Oxford: James Parker and Co., 1877).

诗中插入离题的成分，那就如同在一幅描绘海上风暴的画上置入一株柏树（14—21），或者就像制作一件由半个装饰花瓶与半个带柄陶罐杂拼而成的瓶罐（22）。贺拉斯假设存在融合整一性与多样性的意愿，但他呼吁规避来自无关联部分的非整一性，呼吁把握独立细节的必要性。这意味着完整的描述伴随着来自主题交织与布局交织的技巧多样性。对于无拘无束但要掌握平衡的诗人而言，贺拉斯的建议是："如你所愿，尽情为之，只要单纯和整一即可。"（23）

自不待言，整一性的对立面是非整一性。贺拉斯用绘画类比的方式，形象地将非整一性描述成一头荒诞巨怪。这种非整一性，无疑是损毁诗歌艺术的败笔。从因果关系看，导致诗歌非整一性的原因，主要是顾此失彼的结构编排。这种编排通常见木不见林，只关注特定细节与特定部分的优点，但却忽视部分与整体之间的契合关系。故此，完满的诗歌篇章，务必协调好部分与整体的有机联系（24—37）。

诗歌的技巧性，实则是指主题选择与谋篇布局的技巧多样性。具体说来，这其中包括主题、布局、措辞、格律、风格、人物塑造与布局编排等要素。主题选择要量力而行，不可超过自己驾驭素材与编排的能力（28—41）。布局应当力求完美无缺，要从核心目的出发，删除所有无用成分（42—45）。格律要依据诗歌体裁而定。史诗应采用六音步格律，哀歌应采用表现哀怨或爱意的格律，讽刺诗应采用抑扬格律，抒情诗应采用抒情格律（72—85）。风格多样多姿，或恢宏，或畅达，或典雅，或质朴，或平实，但各擅其长，色彩纷呈，但务必保持各自的特色（86—92）。诗歌所选择和描述的人物，或续旧或新设，关键在于鼎新独创，自成一家，成为连贯而典型的个人（125—135）。布局编排务必始于平和，绪论扼要，入乎主题之内，删除冗赘部分，规避不宜叙事，人物行为与年龄匹配应和。（148—178）。诗歌措辞或遣词用句，务必适宜恰当，言简意赅，富有新意。贺拉斯断言："人的作品将会死去，语词的精彩与魅力更不会经久不衰。"（68—69）这意味着语词会老化或陨灭，但诗歌措辞要设法化腐朽为神奇（46—72）。

诗歌措辞关乎文学艺术的魔力，因此最难达到至善境界。虽说只要选择与我们力量匹配的内容，措辞与流畅的布局就会随之而至（38—41），但实践绝非像言说这样轻巧。贺拉斯对此措辞进行了选择性说明，所提出的第一要求就是措辞务必微妙纤细，需要卡里马科斯式的润饰与简洁。

按其所言,"只要有一个所知语词通过聪明整合获得新意,那你就是所言精妙"(45-48)。这里可以比较一下多纳图斯(Donatus)针对维吉尔的批评,她抨击维吉尔为了装模作样而翻新花样,其所作所为不是源自过度宏丽或乏味无聊的措辞,而是源自创新使用日常的语词,因此就显得不露声色。在诗歌创作过程中,措辞必然涉及新造语词(48-59),这类词语最好较少取自"希腊词源"。贺拉斯认为,诗歌唯有需要时方可使用这类词语。与此同时,贺拉斯借助诗歌的整一性原理,拒绝接受诗歌措辞可以享受无拘无束的自由观。贺拉斯大力倡导老一辈罗马诗人竭力将拉丁语丰富化:"从过去到现在及将来,人们总有自由给每个语词打上新的印记"(58-59)。

在贺拉斯心目中,诗歌的有用性与诗人的有用性,是一枚硬币的两面。在《诗艺》里,诗人的有用性占据诗歌的中心(118-138)。诗人是一贫穷士兵,但却不受贪婪的约束,也不受社会有用性的制约。贺拉斯教导年轻人,提醒人们诗歌在学校课程中占有重要地位。他曾在教导少年的相关通信中指出:诗人塑造少年柔软和颤抖的嗓音,引导少年勿听污言秽语,继而鼓励少年凭借友爱准则构建自己的品格;诗人是改正鲁莽、嫉妒和发怒等弊病的人;诗人讲述杰出美好的成就,利用熟知的样例启发成长的岁月,安抚无能为力或患有疾病的人们。贺拉斯自信满满地宣称:诗人的境界赢得合唱颂诗和祈祷祝福,诗人"通过歌唱使上天的诸神息怒,通过歌唱使死者的诸神欢悦"(138)。

戏剧艺术效果

贺拉斯所言的戏剧,是古罗马的诗歌体裁之一。这种戏剧形式,是古希腊戏剧(如悲剧与喜剧)的翻译、变种、延伸和再创作(如讽刺剧)。在贺拉斯看来,戏剧艺术效果,主要涉及舞台效果、结构要求、合唱歌队与辅助手段等要素。为此,可怕的事情不可展示在舞台之上。如果剧情自身需要,但须让其发生在舞台布景背后。对于奇妙和恶心的事件,也要慎重和恰当地予以处理(179-188)。结构要求一部剧作的长度限定为五场,台上出现的对话人物不得超过三位,唯有必要时才可将神祇引入剧情(189-192)。合唱歌队是戏剧中的重要组成部分,有助于行动与剧情的发展(193-195)。在任何情况下,合唱歌队务必站在正义与公正的一边(186-201)。辅助手段原本较为简朴,涉及笛子之类乐器,契合观众习惯礼仪，但如今奢侈华丽的装饰与服装不断增加，合唱的歌词如同神谕一样令人费解（208-219），这些消极作用应当引起关注，应当适可而止。随后，贺拉斯谈及萨提尔剧的特点与要求（220-250），抑扬格诗律的正确用法，特此建议认真习仿古希腊诗人的传统做法（251-274），另外还论及古希腊戏剧的历史流变（275-288）。

在专论戏剧与史诗时，贺拉斯从未处理体裁问题，他循序渐进地讨论悲剧和喜剧，利用两者的差异证明措辞应当匹配情感水平和人物性格。这是标准的修辞学要点。在戏剧与诗歌的情感效应方面，贺拉斯坚信："对诗歌而言，优美娴熟尚嫌不足，要让诗歌富有吸引力，要能如其所愿地激起听众的情感……若你想要我哭泣流泪，你务必首先使自己感到悲伤；唯有如此，我才会分享你的灾难引致的痛苦。"（99ff.）与亚里士多德的《诗学》相比，贺拉斯自由地徜徉于悲剧与喜剧之间；在先行提出差别建议之后，贺拉斯阐释了来自悲剧的情感层次。他认为喜剧可能上达悲剧的愤怒之情，悲剧因为悲伤而降至更为平淡的风格。这意味着一种关乎悲剧与喜剧之间重叠关系的兴趣，由此引出贺拉斯对于萨提尔剧的分析。论及人物性格，贺拉斯首先转向喜剧，但随之讨论史诗、悲剧人物性格，借此表明如何因循传统或持续创新（119ff）。

贺拉斯倡导虚构新的人物性格，认为创造性摹仿更为可取：他所说的挪用传统素材的艰难任务，就是要规避一哄而上的路径与单纯的文字摹仿。在他看来，作为我们的榜样，荷马善始善终，像独眼巨人一样，引入令人惊叹的奇思怪想；采用单刀直入的方法，抓住读者的注意力，删掉任何不能"闪耀"诗性光辉的累赘，可谓"说谎富有技巧，真假混合一起，中段上承开篇，结尾契合中段"（151-152）。贺拉斯支持卡里马科斯的立场，推崇崎岖的路径，但却将荷马确立为摹仿样板；在文章结尾处，贺拉斯虽然采用了亚里士多德的整一性学说，但却将这一学说同赞美荷马的虚构方式联系起来。整体杂糅结果也会具有原创性，贺拉斯在此加上独特的喜剧评说，挫败宏壮开篇的锐气："崇山峻岭将会劳作与养育，诞生出荒唐可笑的鼠类。"（139）

贺拉斯本人十分看重戏剧特有的简洁规约（179-201），认为舞台行动要比直接引语更为生动，但要规避舞台上不合情理的行动，诸如美狄亚杀死自己的孩子之类；一部戏剧要有五场结构，这方面的相关实践已然见诸米南达的剧作和罗马的喜剧；结尾处描写神的调解，应取决于情节的需要，否则不要贸然引入；不许三位以上的人物同时登台对谈，那样会导致相互纷扰或冲淡剧情的副作用；要让歌队合唱成为情节的组成部分，让其提供良好的建议，抚平愤怒者的情绪，拥护正义的行为，赞扬正确的事物，祈求诸神的保佑。这里的道德作用不是亚里士多德式的，而是结合了诗人社会有用性的教育与合唱功能。道德也将塑造音乐的处理方式（202-219）：过往单纯与淳朴的笛子，适合乡野的听众，但由于繁荣导致腐化，音乐沦落成放纵淫荡的招牌。在这里，贺拉斯有可能把丰富的希腊音乐传统，当作社会腐化的标记或起因。[1]

诗人修养与责任

贺拉斯始终认为，优秀的诗作，需要不断修改和润色，否则难登大雅之堂，但罗马诗人大多不喜欢如此。于是，他极力建议诗人应当拥有合乎自己身份的文化艺术修养和承担相应的社会道德责任。按照他的说法，一位真正的诗人首先需要伦理和政治知识，依此来选择和组织恰当的素材与正确的主题（309-316）；其次需要认真研究自然，从中汲取和选用火热的词语（317-322）；再次是接受良好的教育，由此获得足够的学识（323-332）。再其次，鉴于诗歌的目的是"寓教于乐"（333-334），诗人要将简明扼要和彰显真理视为诗歌的要务或目标，这需要慎重从容，而不可粗枝大叶。唯有实现寓教于乐这一双重目的的诗歌，才称得上是完美的作品（335-346）。另外，诗人写作，不要为稻粱谋，要维护诗人的尊严，要在诗作完成后将其交付一位评判人或批评家，在听取意见后不断推敲和修改，在发表之前要先搁置一段时间（386-390）。

在专论诗人的部分里（295ff.），贺拉斯特意指出：德谟克利特只是认可迷狂的诗人。从所有先例来看，明确的要点就是既需技巧，也要天分。凭借辛辣的讽刺挖苦，贺拉斯发现迷狂的代价太大，自会抛弃诗歌。于是，他宣称："我愿做一块磨刀石，能够磨砺锋刃，即使无法削割……我自己不着一字，但要传授诗人的功能与职责，此乃诗人力量的泉源，借此喂养和塑造诗人；什么恰当，什么不当，卓越与错误，在此并行不

---

[1] Cf. Plato, *Laws*, 700a-1b; Aristoxenus, fr. 124 Wehrli.

悖。"(304—308),技巧与天才结伴而行,密不可分(408—411)。的确,贺拉斯论点交错,涉及主题性、伦理性、政治性、目的性、有用性、甜美性和卓越性(347—476),因而导致模糊不清。最后,贺拉斯自鸣得意地断言:你若忽视我的忠告,刚愎自用,智慧之士就会离你而去,男孩们就会将你当作一个傻瓜群起而攻之。你若不小心失足落入井里,人们就会认为你是有意为之,就会诅咒你冒犯神灵,不可救药(453—472)。

需要说明的是,诗人需要知识(sapere),内含多重意味。譬如,(1)诗人应当熟知哲学(309—310),学会为国、为家、为朋友应尽的社会义务,学会恪守元老、法官与战争指挥官的职责,这样就会使风格随之而至。(2)诗人应当熟知恰当的人物性格刻画,提供现实主义的道德范例。人物性格刻画与道德携手并进,"技艺高超的摹仿者,将会细读生活的样板与风范,给予它们现实主义的表现"(318—319)。(3)诗人应当熟知适当的体裁与风格(86—87),这样就会对于格律、措辞等技巧运用自如。通常,贺拉斯毫不掩饰地将体裁、风格与内容连成一体(40—41)。(4)诗人应当熟知诗歌与诗人的双重目的。诗歌应当既有用又宜人,既教诲人又愉悦人。按照他自己的说法,"诗人的目的抑或是有用,抑或是宜人,抑或是将愉悦与有用两者结合起来"(333—334)。不过,"每一张赞成票,都会投给将有用与宜人结合起来的诗人(qui miscuit utile dulci),因为诗人既让读者欣然而乐,同时又教导读者德行善举";诗人的诗篇就是这部发行出售、流布海外、久负盛名的著作(343—346)。可见,贺拉斯对诗人承担神圣角色的庄严赞美(391ff.),正是因为诗人担负着建立和教化社会的责任。

"诗如画"说

在论及诗人所需的修养时,贺拉斯将诗与画予以类比,提出"诗如画"(ut pictura poesis)一说。这一说法暗示,有些绘画近观令人愉悦,有些绘画远观令人愉悦,有些绘画模糊不清令人愉悦,有些绘画置于光下令人愉悦——无惧批评家的尖锐评判,有些绘画仅能令人愉悦一次,有些绘画经得住观看十次(361—365)。贺拉斯虽未做出价值判断,但显然青睐那些能够经得起反复和精细研究的作品。[1] 如此说来,"诗如画",主要

---

[1] Brink, *ad loc.*, against R.W. Lee, "*Ut pictura poesis:* The humanistic theory of painting," *The Art Bulletin,* 22 (1940), 199.

是就诗画意境的相似性而言。诗歌要取得绘画的艺术效果，就应当提升自身的艺术性，在措辞上不断锤炼，在文本上不断修改，令其经得起推敲，经得起品鉴，经得起批评，经得起时间考验。诗与画的类比，在希腊哲学与诗学中颇为常见。柏拉图在《理想国》第十卷论摹仿诗时，就以绘画（画床）这一视觉形式对其予以图解，甚至用"错视画"来讽喻摹仿诗的虚假性。亚里士多德在《诗学》第六章里论悲剧的人物"性格"时，也以公元前 5 世纪两位著名画家宙克西斯（Zeuxis）与波吕格诺托斯（Polygnotos）的画作为例进行比较，认为前者擅长写实仿真，后者善于刻画性格。相比之下，贺拉斯"诗如画"说的直接影响，可能来自西蒙尼德斯（Simonides 556B. C.–468 B. C.）。归在后者名下的传世名言"诗是有声画，画是无声诗"，不仅道出了诗与画在意境方面的相似性，而且昭示了诗与画在效应方面的内在联系，由此形成有史以来评价诗情画意的一条主导性准则。

历史地看，贺拉斯的诗艺理论对于法国古典主义影响甚大，这在布瓦洛《诗的艺术》中显而易见。时至今日，有关"寓教于乐"与"诗如画"等观点，依然具有重要的参考价值。另外，贺拉斯以诗文论诗艺的写作方式，也对后世诗歌批评产生了重要影响，这方面的典型案例，当推蒲柏（A. Pope）的诗文《论批评》（*An Essay on Criticism*）。再者，人们对贺拉斯自身技艺的欣赏，一直有增无减；贺拉斯所尝试的方式，不仅是用一首诗来论诗艺，而且这首诗本身就体现出那些诗艺。

"朗吉弩斯"论崇高

《论崇高》（*Peri Hupsous*）一文，是用古希腊语写的，英文译名为 *On the Sublime*，通常归在"朗吉弩斯"（Longinus）名下。对于该文的作者身份，古典学界长期存疑，因此给这位作者的名字打上引号。[1] 该文的最

---

[1] Donald A. Russell, "Longinus on Sublimity," in "Greek Criticism of the Empire," cf. George A. Kennedy (ed.), *Classical Criticism*, in *The Cambridge History of Literary Criticism*, vol. I, pp. 306-310. Also see Andrew Lang, "Introduction: Treatise *On the Sublime*," in Longinus, *On the Sublime* (trans. H. L. Havel, London：Macmillan, 1890), pp. xiii-xxxi.

新译者哈利维尔（Stephen Halliwell）通过研究发现，《论崇高》是一篇批评论文，作者是一位批评家，而非一位哲学家或修辞学家。他专此列出九个理由及其相关证据，证明该书无法归在公元3世纪希腊哲学家和修辞学家Cassius Longinus 的名下。尽管此人从16世纪中期到19世纪早期一直被视为该文的作者，但现在只能称其为"伪朗吉弩斯"（pseudo-Longinus）。从文风、用语、论点和思维方式等方面审视，此文出版的年代最早在公元1世纪初，最迟在公元2世纪初。该文作者崇敬尚柏拉图的哲学思想，谙悉亚历山大理亚学派的学术研究，个人的经典导向意识甚强；该文所关注的主要对象，事关文学修辞美的特殊杂糅观念，其中反复使用的"批评"术语，旨在表明根本上趋于价值判断的论证模式。[1]

在欧洲批评长河中，《论崇高》的影响力，除了稍逊于亚里士多德的《诗学》，几乎盖过所有其他批评论作。该文所论，可分为六部分：（1）崇高的定义与论证：艺术法则是否涵盖崇高？（2）与崇高对立的风格弊端及其原因：矫揉造作，夸夸其谈，虚假情操，僵硬自负。（3）真正的崇高及其独特性。（4）崇高的五大来源：思想的恢宏，动情的力量，言语的修辞，典雅的表达，结构尊严与提升。（5）摧毁崇高之风格的内在弊端：滥用节奏，断裂蹩脚的从句，失当的冗赘啰唆，误用熟悉语词和反高潮手法。（6）为何缺乏伟大作家的主因：当时专制的政府管理方式，风度礼仪持续腐化，卑鄙微末的生活观念普遍流行。[2]

乍一看来，这部论作似乎井然有序。然而，这只是某种幻象。我们遇到的所有难题，并非都源于该作佚失三分之一的厄运，而是该作手稿中有数处出现缺页。这些难题也是整篇论文的性质和规划所致。作者在绪论里声称，此书旨在回应或补充凯基利乌斯（Caecilius）对"崇高"的说明，一种不能令人满意的说明。限于篇幅，这里仅就相关内容概述几点。

---

[1] Stephen Halliwell, "Introduction," in "Longinus," *Sul Sublime /On the Sublime* (Rome: Mondadori, forthcoming), pp.1-12. 此新译本被列入意大利"Fondazione Lorenzo Valla 丛书"（the Fondazione Lorenzo Valla series）。笔者去年从哈利维尔教授的来信中得知，他已完成重译 *On the Sublime* 的工作。为了引介最新研究成果，笔者写信向他本人说明用意，随之通过电子邮箱收到他发来的电子版《导论》定稿。目睹为先，受益良多，在此谨向哈利维尔教授深表谢忱。

[2] Longinus, *On the Sublime* (trans. H. L. Havell, London: Macmillan, 1890), pp. ix-xi.

崇高与美

根据该文对于主题的界定，崇高就是卓越，甚至为重要的一点，就是赋予伟大作家以不朽的声誉；这是一种令人惊异与震撼的特质，而非以寻常与温和方式进行说服的特质；该特质可见诸单个短语之中，因其无须全部语境来展示自身。由此可见，在语词形式的多样性中，"伟大"（megethos）在广义上被用作"崇高"（hupsos）的等价词。其次，卓越的技艺可能有悖于人们的这一看法：诸如此类的崇高事物，只是自然所为，而非自然与艺术的结合结果。进一步的界说是通过描述虚假的崇高，凸显诸种空洞与乏味的言辞，这些言辞是对恢宏进行误导或无能为力的结果。真正的崇高经得起时间的考验，经得起睿智读者的反复琢磨。这类读者具有可想而知的背景、年龄或教养 (7.3–7.4)。

从《论崇高》开篇伊始，作者知道自己的任务是帮助将来的演说家"思其大"（think big），而不只是采用宏丽的语词与宏大的谋篇。作者所列出的五个崇高来源中，前两个被赋予至为重要的意义，这关乎思想的恢宏与强烈的情感（pathos）。据文中所说，崇高将人们提升到神思或神灵的伟大高度。从语境中看，这意味着伟大作家如同半神半人，其所获得的心智与灵视，能够在思想中凝照和超越整个宇宙，能够创制包罗万象的文学哲学。另外，像神一样的崇高原理与超凡入圣的地位，能使崇高或伟大作家在其不同的文学艺术体裁中，拥有获得恢宏或伟大思想的无限能力，拥有无限广大深邃的心智与潜能。也就是说，崇高或伟大的作家，可以凭借自身的表现力量、强度和专注度，让其所要传达的思想与情感具有多重意义与意味，由此吸引人们在反复细读和静观中受益良多。当然，除了这两种要素之外，文学艺术与其他三个崇高来源的关系同样密切，这涉及修辞、措辞与组合方式。在此文作者看来，凯基利乌斯的主要败笔，就在于他忽视了情感；情感虽然有别于崇高，但却是成就崇高的一个独特而有效的要素。迄今，学者已然对此作出诸多解释，其中专论崇高之中的情感作用，[1] 委实值得给予足够的重视和认真的反思。

比较说来，崇高与情感的关系，在重要性与关联度上，均类似于崇

---

[1] 最近研究成果，参阅 Jacques Bompaire, "Le pathos dans le Traité du Sublime," *REG*, 86 (1973), pp. 323-343。

高与美的关系。根据哈利维尔的总结，崇高与美的关系涉及如下几点看法。首先，暗示这种关系的是如下指涉："美的语词是对[崇高]思想的特殊昭示。"(30.1)这一格言式的说法，虽未将崇高直接等同于美，但却有助于表明这两个概念之间并不存在彼此紧张或互不兼容的关系。在实际语境中，"美"几乎与"伟大"或"恢弘"前后并列，更何况该文将"崇高"用作某种集群概念，所涉及的特质与美德包括恢宏与伟大，而恢宏又类似美、力量与重量等特质。由此便可推定崇高与美相关。再者，文中的"崇高"与"伟大"两词近乎同义，但有的时候，"伟大"一词抑或用来表示更广的范畴（"崇高"作为一种居于其中），抑或以类似方式应用于"美"一词的所指。

从文中使用的"美"一词来看，其语境与所指主要可分为三类：第一类情境是用来表示"美的特质"或诱人的特征（34.4），其意接近于美德或卓越。第二类情境是用于"风格之美"(5.1)、"美的话语特征"(32.7)或"美的写作"(33.5)等短语，与其连带使用的是意指文学优点的"崇高"与"愉悦"等术语。在这里，风格之美多种多样，但显然可以独立于"崇高"而存在。第三类情境是将"美"与其他术语，一起用来描述关乎"崇高"的思想及其特征，譬如"美与恢宏的要素"(17.2)，"力度，说服力与美"(20.1)，"美的语词是对[崇高]思想的特殊昭示"(30.1)，直接涉及"崇高"对象的描述，譬如"例外的，伟大的和美的"自然性相（35.3），"美的和真的诸崇高性"(7.4)。基于以上证据，可以合理推断：在作者的批评词汇中，美的使用范围虽然大于崇高，但崇高自身可以被视为一种至为重要的美。[1]

创造性灵感

在古希腊文化传统中，"神启性灵感"一说在《论崇高》写作时期已然成为老生常谈。因此，该文作者另辟蹊径，使用不同语汇来谈论灵感。所涉及的章节计有十余个，但主要出现在该文第13—14节里。在这方面，"创造性灵感"的理念不仅关乎心理学机制，而且涉及个体作家与崇高作家准则之间的关系。

在《论崇高》第13节里，作者在论述过往伟大作家如何以摹仿或

---

[1] Stephen Halliwell, "Introduction," in Pseudo-Longinus, *Sul Sublime /On the Sublime* (Rome: Mondadori, forthcoming), pp.17-19.

仿真实现崇高的途径时，他以类比的方式，借用日神阿波罗女祭师（the Pythia）的案例，提出"灵感"的"气动催化"过程。按其所言，许多作家受到某种神灵的附体或启示，就像女祭师一样，地缝里吹出一个神性气泡，女祭师从中获得超自然的力量，立刻在"灵感"（epipnoian）的驱动下发布诸则神谕。同样，源自老一辈作家的伟大天赋，让其神圣之口里的言辞，流入他们的摹仿者头脑之中，使后者由此获得"灵感"（epipneomenoi），继而共享前者的伟大。这看来就是一种传感效应。伟大作家的创作才华，通过认真习仿便可传导给其他作家。这里的必要条件或重要中介，就是在习仿或摹仿过程中所获的"灵感"。换言之，每位新生作家与伟大前辈作家的创作准则，潜含一种自我意识关系，内化于其中的就是"灵感"。《论崇高》的作者借此大胆地传递出某种创造性灵感的驱动力。在这里，我们在理解"摹仿"这个特殊术语时，理应同时想到"摹仿"即再现加表现或"摹仿"即艺术创构的内在意涵，否则，我们就会落入过于简单的俗套，将其视为复制或拷贝的机械性技巧了。

在《论崇高》第 14 节里，"灵感"的心理机制得到充分表述。其所勾画出的作家，志存高远，厚古而不薄今。他们在心理想象活动中，设定自己的位置与目标，趋向过往最伟大的经典范型，渴望创作出引人入胜的传世杰作。他们一边对荷马、柏拉图、德摩斯梯尼比与修昔底德等伟大作家心向往之，一边升华自己的思想，确立理想的标准，在想象中与前辈作家进行互动与展开竞争，以期从中获得灵感，挥洒神来之笔，写出超越自己生命时限与生活时代的诗句或作品。[1]

这样一来，即便那些伟大的前辈作家生活在遥远的过去，可在步其后尘的作家心里或脑际，他们都像"心理意义上的同时代人"一样，在艺术创作中彼此对话或比肩量力，由此结成跨越历史时空的"神交"，共同促进文学艺术的繁荣昌盛，为未来创构和留存更多的精品佳作。这显然是一种充满理想主义和浪漫主义色彩的精神与艺术追求。但要看到，《论崇高》执意将崇高本身奉为唯一伟大和至高的艺术特质，认定唯有达到这一境界的伟大作家才能经得起时间的考验而得以传世。由此可见，涉及艺术创造的灵感形式，绝非一件单凭摹仿就能如愿的易事。

---

[1] Stephen Halliwell, "Introduction," in Pseudo-Longinus, *Sul Sublime /On the Sublime*, pp. 19-22.

修辞艺术与道德善化

对于修辞学问题(18)、重复法(20)、倒装法(22)与其他修辞手法,《论崇高》先后进行了巧妙而有趣的举例说明;对于隐喻(32)和综合(39),进行了某种详细的论述,而对于其他事情却一笔带过。在论及离题问题时(33-36),作者侃侃而谈,就像在陈述自己的文学信条。凯基利乌斯偏爱吕西亚斯胜过柏拉图,而《论崇高》的作者则相反,他的目的之一是要重新恢复柏拉图文学艺术家的地位(9)。另外,他最为赞赏的伟大作家是荷马、品达与索福克勒斯等诗人,认为其他作家无法与他们比肩量力。这如同赞赏和仰慕的是波涛宏巨的江河,而不是细水清澈的溪流一样。在涉及离题问题的相关段落里,有两个要点需要指出:其一,这里丝毫没有离题,而是清晰地呈现出作者的核心立场。这委实是该文的性质所在,推理部分对其要旨至关重要,超过对五个崇高来源设想的陈述。其二,对于亚历山大理亚学派代表人物卡里马科斯的理想宣言,罗马诗人对此展开许多说教,依此追求完美的小型杰作。"朗吉驽斯"选用的隐喻恰到好处,在此对比了亚述流域与清澈涓流,前者将污泥浊水汇入大海,后者源自神圣清泉,蜜蜂从这里将泉水带给狄奥,使其成为一种文学类比。

在讨论阐释性问题的一节里(44),作者开启了他自己与一位"哲学家"之间的争论。这一部分虽然出乎预料,但与这部著作的主题密切相关,因其更精确地界定了道德善化的意义;倘若那个时代要与过往的"崇高"创制相媲美,那么这种道德善化就必不可少。这位"哲学家"坚持认为,同时代的作者具有实现崇高境界的天分,但其不足之处起因于缺乏自由。任何形式的"奴隶制",无论多么公正,其禁锢心灵的蛮横做法,亦如囚笼会禁锢儿童的成长一样。"朗吉驽斯"的驳斥方式,是把这一现象归因于我们的道德听命于贪婪与奢侈。这里当然会涉及此文写作时糟糕的社会和政治语境。

毋庸讳言,《论崇高》存在文本结构问题、作者身份问题和出版年代问题。但是,所有这些问题都不会严重减少此文的重要性和影响力,也不会减少此文独特辩才经常给人带来的快感和启示。此文许多部分不仅仔细讨论诸种样例,而且从荷马史诗谈到"风度喜剧",展现出更加广阔的主题与更具个性的视角。在此过程中,此文将《奥德赛》视为《伊利亚特》的后续之作,推定《伊利亚特》是荷马年富力盛时的诗作,认为《奥德赛》是荷马垂垂老矣的诗作,前者既富戏剧性,又激动人心;后者叙事平和沉稳,反映出老年生活特征。于是,在《奥德赛》里,荷马堪比落日:形体如故,但无力量,不再像过去那样在《伊利亚特》故事里承受强大张力,也不像以往那样一贯保持高水平而无任何败笔。接连不断的喷涌激情现已消失,随之消失的还有多才多艺的特性,写实主义的文风,取自生活的丰富形象。相比之下,我们看到伟大特质像潮水般退去,仿佛汪洋大海回撤到自身,在自个的海床上静静流动。荷马失落在令人惊奇和难以置信的领域里。[1] 这一主旨虽显离题,但特别清楚。在这里,作者的精神与道德的恢宏,才是成功的决定因素,才是最高的写作境界;而失之均衡与技巧不足,有时却会被人遗忘。令人着迷的是,当《论崇高》的作者饶有兴趣地表达恢宏激情之际,又看到他如何利用萨福的那些精微的抒情技巧(10.1–10.3)。可以确定的是,该作者拥有伟大文学的理想,期望这种文学绵延不绝,相信仍有可能创制出经得起时间考验的艺术作品,这些作品会像伟大的经典那样永久流传、万世不殆。在古代或拜占庭时期,《论崇高》似乎没有多少读者,文艺复兴时期才是其流布于世的最佳时期,17 世纪晚期与整个 18 世纪更是如此。作为一个划时代的标志,此文通过布瓦罗(Boileau)的译本(1674),光耀文学与美学批评的历史长河。

结　语

上述四部文本,实属西方古典批评的至要遗产和理论圭臬,也是欧洲批评史上影响力最大的经典著作。各自的意义、效用、影响与地位,犹如四根支柱,有力支撑着古典批评这座千年老店。在形象与象征意义上,它们彼此关联,缺一不可,堪比管子笔下的"四维"。据其所言,"一维绝则倾,二维绝则危,三维决绝则覆,四维绝则灭。倾可正也,危可安也,覆可起也,灭不可复错也"(《管子·牧民》)。研究西方古典批评,离不开对此"四维"的深切理解和把握。当然,除了这"四维"或

---

[1]　*On Sublimity* 9.11-14, 引自 Russell and Winterbottom, *Ancient Literary Criticism*, pp. 470-471。

"四根支柱"之外，这座千年老店的整体结构与持续修缮，也离不开其他不可或缺的橡檩梁材或重要论作。其中就包括德米特里厄斯的《论风格》(Peri Hermeneias/*On Style* by Demetrius)，西塞罗的《论取材》(*De inventione*)、《论演说家》(*De oratore*)和《献给赫仁尼乌斯的修辞学》(*Rhetorica ad Herennius*)，狄奥尼修斯的《论文学创作》(*On Literary Composition* by Dionysius of Halicarnassus)、塔西佗的《关于演说家的对话》(*Dialogus de oratoribus* by Tacitus)，昆体良的《演说术原理》(*Institutio oratoriae* by Quintilian)与赫拉克利图斯的《荷马托寓问题》(*Allegoriae Homericae* by Heraclitus)，等等。所有这些文本，在古典批评的不同历史时期发挥着不同的作用，唯有将其连缀起来，才能构成古典批评这座千年老店的全景图像及其多维形态。

三　在神话与哲学之间[1]

柏拉图的对话作品与书写方式，既构成了他的哲学园地，也构成了他的文学园地。因此，柏拉图本人享有不同的称谓，如哲学家、诗人哲学家、剧作家与神话作者（myth maker）等等。的确，在柏拉图的对话文本中，经常会读到诸多穿插其中的"秘索斯"或"神话"（mythos/myth），其篇幅或长或短，其形式多种多样。

值得注意的是，这类神话所体现出的诗性智慧（poetic wisdom），主要是借助传奇故事或形象比喻的灵思特质，以象征方式来表达某种经验性的告诫、道德性的劝谕、哲理性的提示或事物内在的本质，在效果上要比单纯的抽象思辨或逻辑推理更为鲜活，更为直观，更有感染力。因为，神话不仅有助于深化和强化所讨论的相关主题，而且有助于解释和彰显所涉及的理论思辨。神话的这些特殊效应，在柏拉图的哲学中表现得尤为突出。

神话的功用与哲学的起源

神话包含着广泛的内容，譬如诸神故事、英雄传奇、民间童话、集体象征物、自然物比喻、神性行为规范、世界起源、人类或家族演变、善恶意识形态、传统习俗惯例、往世来历、现世作为与来世报应等等。在原始社会，神话讲述的故事不是为了娱乐原始先民，而是为了开导他们，向他们讲明那些令其困惑与费解之事。故此，神话不仅行使着宇宙论、神学、历史与科学的职责，而且还行使着一系列与天气变化、季节

---

[1]　此文发表于《文艺理论研究》2013年第2期。

回归、繁殖周期、生长衰老等现象相关的职责。[1] 现如今，我们的诗歌与戏剧等一切种类的文学作品，都不断暗引着神话故事，并从中诞生了灵慧的理念、欢快的想象、有趣的主题等等。[2] 总之，神话的言说是生动而沉奥的，其丰富的寓意、奇妙的象征和耐人寻味的哲理等等，都蕴含在多义有机的语境之中。因此，从渊源和效果史上可以这样断言：作为"宝藏室"和"资料库"的神话有多丰富，与其相关的文学与哲学就有多丰富。不仅如此，神话虽然是虚构的或想象的产物，或按维柯（Giambattista Vico）的说法，是源于"逻各斯沉默不语"之时代的幻想，但是，其综合性的想象力和多层次的思想性，一方面将理智或理性所解析的东西汇集起来，开启了一种抽象思维无法企及的世界视野；另一方面创设了一种灵慧和启蒙的迷人契机，借此与人类的思想、道德乃至生存意义构成了隐秘的联系。也就是说，神话借用这一方式，将抽象的东西直觉化了，将理性的东西感官化了。因此，在有些学者看来，神话正是基于上述作用带来一种特有维度，"这种维度对人类精神来说是本质性的，而且是理性难以望其项背的：人与自然的统一，正如'两者都位列其中的正当秩序那样：神话赋予意义的功能，第一次与[理性的]解释性功能并列'"[3]。

我想，神话的上述特征与解悟方式，也会作为某种参照用来审视古希腊神话。事实上，古希腊神话中的人物是神人共在，其中诸多往昔的英雄和伟人，不是半神半人，就是神与人之间的中介，他们抑或代表人类美德与行为的楷模，抑或通过自己的丰功伟业与英雄事迹来体现神性化的超自然力量。有关这些人物的状貌、局部关联及其影响范围所引致的总体概念和人物之间的相互关联，往往成为民间信仰不可或缺的内容，其中涉及地区崇拜的那些传说，实际上属于艺术，即诗歌和造型艺术。虽然艺术并不附属于崇拜，也不受制于信仰，但却从崇拜和信仰中汲取人物形象以及他们之间的某些关联。总之，神话中的共同领地，在很大

---

[1] C. M. Bowra, *Primitive Song*, New York: The World Publishing Company, 1962, pp.217-218.

[2] 弗兰克：《浪漫派的将来之神——新神话学讲稿》（李双志译，上海：华东师范大学出版社，2011年），第141页。

[3] 同上书，第138页。另参阅 Hans Poser (ed)., *Philosophie und Mythos: Ein Kolloquium*, Berlin-New York, 1979, p.143.

程度上是艺术扩展的结果。[1]

但就柏拉图对话作品中的神话而言，无论在其解读还是在其用法上，所涉及的情况显然要比传统神话复杂得多。我们知道，一般汉译为"神话"的希腊语词 mythos 有多种含义。譬如，在荷马那里，mythos 意指"语词"（word）或"言语"（speech），最初与 logos 的原意没有什么区别；在赫西俄德那里，mythos 意指"演说"或"讲话"（public speech）；在伊索那里，mythos 意指"寓言"（fable）或"故事"（story）；在柏拉图那里，mythos 意指"交谈"（conversation）、"说法"（saying）、"传说"（tale, narrative）或"虚构之事"（fiction）；在亚里士多德那里，mythos 意指"喜剧或悲剧的情节"（plot of a comedy or tragedy）。[2]

随着语义或能指的不断扩展，神话的含义和用法变得日益丰富和深刻起来。这在很大程度与希腊文化的发展特点以及希腊人对待神话的态度密切相关。要知道，古希腊人是一个极其喜爱和极力保护其神话的民族，他们努力使希腊神话成为其生存理想的基础。在此过程中，希腊神话的范围逐步扩大，将诸多内涵包裹在其精致和闪亮的面纱之中，这其中包括对大地和宇宙的看法、对宗教信仰的感悟、对世界的无意识观察，同时也包括从生活中得出的经验等等。[3] 这样一来，神话在内容或旨意上，自然而然地吸纳并融入了关乎人类生存和世界本原的思想与智慧。

在希腊文化传统中不难发现，意指"神话"的 mythos，通常与"诗歌"（poiēma）联系在一起，因为诗歌这一口头文学形式所吟唱的主要题材是神话或传奇。另外，意指"智慧"的 sophia，通常与"哲学"（philosophia）联系在一起，因为哲学这门爱智之学所探讨的主要内容是智慧或真知。实际上，神话作为一种流行的言说或叙事方式，是经由诗歌这一旨在表情达意的媒介，逐步渗透到重在思辨说理的哲学之中的。其间最根本的内在关联点在于：神话的故事内容十分神奇，会使人感到惊奇（thaumazein），

---

[1] 詹姆森：《古希腊神话》，见克雷默等：《世界古代神话》（魏庆征译，北京：华夏出版社，1989年），第201—202页。

[2] Henry G. Liddell & Robert Scott, *A Greek-English Lexicon*, (Oxford: Clarendon Press, 1961), pp.1150-1151.

[3] 布克哈特：《希腊人和希腊文明》（王大庆译，上海：上海人民出版社，2008年），第60页。

而哲学作为爱智之学，旨在发现这种"惊奇"的意义或真相。对于这层关系，柏拉图非常重视，并在《泰阿泰德篇》(Teaetetus)里断言："惊奇"(thauma)或"因惊奇而思索"(thaumazō)这类经验，既是"哲学的起源"，也是"哲学家的特点"。[1] 这也就是说，在词源意义上与"惊讶"和"惊叹"密切相关的"惊奇"或"因惊奇而思索"这一活动，堪称哲学家之为哲学家的真正标志。因为，由此引发的追问，是无休无止的；由此推演的意义，是绵延不绝的，甚至会结为一个探讨意义之意义的动态扬弃过程。而在苏格拉底眼里，真正的哲学家就应具备揭开谜团、刨根问底的兴致和能耐，应在持续不断的诘难和思索中保持永不满足现有答案的强烈意识。这不只是为了催生新的思想，更是为了探求新的真理。所以说，如果认为哲学就发轫于"惊奇"或"因惊奇而思索"的话，那么，哲学这门爱智求真之学就似乎没有终结的可能，因为由"惊奇"所产生的效果与思想总是难以确定的，这便为哲学家提供了"上下求索"的无限空间。

　　历史地看，先有神话，后有哲学，哲学的起源可追溯到神话与宗教。实际上，早期希腊哲学的主要概念与范畴，一方面来自希腊神话，譬如天空(ouranos)、大地(gaia)、海洋(pontos)、混沌(chaos)、宇宙(cosmos)、爱(erōs)与争(neikos)等等，另一方面来自希腊宗教，譬如"神"(theos)"心灵"(psychē)、"命运"(moira)与"法则"(nomos)等等。鉴于宗教用于表达自身的手段是"诗性符号"(poetic symbols)与"神话人物"(mystical personalities)，加之其信仰或膜拜的对象主要是"奥林帕斯诸神"和"狄奥尼索斯酒神"两大谱系，因此它与神话在实质意义上属于一枚硬币的两面。尽管哲学在当时偏好采用抽象的语言和思维模式来探讨因果与实在等问题，并且试图以更为清晰与明确的方式来界定这些问题，但是哲学始终同神话精神和宗教传统密不可分。因此，哲学与宗教和神话的外在差别，遮盖不住彼此之间"内在的实质性亲和关系"(inward and substantial affinity)，它们在表达有关"自然生命和人生"的感受时，都隐含在"神话学的那些未经缜密推理的直觉感知之中"(the unreasoned intuitions of mythology)。[2] 正是在此

---

[1] Plato, *Teaetetus*, 155d, in Plato, *Complete Works* (John M. Cooper and D. S. Hutchinson, ed.s, Indianapolis/Cambridge: Hackett Publishing Company, 1997).

[2] F. M. Cornford, *From Religion to Philosophy* (New York: Harper Torchbooks, 1957), pp. v-vii.

内质意义上，古希腊哲学也被视为"一种经过改造和升华了的神话学"（a reformed and sublimated mythology）[1]。

相关研究发现，神话在讲述宇宙起源时，歌颂的是宙斯的荣耀，这位主神在各种神力之间建立并维持着一种等级秩序。而米利都学派的哲人们，则要在这些故事的背后探寻各种元素所依据的永恒原则。在他们看来，这些元素构成宇宙的结构，这一原则达成正义的平衡。诚然，他们保留了古老神话的某些基本观点，如世界由以产生的太初混沌状态等；另外，他们还像泰勒斯那样，继续论证"万物皆为神"的旧有假定。但是，在他们的解释模式中，并没有引入任何超自然的存在。在他们的实证理性中，自然已经渗入一切实在领域，任何存在物和创造物都处于自然之中；就像我们每天都能看到的那样，自然的力量体现于其永恒性及其表现出的多样性中，它代替了过去的神明。换言之，自然因具有生命的力量且包含秩序的本原，其本身便具有神明的一切特征。另外，哲学所强调的真实存在，并非神话中的超自然物的继承者。哲学借助理性来探讨真正的知识，演绎所应遵循的规则，结果便把神话以及宗教中的神秘事物公开化了。在此过程中，哲学不再把这类神秘事物视为不可言说的幻象，而是将其变成公开讨论的对象了。通过自由探讨、论辩与讲授等活动，哲学最终将神秘的理论转变成一种旨在为所有人所共享的知识了。[2]

---

[1] W. K. C. Guthrie, "Memoir," in F. M. Cornford, *The Unwritten Philosophy and Other Essays*, (Cambridge: Cambridge University Press, 1950), p.x.

[2] 维尔南：《希腊人的神话和思想》（黄艳红译，北京：中国人民大学出版社，2007年），第418—423页。关于希腊哲学的起源问题，还可以参阅该书第416—417页。作者从词源学考察，发现在公元前6世纪还没有"哲学""哲学家"等词语。根据目前的了解，*philosophos*（爱智者或哲学家）一词，首次出现在公元前5世纪初赫拉克利特的一段残篇中。事实上，直到柏拉图和亚里士多德那里，这些词语才获得自己的"公民权"——具有明确的、技术性的、在某些方面甚至是论战性的意义。要确认"哲学家"的身份，应该而且应当更多地与他们的先辈联系起来，借以考察他们之间的差距；将自己的研究范围局限于探索自然的"物理学家"——如我们提到的米利都学派——并不能称为哲学家；同样，在公元前6世纪和公元前5世纪期间，人们所称谓的 *sophos*（贤哲，如希腊七贤，泰勒斯也位列其中）或 *sophistēs*（智者，诡辩论者）也不是 *philosophos*（哲学家）；*ophistēs* 是长于演说的雄辩家，被认为是博学者，他们在公元前5世纪声名显赫。后来，柏拉图为了通过对比来进一步明确哲学的地位，便把他们称为真正哲学的陪衬。*Physiologos*（自然学家）、*sophos*（贤哲）、*sophistēs*（智者），如果我们相信柏拉图的话，还有 *mythologyos*（讲述神话寓言与有关贤惠妻子等故事的人），（转下页）

但当柏拉图在以哲学的方式来描述世界的生成、秩序、灵魂与理智时，他时常会借用神话所提供的创世故事与神明的非凡作为来描述这一过程。为此，他不惜将世界看作一个神明特别眷顾的对象，这个对象在其笔下成为"一个由上苍真正赋予灵魂与理智的活物"（a living creature truly endowed with soul and intelligence by the providence of God）。[1] 实际上，希腊哲学正是这样在同神话与宗教的博弈中，得以孕育和发展起来的。但其真正的生成与成熟，无疑有赖于理性思维。这种理性思维，在米利都学派那里主要表现为研究自然概念的实证思维，而在埃利亚学派那里则主要表现为阐述永恒存在理论的抽象思维。其后，依然是基于理性的力量，这两种学派及其思维方式博弈，彼此促进，辩证运动，最终使哲学获得了自己的合理身份（legitimate identification），成为探索宇宙人生要义的爱智求真之学。

爱神话者与爱智慧者

在诗与哲学之争的古希腊时期，神话与哲学的互动关系以其特有的方式进而凸显出来。譬如，在哲学论说过程中，以独特的方式挪用关联性强的神话故事，通常可使哲学话语更富艺术感染力和论证的有效性，可使读者在思辨语言的枯燥抽象之处品味鲜活灵动的诗性喻说，继而从中迁想妙得或体悟反思其中玄奥的哲理意味。故此，亚里士多德坦言，"我支配的时间越多，我越欣赏神话"[2]，同时他进而断言："爱神话者

（接上页）所有这些称号都适用于泰勒斯。这时，确定的并且制度化的哲学，以学校（如柏拉图的学园与亚里士多德的吕克昂学园）的建立为标志，人们就是在这些学校里讲授哲学的形成过程。在这种哲学看来，泰勒斯开启了米利都学派所从事的研究，不过他本人并没有由此跨入哲学这座新的殿堂。但是，不管其中的差异是如何显著，该差异并不排除思想上的亲缘关系。亚里士多德在谈论"古代"思想家、也就是那些"从前"的人物时，便摒弃了他们的"唯物主义"，但他也评论说，泰勒斯可以当之无愧地被称为"哲学的启蒙者"。

[1] Plato, *Timaeus*, 29a-30c. Cf. Plato, *The Collected Dialogues*, Edith Hamilton and Huntington Cairns, (eds, New Jersey: Princeton University Press, 1996）.

[2] Aristotle, *On Elocution*, 144=Aristotle, fr. 15, Plezia; cf. *Metaphysics*, 982b18. 转引自芬利主编：《希腊的遗产》（张强等译，上海：上海人民出版社，2004年），第339—340页。

(philomythos)类似于爱智慧者(philosophos)。"[1] 或者说,神话爱好者类似于智慧爱好者或哲学家。在这里,"类似于"的表述方式,并未将"爱神话者"与"爱智慧者"绝对等同起来。这意味着"爱神话者"可能由于不同原因与目的而有多种类别。但可以肯定地说,其中有一类"爱神话者"与"爱智慧者"没有什么两样。就这一点而论,它完全适用于柏拉图的哲学论说方式。因为,柏拉图本人既是一位"爱神话者"(诗人),也是一位"爱智慧者"(哲学家)。作为"爱神话者",他在讲述神话的同时也改编和创写神话;作为"爱智慧者",他在思辨论证的过程中穿插了大量的神话与喻说(allegories)。

事实上,在柏拉图那里,神话已然被哲学化了;或者说,神话在柏拉图的哲学中被理性化了。在这位哲人的笔下,神话焕然一新,成为一种特殊的话语形式,一种协助人们理解自身存在和周围世界的话语形式。在其戏剧化的对话哲学语境中,当神话与逻各斯在其中各显其能时,天、地、神、人都以不同的角色登上交互作用的宇宙舞台,叙述与论证,幻象与真实,灵魂与肉身,德行与业报,选择与命运,可见与不可见,过去、现在与未来等等要素,相继纷至沓来,嬗递演变,循环往复,构成一幅蔚为壮观的诗化与知性图景,呈现出柏拉图哲学特有的神话－逻辑形式。正是基于这种交相作用的互补形式,神话所衍生的叙事文本,"通过陌生叙述者之口,将所有这些戏剧化的情节贯串起来,并借由某个特征的形态,意使所有不可见的存在显得彰明较著起来"[2]。与此同时,逻辑的思辨性反思在灵魂内部的对话中挖掘出概念的深度,通过神话自我映照的形式折射出形形色色的现世行为,这一方面展示出柏拉图认知理论的诗性特征,另一方面强化了柏拉图道德说教的感染力度。要知道,理性化或逻辑化的哲学论说,通常是少数专业人士喜欢品嚼的佳肴,但对普通听众来说则会成为难以下咽的食品;如若通过生动的神话将其诗性化或形象化,这对于双方来说都有可能成为欣然享用的美味。不难看出,柏拉图深谙此理,并且身体力行,其哲学的突出特点就是善于交替使用代表神话的秘索斯和代表逻辑或理性的逻各斯。亦如克洛提(Kevin Krotty)所言,当柏拉图不满理性思想家惯于将周围世界描

---

[1] Aristotle, *Metaphysics*, (trans. Richard Hope, New York: Columbia University Press, 1952), I.982b 18-19.
[2] 让-弗朗索瓦·马特:《论柏拉图》(张竝译,上海:华东师范大学出版社,2008年),第122页。

述成单纯的物质世界时，他就想用秘索斯来修正逻各斯（to correct *logos* with *mythos*）；而当他试图剔除以往流传故事中所包含的那些犯忌与误导的成分时，他就想用逻各斯来修正秘索斯（to correct *mythos* with *logos*）。这恰好说明柏拉图本人与自身文化传统的关系是复杂和变动的。[1]

据统计，在柏拉图的对话作品中，*mythos* 的使用频率高达 87 次。颇为有趣的是，柏拉图时常会有意模糊哲学与神话之间的区别，譬如将《理想国》里根据哲学构想的"美好城邦"称之为"神话"[2]，认为这种城邦会在天上建成一种"范型"，凡是看见它的人都想居住在那里。[3] 后来在《法礼篇》第十二卷里，柏拉图依然念念不忘这一"神话"，再次以充满神话叙事色彩的口吻，断言这座"美好城邦"是神明子孙们快乐生活的福地，是构建"次好城邦"理应参照的模式。[4] 与此同时，柏拉图出于描述和批判、交流和劝谕等目的，试图在话语的总体意义上将逻各斯和秘索斯或神话予以语义同化处理，但他谙悉神话自身的两个不足之处：其一，神话属于非证伪性话语，又可能经常与虚假的话语混淆；其二，神话是一种叙事性话语，其构成要素又呈现为偶然组合，与内在结构呈现为必然组合的论证性话语形成对立。[5] 这就是说，神话与逻各斯终究不同，两者的主要差别就在于此：神话既无关真伪，也不加论证，所叙述的事件或时空都是人们无法直接或间接经历的过去，只能借助想象与联想等方式去感悟其指称的有效性；逻各斯既要分别真伪，也要进行论证，所阐释的对象或观点均来自理性世界或感性世界，人们通过理性和感官能力便可辨析其指称的合理性。

那么，柏拉图既知神话有此不足，为何从未弃之不用呢？这恐怕是神话的流行性和哲学表述手段的局限性所致。要知道，在柏拉图所生活的年代，神话作为"口头传统"（oral tradition）的重要组成部分，其效用和地

---

[1] Kevin Crotty, *The Philosopher's Song: The Poets' Influence on Plato*,（Lanham et al: Lexington Books, 2011），pp. 219-230.

[2] Plato, *Republic*, 376d.

[3] Ibid., 592b.

[4] Plato, *Laws*, 739b.

[5] 布里松：《柏拉图的神话观》，卓新贤译，见张文涛选编：《神话诗人柏拉图》（董赟、胥瑾译，北京：华夏出版社，2010 年），第 33—41 页。

位如同诗歌一样,依然是一种颇为流行的特殊话语形式。面对诗歌与哲学之争的历史现实,哲学家借用诗歌的韵律和神话的内容来表述自己的理论学说,应当说是一种补充、丰富和强化哲学表述方式的有效手段。诚如康福德(F. M. Cornford)所言,在公元前 5 世纪的雅典社会,表述手段远远不能满足抽象思辨的诸多需要。哲学散文仍处在"牙牙学语的幼儿阶段"(lisping infancy)。此时,含义深远的思想一直徘徊在没有定型的状态中,萦绕在思想家活跃的头脑里,由于缺乏一套有效的表述手段,他们也只能把捉住这些思想意义的只言片语而已。[1] 有鉴于此,柏拉图为了有效地表述自己的思想,开创性地书写了自己的对话哲学,在论证说理中不仅兼容了科学与神话两大传统,而且还保留了"口头传统"的某些交流特征。

但要看到,柏拉图终究是一位喜爱神话但更爱智慧的哲学家,他对于原有神话的态度并非连贯一致,而是相互矛盾。通常,他主要根据自己设定的神为善因、英雄垂范等宗教与伦理原则,来评判和对待这些神话。如果他发现有的神话符合这些原则,并且有益于青少年的情感和道德教育,他就会积极地予以肯定和巧妙地加以借用;反之,他就会酌情进行删改或断然予以查禁。类似做法也被顺理成章地移用到他对诗乐舞蹈与悲剧喜剧的审查之上。究其根由,实乃柏拉图的道德诗学与政治哲学之目的论追求使然。

若就柏拉图笔下的神话而论,有的学者根据相关内容将其分为三类:第一类是内容上虽有变动但依然可辨的传统神话。在柏拉图的全部对话文本中,共涉及传统希腊神话人物名称 260 个,相关内容大多是点到为止,为其所用。第二类是借用传统神话人物与主题但由柏拉图自己创构的神话。在使用过程中,柏拉图将自己的想象力与传统神话学主题融为一体,有时到了难以区别的程度。第三类是柏拉图用来表示自己或他人哲学学说的神话,实则为隐喻性用法,旨在表示相关哲学学说在某种程度上是"非论辩性的"。[2]

也有的学者根据其基本功能,将柏拉图的神话分为传统类、教育类

---

[1] F. M. Cornford, *The Unwritten Philosophy and Other Essays* (Cambridge: Cambridge University Press, 1950), p.vii.

[2] Catalin Partenie, ed., *Plato's Myths* (Oxford: Oxford University Press, 2008), pp.2-4.

和哲学类。传统类神话（traditional myths）所占比例最大，主要是诗人、妇女与其他说书人讲的故事。教育类神话（educational myths）主要是由诗人或哲学家创写的故事，其目的是对民众进行道德教育而非思想训练。哲学类神话（philosophical myths）大多是对心灵、写作与宇宙历史的理论探索，有的在一定程度上类似于"某种如何取悦诸神的哲学宣传"。相比之下，要具体界定哲学类神话是相当困难的。譬如在柏拉图的中期对话作品中，所用的神话在基本宗旨上是"规劝性的"（protreptic）。其作用不仅影响到参与对话的哲学家，同时也影响到阅读对话的读者。另外，其引发诘难的特质，也使其有别于那些旨在教导非哲学家的教育类神话。但所有这些并不能改变这一事实："仅凭内容来界定柏拉图式的神话是会产生相反效果的，因为这会将其运用范围限定在戏剧性对话世界里的思想层面，同时也会剥夺神话自身从事元哲学评述的能力。"[1]

当然，从柏拉图所用神话的构成方式及其基本特点来看，我个人倾向于将其分为如下三类：其一是"创构型神话"（created myths），即用"神话"这一名称，实际是指柏拉图自己编撰的故事或喻说。其二是"转换型神话"（transformed myths），即从不同的神话或故事资源里摘取一些内容，再根据对话与论证语境的实际需要加以改造。其三是"传统型神话"（traditional myths），即从希腊或其他传统神话资源中直接引用的传奇故事。鉴于古希腊神话与诗歌的口述传统，柏拉图在引述这类"神话"时，或点明原来作者，或不讲具体来源。但无论采用哪一种方式，柏拉图对神话的运用都是创造性的和哲理化的，不再是"前哲学"式的借船渡海，而是"后哲学"式的论证需要；[2] 不再是修辞学意义上的装饰手段，而是哲学语境中的有意阐发。

大体说来，柏拉图创构、改写和引用神话的目的要因有三：一是"实用原因"（practical reason），旨在利用神话这一手段，达到说服、劝导或教诲民众的目的；二是"哲学原因"（philosophical reason），旨在帮助民众超越自身的理智限度，提升自身的认知能力，使自己在无法掌握哲学真理的情

---

[1] Kathryn Morgan, *Myth and Philosophy from the Presocratics to Plato*（Cambridge: Cambridge University Press, 2000），pp.162-164.

[2] "后哲学"（post-philosophical）一说与"前哲学"（pre-philosophical）一说是相对而言，一般意指哲学作为一门爱智之学在希腊古典时期确立其相对独立的学科地位之后，此阶段的哲学文本不再借用诗歌的韵文形式进行写作。

况下，间接地借助虚构的神话叙事来感悟那些接近真理或实在的知识与价值；[1] 三是"承传原因"（transmissive reason），旨在继承、保存和传布希腊神话传统的同时，利用人们喜闻乐见和生动鲜活的书写方式，将神话的启示作用与理论的思辨特征有机地整合在一起，借以丰富风格独创的对话形式，进而激活相对抽象的哲学话语。所有这些原因，实际上都是柏拉图推行其道德教化和哲学教育的重要组成部分。

神话与哲学的交汇

柏拉图的哲学，涉及范围甚广，其身后发展起来的西方哲学传统，在怀特海（Albert Whitehead）眼里多为柏氏思想的"注脚"（footnotes）而已。在我看来，柏拉图的哲学虽然涵盖有关理念学说的本体论、和谐有序的宇宙论、神为善因的宗教观以及灵魂审判的末世论等等，但其要旨则是关注城邦管理的政治哲学与强调公民德行的道德哲学；此两者实际上关联密切，互为表里。至于涉及身心健康的诗学理论与人格修养的教育思想，若从目的论和工具论的角度来看，也只不过是强化和推行其政治理念和道德信条的辅助手段罢了。但值得注意的是，柏拉图的哲学尽管不乏抽象、空想与浪漫的成分，但从未高蹈于世态人伦之上而成为不食人间烟火的纯粹思辨，因为他本人最关切的问题是城邦管理艺术与公民德行教育，所追求的最终目标是人们何以能够和谐共处，各尽其能，过上公正有序、德行卓越和具有尊严的幸福生活。

那么，神话在柏拉图的哲学中又是如何呈现自身的呢？也就是说，神话与哲学在柏拉图的对话文本中到底是以何等方式彼此交汇呢？这里将据其神话的上述分类，各举一例分别予以说明。因前两例已有专文论证，此处仅就其要义简略述之。

就柏拉图的诸多"创构型神话"来看，最具代表性的或许是"洞穴神话"（the myth of the Cave）或"洞喻"（the allegory of the Cave）。在《理想国》第七卷里，柏拉图在论及教育缺失问题和自己倡导的教育哲学时，采用喻说

---

[1] Catalina Partinie, "Preface," in Plato, *Selected Myths* (Oxford: Oxford University Press, 2008), pp.xviii-xiv.

的方式讲述了这则故事。[1] 若从以洞喻世的角度看，现实世界中存在两种不同境遇和不同本质的人——受过教育的人与未受教育的人：前者是特立独行、自由求索的爱智者或有识之士，后者是逆来顺受、画地为牢的傻瓜蛋或无知之徒。洞穴之外的人们属于前者，洞穴之内的囚徒代表后者。从二元世界的角度看，洞穴比喻可视世界，火光比喻太阳光照，洞外天地比喻可知世界，最后看到的太阳象征善的理式。从认识过程的角度看，第一阶段的审视对象是投射在洞壁上的阴影或地上的物影；第二阶段的辨别对象是人和其他实物映在水中的倒影；第三阶段的认识对象便是在阳光照耀下的各种实物本身；第四阶段的观察对象是由灿烂的星光和月光构成的天象；最后阶段的凝照对象便是天上的太阳。从"心灵转向"的角度看，错误的教育使人沦为黑暗里的囚徒，愚昧盲从而不自知，正确的教育使人"心灵转向"，由此爬出洞穴，穿过黑暗，走向阳光，追求真理知识，把握善之理式，成为有识之士。从政治伦理的角度看，洞穴暗示堕落的雅典政体，囚徒影射无知的城邦议会，枷锁象征错误的教育方式，木偶表演者意指擅权的城邦统治者，走出洞穴认识真相者则代表爱智求真的哲学家苏格拉底，囚徒之间的争权夺利犹如强权或僭主式的政治文化。正是这些城邦议会成员，在城邦统治者的蛊惑与操纵下，以"对神不敬和腐化青年"等莫须有的罪名，无情地处死了苏格拉底这位"受人尊敬的雅典公民"。[2]

再就柏拉图改写的那些"转换型神话"而言，最负盛名的恐怕要推厄尔神话（the myth of Er）。在《理想国》行将结尾时，柏拉图深知"心灵"与"德行"教育的重要与难度，于是讲述了冥界境遇与业报轮回的"厄尔神话"。[3] 柏拉图借用这则神话，创造性地揭示了爱神话者与爱智慧者之间的内在关系，彰显出神话与哲学之间的互动作用，并凭借其引人入胜的思想魅力，激发读者从正义与不义的角度去审视和反思人类灵魂的可能性相。此外，在其设定的哲学语境中，柏拉图借此强化了相关的道德立场与思辨论证，营造出富有戏剧性效果、玄秘内涵与审美愉悦的特殊氛

---

[1] Plato, *Republic*, 514a-517a.

[2] 王柯平：《〈理想国〉的诗学研究》（北京：北京大学出版社，2005年），第34—47页。

[3] Plato, *Republic*, 614-621d. 可参见收入本书的《古典批评的四根支柱》一文。

围。从目的论上看，该故事在原则上属于灵魂教育神话，旨在通过天上之路、地下之路与哲学之路等三种途径来救助和教育人的灵魂。由此凝结的诗性智慧，以其独有的方式表现在柏拉图的对话哲学之中，所涉及的要素包括神话的哲学式复写、有机的语境特征、道德化宇宙的神性法则、绝对必然与命运合一的象征性表现、神话体验中的想象性互渗，以及理智修补术所产生的交叉效应等等。

至于柏拉图所借用的那些"传统型神话"，其中最为典型和清晰可辨的要数"克罗诺斯神话"（Kronos myth），这在赫西俄德的史诗里可以直接得到印证。对于这则神话，柏拉图似乎情有独钟，引用过不止一次。在其晚年所撰的最后一部对话《法礼篇》（Laws）里，当论及城邦政治、体制选择、人性弱点与法治精神时，那位振振有词的雅典人引经据典，向同行的克里特人和斯巴达人讲述道：

> 据说在克洛诺斯时代存在一种极其成功的政体形式，可以此作为我们今日管理最好的城邦的蓝图……传统告知我们，居住在那时的人们生活幸福，应有尽有，怡然自得。其原因据说如此：克洛诺斯明白人类的本性，那就是人若完全掌握人的事务，定会变得傲慢而不义，无人不是这样。神在为城邦选任国王与执政者时，将这一点牢记在心。当选者并非人类，而是更高级的和具有非凡秩序的精灵。今日我们在放牧或饲养家畜时依然遵守同样的原则，我们不会让牛群照管牛群，也不会让羊群照管羊群，而是由我们自己来照管它们，因为我们人类是高于动物的种类。所以，克洛诺斯采用同样的方式，待我们人类很好：他把我们交付给精灵照管，因为精灵是高于人类的存在。由他们来关照我们的利益，对他们来说是一件易事，对我们来说是莫大恩惠，因为他们关注的结果是和平、谦逊、有序、充分的公正，旨在让所有人类部落和睦相处，生活幸福。即便今日看来，这个故事仍有许多道理。举凡在一个执政者不是神而是人的城邦，人们总是无法摆脱劳役与不幸。该故事内含的教诲就在于此：我们应当尽心竭力去效仿克洛诺斯时代人类所过的那种生活；我们应当接管我们的公共和私人生活，接管我们的家庭和城邦，因循我们身上蕴藏的那一点不朽之光，以"法律"的名义给予理性的分配来增光添彩。

但就一位个人或一个寡头政体，甚至一个平民政体而言，其内心充满追求快乐的欲望，要求什么都要得到满足，这种邪恶的贪欲使其永远无法满足，会使其沦为鼠疫一样疾病的牺牲品。正如我们方才所说，如果让这类人掌管了城邦或个体，势必会使法律遭到践踏，使灾难在所难免。[1]

根据赫西俄德在史诗中所述，克洛诺斯是天神乌拉诺斯（Uranos）与地神盖亚（Gaea）之子，用计谋战胜天神，成为天国之王和宙斯之父。在人类种族的五种生活状态中，克洛诺斯时代属于黄金时代，此时的第一代种族在神灵关照下，享受着锦衣玉食，无忧无虑，生活幸福。接下来的另外四个时代依次是白银时代、青铜时代、英雄时代和黑铁时代。由于道德日趋堕落，人类生活状态每况愈下。譬如，在白银时代，奥林帕斯诸神所创造的第二代种族，在灵肉方面不及黄金一代，他们愚昧无知，悲哀不已，彼此伤害，不敬神明，最后被神抛弃；在青铜时代，宙斯所创造的第三代种族健壮强悍，崇尚武力，心如铁石，令人望而生畏，但最终成为黑死病的牺牲品；在英雄时代，宙斯所创造的第四代种族是半神半人的英雄，他们喜好争勇斗胜，远征他乡，不是死于不幸的战争或可怕的厮杀，就是散落在远离人类的大地之边；最后到了黑铁时代，人们劳累不堪，麻烦不断，死亡缠身，行为蛮横，于是变得既不畏惧神灵，也不孝敬父母，虽信奉正义的力量但却崇拜作恶，虽陷入深重的悲哀与罪恶但却无处求助。[2] 不消说，这是希腊史诗传布的神话，而非历史。有关神灵、英雄以及人类种族的一系列希腊神话或故事，是一种排列人类经验的方法，是对当时社会和心理态度的表达。[3] 相应地，柏拉图引用这则"克罗诺斯神话"，不仅是要唤起人们对黄金时代的回忆，而且是要引导人们反思现实政治的弊端。很显然，生活在克罗诺斯时代的人类种族犹如在天堂，而生活在黑铁时代的人类种族犹如在人间；天堂代表古时，人间意指现世。柏拉图借用天上与人间之别，意

---

[1] Plato, *Laws*, 713a-714b. Also see the Penguin version of *The Laws* (transl. by Trevor J. Saunders).

[2] 赫西俄德：《工作与时日　神谱》（张竹明、蒋平译，北京：商务印书馆，1991 年），第 4—7、30—33 页。

[3] 奥斯温·默里：《早期希腊》（晏绍祥译，上海：上海人民出版社，2008 年），第 2—3 页。

在借古讽今、针砭时弊，这在相关语境中所产生的效果，堪称画龙点睛之笔。

实际上，此前在《治邦者篇》(Statesman)里，柏拉图就曾讲述过"克洛诺斯神话"，其相关内容不仅更为详细，有些描绘也更富诗意，譬如把人类所居之处比作天堂，那里的树上果实取之不尽，四季温暖无须衣着，绿草茵茵自成床铺，一切都是天造地设，生活要比现在幸福千倍。[1] 正因为前面有此叙述，柏拉图无意重复，故在《法礼篇》里将这则神话予以简化。应当看到，柏拉图前后两次借用"克洛诺斯神话"，断言其中包含着对今日依然重要的"真理"(alētheia)，从而丰富和拓展了该则神话的政治与道德寓意。概而言之，这里面至少有五点值得关注：

（1）古今之比

古时人类由神灵照料，生活幸福，自由自在，无病无灾；如今人类由国王管理，生活艰难，劳役不断，鼠疫成灾。相比之下，今不如昔，这是柏拉图想要表达的第一要点。这样一来，克洛诺斯时代的生活，自然被视为人类追求的理想；精灵管理人类的方法，自然被奉为人类参照的蓝本。其中那些有关天堂的描述，虽然是想象的产物，但却反映了人们的愿望，应和了人类内心深处的"神话制作意识"与异想天开的"天堂图式"。与此同时，这些令人向往的幸福生活景象，也为柏拉图构建理想城邦提供了可资借鉴的想象素材与原始范型。

（2）神人之别

神虽关爱人类，但深谙人性弱点，故不让人类管理自身事务，而委托精灵代为照料，以免产生混乱。这就如同人类为了避免损失，需要亲自放牧，而不让牛群照管牛群、羊群照管羊群一样。这种安排显然涉及一种高明种类的优先原则，即：在神、精灵、人类与牛羊所代表的四大种类中，神比精灵高明，精灵比人类高明，人类比牛羊高明，这就形成了上述管理模式。鉴于此处谈论的主题是城邦管理，于是精灵与人类作为直接的利益攸关者，自然成为关注的焦点。相比之下，精灵智慧过人，宅心仁厚，管理公共事务轻而易举，惠及民众利益而不居功。而人类能

---

[1] Plato, *Statesman*, 271c-273d.

力有限，本性乏善，一旦大权在握，完全掌管事务，就会变得"傲慢而不义"（*hubreōs kai adikias*），不是居功自傲、不可一世，就是搜刮民财、中饱私囊，甚至恬不知耻，利用手中权势为自己歌功颂德，树碑立传，企图垂名青史，光祖耀宗。看来，柏拉图对于精灵的推崇，亦如他对人类的失望一样不证自明。当然，柏拉图知道精灵属于虚构，人类才是实存，但他却以精灵为象征，喻示善于治国理政的人杰或贤明。这一思路与他先前一再标举"哲人王"与"治邦者"的理念是彼此应和的。

需要注意的是，柏拉图数次将神与人相比。譬如，在《大希匹阿斯篇》（*Greater Hippias*）里，他曾借用赫拉克利特的话说，最美的猴子与少女相比是丑的，而最美的少女与神相比也是丑的。如此类推，最聪明的猴子与人相比是愚蠢的，而最聪明的人与神相比也是愚蠢的。唯有神才是最美最聪明的种类。[1] 另外，在《法礼篇》里，柏拉图有意把人比作"神的玩偶"（*pauma theon*）或"玩具"（*paignion*）。人的内在情感，如同肌腱或绳索，不是牵动人们相互争斗，就是牵动人们反向而行，由此引发出善恶的分界。在诸多牵动力量中，有一种力量是人类务必顺从且无法逃脱的，因为它不仅可以用来抵制其他牵动力量，而且可以用来引导人们步入正途。这种力量就是金贵和神圣的"城邦公法"（*tēn poleōs kainon nomon*）。[2] 人只有因循此法，方能认清内在的牵动力量，克服自身的弱点，分辨行为的善恶，成为合格的公民。但这种"城邦公法"，并非纯属人为，而是在神明的传授或启示下得以建立。可见，人无论作为"神的玩偶"还是"神启的对象"，都始终处在神的掌控中或影子里，或者说，人终究生活在神的佑护下，此乃柏拉图神学思想的基点所在。

（3）目的之异

古时神灵当政之时，在呵护人类的基础上，所关注的现实结果是"和平（*eipēnēn*）、谦逊（*aidō*）、有序（*eunomian*）和充分正义（*aphthonian dikēs*）"，所追求的最终目的是"让所有人类部落和睦相处、生活幸福"（*astasiasta kai eudaimona ta tōn anōthrpōn apeirgazeto genē*）。在古希腊，"谦逊"是人的美德，使人能尊重他人而避免傲慢；"有序"是社会状态，是采用优良法律所取

---

[1] Plato, *Greater Hippias*, 289a-e.

[2] Plato, *Laws*, 644d-645c.

得的结果;"充分正义"既是城邦政体的立法精神,公平公正的司法准则,也是公民生活幸福的根本指数与保障。至于"让所有人类部落和睦相处"这一最终目的,则隐含着人类世界避免冲突、创造和谐的普世理想。相比之下,现在人类当政,竭力追求的是"快乐和欲望"(*hēdonōn kai epithumiōn*),他们贪婪无度,沉浸在巧取豪夺之中,就像是感染上鼠疫的病人似的,一个个不知好歹,难以全身而退。在古希腊人眼里,贪婪是邪恶之源,过于贪图享乐与权力,如同私吞不义之财一样,都是不容宽恕的罪恶。

(4)时政之弊

柏拉图将贪婪比作无休无止的"鼠疫"(*nosēmati*),将执政者比作"鼠疫"的牺牲品,认为一旦这类贪婪之徒接管了城邦或民众,就必然会践踏法律,滥用权力,祸乱社会,导致腐化堕落、灾难重重与无法拯救等恶果。在当时的现实政治中,无论是施行寡头政体(*oligarchia*)的城邦,还是采用平民政体(*dēmocratia*)的城邦,上列弊端均难以避免。柏拉图之所以要讨论这个问题,之所以在垂暮之年还要构建一座"次好城邦",实则是出于解决时政之弊的需要,或者说是出于拯救城邦存在危机的使命感。

(5)解救之道

面对上述时政弊端,柏拉图的解救之道会是什么呢?首先,针对这种贪赃枉法和政治腐败的问题,他利用"克洛诺斯神话"来提醒人们认清形势,重建理想,鼓励人们应当尽力"效仿克洛诺斯时代人类所过的生活"(*mimeisthai ton epi tou Kronou bion*),也就是要设法改变现状,不能逆来顺受;此处所谓"效仿"(*mimeisthai*),通常被释为"摹仿"(imitate),但其希腊原意包括"再现"(represent)与"再造"(reproduce or recreate)等。其次,他呼吁人们因循自己身上所"蕴藏的那一点不朽之光,以'法律'的名义给理性分配增光添彩"。所谓"不朽之光",也就是人所具有的"神性要素"(*to daimonion*),即一种要求服从"法律"(*nomos*)的理性(*nous*)能力。这等于说,人类要想改变自身的生活困境,就必须在公正合理的原则上确立法治,恪守律条。随后,从《法礼篇》接下来的讨论中,柏拉图提出的纾困之法就是:立法公正,选贤任能,教育民众,遵纪守法。实际上,柏拉图建议法治与德治并用,但以法治为立国之本,视德治为牧民之策,坚持认为在施行法治之处应加强法治，此为硬性管理手段，而在推行德治之时应倡导德治，发挥软性教育机制。在总体运作上，此两者犹如车之双轮，鸟之双翼，彼此互动互补，方能顺利前行，实现善政目的。

结　语

总体而论，到了柏拉图这一历史阶段，神话趋于式微，哲学业已成型，但他大量采用神话与喻说从事写作和论证的方式，不仅诗化地丰富了其对话形式的内容，形象地解释和强化了其哲学思想的意境，而且有效地保留了希腊神话的传统，成功地创写了自己特有的哲理神话或神话哲学。读者不难发现，在柏拉图的对话文本中，无论是讨论政体制度、公民德行、理想城邦，还是讨论立法原则、宗教信仰与宇宙秩序，神话叙事总是与哲学论证交叉融合在一起。因为，在柏拉图心目中，神话作为一种人们用来认识自己和周围世界的特殊话语形式，其虚构性与感染力可用来建构自己的哲学王国和诗学园地，进而用来教导人们感悟或认识其中的真理和伦理。此外，神话基于自身的直观特征，还有助于人们尽可能地超越自己的理智限度，克服自己无知或幼稚的弱点，进而学会理解原本难以理解的东西，学会掌握原本难以掌握的技艺，由此过上不为虚假的生活所遮蔽的真实生活。所以说，柏拉图的对话是书写在神话与哲学之间，这便要求读者借助神话的作用去思解哲学的理论，同时参照哲学的理论去反观神话的作用，由此便给整个解读过程平添了许多乐趣。

四　重识"美的阶梯喻说"[1]

"美"是美学基本范畴之一，其所涉领域，与时俱进，流变拓展。在古典美学传统中，"美"曾自下而上跃升，通过概念化理路，从物性之美转向形上之美。如今，"美"却反向嬗变，自上而下蔓延，博取众多眼球的不再是形上之美，而是物性之美；这在很大程度上是波普美学勃兴所致，相继滋生的审美化趋势几乎无所不包，在日常生活世界里表现得尤为突出。随之流行的网络美学时尚，偏重肉欲快感与浅层娱乐，大有愈加自由泛滥之势。对于那些臆想借此一饱眼福的上瘾网民来说，肉身的诱惑与色相撩人的姿态，如同唾手可得的视觉盛宴，其吸引力似乎远大于其他各类寓意沉奥、具有谜语特质的艺术作品。

我们并不否认上述时尚的市场需求背景，但却难以苟同那种打着波普美学旗号竭力宣扬丰乳肥臀式肉身美的偏颇做法，更不用说那种借用色情幻象来牺牲艺术世界的传销手段了。诸如此类的新潮风景，与其说是审美对象，毋宁说是逆审美对象。因为，由此引发的反应，抑或是情欲作祟的幻觉，抑或是"走马观花"式浏览，都无一例外地同"美"的古典观念及其应有价值发生断裂。历史意识赋予的启示，使人联想到柏拉图所批判的"低俗剧场政体"(theatrokratia tis ponēra)，同时也让人感念施米特(Arbogast Schmitt)所做出的建设性努力；前者断言这种低俗现象是城邦剧场一味迎合民众消遣嗜好和怂恿过度自由而导致的恶果[2]，后者是想重估柏拉图哲学思想在现代社会文化语境中的重要关联意义[3]。有鉴于此，我们

---

[1] 此文发表于《美学》2019年第1辑。其中部分内容曾以《爱美欲求与善好生活——柏拉图"阶梯喻说"新解》为题，发表于《哲学研究》2017年第8期。

[2] Plato, *Laws*, 700a-701b (trans. R. G. Bury, Cambridge and London: Harvard University Press, 1994). Also see Plato, *The Laws* (trans. T. J. Saunders, London: Penguin Books, 1975).

[3] 施米特：《现代与柏拉图》（郑辟瑞、朱清华译，上海：上海书店出版社，2009年），第14—19、67—71页。

认为当下追溯古希腊传统观念中的美具有现实必要性，因为该观念可作为现代人爱美的参照系，有助于拓宽其过于单一的审美视域，丰富其囿于身体形态的视觉趣味，改善其寡淡无趣的散文化生活境况。

本文所论，侧重柏拉图《会饮篇》(Symposium)中"美的阶梯喻说"的隐微意涵。历史上，此喻说被视作西方美学发端的重要标志，不仅涉及审美、灵魂、道德、政治、法制、知识、本质与绝对等哲学范畴，同时也关乎一种古代版的精神型爱欲现象学。如今重识这一喻说，一是为了探索一种替代理论，借此平衡时下对"美"的恣意滥用；二是为了全面揭示该喻说的真实用意，因为诸多中国美学家的解释虽非全然误导，但却失之偏颇；也就是说，相关解释总是从审美判断的视角出发，明显忽视了目的论判断的潜在维度，惯于将其归结为一种自下而上的审美方法，意在认识以无利害性或绝对性为特征的美自体。[1] 这里，我们基于审美判断和目的论判断的双重立场，尝试揭示该喻说的真实用意，阐明其哲学研习的过程，探讨其爱美益智的理据。另外，本文还将假借一种实用主义态度，参照智慧类别分层论，提出生活类别选择说，归纳出现实型与中间型生活观，从而与新柏拉图主义者柏罗丁(Plotinus)的理想型生活观形成对比。

"美的阶梯喻说"

《会饮篇》的主题是探讨"爱欲问题"(ta erōtika)，与此相关的"爱美欲求"，通过"美的阶梯喻说"得以彰显。所谓"喻说"(analogy)，意指类比，属于一种修辞手法。所谓"美的阶梯喻说"，是指柏拉图借用由低到高的阶梯，来类比不同层次的美及其对象。

值得注意的是，"爱欲问题"在此篇对话中涉及性本神秘但又发人深思的"爱若斯"(Eros)难题，这对参与讨论的知名智术士、剧作家与哲学家构成巨大挑战，结果引出六篇风格各异的颂辞，从不同视域解说"爱若斯"在不同情境里的功能与意义。最后出场言说的苏格拉底，抛开先

---

[1] 在国内高校使用的数部西方美学史教材里，唯有朱光潜指出，柏拉图提出的阶梯喻说，不仅关乎美，而且涉及真，与理念论密不可分。不过，此处语焉不详，并未展开论述。参阅朱光潜：《西方美学史》(北京：人民文学出版社，1964年)，第45、49—50页。

前采用的"穷本溯源式叙事样态"(genre of aetiological narrative)[1]，有意将"爱若斯"转化为一种"爱美欲求"，视其为人类情志中与生俱来的机要部分，同时将相关思辨导向一种更富哲理的精神型爱欲现象学，借此在"至为高尚和严肃的思想平台"[2]上阐述自己的爱欲理论。如此一来，他所关注的对象，转为旨在提升敏感性、理解力和认知水平的哲学研习过程，这一切均关乎如何去感悟和把握美的现象与爱的理据等。由此构成的哲学方法论，同解释学要素相融合，既强调意识的意向性，也呈现可见与不可见之美的价值比，其典型特征之一是将"爱若斯"视为爱的精灵，让其发挥爱美欲求的天赋，驱动爱美者攀登美的阶梯，由低向高逐步发展，从迷恋身体美转为追求精神美，进而借助沉思生活来透视至福的奥秘，通过洞察超越性实在来成就人性的完满实现，最终启发和激励真正的爱美者踏上智慧之路，发掘美之为美的终极原因，育养心灵中追求善好生活的美德。这无疑代表"一种趋向全面启蒙的进程，对于那些行走在无知阴影里的人们来说，此举定会让其大开眼界，认清处境"[3]。

那么，"美的阶梯喻说"到底所言何事？按原文所述：

> 凡是想依正道达到真爱境界的人，应从幼年起就倾心向往美的形体。如果他的向导将其引入正道，他就会知晓爱的奥秘：他从接触普通美的事物开始，为了观赏最高的美而不断向上。就像攀登阶梯（epanabathmois）一样，第一步是从爱一个美的形体或肉身开始，凭一个美的形体来孕育美的道理。第二步他就学会了解此一形体之美与彼一形体之美的同源关系。第三步他就会发现两个形体之美与所有形体之美是相互贯通的。这就要在许多个别美的形体中见出形体美的理式或共相。……想通了这个道理，他就应该把他的爱推广到一切美的形体，不再把过烈的热情专注于某一个美的形体，这单个形体在他看来渺乎其小。再进一步，他应该学会把心灵的美看得比形体的美更为

---

[1] J. K. Dover, "Aristophanes' Speech in Plato's *Symposium*," in *Journal of Hellenic Studies* No. 86, 1966, pp. 42-46.

[2] W. R. M. Lamb, "Introduction to the *Symposium*," in Plato, *Lysis, Symposium, Gorgias* (trans. W. R. M. Lamb, Cambridge and London: Harvard University Press, rep. 1996), 75.

[3] Ibid., 76-77.

珍贵。如果遇见一个美的心灵，纵然其人在形体上不甚美观，但也应该对他起爱慕之心，凭他来孕育最适宜于使青年人得益的道理。从此再进一步，他应该学会识别行为和制度的美，看出这种美也是到处贯通的，因此就把形体的美看得更为微末。从此再进一步，他应该接受向导的指引，进到各种学问知识之中，看出知识的美。于是，放眼一看这已经走过的广大的美的领域，他从此就不再像一个卑微的奴隶，只把爱情专注于某一个个别的美的对象上，譬如某一个孩子，某一个成人，或某一种行为上。这时，他凭临美的汪洋大海，凝神观照，心中起无限欣喜，于是孕育无量数的优美崇高的道理，得到丰富的哲学收获。如此精力弥漫之际，他终于豁然贯通唯一的涵盖一切的学问，以美为对象的学问。最后，他进而通过关于美自体的特别研究，获得了有关美的大知……在这种超越所有其他东西的生活境界里，由于他凝视到本质性的美自体，因此就发现了真正值得一过的人生。[1]

这显然是一种登梯观美活动，堪比一种以美为导向的朝圣之旅。整个过程循序渐进，发端于自然存在状况，起源于爱欲本能取向，途经思想启蒙或自我净化过程，最终抵达以理智洞见为特征的元认识之境。其中可以看到自幼开始接受正确指导的教育原则，还可推演出一种由浅入深、由直观形象到理智抽象的认知架构；此架构由七类美组成，包括单个形体美、两个形体美、多个形体美、心灵美、行为与制度美、知识美和美自体。不难看出，从可见之美到不可见之美，从形体之美到形上之美，从特殊之美到普遍之美，全然尽在其中，组成由多至一的统摄序列。这里采用的抽象机制，旨在将美从自然形成的混合物体中隔绝开来。鉴于关注单一例证及其表现形式并不能理解美本身，该机制便以动态性为前提，要求心智在特殊与普遍事物之间产生某种认识上的共鸣，同时从中抽象出具有共同性相的多样化对象，[2]也就是"美的阶梯喻说"中描述的多种类型美。

---

[1] Plato, *Symposium* (tr. W. M. Lamb, Loeb edition), 210-212a. 另参阅柏拉图：《柏拉图文艺对话集》（朱光潜译，北京：人民文学出版社，1980年），第271—272页，中译文根据英译文和希腊文稍作调整。

[2] David M. Halperin, "Platonic *Erōs* and What Men Call Love," In Nicholas D. Smith (ed.), *Plato: Critical Assessments*, p. 95.

应当说，上述抽象机制是不可或缺的重要环节，不仅体现了哲学研习的特点，反映出人格修为的进程，同时也关乎人性完满实现的终极目的。从价值论角度看，上列七类美皆展现出不同程度的实在性；从符号论视域看，这些美皆表露出不同类别的实在性。弗拉托斯（Gregory Vlatos）对此做过精到的剖析，并从功用角度区别了柏拉图思想中隐含的两种理论，一是"实在性程度论"（degrees-of-reality theory），二是"实在性类别论"（kinds-of-reality theory）。[1] 这两种理论互联互补，旨在证明柏拉图念兹在兹的实在性结构。在哲学领域的形上思辨中，此两者不仅有助于避免将共相误解为更加高级的殊相，也有助于避免将感性殊相误解为理式的劣等摹仿结果。

特别值得注意的是，通常用来表示"美"的古希腊语词"*kallos*"，在语义层面上绝非单向度的。一般说来，就事物形式或人体形象的外观而言，它意指美或漂亮；就襄助某种善意的目的或行为而言，它意指善或善好；就道德的修为或精神的追求而言，它意指高尚或高贵。不过，在柏拉图的笔下，"*kallos*"的所指除了包含上述三义之外，还得到进一步扩充与深化，也就是借助"美的阶梯喻说"，纳入了形式美的规律性，心灵美的道德性，法纪制度美的公正性，知识美的洞察性，理智美的神圣性，等等。这种看似泛化美的修辞手法，实则折射出柏拉图对"*kallos*"或"美"的全方位哲学思考，由此赋予该概念一种有机多义性，既丰富了相关喻说的蕴涵，也增加了解读阐释的难度。

象征意味剖析

从具体语境上看，"美的阶梯喻说"象征意味颇丰，至少隐含六点：

（1）竞争动力（competitive impetus）。该动力旨在挑战神人同形、享受特权、纵情声色的某些神祇。这些神祇自身生活优越、无忧无虑，但却要求人类循规蹈矩、虔敬祭祀、俯首膜拜。他们以自我为中心，在行为准则上只要求人类，不要求自己，其肆意妄为的程度，近乎时下腐化堕

---

[1] Gregory Vlatos, "Degrees of Reality in Plato," in Nicholas D. Smith (ed.), *Plato: Critical Assessments*, p. 230.

落的花花公子。譬如，在奥林匹亚诸神中间，有的沉迷于坑蒙拐骗的色诱行为，彼此使用诡计幽会偷情；有的偷偷潜入人类世界，通过变形卖俏，极尽花言巧语，诱惑单纯少女，以满足自己积习难改的淫欲，诸如此类的"桃色事件"，在希腊神话与史诗里屡见不鲜。故此，考虑到这些内容会对青少年产生负面影响，柏拉图执意要将其从故事教育课程设置里剔除出去；与此同时，他竭力倡导神正论原则，对荷马等诗人随意摹仿各种疯癫迷狂之事大加谴责，试图借此将所有关于神祇的描述予以美化和道德化。于是，在《会饮篇》里，柏拉图着手建立一种更好的爱欲模式，一方面想让诸神经常玩耍的爱欲游戏相形见绌，另一方面期待人之为人务必养成一种良好的爱欲观念，在面对各种优美对象时能够择善而为。所以，柏拉图十分赞赏爱欲的情感和认识潜能，借此鼓励人类充分发挥这一竞争动力的积极作用，以便追求更高层次的美、善或高贵的对象。

（2）互补能量（complementary power）。这关乎爱美者的内在情感能量。根据柏拉图的相关描述，爱美者扮演两种典型角色：作为著名的捕猎者，他向来勇往直前、生性急躁、容易激动（andreos ōn kai itēs kai suntonos）；作为伟大的探寻者，他一生孜孜不倦、深思熟虑、追求智慧。[1]在攀登美的阶梯时，在从感性魅力上达知性魅力的进程中，爱美者需要理智和情感来完成整个使命，因为他在本性上既是情感存在，也是理智存在。通常，当主体进入探寻多样美的历程之后，情感使其热情经久不衰，理智将其行为导入正途。虽然理智被奉为神明馈赠人类的礼物应备受珍重，但依然需要情感作为互补力量来激励人类采取行动，以便持之以恒地抵达最后的目的地。另外，在原则与效用上，情感会使人激情洋溢或轻率鲁莽，理智则使人头脑冷静且精打细算。在必要时，人若彼此兼顾，便可用理智适当调节情感，将其维系在合乎良好意愿的阈限之中。

（3）道德激励（moral drive）。一般说来，这种激励方式有助于提升爱美者的道德良知或内在修养，可促其感官能力摆脱肉欲快感的束缚，使其为了体认不可见之美而超越可见之美。在这里，不可见之美首先隐含在心灵之中，意味着节制的美德、欲望的净化和情理的升华，这对柏拉图

---

[1] Plato, *Symposium*, 203d.

所期待的人之成人的理想目标至为重要。简言之,"道德激励"在此际遇里的运作方式,类似于"自由意志"与"实践理性"之所为,确然代表柏拉图理想中人性完满实现的关键环节。

(4) 政治敏感度 (political sensibility)。这是指一种有赖于敏悟和明断政体优良与城邦善治之美的能力。此类美通常体现在卓越的公正之中,属于社会伦理中所有主要美德的综合结果。更具体地说,政体优良意指合乎理法、清明的制度,这种判断尺度通常源自柏拉图的美好城邦理想。相应地,对城邦善治的评价则主要依据的是公正原则。从目的论角度看,美好城邦在柏拉图那里折映出古希腊的文化理想,该理想旨在建构一种政治、经济、道德和宗教共同体,以期为公民提供一种公正、尊严和幸福的生活。

(5) 哲学沉思 (philosophical contemplation)。在评估和体验知识之美时,对哲学沉思的强调,显然具有认识论特性。作为一种哲学研习方法,沉思通常是以思辨和反思的方式对形而上学的介入、钻研或探寻。在追问美之为美的原因问题时,在思索决定事物个体化原理之原理时,在探究一与多的高级程序中智慧或真理的本质时,沉思这一特征表现得尤为显著。在此情况下,哲学沉思也代表一种与爱智求真并行不悖的凝神观照生活,这有助于沉思者获得柏拉图所推崇的一等快乐,而此快乐乃是真正幸福或善好生活的核心部分。

(6) 超越性导向 (transcendent orientation)。此导向贯穿于整个登梯观美的进程之中,旨在从人性完满实现或人性完善的角度,来唤起自我超越的主观能动性,来砥砺真正的爱美者不断前行,在其获得高峰体验的同时,达到思想启蒙的顶点。在此阶段,爱美者会在攀梯登顶的瞬间,成为像神一样的超凡之人。他会由此洞识真正的或绝对的美自体,从中觉解超越性实在的真谛。这一超越性实在,意指柏拉图所设定的至真至高的实在。在由形上洞识所激发的神性迷狂里,爱美者就此成为柏拉图理想中的真正爱美者 (*philokalou*),既能透过美的外表认清美的本质,也能超然物表而了悟至高的实在。于是,他恢复了对诸多实在的回忆能力,能够通过心智灵视到绝对美的缔造者(神)。所有这一切都将使他进入一种心醉神迷或神秘体验的状态。此时的感受,亦如柏拉图在《斐德若篇》(*Phaedrus*) 中描写的"第四种迷狂"(*tēs tetartēs manias*):这会使人觉得他的确处于癫狂状态。每看到地上的美，他就立刻想起真正的美，感到自己长出双翼，渴望展翅高飞，一飞冲天，但他却不能如愿；他就像一只飞鸟似的，向天上凝视，无视于下方。他此时充满灵感，神思飞扬，品性至善，与那些出身至高至贵者不分彼此。只有这样的爱美之人，只有分享这种迷狂之人，才称得上是爱美者。[1]

"爱若斯"的能量

"美的阶梯喻说"的上述意味及其设定，均对爱美者心智和毅力提出了极高的要求。面对"美的阶梯"，爱美者越是向上攀登，所见对象就越复杂，所遇难度就会增大。那么，他又是如何排难登顶的呢？根据柏拉图的说法，这有赖于"我们人类本性所能期望找到的最好帮手（synergou ameinō）"[2]。该"帮手"不是别的，正是"爱若斯"这一与生俱来的爱美欲求。它与人性关系密切，随时准备渗透人心，发挥自身的潜在能量。无论是在引导人类发现多种美的路径上，还是在鼓励人类设想美自体的架构上，它都起着积极主动的导引作用。虽然它生来就居于"智慧与无知"（sophou kai amathous）之间[3]，但其扮演的角色，则与柏拉图式"爱美者"的所作所为具有异曲同工之妙。

"爱若斯"为何居于"智慧与无知"之间呢？它又是如何发挥其积极能量的呢？这主要与"爱若斯"神人混杂的父母身份有关。要知道，"爱若斯"作为爱的精灵，生来既非神，也非人，而是半神半人。它部分地继承了父系智慧丰盈的优势，事先就同智慧结下亲和关系，能够找到自己获得智慧的路径，同时又部分地继承了母系幼稚无知的劣势，被赋予与生俱来的无知秉性。这样，当其处于充盈之际，就显得生机勃勃、活力四射；当其沦于匮乏之时，就变得死气沉沉、萎靡不振。然而，在其父系秉性的驱动下，它会再次振作，奋发向上，永不退缩。这就是说，从其是或明慧或无知的角度看，"爱若斯"在任何时候都介于贫困与富

---

[1] Plato, *Phaedrus*, 249d-e.

[2] Plato, *Symposium*, 212b-c.

[3] Ibid., 204b-c.

有的中间状态。[1] 颇为有趣的是，"爱若斯"在神性、人性、明慧与无知所组成的四维空间里，发挥着积极进取的沟通作用。就像服务于神与人之间的协调者一样，它一边将人间之事解释和输送给诸神，一边又将神国之事解释并传播给人类；前者包括人向神发出的恳求与祭献的供品，后者包括神向人颁布的规条和恩赐的报偿。总之，它是神人野合所生，徘徊在智慧与无知之间，因得益于丰盈之父所赐，一直渴望改变现状，矢志追求所有美和善的东西（*kata de au ton patera epiboulos esti tois kalois kain toils agathois*）。[2]

此外，"爱若斯"作为爱的精灵，生来充满"动力和勇气"（*tēn dynamin kai andreian*）。[3] 此"动力和勇气"，既代表一种盛行而迷人的爱欲魅力[4]，也暗示一种强大的内在潜能与动机，因为其爱欲秉性不仅源自神人交合的遗传基因，而且源自其侍奉爱神的特殊角色。故此，它已然成为专心致志的伟大爱美者、擅长冥想的著名捕猎者和终生不渝的智慧探索者。[5] 尽管它生活在既匮乏又丰盈的矛盾交结之中，但却具有实现自身抱负的不竭热情与能量。每次看到美的对象，它就渴慕不已，奋力追求。在此强大驱力的促动下，它会义无反顾地攀登美的阶梯，以期观赏到多种多样、不同层次的美，借此上达超凡入圣的至境。

从柏拉图的整个描述来看，"爱若斯"作为爱的精灵，用以象征希腊神话与宗教中神人同形论的历史遗教；其作为爱美欲求，用以追求多样对象中实在性程度不同的美。但是，此两者实属一枚奖章的两面，一面隐含着古希腊传统思维的模式——希冀神与人相向生成的模式，另一面反映出柏拉图关于人性完满实现的理念——趋向人之为人最终归宿的理念。可以肯定地说，爱美欲求在爱欲问题中发挥着积极的推动和引导作用。它作为人类情感与动机中与生俱来的组成部分，可被视作喜好研习哲学的柏拉图式爱欲；它之所以被先验假定为一种先天动能，

---

[1] Plato, *Symposium*, 203b-204a.

[2] Ibid., 203d.

[3] Ibid., 212c.

[4] Ibid., 207a-b.

[5] Ibid., 203b-c.

是因为它可使任何一位享有自由意志的人成为真正的爱美者。在柏拉图的思想中，这便设定了一种何以实现人性完善这一高贵目的的必要前提。

那么，"爱若斯"的潜在能量与目的性追求的应和关系又是如何表现的呢？按柏拉图所示，它需要"在美的对象中酝酿和孕育"，也就是在美的对象中生育繁衍美的对象，而非单纯"渴求美的对象"。[1]因为，爱美欲求本身涉及"一种性爱与生育形象的混合状态"[2]。借此，它促使爱美者既要在美显现时孕育美，也要以美为模型来再生美。柏拉图借用迪奥提玛的表述，特意区别出两类爱美者——自然类与精神类：前者将与一位所爱的女性成婚，随之生儿育女；后者则与一位少年相爱，追求精神之美，最终在自己和爱人的灵魂中培养美德。虽然这两类爱美者都因为爱欲相助而衍生出更多的东西，但从相关语境来看，精神类爱美者显然更受青睐，因为他更好地体现了柏拉图理想中的"爱若斯"禀赋。在这里，源自"爱若斯"的爱美欲求，已然等同于精神美欲求，此乃审美、哲学与道德的隐秘共通性所致。

另外，根据柏拉图的假设，当"爱若斯"处于智慧状态时，它就会竭力探求各种美的知识，而不会满足于了解其中某些美的东西。当其处于无知状态时，它就会尽力学习或探寻更多未知事物，而不会沉湎于得过且过的慵懒状态。这种爱欲的哲学属性，定会导向研习美与善的领域；由此认知这些领域，则有助于获得真正意义上的幸福感受。故此，在整个登梯过程中，"爱若斯"始终担当着将人"引上正途"的"向导"角色，即：除了使人爱上美的对象之外，它同时还使"人爱上单纯善的对象"(*allo estin ou erōsin anthrōpoi ē tou agathou*)。[3]

事实上，"美的阶梯喻说"伊始，为了强调"爱欲问题"的正确引导作用，柏拉图接连三次使用了"正确"(*orthōs*)一词[4]，其中两次用来特

---

[1] Plato, *Symposium*, 206e-207a.

[2] Richard D. Parry, *Plato's Craft of Justice* (New York: State University of New York Press, 1996), p.214.

[3] Plato, *Symposium*, 205a-e.

[4] Ibid., 210a.

指希腊"恋童习俗"（paiderastein）的正确方式。[1] 这表明柏拉图是在运用正确性原则来处理各种爱欲问题。要知道，被译作"正确"的古希腊词 orthōs，包括确保安全、做人正直和正当行事等传统含义，这也是正确性原则的应有之义。不过，柏拉图期待更高，不仅要求爱美行为遵循哲学意义上的智慧美德，而且希冀爱美行为充分考虑适度原则与节制美德。此外，他还指望通过正确引导爱美者及其被爱者，好让彼此比翼双飞，一起接受哲学的教育，培养心灵的美德，洞察美自体的形上本质。要不然，涉及爱欲问题的整个计划，就会在放任自流中毁于一旦，以致无法实现登梯观美与超凡入圣等宏大愿景了。

爱美益智的内在理据

那么，在自下而上的登梯观美进程中，爱美者到底凭借何种理据得以前行呢？每一类美与其他各类美又会产生何种关联呢？就前者而言，我们将其归结为爱美益智的目的论设定，意指在从易到难的哲学研习中，爱美者凭借爱美欲求的驱动和启发，不断拓展认识的视域，持续增益智慧的美德。就后者而论，我们将从不同动因和序列连动两个向度予以说明，这一方面基于我们的解释性推测，另一方面则依据柏拉图的整全式教育宗旨。

我们知道，在"阶梯"的整体结构里，美的形体（ta kala sōmata）被分为三层，置于阶梯底部。[2] 首先在第一阶，爱美者会钟爱某一特定形体的美。这种爱的滋生，从心理取向看，主要源自爱欲动因（erotic agency）和友爱动因（philiatic agency）。所谓动因，意指本原性能动作用。相比之下，爱欲动因关注更多的是悦目的身体及其带来的快感，友爱动因关注更多的是

---

[1] Plato, *Symposium*, 211b. 柏拉图对话中所说的"恋童习俗"，非同寻常。在古雅典，坐而论道的饮宴聚会，是社会交际的传统形式，具有数种特殊功能，其一就是提供对话机会，让青年才俊结交有识之士，找到自己如意的师友，以便从对方习得必要的教诲，使自己获取生活世界里所需的实际经验。在一定程度上，这种聚会是引领青年实现社会化、成熟化乃至道德化的重要教育场所。通常，积极的"爱欲"有助于选择一位值得自己爱慕的对象，该对象不仅外表迷人，而且具备良好人品、丰富学识和其他优秀特质。

[2] Ibid., 210a-b.

真诚的友谊及其相应的情分。通常，前者情感强烈，偏重欲望，热衷性爱；后者关系密切，注重交情，崇尚友爱。当这两种动因处于平衡时，就会产生适度而淳厚的"人类之爱"（humanus amore）。[1] 如若两者失去平衡，或者说，当爱欲动因压倒友爱动因时，就会导致一种只顾肉体享乐的"兽类之爱"（ferinus amore），[2] 就有可能面对至少三重危险：其一，走向极端的爱欲，会使人情志癫狂，沉迷于肉体快感，滥情纵欲，恣意妄为，有悖人性，犹如《斐德若篇》里描写的那匹劣马：每看到令其爱欲勃发的对象，就不知羞耻，不顾一切，不计后果，奋力狂奔，径直扑到对方身上，尽情享受爱欲的快感。[3] 其二，一旦其爱欲得不到满足，就易产生焦虑或疯癫之类疾病，使人疯疯癫癫，夜不能寐，日不能安，在渴求难耐之时，四下盲目寻觅，急于找到所爱对象。其三，当有幸看到所爱对象的美时，爱慕者就会心花怒放，忘乎所以，全身投入，自以为此时享受到最为甜美的快感，信口称赞对方的美胜过所有其他人的美。如若处于这种心境，他会忘却自己的亲友，抛却已有的财产，蔑视此前感到荣耀的所有习俗和礼仪。如同听命于主人的奴仆一样，他会完全顺从于追慕的对象，无视他人的存在，只尊重自己所爱之人，认为对方拥有使他能够获得肉感快乐的美，从中可以找到能够治愈自己最大病痛的灵丹妙药。[4]

　　质而言之，基于爱欲和友爱两种动因平衡的"人类之爱"，会因其人道关切而促发积极勤奋的生活；而源自此两者失衡的"兽类之爱"，则因其兽性本能而导致骄奢淫逸的生活。无疑，前者是建设性的和理性的，后者则是破坏性的和非理性的。然而，倘若爱欲动因失去自身能力，男女相爱者，譬如家庭夫妇，就会无法养育后代；另外，若是彼此之间的友爱动因不足以维系两者的相爱关系，就会影响婚姻状态，动摇家庭生活基础，甚至导致分道扬镳的后果。相反，两者相爱如若主要基于友爱动因，那就可能催生爱的深度与诚度。从柏拉图所倡导的正确性原则来

---

[1] 斐奇诺：《论柏拉图式的爱——柏拉图〈会饮〉义疏》（梁中和、李旸译，上海：华东师范大学出版社，2012年），第168—169页。

[2] 同上。

[3] Plato, *Phaedrus*, 254a-b.

[4] Ibid., 251e-252b.

看，这种爱理应是爱人之间互动互补的琴瑟相鸣之爱。只有通过这种爱，才会使彼此关系真挚持久。这种相爱的特点，类似于柏拉图与亚里士多德所称道的第三种友爱（philia）方式：其所以忠贞不渝，是因为超越功利，相互欣赏对方良好的德行与品格，这在精神向度上既超过基于共享快乐或嗜好的第一种友爱方式，也超过基于互相利用或实用利害的第二种友爱方式。可见，平衡上述两种动因，实属一种微妙而精到的艺术，不仅能够确保"人类之爱"的持续，而且还能促成爱欲－友爱智慧（erotic-philiatic wisdom）的滋生。

步入第二阶时，所爱对象是两个形体之美。通过比较，爱美者根据美的形式（eidei kalon），发现这两种形体美具有某种同源性。这涉及一种形式动因（eidetic agency），该动因与形式意志相关，会引发直觉感应，有助于辨识两个形体表象的相似性。换言之，形式动因会激活一种初步演练活动，通过比较两个形体之美，推导出内在的同源关系。随之，这会在爱欲－友爱情致与审美判断之间架起一座桥梁，将第二阶与第三阶有机地衔接起来。

登上第三阶时，爱美者见到所有形体之美（tois sōmasi kallos）。在这里，登临高处不啻拓宽了悦目之美的视域，并且在人性能力和审美经验的协助下，发现了所有形体美的形式共通性（formal commonality），掌握了一把开解所有形式美的钥匙。这在某种程度上应和于共相与殊相的潜在关联。现存范例中的多样统一律和黄金分割律，均关乎形式美的内在结构。另外，在此际遇所用的观察能力，主要经由理智直观与抽象机制培养而成，可借助适宜的实践和经验转化为审美敏感力。

如上所述，位于阶梯低端的上述三类美，分别涉及一个形体、两个形体与所有形体之美，由此会构成一种身体美学（somatic aesthetics），滋养一种精致的审美趣味，提升人体之美的鉴赏水平。一般说来，这种趣味成就于爱美愉悦的深化过程，起先指向一个特定形体之美，继而指向两个形体之美的同源性，最后指向所有形体美的形式共通性。通过不断练习，这将有助于培养审美智慧（aesthetic wisdom），引导爱美者从事审美判断，享用审美生活。在古希腊传统中，热爱人体美常与一种诗性的创构动因（poetic agency）产生关联。因为，古希腊人，尤其是那些享有贵族教养的古希腊人，热爱人体美已然成为其生活与存在的组成部分。他们热衷于各种规则有序的体育训练，为的就是塑造自己优雅健美的身体。当然，他们总想更进一步，追求"美善兼备"(kalokagathia) 的境界，期望把美与善有机融合在优良的体魄与品格之中。

踏上第四阶时，爱美者欣赏到第四类美，即人的心灵之美 (tais psychais kallos)。此时此地，爱美者赋予心灵美的价值，高于其赋予形体美的价值，因为心灵美不仅更具魅力，而且更能善化青年。[1] 心灵美虽不可见，但却体现在待人接物与言谈举止之中。它以道德判断为特征，在精神感应动因 (psychic agency) 的促使下，侧重内在世界的修养或道德心灵的塑造。换言之，这种动因会激发人们培养自身良知的意识，会引导人们为了共同福祉而内化自我节制的美德。节制作为古希腊人倍为尊崇的一种美德，其生成至少得益于认知、教育和道德等三个向度：在认知向度上涉及希腊名言"认识你自己"(Gnōthi sauton) 的必要性和深刻性，在教育向度上涉及会饮活动的自律功能，在道德向度上涉及个人良知的内在修为。所有这些皆有助于孕育道德智慧 (moral wisdom)，有助于引导爱美者慎思敏行，养成明智良善的品格，增强合作互助的意识，抵制放任自流的习气，规避片面极端的妄念，等等。

再进一步，爱美者登上第五阶，体察到第五类美，也就是遵纪守法和法律礼仪的美 (tois epitēdeumasi kai tois nomois kalon)。[2] 与此相比，形体美的地位与价值就显得更加微末。在此领域，美在实质上等同于正义、公正或善治。基于护法动因 (nomophylakic agency)，这种美一方面呼吁遵纪守法的精神基质，另一方面提倡公平正义的自觉意识。由此塑造的德行习惯，正是社会伦理孜孜以求的结果。上述精神基质与自觉意识一旦确立，就有益于促成公正、善治和宜居的城邦。再者，感悟这类美的能力，离不开政治智慧 (political wisdom)。据此，人们可评判城邦的正义状况，培养公民的应有德行。如此一来，社会责任与公民资质将会相得益彰，良性发展，有利于构建遵纪守法和公正有序的城邦生活。

随之，爱美者登上第六阶，感悟到知识美 (epistēmōn kallos)，此乃"各门知识或科学"结出的巨大果实。[3] 联系起来看，这些知识门类暗指柏拉

---

[1] Plato, *Symposium*, 210b-c.

[2] Ibid., 210c.

[3] Ibid..

图在《理想国》和《法礼篇》里设置的各类课程，包括诗乐、体操、数学、几何、天文、和声学与哲学。抵达这一层次，爱美者将会濒临"美的汪洋大海"，在凝神观照之际，会欣然而乐地欣赏到"各种各样的、美不胜收的言辞和理论"，由此收获到"哲学中许多丰富的思想"，[1]继而打开自己的眼界，使自己从原先那种谨小慎微的、近乎奴性的藩篱中解放出来。换言之，他不再是心胸狭小、固执己见、自我束缚于某一形体美或行为美的人了。相反，他在认知动因（epistemic agency）的激励和推动下，自觉自愿地探寻真知，随时准备追溯美的本质，提高自己的理论智慧（theoretical wisdom）。

如今，爱美者在理论智慧的指导下，进入涵盖"各门知识或科学"的哲学领域，过上以理智为本位的沉思生活。至此，"爱若斯"与哲学合二为一，印证了柏拉图的如下观点：哲学不仅是知识系统，而且是由智慧滋养和指导的生活。[2]于是，这将滋生一种"神性之爱"（divinus amore），一种诚心研习哲学的非凡之爱。代表爱智、求真和养德三位一体的哲学，促使人上下求索，追求完善之境。按照斐奇诺（Ficinus）的说法，"神性之爱"会引领爱美者过上沉思生活，使其超越视觉感官（aspectus），获得思想能量（mentem）。相比之下，"人类之爱"会助推爱美者过上积极勤奋的生活，使其囿于视觉能力，妨碍超越现状；"兽类之爱"则会驱动爱美者沉湎于骄奢淫逸的生活，使其从视觉能力退化到触觉能力，迷恋生理快感。[3]

最后，爱美者登上梯顶，面对惊奇的景象，即"美的本质"（tēn physin kalon）这一笃志追求的终极目标。可以说，在以洞察推理为特征的理智动因（noetic agency）的感召下，爱美者经过不懈努力，付出种种辛劳，终于能够从形上角度透视美自体的奥秘了。这种美的"存在形态独一无二，自立自足；所有其他各种各样的美的事物，只是巧妙分有美自体的结果而已；它们既能生成，也会毁灭；唯有美自体无增无减，不受任何东西的影响"[4]。此处，爱美者超然物外，似乎已将自己的沉思生活推向至高境界。此时，爱美者发现了美自体，领略到永恒、完整、绝对、纯粹或

---

[1] Plato, *Symposium*, 210c-d.
[2] John A. Stewart, *The Myths of Plato* (London: Macmillan, 1905), pp. 428-429.
[3] 斐奇诺：《论柏拉图式的爱——柏拉图〈会饮〉义疏》，第168—169页。
[4] Plato, *Symposium*, 211b.

未遭肉感俗见污染等特征，理解了美之为美的真正原因就在于分有了美自体的光彩。至此，爱美者发现了美的奥秘，掌握了"美的学问"，借此"能够实现最终目的"，抵达朝圣之旅的最终目的地，取得爱美者所能取得的最高成就。随之，他继续前行，上达认识顶点，获得"有关美的大知"（tou kalou mathēma）。[1] 在经历了各类美之后，他终能洞悉"美的本质"了。在认识领域，"大知"（mathēma）高于所有其他各类学识，近似于普洛克鲁（Proclus）在总结柏拉图神学思想时所用的术语 hyparxis，意指生活、认识和精神领域所能达到的制高点。此外，这种"大知"的意涵，要比常言的知识更为丰厚，不仅包括对美之为美的解悟，也包括对美自体的洞察。这显然关乎形而上的绝技，涉及美的本体论，实属柏拉图悬设的先验理念所致，带有幽微的神秘主义色彩。

因循相关思路，我们不难推知：上述理智动因在引导爱美者完成登梯观美的同时，还可孕育和发展一种神性智慧（divine wisdom），此乃"神性之爱"的必然结果。这种智慧可使上达此境的爱美者直观"神性的美自体"（to theion kalon），把握实在的真理，育养"真正的美德"（aretēn alēthē），赢得"神性的友爱"（theophilei），并且"用此方式使自己永恒不朽"。[2] 这一切有

---

[1] Plato Symposium, 211b-d

[2] Ibid., 211e. 顺便提及，"神性"（theion）被用作"智慧""友爱"和"美自体"等概念化名词的表语，代表柏拉图修辞学中描述造物者的一种特殊手法，其类比"非凡"或"超凡"的含义，可参照"理念""绝对"或"像神"等术语予以解读。实际上，公元前6世纪—公元前5世纪的大多数希腊哲学家，虽非全盘接受万物有灵论，但却认为万物在某些方面具有神性。他们在研究自然现象与人类活动时，惯于将其与神灵联系起来，探究宗教思想与相关解释中存在的问题。另外，他们的所作所为，是想让人类从不必要的恐惧中解放出来，因为这种恐惧往往是迷信盛行的根源。柏拉图本人的做法，在目的性上与此近似，但却走得更远，借此来丰富和传播自己的哲学思想。可以肯定的是，"柏拉图的确专注于诸神的作用，视其为理想城邦中最终的凝聚力量，在这方面他超越了当时的思想实践"。但问题在于柏拉图为何要将诸神的作用与人类联系起来呢？我以为这至少涉及三个原因：其一，从宗教观点看，诸神在维持社会秩序与稳定方面是不可或缺的，因为他们不啻是城邦的保护神或护法神，而且是促进城邦公民社会凝聚力的精神源泉。其二，当人类个体通过有效的训练和道德修为成为神性存在时，他就如同柏拉图式的哲人王一样，由此成就了人性的完满实现。这样，他就能够在美好城邦里滋养一种类似的凝聚力，借此强化社会凝聚力，实施城邦善治，确保共同福祉。其三，倘若人类个体借助神性智慧、神性之美与神性友爱，能够达到相应高度的话，那么，他就会被认为具有永恒的灵魂和完善的美德，这将反过来有助于他自己的人性得以完满实现，从而过上"真正值得一过的人生"。

望创构出"那样一种生活境界",居于其中的"人在凝神观照美自体的同时,发现了真正值得一过的人生"。[1]

可以假定,举凡探寻"真正值得一过的人生"之人,都会尽其所能、自下而上地攀登美的阶梯。他首先依据爱欲动因和友爱动因,以互融方式来育养爱欲—友爱智慧,借此使自己对某一形体之美产生健康而持久的爱。其次,他利用形式动因和创构动因,进而培养审美智慧,借此发现所有形体之美的同源关系或形式共性。这涉及形式美的规律性或内在法则,会引导初级的爱美者通过限于视觉感受的外观审美经验,转入基于理智直观的自由审美游戏领域。如此一来,他将过上审美生活。鉴于这种生活与人性及其能力相互应和,因此普通人经过有效指导和适宜训练,也有可能享用这种生活,而不至于沉陷在丰乳肥臀式身体审美的局限和迷情里。接下来,他在精神感应动因的协助下,能够鉴别和欣赏心灵之美,这反过来会滋养道德智慧,引领他进入道德生活,使他能在关注内心世界的同时,在美德修为上追求卓越。这样一来,他会踏上真正爱美者之路,将目光从外在美移向内在美,从此不再满足于悦耳悦目的美,而是开始注重探寻悦心悦意的美。随之,他继续攀登,借助护法动因,观察公民的行为之美和城邦的法礼之美,因循遵纪守法的良好惯习,过上平和正义的生活,凝练自己的政治智慧,依此客观评判社会的公正性,确立相关的社会责任感。鉴于道德生活与正义生活在本性上是实践性的,在原则上是现实性的,这会让人过上一种得之不易的体面、自尊和幸福的生活。当然,这既符合古希腊人对城邦生活的殷切期待,同时也符合柏拉图建构美好城邦的政治理想。接下来,业已成熟的爱美者,将充分利用认知动因,依此感悟知识之美。结果,他会喜不自胜地莅临美的汪洋大海,欣赏其中汇聚的各类知识。同时,他会专注于沉思生活,不断提高自己的理论智慧。在此,他从知识美的哲理和沉思生活的宁静中所获得的快乐,属于超过先前所有快乐的一级快乐。如若反观最初对身体美的迷恋,他会发现那一类对象过于微末,当时的体验过于偏狭,早先的趣味过于低俗。最后,他利用理智动因,获得至深的学问,了悟美的奥妙,洞识美的本体。这里,他的美德修为能使其通过神

---

[1] Plato, *Symposium*, 211d-212a.

性智慧去直观"神性的美自体",育养"真正的美德",赢得"神性的友爱"。不消说,他此时凝照的对象是悦志悦神的美。在此豁然贯通的高峰体验里,他捕捉到美之为美的终极原因,窥知到具有崇高特征的神圣维度或非凡意味,从而成为柏拉图构想中心智完善的整全人格、类乎神明的哲学家或真正的爱美者。在理想条件下,这一切将使他上达思想启蒙与澄明的顶点,使人之为人的神性向度成为可能,使人性完满实现的理想成为可能,使"真正值得一过的人生"愿景成为可能。

善好生活的决定要素

反观以上所述,无论是登梯观美的至境,还是爱美益智的目的,或者是爱欲现象学的追求,最终都不约而同地锁定在"真正值得一过的人生"之上。在柏拉图那里,这种"人生"正是人之为人所希冀的善好生活,主要取决于不可或缺的智慧美德。在实际指导方面,智慧首屈一指,确属一种生活艺术,能够合理安排整个人生进程,能给所有生活领域带来善好或幸福。不过,一个人当且仅当养成所需的智慧,他才有可能过上这种善好生活。反之,一个人如果缺乏所需的智慧,他无论如何也不能过上这种生活。

在柏拉图心目中,智慧以其精妙而有效的方式,成为确保善好或幸福的决定要素。譬如,在谈及遇到波涛汹涌的海难所急需的解救好运时,柏拉图以毋庸置疑的语气表示:

> [在此场合]……任何人的最佳好运就是同一位有智慧的而非无知之人在一起。因为,正是智慧才使人在任何情况下会有好运。我的意思是说,智慧肯定不会让人误入歧途,智慧总是能够妥当处事,能够带来好运——否则,那就不再是智慧了。[1]

可见,智慧既有益,又可靠,永远不会误人误事。因为,智慧的作用是提供理智的指导或明智的教诲,会决定妥当的路径,采取正确的行动,在任何地方都会带来好运、成就好事。尤为可贵的是,在艰难危急

---

[1] Plato, *Euthydemus*, 280a (trans. W. R. M. Lamb, Cambridge and London: Harvard University Press, 1924).

与迫切需要之际，智慧这一美德更能发挥自身不可替代的实践价值。另外，紧随上述语境，柏拉图还特意强调了"知识"的决定性作用，认为唯有"知识"才能正确使用诸如财富、健康与美丽这些好东西。他甚至断言，一个人只要具备这种"知识"或据此"知识"行事，就会给自己带来好运和福利。相反，一个人若是拥有所有其他东西，但却"没有理智与智慧"，那他就不会从中得到任何益处。再者，一个人若是没有正当使用其拥有物的意识，他照样不会从中得到任何益处；而且，他拥有得多且做得多，反倒不如他拥有得少和做得少。[1] 需要指出的是，柏拉图此处所言的"知识"（epistēmē），乃是思索"真理"（alētheia）的产物，是脱俗且审慎的"实践智慧"（phronēsis），是促成"正确行动的唯一向导"。[2] 由此观之，像财富、健康与美丽这类好东西，其自身既不能做善事，也不能做恶事，因为这取决于使用它们的方式。当它们在"知识"或"智慧"的指导下使用得当时，就会做善事；当它们在无知或愚蠢的鼓动下使用不当时，就会做恶事。换言之，智慧之所以使这类好东西行善成善，是因为智慧能使拥有者的行为符合理性与节制的要求，能使人正确使用这些东西并合理支配自己的行为。相比之下，无知之所以使这类好东西助恶为恶，是因为无知会使拥有者的行为陷入非理性与不明智的困境，会使其误用这些东西或采取盲目的行动。柏拉图就此专门指出：

> 看来是这样：针对我们起先称作好东西的全部事物的讨论，并非要追究它们自身就其性质而言是善的，相反，我认为要点正在于此：假如它们在无知的引导下，它们就会沦为大恶，而非其反面，因为它们会被坏的向导所左右；反之，假如它们在理智与智慧的引导下，它们就会成为大善——虽然从其自身考虑，这些东西本身均无任何价值。[3]

显然，通常所说的好东西自身并无真正价值，其价值在性质上取决于如何使用它们；也就是说，唯有妥当使用它们才会使其成为有价值的

---

[1] Plato, *Euthydemus*, 281a-b.
[2] Plato, *Meno*, 97b-c.
[3] Ibid., 281d-e. Also see Daniel Russell, *Plato on Pleasure and the Good Life* (Oxford: Clarendon Press, 2005), p.28.

或善的。一般而言，此价值存在于正确使用它们的指导方式。在此意义上，智慧（sophia）与无知（amathia）的各自功能是截然相反的，其所引致的结果亦然。这里不妨以代表财富的金钱为例。人们之所以认为金钱是一种有条件的好东西（one of the conditioned goods），是因为可用其满足积极或消极的诸种欲求。然而，智慧是对所有不合理欲求的一种净化方式，能使金钱成为有益于拥有者的无条件的好东西（one of the unconditioned goods）；其做法不是让金钱本身发生某种变化，而是指导拥有者合理使用金钱。在这里，智慧既是"一种生活技艺，可用理性方式将个人生活的各个组成部分整合起来"[1]，也是一种至要美德，与勇武、节制和正义等美德密切相关。

在柏拉图看来，智慧自身就是善的，因为它以无条件的善取代了有条件的善。智慧之所以被奉为打开幸福之门的钥匙，是因为智慧凭借妥当与正确的用物方式来决定所有他物的善。根据丹尼尔·罗素（Daniel Russell）的说法，智慧作为一种美德，关乎理智指导，即以理性方式将生活的所有向度组合成和谐互融的整体。故此，智慧等同于无条件的善本身，此乃智慧唯一能为之事——智慧具有能动作用，其主动性和指导性契合于正确的理性；这便是智慧为何能够起到一种妥切恰当的、富有成效的、无条件之善所需作用的原因，同时，这也正是其他一切只有依靠美德才能成就其善的原因。[2] 事实上，柏拉图曾借此归纳说：智慧为人类提供了理智或理性指导，一方面能够确保妥当使用所有他物并使其成为善的，另一方面则与无条件之善的起因密不可分，而这种善正是善好生活之幸福得以产生的根由。从逻辑上看，柏拉图对智慧这一美德的强调，可被假定为一种智慧本位原则。有趣的是，塞涅卡（Lucius A. Seneca）后来在《论幸福生活》（De Vita Beata）一书中，将这一原则称为理性原则，奉其为人类追求幸福和高雅的首要指导原则。在具体实施中，他特别强调内心和谐、头脑清晰、冷静推理、合理果断、不屈精神、情境适应、独立判断等因素。[3] 当然，塞涅卡建立理性原则的目的，是要通过相关运思模式来重点探索他的道德心理学说。

---

[1] Daniel Russell, *Plato on Pleasure and the Good Life*, p. 29.

[2] Ibid., p. 26.

[3] 塞涅卡：《论幸福生活》（覃学岚译，南京：学林出版社，2015年），第101—103页。

这里还需指出，桑塔斯（Gerasimos Santas）根据《美诺篇》（Meno）等对话文本，判定柏拉图推举的智慧，就是"有关何为幸福（等同于美德）的知识，也就是关乎利用有条件的好东西来促进这种幸福的知识"[1]。为此，柏拉图一再竭力证明唯有美德（智慧）才会带来幸福，尽管他本人也意识到这一学说存在问题。譬如，在知识与实践之间，经常会出现知行不一的矛盾。一些生活在现实世界里的人们，虽然内心明白正义的道理，但却会出于个人利益诉求而弃正义于不顾，《理想国》里的魔戒喻说就对此做过精妙而深刻的揭示。该喻说给人留下的印象是：在生活世界里的某些情境里，知识（知）是一回事，实践（行）是另一回事。从理想出发，我们期待知识与实践在个人身上合二为一，但在具体践履中，知行不一或口惠而实不至的现象屡见不鲜。那么，如何才能使人知行合一呢？这的确是问题的关键所在。

在这方面，孔子提出的一种替代方式，其关注焦点在于人格修养。因为，孔子坚信，每个具有良好品格的人，一定会认真对待知识，真诚践行知识。这如何可能呢？孔子如此假定："知之者不如好之者，好之者不如乐之者。"（《论语》）这里所"知"的对象，是指融合"人道"与"天理"的"大道"或者儒家传统中常说的"至理"，所谓"知之者"，就是"知"此"大道"之人，是儒家认为具有至高智慧之人。但是，与"好"此"大道"的"好之者"相比，"知之者"则被置于低位。同样，与"乐"此"大道"的"乐之者"相比，"好之者"则又被降格安排。因为，"知"此"大道"的"知之者"，并不一定就是"好"此"大道"的"好之者"；而"好"此"大道"的"好之者"，并不一定就是"乐"此"大道"的"乐之者"。唯有"乐之者"，才会在日常生活中自觉和不懈地践行其所"知"的"大道"，并且能够从中获得无穷无尽的乐趣。因此，在人生教育的过程中，自我修养对个人成长与发展而言是至关重要的环节。孔子的上述学说与苏格拉底的道德至善说有相似之处，这两位先哲实乃知行合一的历史典范。

反观登梯观美这一过程，爱美者也总是伴随着一种快乐感受，其缘由在于他的认识不断增加，逐步掌握了研习哲学的窍门。由此习得的知识

---

[1] Gerasimos Santas, *Goodness and Justice: Plato, Aristotle and the Moderns* (Oxford: Blackwell Publishers, 2001), pp. 47-48.

或智慧，能卓有成效地创化无条件的善和实质性的幸福。当然，这种快乐感受会因人而异，会取决于每个人登梯的高度，也就是说，取决于每个人感悟各类美的能力。一个人在洞察美自体之本质的瞬间，他的快乐感受会转化为一种狂喜入迷的高峰体验。在这里，美自体成为打开各类美（多）之奥秘的一把钥匙（一），成为理解美何以为美的根本原因。就"美的阶梯喻说"内含的认识论架构特征来看，各类美分别呈现出不同层次的真理性内容及其相关价值。一个人登梯越高，认识越深，就会收获越多，就会体验到更多的快乐或福分。最后，他就能登堂入室，实现终极目的，进入不朽王国。在柏拉图的心目里，不朽不只是意指诸神的特有属性，而且代表人向神生成的可能途径。[1]

总之，从柏拉图的"阶梯喻说"所指来看，举凡登梯观美而踏上顶端者，实已上达思想启蒙的至境，获得最高形式的智慧，踏入善好生活的福地。按照柏拉图的思路，神性智慧是爱美益智的最终成果，其非凡之处既在于它对其他各类智慧的先验综合，也在于它对其他各类智慧的先验超越。作为智慧中的智慧，它所提供的理智导向，不仅具有独立价值，而且具有自足性，无须依赖他者便可造就无条件之善，由此成为实现善好生活的根本保障。

余　论

综上所述，柏拉图笔下的登梯观美过程，始于现实生活，终于形上理念，爱欲在其间扮演中介，如同搜奇览胜的向导，将人引向观美益智和养善求真的高处。罗森（Stanley Rosen）就此指出：随着《会饮篇》讨论主旨的展开，美的能量伴随爱欲，在流变中得到保持，成为人类存在的永恒缘由，似乎体现出其在神、人、宇宙之间的中介作用。美自体借此闪亮登场，刹那间照亮他人，其意义在此语境里几乎等同于神。[2]可见，登梯亦如朝圣，观美实为爱智，修德意在超越，为人理应像神。所谓"像神"，就是成为柏拉图所说的真正哲学家或爱智者。

---

[1] 王柯平：《人之为人的神性向度——柏拉图的道德哲学观》，《杭州师范大学学报》2014年第3期。
[2] 罗森：《柏拉图的〈会饮〉》（杨俊杰译，上海：华东师范大学出版社，2011年），第239页。

那么，对于这种爱智者来说，善好生活是否还隐含其他意义呢？根据柏罗丁的看法，善好生活在生存领域不仅要拥有良善，而且要拥有"至善"（the Supreme Good），因为"至善"恰指最丰富的生活。在这种生活里，良善代表某种具有内在本质的东西，而非某种来自外部的东西，人们无须为了确立良善而从外来领域引进外来物质。[1] 如此一来，善好生活就会被提升到完善生活的高度。这种完善生活有赖于至高的"理智"（nous），发源于神性的"全善"（All-Good），超越了其他各种不完善的生活，可称为幸福生活。究其实，它以灵魂为中心，而非以身体为中心，在性质上有别于任何善恶混杂的生活。无疑，混杂生活不能称作幸福生活，因为它无论在智慧的尊严还是在良善的健全领域，都缺乏伟大的要素。[2] 由此可见，柏罗丁所言的善好生活，实属一种理想型生活，折映出强烈的宗教使命感。这一绝对意义上的范型，具有道德说教的显著特征，虽然令人印象深刻，但却可望而不可即，明显超出人类能力的限度。

有鉴于此，这里有意推举一种实用态度，依此来重新审视"阶梯喻说"中隐含的多维生活期待或多种可能性，而不囿于单一的理想型生活假设。为此，我们有必要参照多种智慧分层论（kinds-of-wisdom stratification），引入多种生活选择说（kinds-of-life option）。事实上，在自下而上的登梯过程中，热爱不同层次的美，相当于追求不同类别的智慧，包括爱欲－友爱智慧、审美智慧、道德智慧、政治智慧、理论智慧和神性智慧。就各自的功能而论，爱欲－友爱智慧会使人确认爱欲－友爱生活，这需要钟爱一个特定形体之美来维系。审美智慧会使人确认审美生活，这需要欣赏所有形体美的共同形式来维护。这两种生活可归于现实型，从实践上看是较易实现的。道德智慧有助于人们确认道德生活，这需要诚爱心灵之美予以支撑。政治智慧有助于人们确认正义生活，这需要喜爱遵纪守法和社会公正之美来持守。这两种生活可归于中间型，从道理上讲是可能通达的，虽然绝非一件易事。最后，理论智慧会使人确认沉思或哲学生活，其关注焦点在于深爱各类真正的知识之美。神性智慧会使人确认超越生活，从而竭力向神生成，其昭示方式就是挚爱绝对美这一美之为美

---

[1] Plotinus, *The Enneads* (trans. Stephen MacKenna, London: Penguin Books, 1991), pp. 33-34.
[2] Ibid., pp. 34, 42, 44.

的原因。这两种生活可归于理想型，无疑是最难实现的。

自不待言，柏拉图期望登梯者尽其所能，上达顶点，他不愿看到有人半途而废，因而特意鼓励真正的爱美者完成朝圣之旅，在最后的目的地直观美自体，洞识美之为美的终极原因。这样，真正的爱美者将会拥有所有资质，成长为真正的爱智者或柏拉图心目中的真正哲学家。不过，在实践与理论、现实与理想之间，存在着不易跨越的鸿沟，个人差异与其他变数也会导致不同的结果。因此，一个人只要尽其所能，用其所长，就已足矣。换言之，一个人只要凭借自己现有的智慧，妥当使用自己现有的资源，审慎选择适合自己的生活，也就足够明智了。事实上，任何选择都是自为选择，有的会喜好现实型生活，有的会偏爱中间型生活，有的则憧憬理想型生活。另外，个人选择、个体差异与其他变数也会导致不同的结果，这在相当程度上均与自由意志、天赋大小、生活境界追求和社会文化形态等因素不无关系。

在讨论结束之前，这里需再强调一点：柏拉图视域中的善好生活，是由不同层次结构衍化的综合性生活，也是由哲学与政治平衡形成的会通式生活。后者对《会饮篇》中率先登场的格劳孔（Glaucon）最具吸引力。作为一位特殊人物，格劳孔在此扮演了一个尤为积极的角色，其强烈的好奇心迫使阿波罗多鲁（Apollodorus）通过回忆复述了酒会上交谈的内容。要知道，格劳孔是一位崇尚静修之士，笃信哲学沉思所给人的快乐，不仅至真至诚，而且高于其他快乐。为此，他执意回避参政，鄙视政务，认为人性弱点会导致政治乱象，而政治乱象反过来则会干扰静修、败坏人性等等。为此，苏格拉底通过推心置腹的对话，对其进行了大量说服工作，最终使其做出适当让步，同意在兼顾哲学生活的前提下接受正当的政治生活。[1]

出于比较的需要，这里特邀读者复观《理想国》里展示的另一幅图景，一幅充满嘲讽意味的可悲图景。此景所描绘的内容，正是格劳孔与苏格拉底交谈的一小部分，所论对象则是那些自身缺乏智慧，但又想在政治败坏的城邦里尽情享乐之人。若将这幅色彩凄凉的图景悬挂起来，必然与上述善好生活的蓝图形成鲜明对照。当然，此处有意借此来激活人们

---

[1] Plato, *Republic*, 520a-e (trans. Paul Shorey).

的反思，尤其是那些想要活得认真且有意义的人们。这幅令人沮丧而忧心的图景如下所述：

> 那些没有智慧和美德经验的人，只知聚在一起寻欢作乐，终身往返于我们所比喻的中下两级之间，从未再向上攀登，看见和到达真正的最高一级境界，或为任何实在所满足，或体验到过任何可靠的纯粹的快乐。他们头向下眼睛看着宴席，就像牲畜俯首牧场只知吃草、雌雄交配一样。须知，他们想用这些不实在的东西，尽力去满足其心灵的那个不实在的与无法满足的部分，这种做法是完全徒劳的。由于不能满足，他们还像牲畜用犄角和蹄爪互相踢打顶撞一样，在贪婪无度中互相残杀。[1]

---

[1] Plato, *Republic*, 586a-b (trans. Paul Shorey); *The Republic* 586a-b (trans. Desmond Lee, London: Penguin Books, rep. 1976). 另参阅柏拉图：《理想国》（郭斌和、张竹明译，北京：商务印书馆，2009年），第379页。译文略有修改。

五 人之为人的神性向度[1]
——柏拉图的道德哲学观

缘 起

  人之为人的问题，是柏拉图道德哲学的重要关切之一。从《理想国》到《法礼篇》，从"美好城邦"到"次好城邦"，柏拉图一方面在创构理想而有效的城邦政体与管理模式，另一方面在探讨合格公民的资质与德性。在他看来"美好城邦"（kallipolis）作为"最佳城邦政体"（aristēn politeian）或"最好城邦"，那里"会居住着诸神及其子孙，他们会其乐融融，生活无比幸福"[2]。不过，他也承认，这座城邦"在地上无处可寻，可在天上建一范型，举凡看到它的人，都想成为那里的居民"。[3] 于是，在从理想走向现实的过程中，柏拉图试图将这座遥不可及的"天国神城"加以改造，想以此为原型，尽力构建一座与其相似但有别异的城邦，也就是创设一座"近乎不朽，仅次于完美"的"第二等城邦政体"（politeian deuteran）或"次好城邦"。[4]

  值得注意的是，无论是"美好城邦"还是"次好城邦"，都是由具有神性的居住者组建的，或者说是仅供合格的居住者享用的。当柏拉图试图在人世间推行这一范型时，他依据"城邦净化说"的理论，抑或从道德化的"正确教育"入手，抑或从"挑选公民"的资格要求入手，借此培养"完善的公民"，以便为理想城邦的建构与管理奠定尽可能良好的基

---

[1] 此文发表于《杭州师范大学学报》2014年第3期。

[2] Plato, *Laws* (trans. R. G. Bury, London & Cambridge Mass: Harvard University Press, 1994), 739d.

[3] Plato, *Republic* (trans. Paul Shorey, London & Cambridge Mass:William Heinemann & Harvard University Press 1st ed.1930, rep. 1963), 595.

[4] Ibid., 739e.

础。[1] 从这里可以看出，柏拉图是从"美好城邦"与"完善公民"的匹配原则出发，对公民教育与公民资格提出了非凡的标准，设立了"人应像神"[2]（anthrōpō homoiousthai the-ō）的追求目标。根据柏拉图的思路，这里所说的"人"，是指"渴望正义"（prothumeisthai dikaios）和"践履德性"（epitedeuōn aretēn）之人；这里所谓的"像神"，作为一种比喻，意指人在德行修为和自我超越方面"与神相似"（to be like god）或"向神生成"（to become divine of the human）；这里所设的目标，乃是人作为人所应追求与可能取得的最高成就，由此可推导出"人之为人，在于像神"（To be man as man is to become god-like）这一关乎城邦公民德行及其发展的理论话题。

三重理据

在古希腊文化中，虽然存在人喜好认同和尊奉神祖的传统，也流行人与神相会和交往的传奇，但是，人与神终究有别，其本质差异在于人会死而神不朽，人有缺憾而神则尽善。那么，在柏拉图设定"人向神生成"这一追求目标时，其主要理据或逻辑前提是什么呢？

笔者认为其主要理据有三：一是神为善因说，二是神赐理性说，三是灵魂不朽说。首先，就神为善因说而论，柏拉图认为"神是善的"（ho theos epeidē agathos），"是善的唯一原因"，但"不是一切事物的原因"（mē pantōn aition ton theon alla tōn agath-ōn）；神的所作所为，都是"正义的好事"（dikaia te kai agatha），可使受惩罚者从中得到益处；神的一切事物，都肯定处于尽可能好的状态下"；神是真实不变的，对于任何本质上虚假的东西，神与人都深恶痛绝。[3] 然而，无论从希腊史诗与诸神谱系的相关描写来看，还是从柏拉图对这些描写的严厉批评来看，某些神祇所表现出的那些钩心斗角、偷情骗色与杀伐暴戾等行为，并非就是"正义的好

---

[1] 王柯平：《柏拉图的城邦净化说》，《世界哲学》2012年第2期。

[2] Plato, Republic, 613a-b. 另外，柏拉图在《理想国》第二卷（383c）结尾处论及青年教育时指出，要采取适当的教育方式"在人性许可的范围内，使城邦护卫者既要成为敬畏神明的人，也要成为像神明一样的人"（ei mellousin hēmin oi phulakes theosebeis te kai theioi gignesthai, kath, hoson anthrōpō epi pleiston oion te）。

[3] Plato, Republic, 379c-d, 380c-d, 380a-b, 382c-d.

事",并非就符合善德的要求。但柏拉图从道德化教育的理想原则出发,或者说从城邦护卫者的健康成长考虑,特意将神美化为善的原因,确立为正义的化身。这不仅是为了给受教育的青年人树立学习效仿的楷模,也是为了调动他们的宗教虔敬意识,借此强化人向神生成的合理性与必要性。

再就神赐理性说而言,柏拉图认为人是理性(nous)的存在,而这理性是神赐予人类的特殊礼物。人凭借理性的天赋,一方面可以透过现象(可视世界或外在世界)认识实在(可知世界或理念世界),由此获得真正知识与道德智慧,借此发现和把握绝对的真、绝对的善和绝对的美;另一方面,人可以不断完善和超越自我,使自己插上理智的翅膀,追求正义,超凡入圣,从世间飞到天堂,从冥界升至神殿。这样一来,人就具有了向神生成的潜质,也就是有能力向神学习,与神思齐,与神相似了。[1] 即便柏拉图因为人性的弱点而轻视人间事务,继而将人视为"神的玩偶"[2],但人的优越之处依然存在,那就是人与神为伴,近水楼台,可以充分利用理性这条金线,在神的指导下学会遵纪守法,妥善管理自己的事务,成为自己真正的主人。

至于灵魂不朽说,柏拉图上承奥菲斯教派与毕达哥拉斯学派的传统,认定灵魂不灭,永恒轮回,可独立于肉体,据德性高低而转换外形,抑或存在于人间与(动植)物界,抑或游走于冥府与神界。尤其是纯粹的、正义的和富有美德的灵魂,因具有牢不可破、恒久不变、自相一致和超感觉存在等特征而与神相似。[3] 如此一来,在人神彼此相似与时间永恒绵延的维度上,灵魂不朽说为"人向神生成"提供了必要条件。这一条件,对于向善而生者与向恶而生者,具有同样的适用性。因为,按照末世论的最后审判结果,根据惩恶扬善的法则与灵魂转世的规定,人们都有了再次或重新选择人生的可能。就像柏拉图在厄尔神话中描述的那样,在经历了上天入地的因果报应之后,正义与不义的灵魂相聚于象征新生的

---

[1] 参见 Plato, *Republic*, 521c, 611e; *Phaedrus*, 249c - e, 252c -253e。

[2] Plato, *The Laws* (trans. Trevor T. Sounders, London Penguin Books, 1975), 644d-645c.

[3] Plato, *Phaedo* (trans.Harold N. Fowler, London & Cambridge Mass: Harvard University Press, 1999), 69c-c, 71e, 105e-107a, 80a-d.

草地，可依据自身的经验体认与价值判断来选择新的生活了。[1] 无疑，这对于向善而生继而追求完善者是一种机遇，对于向恶而生但想弃恶从善者也是一种机遇。但要看到，相对于灵魂不朽说的理据，神赐理性论的理据显得更为根本。因为，"理性是灵魂的舵手，可看清与觉解所有真知"。另外，灵魂中的理性部分，作为智慧的爱慕者，会渴求所有那些与神明和永恒存在最为亲近的东西，会知道源自神明的东西是最有益于人类的东西，当然也明白践行德性才有可能使人向神生成这一基本道理。[2]

参照范型

那么，在世俗生活中，人向神生成有没有可供参照的范型呢？答案是肯定的。概而言之，柏拉图为此设定的主要范型，包括视死如归的"哲学家"(《斐多篇》)、睿智精明的"治邦者"(《治邦者篇》)、大公无私的"哲人王"(《理想国》)与德行卓越的"完善公民"《法礼篇》)。相比之下，后两者更具代表性。

譬如，在《理想国》里，柏拉图将"哲人王"视为美善兼备的化身，以哲治邦的高手，人之为人的表率。在他看来，人之为人的最高成就，要么成为"哲人王"管理好城邦，要么听从"哲人王"服务于城邦，要么求教于"哲学家"习得智慧，借此使心灵得以和谐，最终过上公正而有尊严、幸福而有节制的生活。在《法礼篇》里，柏拉图则以"完善公民"为参照样板，推行重视公民德行和依法治邦的"正确教育"。在他眼里"完善的公民"果敢而自律，理智而健康，遵纪而守法。为此，他构想出一套神性的法礼，附加上说服劝诫的绪论，试图用来确立人们自觉的法纪意识和社会责任感，为"次好城邦"培养合格而有为的公民。说到底，在人之为人的目的论范畴里，柏拉图所提出的相关思想与理路，始终脱离不开他所笃信的教育决定论（educational determinism）。

当然，单凭给"法礼"披上神性的外衣，虽然意在强调立法的神圣性和合理性，但终究不足以引导人们"向神生成"。作为补充条件，《法礼

---

[1] Plato, *Rpublic*, 617a-621b. 另参阅王柯平《厄洛斯神话的哲学启示》，《哲学研究》2011年第1期。

[2] Plato, *Republic*, 611e-613b.

篇》里的雅典人就此提出两大告诫：其一关乎神的本性特征；其二涉及神的衡量尺度。就前者言，神掌管万物的开端、中间与终结这一全程，依据本性自动的运转方式，沿着正道实现自己的目的。公正总是伴随其左右，随时惩治那些放弃神性法礼之徒。举凡想要生活幸福的人，就会满怀喜悦地追随正义和秩序。举凡自我膨胀、傲慢狂狷或财大气粗之人，虽然身材俊美且血气方刚，但缺乏理智、心怀暴戾、自以为是，拒斥他人的管理，反倒要统治他人，因此孤立无援，被神抛弃。[1] 就后者论，追随神明与神所青睐的行为，是符合衡量尺度的，一般说来就是符合"同气相求，同类相敬"之原则的，却不符合衡量尺度的对象，不仅彼此之间互不相敬，而且也不被衡量尺度的对象所容纳。对人而言，神是衡量万物的尺度，而人与神相差甚远。举凡想要赢得神明青睐之人，务必尽其所能地向神生成。在人中间，具有自律或节制德性之人，最受神明青睐，因为他与神相似。反之，举凡没有自律或节制德性之人，不仅与神迥然有别，而且属于不义之徒。[2] 可见，柏拉图所言的"向神生成"之说，实属人文化成的最高准则。换言之，若从人之为人的道德境界与培养贤明护法者的立场来看"人向神生成"的论点，实为引导公民德行和维系城邦秩序的伦理神学。

　　有鉴于此，在《法礼篇》行将结束时，柏拉图特意提醒"每位凡人"(thnētōn anthr-ōpōn) 务必把握两样东西：一是先于万物而生并且统治所有肉体的不朽"灵魂"(psychē)；二是控制日月星辰轨道和精通数学、天文等科学的"理性"。在此基础上"每位凡人"务必洞察音乐理论的内在联系，和谐地将其应用于城邦伦理制度和法则，合理地解释应当给予合理解释的所有对象。只有这样，他才能成为合格的城邦执政官，才能实施城邦所需的教育计划，才能完成保护和拯救城邦的特殊使命。[3] "理性"，既与凡人有关，也与神明有涉。这不仅是因为凡人具有神明所赋予的理性能力，而且是因为"理性乃柏拉图所论主神的候选者"(Reason as a candidate

---

[1]　Plato, *Laws* (trans. R. G. Bury), 715e-716b.
[2]　Plato, *Laws* (trans. R. G. Bury), 716c-d.
[3]　Plato, *Laws* (trans. R. G. Bury), 937d-938b.

for Plato's chief god)。[1] 鉴于理性在柏拉图神学中的特殊地位，无论是通过厄尔神话所倡导的研习哲学来教育和救助人的心灵，还是通过劝诫神话所推行的宗教信仰来净化和升华人的灵魂，都会不约而同地诉诸理性自身的认识能力、判断能力、制欲能力以及协调心灵各个部分的主导能力。

总之，柏拉图既重视心灵的主导性与不朽性，也强调心灵的优先性与创构性。前者大多体现在德行教育、人格培养和哲学训练等方面，后者大多反映在宇宙创化、天体演变和万物生成等领域。这两者往往通过神话的意义和哲学的推理产生互动作用，结果使人类的价值观念和道德生命同宇宙结构和世界起源发生了密切联系。我们由此可以想象人类在世界中所处的地位，同时也可以推测世界在人心中显现的图景。这正是柏拉图神话哲学的基本效应之一。有的学者甚至断言："柏拉图终其一生，都在竭力证明一种人力所及的秩序就铭刻在宇宙的结构之中。从柏拉图的视野来看，神话的哲学意味就在于假定人类的价值观念塑造了世界的起源，同时又借此将人类的道德生命置于宇宙之中。"

这似乎在告诉我们，是人类的认识能力决定了世界在其意识中的可能图景（秩序与起源），是宇宙的广袤无限提升了人类道德生命的上达境界（完善与超越）。但要看到，在这一切一切的背后，那位冥冥之中的无形创造者，才是柏拉图推崇的宇宙本体，才是衡量万物的尺度。此外，他这种用神来左右人、用宗教来主导道德教育的浪漫想法，在当时的城邦政治与宗教文化中或许会产生一定程度的影响，但从长远的历史角度看，这种想法的效度是令人怀疑的，且不论它是否会导致唯神论的武断或原教旨主义的危险（这让人联想起苏格拉底的死刑案），但肯定会在现实生活中难以付诸实施，最终流于玄秘、动人或空泛的修辞。

可能途径

在人向神生成的过程中，柏拉图不仅要求人追随和习仿神的言行，而且要求人应成为神一样完美的存在，这实际上是为人的完善设定了理

---

[1] Robert Mayhew, *The Theology of the Laws*, Christopher Bobonich ed., *Plato's Laws A Critical Guide* (Cambridge: Cambridge University Press, 2010), p. 216.

想的模本。对此，柏拉图心存希冀，反复劝诫人应踏上向神生成的"正途"。这一"正途"不是别的，正是爱智求真的哲学之途。

对于哲学之途的论述，见于柏拉图的多篇对话之中。譬如，在《斐多篇》里，柏拉图认为真正的哲学家会通过自身的道德修养和哲学智慧，在探索什么是纯粹、永恒、不朽与不变的知识过程中，最终摆脱身体的牢笼，超越世俗的困扰，其死后的灵魂会抵达神明居住之地，那里长满奇花异草，海陆色彩斑斓，仙境美不胜收，可与诸神谈玄论道，欢度余下的幸福时光。[1] 在《理想国》里，柏拉图认为哲学家凭借与神明和理式的密切交往，就会洞识宇宙秩序，获得非凡智慧，继而成为神明，成为"和谐与神性的存在"(*omilōn kosmios te kai theios*)；人若效仿哲学家的所作所为，终究会在"在神性灵感"(*theias epipnoias*)的感召或引导下，"真诚地热爱真正的哲学"(*alē-thinēs philosophias alēthinos*)，由此也会获得智慧，成为神明，从而能够轻松驾驭城邦的管理事务。[2] 在《斐德若篇》里，柏拉图认为投生之前的灵魂若是纯净的，若目睹过理式或真相，日后作为哲学家就能回忆起来，就会放弃对人间功名利禄的追逐，反而会跟随神明去周游天堂，一任逍遥。[3] 另外，那驾插翅能飞的马车形象，借用了荷马史诗中的故事，其上达天庭的飞升行动至少具有三重功能：其一，喻示着灵魂三部分虽然运作于灵魂之内，却统一在宇宙之中；其二，强化了人与神之间的共通性；其三，揭示了灵魂、世界与各种至高理式或原型之间的共通性。灵魂的运转方向被引向天堂，人类的认知过程被引向理式，人之为人的最高追求被引向神性。另在《泰阿泰德篇》(*Theatetus*)里，我们发现柏拉图有过这样的明示：坏事无法摧毁，因其总与善事相对立而存在。坏事也无法在诸神之间赢得地位，而是必然困扰人性与人世。因此之故，人务必尽快逃离这种困境，以便尽其可能地向神生成；这样不仅会使人变得公正与虔敬，而且会使人充满智慧与德性，要不然就会轮回于人世，遭受苦难、愚蠢与不公。[4]

---

[1] Plato, *Phaedo*, 79d-81a, 109a-111a.

[2] Plato, *Republic*, 500c-d, 519c.

[3] Plato, *Phaedrus* (trans.Harold N. Fowler, London & Cambridge Mass: Harvard University Press, 1999), 249c-250c.

[4] Plato, *Teaetetus* (trans. Harold N. Fowler, London & Cambridge Mass:Harvard University Press, 2006), 176a-177a.

如此看来，柏拉图所推崇的"人向神生成"这一观念，除了具有道德说教的用意之外，是否想要消除人神之间的界标，让人"羽化成仙"，逃离俗世，像沉迷于理智沉思的哲学家那样，看破红尘，拔出俗流，矢志追求自由自在的精神生活呢？在一定程度上，柏拉图确有这一意愿。譬如，他在《理想国》里就有如下表白：

> 对于一个全身心关注什么是存在这一问题的人来说，他既无暇顾及人类的事务，也无暇同人类相争，更无暇心生嫉妒与恶意。他只会专心致志于那些安排井然有序的对象，这些对象永恒不变，既不会让其他对象蒙冤出错，也不会因其他对象而使自己蒙冤出错；它们根据理性设计，都是如此和谐有序。这些和谐有序的对象，正是他尽可能竭力摹仿与效尤的对象。……哲学家若与神性及和谐有序的对象为伴，他事实上就会成为神性与和谐有序的，任何一个人也都有这种可能。[1]

这里谈及的那位"关注什么是存在"的人，正是柏拉图推崇备至的"哲学家"（ho philosophos）。这种"哲学家"心系形而上的存在本质与宇宙的和谐秩序，轻视形而下的人类事务与俗世的你争我夺，故此竭力摹仿和向往永恒不变的实体，是想成为"和谐与神性的存在"。然而，若从柏拉图的整个政治理论或城邦构想来看，这种"哲学家"也并非那么处世超然、"不食人间烟火"，而是肩负着特殊的政治任务或现实使命。要知道，柏拉图竭其一生，旨在建构理想城邦。他之所以将"人之为人，在于像神"奉为最高追求，其目的不是让人"像神"而"像神"，而是为了让人成为精干明智的贤达才俊，继而完善城邦管理的艺术，实现美好城邦的理想。从相关陈述来看，柏拉图所一再推崇的那种"哲学家"，不仅是因其"神性灵感"与"真诚爱智"等非凡特质而成为人所学习的样板，更是因其借助这些特质出任行政要职，有望赢得广泛支持，最终会使城邦、政体与人民变得尽善尽美。[2]

为此，柏拉图不仅将美善等同，而且以善统美，将善自体奉为一切善、一切美乃至一切真的原因或根源，认为人之为人的过程就是追求美

---

[1] Plato, *Republic*, 500c-d.

[2] Ibid., 499c-d.

善兼备、爱智求真或真实存在的过程。作为此过程里的一种驱动力，柏拉图特意将神视为善因，视为衡量万物的尺度，试图以此来范导人的精神追求和现实德行。这样一来，人生的旅程就被柏拉图纳入一种自我完善的朝圣活动（pilgrimage）中，也就是一种与真正的哲学家相类似的爱智求真活动。如其所述："追求真实存在是真正爱智者或哲学家的天性；他不会停留在意见所能达到的多样的个别事物上，他会急促追求，爱的锋芒不会变钝，爱的热情不会降低，直至他心灵中的那个能把握真实的，即与真实相亲近的部分接触到了每一事物真正的实体，并且通过心灵的这个部分与事物真实地接近、交合，生出了理性和真理，他才有了真知，才真实地活着成长着；到那时，也只有到那时，他才停止自己艰苦的追求过程。"[1] 凡人到此境界，才可以说是"功德完满"，真善美兼备，实现了人之为人的终极目标。

以上便是柏拉图对人之为人的积极看法和至高要求。实际上，在对人的问题上，柏拉图并非总是如此乐观，而是时常流露出悲观情绪。他之所以蔑视人类事务和规避俗世纷争，之所以对人类管理自身事务从不看好，就是因为他对人性的弱点了解甚深，并对此持消极态度。但要看到，他对教育的功能却持乐观态度，坚信"正确的教育"会改善人性，会培养德行，会成就事业。而他所谓的"教育"，既包括人性教育（human education），也包括神性教育（divine education）。前者侧重诗乐、体操、科学、哲学、道德和法律教育，后者侧重宗教、精神或形而上的超道德教育。从目的论上看，这两种教育可谓殊途同归，旨在引导人们超越自身的局限，克服人性固有的弱点，追求道德人格的完善，最终使人能像神一样智慧、公正与明断，从而能有效地治国理政，管好人类事务，成为杰出的城邦护法者。

实际用意

最后，需要澄清的是，柏拉图对人向神生成的论述，其实际用意关乎公民道德修为以及城邦政治专长。要搞清这一用意，需要至少回答神对

---

[1] Plato, *Republic*, 490b.

人到底意味着什么、神性到底有何作用等问题。

　　实际上，这些问题在柏拉图的后期对话中均有论及。在他看来，神即理智，等于智慧（sophia）。这理智亦可称为理性，它作为神赐予人的特殊礼物，既是心灵中最高的德性，也是宇宙中秩序的原因。譬如，在《蒂迈欧篇》里，最高的神被等同于宇宙的创造者（dē-miourgos），意在创造出尽可能与其相像的人物，使其协力战胜混乱，为世界建立秩序。为此，这位创造者将理智灌注于灵魂，将灵魂安置于身体，继而通过世界灵魂的能动作用，使理智有条不紊地管理这个感性而多变的现象界。个体的灵魂代表着肉身部分的直线运动，会搅乱不朽部分的理智的循环运动；而不朽的灵魂则通过节制肉身及其情欲，恢复了自身的原有效力，专心致志地爱智（慧）求真（知）。如果人能修正头脑中固有的万物运行轨道，能够通过理解力掌握宇宙的和谐与运转规律，能够完成效仿神明的过程，那就算是过上了神所赐予人类的最好生活。否则，就会沦落为低档的生命形式，譬如鸟、蛇、鱼等等，如此不断轮回，唯有重新找回原初理智，才能跳出这种轮回之苦。[1]

　　在《斐里布篇》里，神与理智同一，旨在将有限与无限两者结合起来，以此创构出和谐而均衡的事物，譬如最完美的音乐形式、循环往复的春夏秋冬、身体的健康、灵魂的德性等等。这里所言的"理智"，通常具有四个向度：一是作为充足的原因，引发出最好的事物；二是理智如神，永远主宰宇宙，包括天地万物；三是理智在主宰整个宇宙的同时，用其一小部分就可以创造出健康与其他诸多形态的秩序，抵制各种十分诱人的快感，确保对人真正有益的东西，判断善自体到底是什么；[2] 四是象征神的理智等于实践智慧（phronēsis），柏拉图将这两者当作同义词使用，犹如一枚奖章的两面。[3]

　　在《会饮篇》里，柏拉图不惮其烦地论证"美的阶梯"，力图将人从个别的形体美引向共同的形体美，继而不断修为和追求，从心灵的道

---

[1] Plato, *Timaeus* (trans. R. G. Bury, London & Cambridge Mass:Harvard University Press, 1929), 28a-92c.

[2] Plato, *Philebus* (trans. Harold N. Fowler, London & Cambridge Mass: Harvard University Press, 1999), 26e, 27b, 28a-30e, 64a.

[3] Plato, *Philebus*, 28a, 59d, 66b. Also see John M. Armstrong "After the Ascent: Plato on Becoming like God," in *Oxford Studies in Ancient Philosophy*, 26 (2004), 175.

德美经由社会的制度美上达理智的知识美，最后在豁然开朗的凝神观照中，把握住美之为美的理式，进入贯通一切学问和获得精神自由的形上境界。在这里"美的阶梯"是引人向上攀登的，是从感性直观上达理智直观的台阶，如同从地面上达天国的云梯，类似上述那种"朝圣活动"或自我完善过程。为了引领人们登上这一阶梯，柏拉图将"美"作为一个统摄一切的概念，不仅将道德意义上的善说成美，而且将理智意义上的真说成美，同时还把美加以神性化了。如果我们把形体美看作生命的象征、把美自体看作美的理式的话，那么，我们就会在这两者之间隐隐约约地感受到一种"人向神生成"的修炼过程。这一过程诚如罗森所述"生命与理式之间的桥梁，在《会饮篇》里表现为美的主题，美的力量不仅持存于生存之迁流 (flux) 中，而且是人类生存之永恒的原因；就此而论，美被视为神（性）在人和宇宙中的直接在场。美自身又能闪耀发光，而且光照他物，这样的意义几乎等同于'神'了"。[1]

相比之下，最为直接明了的人神关系描述，见诸柏拉图最后的对话《法礼篇》。在此，理智被等同于最高的神，是引导灵魂向善的根本力量，同时也是建立整个宇宙秩序的大师；相应地，人被视为神所关照的财产；通晓天文学的人知道天体运转与秩序是灵魂与理智安排的结果；"人向神生成"被视为人之为人所追求的目标，但这类人务必断绝通过追求快感或享乐来逃避痛苦的念想；举凡被推举出任城邦护法者的人，如果未完成向神生成的过程或对神的存在与本性知之甚少，就没有资格担当此等重任；这些候选者务必谙悉德性、善与美的事物，能够证明其中一与多的内在关系，能够洞察复杂和严肃事物的真相，并且能够知行合一，言必信而行必果。[2] 也就是说，合格的护法者在完成向神生成的过程之后，能够利用神赐予的理智或智慧，掌握最高的认识对象，精通如何应用和解释这些知识的技艺，依据德、善、美的真相或真理勤而行之，在城邦生活与社会实践中表现出与神相像的超凡理解力、判断力和领导力。他们在反对个人与城邦不义的斗争中，能够与神明和神灵协同作战。因为，神与理智同神与正义共在，向神生成就是习得智慧，追

---

[1] 罗森：《柏拉图的〈会饮〉》（杨俊杰译，上海华东师范大学出版社，2011 年），第 239 页。

[2] Plato, *Laws* (trans. R. G. Bury), 897b, 966d-e, 902b, 967a-b, 792d, 966c-d, 965c-966b.

随神明就是追求正义，与神同在就是养护德性，就是免除感性快乐的腐蚀。

根据柏拉图的思路可以推知，人应当向神生成，因为人若像神或与神相似，人就会成为充足的原因，而神则是典型的充足原因。如果此言有理，我们会在人神之间的关系中发现，人是通过模仿神明而向神生成的。到头来，人若像神，那么人就成为神的代理，成为变化之世界的充足原因。人若不像神，那么人在创立世界秩序与自身秩序时，至少会诉诸一定的理智而采取某种有效的行为。要知道，人在模仿神明或向神生成的过程中，不仅是为了掌握人心灵中的善、美或均衡等特征，也是为了确立和维系这变化世界中的秩序。因此，人无须竭力逃离这个世界，而是要设法认识和整顿这个世界。诚如《斐多篇》《斐里布篇》《理想国》和《法礼篇》中所描述的那样，人向代表理智的神生成，旨在认知理式自身，而理式则代表认识这个世界本真的不二法门；人将由此获得的知识与才智，继而可以应用于这个变化的世界，借此创建和谐的秩序，融会有限与无限的混合物。[1] 无疑，这个"变化的世界"，既是感性的与可见的，也是世俗的和现实的，也就是外在的现象世界与人居的城邦社会。而这个创建者，自然是一位既有理智且有德行、既秉持正义又兼得贤明的"艺匠"或"治邦者"。

行文至此，我们可以得出的结论便是："人向神生成"这一命题的真正意图，与其说是要改变人自己的身份，不如说是要克服人自身的弱点，也就是要求人以神为衡量尺度或理想范型，不断提升自身的理智水平与判断能力，不断完善自己的道德行为和巩固自身的卓越德性，最终使自己成为明智、公正、自律和幸福的人。换言之"人之为人，在于像神"这一命题，其终极目的事关人性的完善境界与人格的完满实现，其中虽然包含着祭祀敬神的宗教规范要求，但在根本上宣扬的是爱智求真的哲学教育理念。因此，与其将这一命题视为柏拉图的人类学神学观，不如将其视为柏拉图的道德哲学观。另外，鉴于古希腊的神话传统与古希腊人喜爱神话的心理，人与神总是彼此关联，人抑或奉神灵为城邦保护

---

[1] John M. Armstrong, "After the Ascent Plato on Becoming like God," *Oxford Studies in Ancient Philosophy*, 26, 2004, pp. 175-176.

神，抑或拜神灵为家族先祖，抑或敬半神半人为英雄，等等。在此类传统习俗中，当神的行为表现出人格化的特征时，必然也会引致人的行为表现出神性化的倾向。故此，人通常被视为神存留在俗世的后裔，假定只有具有美善德行的灵魂才有可能重新升上天国，这便引致出"神向人生成"(becoming human of the divine)与"人向神生成"(becoming divine of the human)的双向态势。据此，"人便能感觉到自己与世界合一……希望通过向神生成而使自己认识这个世界，确定地感受这个世界，安全地栖居在这个世界。在这个以神话谱系为导向的世界里，人也会感到自己能够处理具有各种属性的善恶问题，能够通过净化、巫术与魔咒来确立不同的神性或祛除人间的恶行。人正是这样才与世界合一的"[1]。再者，在人向神生成"与"神向人生成"的双重意义上，我们自然就会理解赫拉克利特的这番谜语般的说辞了："死者是不死者，不死者是死者；方生方死，方死方生。""向神生成"之人，自然是有神性和有智慧之人。这如同赫拉克利特所言，"智慧者乃是唯一以宙斯之名被称谓的人"[2]，也就是人世间因思想与精神而享有不朽之名的存在者。

值得一提的是，上述有关人向神生成的实际用意，在亚里士多德那里也可找到相应的佐证。在论及具有英雄与神性品质的"超人德性"(huper hēmas aretē)时，亚里士多德将其与"超凡德性"(aretēs hyperbolēn)等同视之，认为这是人类追求的至高德性。人正是因为拥有此类"超凡德性而成为神"(anthrōpōn ginontai theoi di aretēs hyperbolēn)[3]。这里所谓的"神"(theoi)，并非传奇中的神，而是具有神性的人，是自身德性超凡和贤明卓越之人，是善用理智这一高尚部分而从事沉思活动之人。这种人的生活凭借"理智"，怀抱"高尚和神圣"(kalōn kai theiō)，具有"神性特征"(to theiotaton)，由此步入"至福"(teleia eudaimonia)的境界。然而，此类人极其稀少，唯有明智的"哲学家"最有资格成为这类人，这不仅是因为他拥

---

[1] Alexander S. Kohanski, *The Greek Mode of Thought in Western Philosophy* (Rutherford Associated University Presse, 1984), p. 19.

[2] John Burnet, *Early Greek Philosophy* (New York Meridian Books, 1964), p.138.

[3] Aristotle, *Nicomachean Ethics* (trans. H. Rackham, Cambridge, Mass. & London: Harvard University Press, 1934), VII. i. 1-2. 另参阅亚里士多德《尼各马科伦理学》(苗力田译，北京：中国人民大学出版社, 1997年)，第七卷，1.1145a19-28。

有非同寻常的哲学智慧与伦理德性,而且是因为他最好地运用了理智或理性这一心灵中最高尚或最神圣的部分,故当他进行理智沉思之时,就等于过着高于人的、像神一般的生活。换言之,他不是作为人而过这种生活,而是作为我们之中的神。按照亚里士多德的说法,"如若理智对于人来说就是神的话,那么符合理智的生活相对于人的生活来说就是神的生活"[1]。显然,凭借理智而从事沉思的哲学家,就享受着这样一种生活。

应当看到,哲学家所表现出的这种最好地运用理智或理性的特质,对人之为人或人向神生成而言确是一个极其重要的前提。具有这一特质的人,也就是西塞罗所说的那种"具有合理使用理性之能力的人",在现实人间委实少之又少。实际上,西塞罗对于理性职能持有怀疑论辩证立场,认为在芸芸众生之中,只有少数人是用理性行善的,而多数人是用理性作恶的。更为糟糕的是,少数善用理性的人,经常被那些比比皆是的滥用理性之人摧毁。结果,神赋予人类的理性天赋,在诸多情况下非但没有使得更多的人变善,反倒促使他们堕落。于是,人们会抱怨说,诸神原本出于好意将理性赋予人类,但人类违背神意,反而滥用这一恩赐进行伤害和欺骗。早知如此,那还不如完全没有这种天赋。[2] 有趣的是,在这种抱怨的背后,西塞罗强调指出,当人类用建造神龛的方式向诸神寻求理性、信仰与美德时,殊不知只有在人类自己身上才能找到这些东西;当人类向诸神寻求好运时,还不如向自己寻求智慧;当人类将所有善行归于诸神的仁慈时,还不如努力育养和持守自身的良知。因为,一旦人类丧失良知,其周围的一切都会崩溃。[3] 显然,西塞罗此言的目的是想从神转向人,从外转向内,从祈求转向修为。据此,人们似乎可以期待善用理性的行善者,也会善用理性来惩治滥用理性的作恶者;期待具有良知的贤达,也会在拯救自己的同时拯救这个灾难重重的世界。自不待言,在西塞罗那里,此类惩恶扬善之人或具有良知的贤达,

---

[1] Aristotle, *Nicomachean Ethics*, X. vii. 1-8; X. viii. 7-10. 另参阅亚里士多德《尼各马科伦理学》,第十卷,7.1177a14-1178a10, 8.1178b7-32。

[2] 西塞罗:《论神性》第三卷(石敏敏译,北京:商务印书馆,2012年),第 27、30—31 页。

[3] 同上书,第 35 页。

若非德智杰出的哲学家，就是秉公明断的执政官。这一思路虽与柏拉图不同，但不乏异曲同工之处。

结　语

　　综上所述，柏拉图从建构理想城邦的政治目的出发，借助"神赐理性"与"灵魂不朽"之类传统意识，积极倡导"人向神生成"这一道德哲学观念，其真实用意旨在鼓励人们以神为样板，努力向神生成，育养非凡的德性，最终成为经世济民的"哲人王"或德行卓越的完善公民。另外，在柏拉图看来，人类在追求美好生活的过程中，因缺乏处理好自身事务的能力，故需要将自身托付于神，需要借由"人向神生成"的修炼来确立一种隐喻性的人－神关系，也就是经过精粹连贯的哲学训练来成就一种智能型的人－人关系，随后再让其返回到现实生活或尘世劳作之中，以期更为有效地管理好人类事务，建设好城邦社会，培养好公民德行，维持好幸福生活。

　　尽管柏拉图的上述观念有其自身的理论局限，但不乏深远的历史影响。譬如，从安身立命的角度来看，柏拉图将"人之为人"这一关乎可能生成的问题，导入"在于像神"或"人向神生成"的无限超越轨道，推向神圣而超越的灵明之境，随之又将其转向爱智求真的哲学之路。灵明之境要求人们持守和践履宗教理性，哲学之路则鼓励人们培养和发展思辨理性与道德理性，由此深入感悟和全力把握神性智慧、理论智慧与实践智慧。在柏拉图心目中，人通过神性智慧的忠实信仰与虔敬态度，就会遵奉"神为善因"的绝对原理；人通过理论智慧的凝神观照和反思意识，就会认知"善之理式"的存在本体；人凭借实践智慧的道德自觉和明断能力，就会选择既有德行又有尊严的幸福生活。比较而言，此绝对原理说在西方思想史上奠定了基督教神学的重要理据，勾画出全能全知全在之上帝的偶像原型；此存在本体论刨立了先验哲学传统的形而上学，滋生了执着于追根溯源的探索精神；此幸福生活观开启了基于价值判断与理智选择的自由意志说，建构了德行与幸福相应一致的至善境界论。

最后，我们应当再次强调指出，在柏拉图那里，人向神生成这一过程，有赖于认真学习哲学，努力提高自身的德性修为与实践智慧，不断地走向自我完善或人之为人的最高境界。其中涉及两大重要而具体的环节，其一是爱智求真的哲学途径，其二是培养节制、智慧、勇敢与正义等四种德行。就前者而言，其目的在于造就真正的哲学家。这种哲学家至少具有以下四种特性：（1）爱智求真欲望强烈，致力于学习和掌握所有知识；（2）自觉接受和应用理式学说，借此传布和衡量真正的知识或检验真理；（3）在个人方面，他喜欢纯粹理智的沉思生活，将其视为从其所好的利己型至上快乐；（4）在集体方面，他出于经世济民的社会责任感，投身于城邦的政治实践，兼顾纯粹的理智沉思，将这种混合型生活方式视为利他型至上快乐。就后者而论，其目的在于培养完善的公民。这种公民基于德性修为，能够自觉遵循适度原则，积极主动地追求自我完善，在社会实践活动中能以节制之德使自己审慎平和，以智慧之德使自己理智明断，以勇敢之德使自己刚健有为，以正义之德使自己幸福快乐。这样一来，他自然会过上与德相配的生活。举凡过上这类生活的人，他不仅是幸福的和完善的，其心灵也是美好的和神性的。至此，他可以说是取得了凡人力所能及的最高成就。以上思路不仅代表了柏拉图的道德哲学观念，而且折映出古希腊"人文化成"的理想追求。

六　城邦构想与教育理念[1]

一般认为，《法礼篇》(Nomoi / Laws) 是柏拉图的最后一部遗作，前后约用 12 年到 20 年撰讫。[2] 按照桑德斯 (Trevor J. Saunders) 的推论，柏拉图此时已近耄耋之年，深知自己时日不多，但探寻德行本性的工作仍为未竟的事业。因此，他尽可能详尽地绘制了一幅次好的理想城邦蓝图，想借此培养出他认为最为实用的民众德行。长期以来，柏拉图本人探讨人类德行 (aretē) 与幸福 (eudaimonia) 的热情经久不衰，因为这正是哲学或从事哲学研究的目的所在。他这部最富有雄心抱负的著述，为其身后的年

---

[1] 此文写于 2012 年前后，未曾发表，其部分内容经过扩展，纳入《〈法礼篇〉的道德诗学》（北京：北京大学出版社，2015 年）。

[2] Werner Jaeger 认为柏拉图的《法礼篇》撰写于公元前 370—前 350 年间，前后总计二十年 (Cf. Werner Jaeger, *Paideia: The Ideals of Greek Culture*, Vol. III, p. 232.)。Trevoa J. Saunders 认为《法礼篇》属于柏拉图的晚期对话之一，撰写于作者最后的二十年间，也就是公元前 367—前 347 年间 (Cf. Plato, *The Laws*, Trans. Trevor J. Saunders, London et al: Penguin Books, 1975, pp. 22-23.)。R. G. Bury 则认为此书撰写于柏拉图在世时的最后十年 (Cf. Plato, *Laws*, trans. R. G. Bury, p. vii.)。我们知道，柏拉图在其最后的二十年里，撰写了数篇对话，《法礼篇》只是其中之一，是其最后和最长的一部作品。另外，柏拉图曾用近十年时间撰写《理想国》，按此推理，他在晚年也需要十余年时间来撰写《法礼篇》。按照泰勒 (A. E. Taylor) 的推算，柏拉图开始撰写《法礼篇》的具体年份不会早于公元前 360 年，据此暗示柏拉图用了最后十三年大体完成了这部对话作品（参阅泰勒：《柏拉图——生平及其著作》，谢随知等译，济南：山东人民出版社，1990 年，第 660—661 页）。Glenn R. Morrow 认为，柏拉图撰写最后这部对话作品，花去了大约最后十二年或二十年的时间，而且尚未定稿就已辞世 (Cf. Glenn R. Morrow, "The Demiurge in Politics: The Timaeus and the Laws," in Nicholas M. Smith [ed.], *Plato: Critical Assessments* (London & New York: Routledge, 1998), Vol. IV, p. 310.)。

代提供了一项将实践工作与理论探索相结合的计划。[1] 鉴于其丰富的政治思想与持久的历史影响,此书可谓柏拉图"留给后世的最为重要的遗产"(most important legacy to posterity)。[2]

比较而言,《法礼篇》在柏拉图的所有对话作品中占有独特位置。其中所论的城邦、政体、法礼、道德、文化、习俗、诗乐、舞蹈、体操、军训等问题,都从属于柏拉图所关注的公民教育和德行培养大纲,在希腊乃至世界政治和教育史上影响深远。但要看到,此作篇幅较长,约占柏拉图对话总量的五分之一;其难度最大,深入解读和研究均非易事。究其原因,至少有四:(1)该书是作者晚年所撰,生前尚未修订也未发表,由其弟子斐立普(Philip of Opus)按业师遗愿依手稿编辑刊行[3],古时

---

[1] Trevor J. Saunders, "Plato's later Political Thought," in Nicholas D. Smith (ed.), *Plato: Critical Assessments* (London & New York: Routledge, 1998), Vol. IV, p. 341. Also see R. Kraut (ed.), *The Cambridge Companion to Plato* (Cambridge: Cambridge University Press, 1992), pp. 464-494. 有关雅典学院提供咨询的暗示,参阅《法礼篇》968b。在此处,柏拉图假借雅典人之口说道:"让我们竭力赢得这场[确立夜间议事会作为护法者的立法]斗争吧。我有实施这类计划的许多经验,并且长期以来从事这一领域的研究,因此我非常高兴能帮你一臂之力,或许我还会找其他帮手同我一起帮你。"(Plato, *Laws*, 968b) 从《理想国》《蒂迈欧篇》《治邦者篇》一直到《法礼篇》,柏拉图的哲学研究重点是城邦政治、教育与立法问题。所以他自诩为经验丰富和素有研究的行家里手。他所创办的雅典学园,在很大程度上是培养治国之才的园地,也是提供政治咨询的基地。至于他要找的"其他帮手",无疑是他的学生,其中或许就包括在雅典学园师从柏拉图达二十年之久的亚里士多德。

关于雅典学园与这座"次好城邦"的关系,也就是与普通民众世界的关系,是通过克里特人和斯巴达人邀请雅典人帮助他们建立城邦的决定暗示出来的。这段话正是《法礼篇》的结尾部分,其中斯巴达人麦吉卢斯这样说道:"我尊敬的克莱尼亚斯,从我们所听到的情况来看,无论我们是放弃建构城邦的计划,还是不让我们这位来访者[雅典人]离开我们,我们都得想尽一切办法让他成为我们建构城邦的搭档。"克莱尼亚斯回应说:"真是高见,麦吉卢斯。这正是我想要做的事情。我能请您一起帮忙吗?"麦吉卢斯应声答道:"那是当然。"(Plato, *Laws*, 969c-d) 可想而知,一旦设法留下雅典人一同建构城邦,那就等于同雅典学园建立起交流沟通的桥梁。有的学者认为,这种留人的方式十分特别,隐含某种强行挽留或威逼利诱的成分。这主要是因为克里特人与斯巴达人发现,这位雅典客人知识渊博,贤能异常,精通立法和构建城邦,故此担心如果不设法将这位客人留在此地,他必然会游走他处,为别人建构城邦。一旦对方发展起来,就会对克里特人所构想的城邦及其发展形成某种潜在的威胁。

[2] Glenn R. Morrow, "The Demiurge in Politics: The *Timaeus* and the *Laws*," in Nicholas D. Smith (ed.), *Plato: Critical Assessments* (London & New York: Routledge, 1998), Vol. IV. p. 322.

[3] Werner Jaeger, *Paideia: The Ideals of Greek Culture* (Vol. III), p. 242.

候读者与注家为数寥寥，拜占庭时期文本几乎佚失，致使 19 世纪的古典学者对其束手无策。(2) 该书所用语言隐晦难解，具有古奥的谜语特性，其写作风格缺乏以往对话中常有的戏剧性和哲学性，致使可读性与吸引力大打折扣。(3) 该书的核心问题既不关乎逻辑，也不涉及本体，无法将其归入柏拉图的哲学系统，而且在整体论说方面充满不确定性，致使有些学者视其为柏拉图思想的旁支或衍生品，在系统深入的研究方面着力不够，在文法义理的评判方面有些随意。(4) 其内容驳杂烦琐，不少论说突兀粗放，迂腐饶舌，同义反复，模糊不清，参与对话的三位老者有时倚老卖老，喜好长篇大论，所言拖泥带水，对读者与研究人员造成诸多困扰。[1] 有鉴于此，不少偏重柏拉图哲学与诗学研究的学者，对《理想

---

[1] 在《政治学》里论及柏拉图的《法礼篇》时，亚里士多德指出诸多疑难、疏漏和问题，如他所说："这里，他 [柏拉图] 原来说要另外设计一种比较切实而易于为现存各城邦所采用的政体，可是，其思绪的发展曼衍而无涯际，因此后篇中的政体又往往追踪着前篇的玄想……[有关财产数量] 这样的叙述是含糊的，犹如人们随意说'生活优良'，这只是一些不着边际的笼统语言。"（卷 II，6，12652-4，1265a28-30）这里还可举出《法礼篇》两位英译者的评述：According to R. G. Bury, "The internal evidence of the work itself sufficiently confirms tradition. Not only does it lack the charm and vigour of the earlier dialogues, but it is marked also by much uncouthness of style, and by a tendency to pedantry, tautology and discursive garrulity which seems to point to the failing powers of the author. Moreover, the author himself indicates his own advanced age by the artistic device of representing the three interlocutors in the dialogue as old men, and by the stress he repeatedly lays upon the fact of their age, as well as upon the reverence due from the young to the old." (Cf. R. G. Bury, "Introduction" to Plato, *Laws*, Cambridge & London: Harvard University Press, 1st. ed. 1926, rep. 1994, p. vii.) According to Trevor J. Saunders, "Plato's Greek in the *Laws* is difficult: emphatic yet imprecise, elaborate yet careless, prolix yet curiously elliptical; the meaning is often obscure and the translator is forced to turn interpreter…Every translator is plagued by this problem of reconciling accuracy with readability, and the translator of the Laws is plagued to an unusual degree." (Trevor J. Saunders, "Introduction" to Plato, *The Laws*, London: Penguin Books, 1st. ed. 1970, rep. 1975, p. 39.) 不过，无论是译者还是读者，大都赞同早期的英译者和古典学者 Benjamin Jowett 的这一评价："在柏拉图的作品之中，唯有《法礼篇》对世界和人性表达了如此深刻的洞察"（No other writing of Plato shows so profound an insight into the world and into the human nature as the Laws）。相比之下，瑞士古典学家葛恭（Olof Gigon）的这一批评性总结显然更切中时弊："自施莱尔马赫（Friedrich Schleiermacher）时代以来，学界公认，柏拉图的这部最后作品在文字、文学以及哲学史等方面都像一个谜。我们知道，在一定程度上讲，这部作品暂时放弃了寻求 επιστημη του αγαθου [善的知识]。然而，从《拉克斯》（*Lackes*）到《蒂迈欧》（*Timaios*），寻求善的知识一直是柏拉图哲学探索的中心。此外，我们还知道，《法义》十二卷布局之混乱，几乎令人难以忍受。各种不同的定理以前所未有的任意性拼凑（转下页）

国》诸篇对话探讨颇多,对《法礼篇》则关注甚少,有的学者甚至为了将柏拉图的思想人为地框定在《理想国》里,而不惜冷落柏拉图晚年的这部作品。结果,《法礼篇》虽然不像某些西方学者所夸张的那样仍属"一片未思之地"(terra incognita),但充其量也只是"一片刚刚开垦的处女地"(virgin land)。

20世纪中期以降,上述情况逐步改观,相关研究引起学界重视。这里所言的"学界",无疑是指西方学界,因为国内学界对此关注甚少。本文是作者研究《法礼篇》道德诗学书稿中的导论,涉及其主旨结构与政治哲学等领域,这里摘取部分刊载于此,侧重讨论城邦构想与教育理念,诚望读者诸君不吝赐教。

一　"悲剧"的喻说

在《法礼篇》里,当外来的"严肃诗人"(spoudaion poiēton)或"悲剧作家"(tragōdian)提出探访城邦和比试诗才的挑战时,柏拉图通过"雅典人"(Athenaios xenos)之口,慷慨陈词,公开挑战,决意与来者一比高低,其回应如下:

> 尊敬的来客,我们自己就是技能极其高超的最佳悲剧作家(tragōdias autoi poiētai kata dumanin oti kallistes ama kai aristes);我们城邦的整个政体所摹仿或再现的是最美好的生活,我们可以肯定,这本身就是一部最真实的悲剧(einai tragōdian ten alēthestaten)。因此,我们与你们一样,都在

(接上页)在一起,要么反复使用,要么讨论到一半就搁在一边,然后又接续起来。最后,凡读过柏拉图文本的读者都清楚,《法义》行文拖泥带水、强词夺理,而且还拿腔拿调,这方面简直无文能敌。以上特征尽人皆知。但是,迄今为止的研究,并不急于对这一切作出解释。为数不多的几次推进不仅强劲有力,还带有把握全局的眼光(比如Ed. Zeller, 1839; I. Bruns, 1880; U. v. Wilamowitz, 1919),可惜影响不大。倒是那些肤浅的答复让人们宽下心来,说什么这部作品是一个耄耋老人的断念之作,不可用衡量诸如《王制》(Politeia,多译为《理想国》)的标准来衡量它云云。然而,危险恰恰是躲进一般传记心理学的范畴。运用这些范畴会过于简单地打掉所有难题。最重要的是,传记心理学的解释会有意无意贬低这个值得疏解的文本。谁要是把柏拉图的《法义》说成晚年作品来为之开脱,无异于让人认为,无论在哲学还是艺术方面,这部作品都可以不用认真对待,也没必要认真对待。"(葛恭:《柏拉图与现实政治》,黄瑞成、江澜等译,上海:华东师范大学出版社,2010年,第155—156页。)

创作同样的东西,我们是这出最优美的戏剧(*kallistou dramatos*)中的艺术家和表演者,是你们的竞争对手(*antitechnoi*)。我们希望这出戏剧是一套真正而独特的法律(*nomos alēthes monos*),唯有它才天生享有法定资格得以完成。所以,你们不要指望我们会轻易地允许你们把表演舞台搭建在我们的市场旁边,让你们把自己的演员带来表演,让他们悦耳的音调和高亢的歌声盖过我们自己的歌声,让你们在我们的男女老幼面前慷慨激昂地长篇大论。尽管我们彼此谈论的话题都是相同的习俗惯例,但所产生的效果在很大程度上大相径庭。实话告诉你们吧,在城邦执政官还没有决定你们的作品是否值得发表或适宜公演之前,我们如果允许你们这样表演的话,那我们自己和整个城邦民众一定是疯子。所以说,你们这些没精打采的缪斯女神的子孙,先到执政官那里,在他面前你们和我们同台献艺,让他来比较好坏;如果你们所演唱的诗歌与我们的不相上下或胜出一筹,那我们就会给你们配上一支歌队;如果你们所演唱的诗歌不如我们,那么,朋友们,我们永远不会给你们配什么歌队。好吧,这便是我们对歌舞艺术和学习活动所制定的法则(*peri pasan chorean kai mathesin touton peri syntetagmena nomos ethe*)。[1]

在这里,柏拉图将对话中的三位老者封为"技能极其高超的最佳悲剧作家",同时将《法礼篇》比作一部"最真实的悲剧"与"最优美的戏剧",随后让这些"竞争对手"与外来的"严肃诗人"在执政官面前同台献艺,为的是让执政官作为裁判来决定谁的诗歌艺术高出一筹,值得公演。但读者知道,《法礼篇》显然不是一部古希腊传统形式上的"悲剧"或悲剧诗作,而且也与一般悲剧诗所描写的悲剧性事件以及戏剧性结构没有可比性。那么,柏拉图为何在称其为一套"真正而独特的法律"之时,先行称其为一部"最真实的悲剧"呢?这仅仅是为了与诗歌一争高下而采用的"自鸣得意"式的特殊修辞策略吗?其中恐怕还隐含着其他原因。

据我目前的理解,上述疑问至少可从五个方面予以审视:第一,从悲剧的地位来看,它在公元前 5 世纪的雅典已然达到顶峰,是雅典公众最引以为豪的伟大成就,在其辉煌的文化传统中占有极其重要的地位。事实

---

[1] Plato, *Laws*, 817a-e (trans. R. G. Bury, Loeb Edition, 1994). Also see Plato, *The Laws* (trans. Trevor J. Saunders, London: Penguin Books, 1975).

上，在雅典公众的心目中，唯有杰出的悲剧诗人方可同相传的史诗作家荷马相媲美。有鉴于此，柏拉图将这篇论述法礼的对话比作一部"最真实的悲剧"，这便反映出作者的双重态度：一方面是对这部对话的重视和珍爱，另一方面是对来访诗人诗作的讥讽或蔑视。要知道，柏拉图在师从苏格拉底开始研究哲学之前，曾是一位诗人和悲剧作家，他对诗歌艺术的精通，使他有资格对诗歌作出自己的评判。但此时此地，他从事哲学研究已近暮年，确然进入另一境界，即哲学或智慧的境界，他对于传统诗歌所表现的情思意趣，不仅司空见惯，而且不屑一顾，就像一位阅历深广的老人，笑看一群儿童在树荫下一本正经地游戏一样。

第二，从悲剧与法律的效应关系来看，两者在某些方面似有某种相似性。通常，悲剧所表现的那些可怕事件或感人情节，必然会激发观众诸多的情感反应，其中最为显著的情感反应要数恐惧与怜悯，因为他们担心相关的苦难与厄运也会降临在自己或亲友头上。即便他们认为这些东西不会殃及自身或亲友，但出于人类大多都具有的同情心，他们也会对别人遭难的可怕情景感到恐惧，对其悲苦多舛的命运表示怜悯。不管出现哪一种情况，悲剧所激发的恐惧感与怜悯感，对观众都会产生一种警示和教育作用。相应地，法律所规定的条例律令，旨在惩戒或惩罚违法乱纪者，借此维护社会的治安和秩序。这些条例律令，连同辅助性的警察、司法与牢狱系统，在本质上是强制性和暴力性工具，这对于遵纪守法者会提供保护，但对于违法乱纪者则构成威慑，使其在害怕受到惩罚的恐惧感下不敢或减少胡作非为。这样，法律对人们也会产生一种警示和教育作用。在此意义上，悲剧与法律似有某种效应相似性（resemblance in some effect）。

第三，从诗歌与哲学之争的角度来看，这是一个古来有之的话题。柏拉图在《理想国》里讨论过，在《法礼篇》里虽然没有明确提出，但从字里行间依然可以看出这一争执的印迹。譬如，贬损外来诗人，称其为"没精打采的缪斯女神的子孙"；挑战外来诗人，自称"技艺高超"，是来者的"竞争对手"；限制外来诗人，不允许他们在城邦公演；比拼外来诗人，与他们在执政官面前同台竞赛。当然，我们不难想象，在同台比赛时，外来诗人表演的是诗歌，他们这三位立法家，讲述的则是法礼。前者无疑是诗歌的代表，后者则是政治和教育哲学的代表。此外，在表示直接应战的前后，这位"雅典人"伙同"克里特人"克莱尼亚斯（Kleinias）和"斯巴达人"麦吉卢斯（Megillos），一再讥讽和批评诗人"缺乏理智"或"缺乏真知"。如其所言：

> 当诗人们坐在缪斯的三足祭坛前时，他已经失去了理智。他就像那涌出清泉的泉眼一样，不断地吐出诗句来，由于他的诗句表现了他的技艺本性，因此必定与他自己的话语有矛盾之处，人们根本无法知道诗人说的话是真理呢，还是其诗中人物所说的话是真理。对同一事物或同一主题作出两个相反的陈述，这不是立法家要做的事，立法家通常对一样事物只作一种判断。[1]

这一讥讽还算客气，只是简要重复了先前在《伊安篇》里提出的"迷狂说"（mania），把诗人视为缪斯女神的应声虫或代言人，因其"失去理智"而在诗歌中高谈阔论，结果造成相互矛盾的思想。相比之下，随后这一段批评更为严厉，几乎等于某种嬉笑怒骂了。其曰：

> 对于意在用负责的方式照看人类的诸神、精灵或英雄来说，对必然性有些实用性与理论性的知识总是十分重要的。如果一个人搞不清一、二、三、奇数和偶数的本性，不会计算数字，甚至分不清昼夜，更不知日月星辰的运行轨道，那他无论如何都与神一般的标准相去甚远（pollou d' an deēsein anthropos ge theios）。任何人都不能忽视这些科目的学习，否则，他就是愚蠢至极，根本无法指望这样的人在知识的高级分支里取得一丝进步。[2]

从道德理性与自我完善的立场出发，人之为人，旨在像神，也就是像神一样明辨事理、至善至美，这实际上是柏拉图一贯坚持的做人标准。如果说他笔下的这种人"与神一般的标准相去甚远"，那就等于说他已经失去了做人的资格。对此，只要我们稍加回顾柏拉图在《理想国》第十卷里对诗人无知、诗人说谎的严正指责，就不难看出他对无知者的抨击，确

---

[1] Plato, *Laws*, 719c-d.

[2] Ibid., 818c-d.

属"含沙射影",其对象应是他最不待见的那类自以为是的摹仿诗人。[1]

第四,从当时的政治局势上看,柏拉图撰写《法礼篇》在一定程度上是出自政治生活与精神生活的双重需要。就前者而言,雅典由于政治和军事上的衰变沉浮,已经失去霸主地位,沦为二流城邦,其重要竞争对手斯巴达也一蹶不振,失去了往日的荣耀。在波斯人和迦太基人的东西夹击下,希腊文明在历史上首次面临前所未有的威胁;与此同时,马其顿王国的兴起与菲利浦国王咄咄逼人的强势,致使"新城邦的建立或老城邦的复兴"成为当时政治"局势最显著的特征"。[2] 有鉴于此,柏拉图竭尽余力,构想"次好城邦",这在很大程度上是为了满足政治生活中的紧迫需要,即为崭新或复兴的城邦社会提供一套完善的政体和法礼。就后者而言,在柏拉图的最后岁月里,随着雅典与斯巴达的日益衰落,象征希腊文化与精神理想的古老城邦今不如昔,其全盛时期的大好光景已成过去,这便给希腊人的精神生活造成巨大冲击,这对柏拉图本人来讲更是如此。他作为一位哲学家和教育家,虽有"挽狂澜于既倒"那样的抱负,但他深知盛极而衰的规律,也晓得连"神灵也不可抗拒的必然性"[3]。不过,城邦作为一个政治体制或精神实体,一直是启发希腊人思想与精神的灵感之源,柏拉图对此更是感同身受。于是,即便面对"大厦将倾,独木难支"的危局,他个人也要尽其所能,按照自己的意愿和憧憬,根据现有的条件和经验,结合雅典与斯巴达城邦的传统建制,再行绘制一幅新的城邦蓝图。这不仅是为希腊人或世人提供一种参照框架,也不仅是为了延续城邦理想的人文香火,而且也是为了满足自己精神生活的需要。在此意义上,柏拉图的最后一部作品委实是"发奋之为作",几近于"为天地立心,为生民立命,为往圣继绝学,为万世开太平"的壮举。

第五,从城邦终结的历史来看,《法礼篇》不幸言中了这一发展结果。柏拉图为自己的时代和人民所传达的信息,已然时过境迁,终究来得太晚,无法如其所愿地产生任何实效了。因为,"希腊城邦的日子已经

---

[1] 王柯平:《理想国的诗学研究》(北京:北京大学出版社,2005 年),第 287—307、320—324 页。

[2] A. E. Taylor, *Plato: The Man and his Work* (New York: Meridian Books, 1956), pp. 463-464. 另参阅泰勒:《柏拉图——生平及其著作》,第 659 页。

[3] Plato, *Laws*, 818b.

到头。就在柏拉图撰写这篇对话的当时，马其顿国王腓力二世（Philip of Macedon）已经开始一步步吞噬自由希腊世界的边界，明确表达了自己要做盟主和专制君王的意图；就在柏拉图写完这部遗作后不到十年，腓力二世赢得了喀罗尼亚战役，而这场战役一直被视为希腊历史终结的标志。在腓力二世与亚历山大取得一连串胜利之后，希腊人再也无法生活在自己那种拥挤而狭小的城邦里面了，再也不会拥有那种能够掌握自己命运的兴奋感觉了"[1]。也就是说，马其顿王国所采取的扩张政策和横扫希腊的战争结局，给小国寡民的古老城邦制度带来灭顶之灾。这无疑是不同理想冲突的结果，也是历史发展的必然。在此意义上，《法礼篇》这部预言性的著作，在很大程度上就像是"这场悲剧最后一幕的前奏（a prelude to the tragic finale）：这场悲剧预示着自由城邦的衰落，标志着希腊文化古典时期的终结"[2]。我们似乎还可以这么说，无论是对古老城邦理想的陨落来讲，还是对"希腊文化古典时期的终结"而言，柏拉图的《法礼篇》，犹如天鹅临终前吟唱的最后一首悲怆之歌。据说，柏拉图在拜苏格拉底为师前夕，后者曾梦见一只天鹅飞落在自己的膝上，久久不愿离去。如今，这只天鹅歌罢最后一曲，悄然飞走了，永远地飞走了。

但这并不是说，此首"悲怆之歌"连同其吟唱后的余音，都在人类的记忆中已成绝响。从历史上看，《法礼篇》所阐述的教育思想、立法精神和政治哲学，无论是在希腊化时期，还是在罗马帝国时期，以及在欧洲发展的历史进程中，其影响总是以不同的方式体现在相关的领域中。即便在今日，在这个全球化时代，举凡谈论或践行法治与民主等价值的国度，无论其位于西方还是东方，都会不同程度地回顾柏拉图所论述过的相关学说与问题，反思古希腊人所创设的城邦制度与政治智慧。这便说明《法礼篇》的影响依然存在，同时也说明古希腊人（尤其是那些思想家、科学家和艺术家们）既是我们研究的对象，也是我们同行的伴侣。诚如对《法

---

[1] G. R. Morrow, *Plato's Cretan City* (New Jersey: Princeton University Press, 1960), pp.592-593. 喀罗尼亚是希腊古城，其遗址位于帕尔纳索斯山东南部的比奥蒂亚西部，靠近奥尔霍迈诺斯。公元前338年，马其顿的腓力二世在此赢得喀罗尼亚战役。公元前347年柏拉图逝世。这两件事相隔九年。

[2] Werner Jaeger, *Paideia: The Ideals of Greek Culture* (trans. Gilbert Highet, Oxford & New York: Oxford University Press, 1971), Vol. III, p. vii.

礼篇》做过历史解释的莫罗（Glenn R. Morrow）所言：

> 我已从多方面证明，《法礼篇》的特殊细节已经渗透到后来时代的生活与实践里，其影响力显然是不可忽视的。在比较重大的欧洲历史阶段，《法礼篇》的直接影响不易发觉，但其间接影响则远远大于通常所意识到的程度，因为《法礼篇》是古代传统的组成部分，后来的许多神职人员和政治家们都一直从中获得灵感。再者，古希腊人是具有普遍行为模式的人（universal men），古希腊城邦的理想从来不是仅仅属于古希腊人的理想。古希腊城邦作为历史上得到确认的共同生活实验，其特有的政治智慧对于其他时代试图组织其共同生活的其他人们来说，依然具有说服力和影响力。正是在《法礼篇》里，柏拉图全面而有效地率先阐述的适度原则、依法治国和以哲治邦等学说，堪称永远的财富（ktēmata es aiei）。[1]

二 "次好城邦"的蓝图

从希腊历史上看，古代城邦（polis）这一伟大创举，发端于封建社会末期，约在公元前 8 世纪与公元前 7 世纪之间[2]，终结于亚历山大开创的马其顿帝国时代。从希腊文化上看，城邦形式是古典时期的产物，是古典历史的重点，同时也是古典文化与艺术生成与发展的园地。从希腊生活方式来看，城邦是社会与政治活动的重要场所，是思想与精神生活的引力中心。简言之，城邦不仅代表一种社会理想，而且代表一种文化理想，没有任何一种其他形式比城邦更能充分表达古希腊的理想追求，也没有任何一种其他形式比城邦更能反映古希腊的生活方式。因为，对希腊人来说，城邦不只是代表四围边界内的一片领土，而是意味着公民身份与生活场所，意味着血族群体与精神寄托。实际上，居住在城邦里的

---

[1] G. R. Morrow, *Plato's Cretan City*, p.593.

[2] Jean-Pierre Vernant, *The Origins of Greek Thought* (London: Methuen, 1982), p. 49. Also see V. Ehrenberg, "When Did the Polis Rise ?" in *Journal of Hellenic Studies*, 57 (1937), pp. 147-159; "Origins of Democracy," in *Historia*, 1 (1950), pp. 519-548.

希腊人有着特殊的人身关联，诚如维拉莫威兹所言，他们"与生俱来——因而也是由于自然本身——就相互依赖，只有通过违反自然的方式才能将他们分开"[1]。故此，在人类历史上，"很少有国家像古希腊的某些城邦那样，在心灵王国中占据如此大的地盘；也很少有国家像她们那样，展现过如此多的人类精神的尊严"[2]。当然，与雅典与斯巴达这两个古代城邦的典范相比，也很少有国家像她们那样具有如此大的影响力，双方绵延两千余年依然存活于人类的政治意识与历史记忆之中；也很少有国家像她们那样具有如此巨大的魅力，彼此吸引了古今中外如此众多且络绎不绝的思想家和研究者。

要知道，古希腊的城邦无论大小，无论采用什么政治体制或社会制度，无论是基于毗邻关系建立起来的城市-国家（city-state），还是基于血族关系构筑而成的部落-国家（tribal-state）[3]，她都无一例外地属于一个凝聚人心的共同体，一个政治、经济、道德和宗教共同体，其最终的目的性追求几乎没有什么本质性差异，那就是要构建一个正义和谐的社会，让民众过上幸福、道德而有尊严的生活。自不待言，《法礼篇》所构想的新城邦，追求的也是同一目的。

那么，这座新城邦将是怎样一种形式呢？将会采用哪一种城邦体制呢？在具体描述其构想之前，柏拉图基于不同的等级，认为立法程序理应区别出"最好、次好和第三等城邦体制"（ten aristen politeian kai deuteran kai triten），而一个"城邦充其量也只能享有次好体制"（deuteros an polis oikeisthai pros to beltiston）。[4] 他概括说：

> 拥有最好体制和法典的最好城邦（polis te esti kai politeia kai nomoi aristoi），就是这句古谚语所说的那种城邦："朋友的确共同拥有一切。"（os ontos esti koina ta philon）假如世界上现在就有这样的城邦，曾经有过或将来会有这样的社会，在那里妻儿财产一切共有，用此方式根除了

---

[1] Wilamowitz-Woellendurff, *Staat und Gesellschaft der Griechen*. 转引自巴克：《希腊政治理论：柏拉图及其前人》（卢华萍译，长春：吉林人民出版社，2003年），第34页。译文有修订。

[2] 巴克：《希腊政治理论：柏拉图及其前人》，第27页。译文有修订。

[3] 同上书，第32—39页。

[4] Plato, *Laws*, 739a.

我们生活中用"私有"一词来表示这一切的做法，从而尽可能地将自然"私有"的东西变成"共有化"的东西。譬如说，眼睛、耳朵与双手的共同作用分别是视、听和做。很可能，我们所有人都会一致地赞美或谴责同样的东西，都会一致地从中感到快乐或痛苦，同理，我们所有人都会全心全意地尊重那些将整个城邦统一联合起来的法礼，而且从极其卓越的角度来看，再也找不出比这更真实和更美好的另外一种说法了。若有这样一座城邦，那里会居住着诸神和诸神的子孙（*eite pou theoi e paides theon auten oikousi*），他们将会感到其乐融融，生活无比幸福。因此，不要再到别的地方去寻找城邦体制模式了，还是以此为样板吧，尽力构想一座与其可能相似的城邦体制吧。现在我们所讨论的城邦体制，假如一旦建成，那她就会接近于不朽，仅次于完美（*timia deuteros*）。至于第三等的城邦政体，倘若上苍假以我们时日，那将有待以后再说。但就目前来说，这座次好的城邦体制是什么呢？怎样才能使其得以实现呢？[1]

显然，这段话的前半段是以"共有"代替"私有"来概括"最好城邦体制"（*politeian aristos*）的本质特征。这座"最好的城邦体制"实际上就是《理想国》里描述的"美好城邦"（*kallipolis*），也就是"话说中的理想城邦或建在天上的范型"（*polei en logois keimene…en ourano isos paradeigma anakeitai*）。[2] 这里，柏拉图以虚拟的语句来描述这座城邦，将其划归给"诸神和诸神的子孙"居住，这说明它无论在过去、现在，还是未来，都不可能存在于人世之间，因为它是一个纯粹的理想，一座绝对的乌托邦。故此，柏拉图只好退而求其次，建议把注意力放在"次好城邦体制"（*politeian deuteros*）的构想之上。这座新城邦若能建成，将会"接近于不朽，仅次于完美"，也就是仅次于"诸神和诸神的子孙"所居住的那座"最好城邦"。有趣的是，柏拉图还计划在日后构想"第三等城邦体制"（*politeian triten*）。可惜，上苍并没有假以这位哲人更多的时日，否则他还会撰写出另一篇对话作品，给人类提供另一种城邦体制模式。

---

[1] Plato, *Laws*, 739b-e.

[2] Plato, *The Republic* (trans. Paul Shorey), 592.

那么，根据《法礼篇》的描述，这座"次好城邦体制"到底是什么样子的呢？为了行文方便，我们将"次好城邦体制"简称为"次好城邦"。为了便于理解，这里仅就其构成要素予以简述，由此可以见出这座城邦的大概图景。

这座"次好城邦"取名为"玛格尼西亚城邦"（Magneton polis），位于地中海上的克里特岛，因此也被称为"克里特城邦"（Cretan City）或"克里特殖民地"（Cretan Colony）。该城邦属于"小国寡民"，距海 9—10 英里，拥有 5040 名公民，生活自足但从不追求奢侈浪费，凡事遵循适度原则，反对纵情声色或任何过分行为，居民之间关系密切，相互友爱，其地理位置有利于阻止海员与商人等海外来客，以免遭到外来干扰、攻击或入侵。每个公民拥有一座小农场和若干奴隶，其生产可保障全家衣食无忧。所有贸易与手工业均由奴隶或移民打理，因为公民从事这类职业会滋生追求过多利润的欲望，这有可能败坏其心灵与道德。每个公民在照看自己农场的同时，要倾力追求有德行的生活，要积极参与城邦的事务，努力完成自己应负的职责。[1]

城邦实行民主型与君主型混合政体，每位公民都有参政议政的权利、机会和责任。基于机会平等的原则，为了便于分配参与公务、纳税、捐款、补助和财产转让的数额，按照各自富有的程度分为四个财产阶层。一旦某位公民后来变得比以前更富或更穷，他既可以保持原来的财产阶层划分结果，也可以更换到适合他经济现状的财产阶层。城邦为了避免公民之间的发生利益冲突，严禁出现极端富庶与极端贫困的现象。为此，城邦法定每个家庭的农场采取世袭制度，任何其他家庭不可攫取，以免贫富两极分化，造成社会动荡。[2]

城邦的教育大纲主要包括文化与体育两大领域，从儿童开始实行义务教育，其首要目的就是培训人们接受正确的道德准则，形成遵纪守法的良好习惯，养成美善兼备的整全人格。"教育部门是城邦中最最重要的部门。"整个城邦的教育由教育执行官监督实施，此职位由公民推选，就职者应是"城邦里最杰出的公民之一"，必须资深精干，德高望重，知识

---

[1] Plato, *Laws*, 738-747.

[2] Ibid., 744b-745a.

渊博；其他辅助官员，也是由公民以十选一的比率推选，必须是年龄合适、富有经验的行家里手。[1] 因为。城邦的兴衰与公民的德行，取决于教育的水平和质量。所有年轻人（无论男女）都务必接受诗乐舞蹈或文学艺术教育，接受体操训练和军事训练，其目的主要不是出国征战，而是保卫城邦。

宗教是城邦道德的支柱。提倡传统的宗教信仰、敬神态度和祭祀活动，因为祭祀与祷告会影响神明的所作所为。城邦要求所有宗教活动务必在公共神庙举行，禁止私人建立私有庙宇，因为私下的宗教活动会滋生不正确的宗教信仰与不适当的祭神方式，这样会得罪神明，招致灾难。

这座新建城邦的立法原则要求摆事实，讲道理，立法者要像医生一样，耐心细致地向患者说明病情与治疗方法，也要像哲学家一样，言之成理地向听众说明事物的真相。[2] 有鉴于此，该城邦的立法程序首先是说明缘由与目的，随之阐明基本依据，接着列举主要条款和陈述相关细则，另外还设立了一个由十名成员组成的"夜间议事会"，他们从德高望重、经验丰富、学识渊博、公正无私的资深年长公民中推选出来，除了担负"护法"与"监督"的职责之外，还担负着深入研究法律、哲学和完善法律建设的职责。[3]

一般说来，这座新建城邦的法律中有诸多细节规定，主要是参照了当时雅典城邦的法律法规。对此领域，莫罗（G. R. Morrow）的研究颇为深入，专门著有《柏拉图的克里特城邦》（*Plato's Cretan City*）一书，从历史角度对其进行了细致的解释和描述。他这样总结说：

> 柏拉图所建立的模式，大体上是雅典的法律程序，包含检举自由、行动与补救方式多样等特征；但可以说，由此制定的这部法典本身，是在许多方面经过诸多修改的雅典法典。譬如，赋予了执政官控制申诉和阻止那些无关的或误导性提案的权力，设立了某些关于审讯证人和委托人之类的条款，排除了修辞性争辩的机会……扩展了称职证人的出庭范围，强化了诉讼当事人强制证人协助的权利，取缔了证

---

[1] Plato, *Laws*, 765-766b.

[2] Ibid., 857.

[3] Ibid., 961-968.

人与委托人宣誓的条例，提出了各个阶段依据的书面文件的要求，借助城邦权力来协助诉讼当事人强行实施法庭判决——在所有这些规定里，柏拉图的法典尽管在本质上依然具有阿提卡法律的特性，但它体现出的有关司法过程的思想观念，要比有文字记载的雅典司法实践的最佳程度更为宽泛和开明。[1]

需要指出的是，我们在审视《法礼篇》里的"次好城邦"时，会不由自主地联想和对照《理想国》里的"最好城邦"。比较而言，《法礼篇》对"次好城邦"的描绘，显然要比《理想国》对"最好城邦"的描绘更为翔实。在总体构想上，前者以相对的实用性（relative practicality）取代了后者的纯粹理论性（pure theoreticality），以可能实现的理想（attainable ideals）取代了不可实现的理想（unattainable ideals），这兴许是因为柏拉图晚年对政治现状的失望，促使他从理想主义转向现实主义。有的学者假定，当柏拉图在撰写《理想国》时，已写好了《法礼篇》。反之亦然。因为，这两部对话犹如一块硬币的正反两面。[2] 有鉴于此，举凡阅读过《理想国》的人，就等于阅读了柏拉图政治学说的重要原理；但要试图将这些原理付诸实践，就需要阅读《法礼篇》，因为后者是对前者的最好疏解。总之，若想真正了解柏拉图的政治哲学，就需花费同样的气力同时去研读这两部作品。同样，若想真正了解柏拉图的道德诗学，就需在细读《理想国》后，进而去研习《法礼篇》。

三　公民德行的教育理念

那么，对于这样一座"次好城邦"，又当如何着手构建呢？对此，柏拉图虽然是从立法谈起，但随之就将焦点放在教育之上。实际上，柏拉图从始至终，都一再强调公民德行与公民选择问题。他针对这两个问题，分别提出了"正确教育"（paideian kaleisthai）的原则[3]与"城邦净化"

---

[1] G. R. Morrow, *Plato's Cretan City* , pp. 295-296.

[2] Trevor Saunders, "Introduction," in Plato, *The Laws* (London: Penguin Books, 1975), p. 28.

[3] Plato, *Laws*, 644a, 653a, 969c.

(*katharmous polieō*)的学说。[1]

我们知道，城邦（polis）不是城墙而是人。换言之，城邦首先由其成员构成。这类成员享有城邦所赋予的政治权利，因此称其为"公民"（*politēs*）。在他们中间，有的人能力超群，民望较高，能代表大家领导和管理城邦，故而称其为"政治家"或"治邦者"（*politikos*）。但不管怎么区分，他们都属于公民阶层，应具备基本的公民资格或品质。在古希腊语里，用来指称"公民资格、身份、权利、义务"或"公民品行"的 *politeia* 一词，也同时用来表示"城邦体制""城邦管理""公民与城邦的关系"以及"政治家或公民的生活"等等，这说明在词根上源自"城邦"的"公民""政治家"与"城邦政体"三者之间具有内在的互通关系。

第一，从"城邦体制"与"公民品行"的关系来看，一般的说法是：体制的好坏，决定公民的好坏。这似乎就像重视制度建设的人们所言：制度好，坏人也能变好；制度不好，好人也会变坏。但情况未必一定如此，因为制度是人所定、由人所管，而只要是有人的地方，什么事情都会做得出来。像城邦这样一个人多的地方，情况更是如此。事实上，人如果不好，特别是掌握权力的人若是不好，再好的制度也会被搞糟，也会发生蜕变。在《理想国》里，柏拉图专门论述过城邦政体的衰败与更迭，譬如民主体制的腐败与僭主体制的兴起，就是典型的例子。事实上，雅典在伯罗奔尼撒战争失败后经历的政坛乱象，正好也印证了这一点。所以，辩证地看，城邦体制的好坏，会影响城邦公民品行的好坏；反之，公民品行的好坏，也会影响到城邦体制的发展。但从本质上讲，从事城邦设计与建设的公民是最为重要的。

第二，从"城邦管理"与"公民品行"的关系来看，这等于对公民提出了进一步的要求。柏拉图认为，"城邦管理"也就是"治国理政"，实属一门错综复杂的艺术，在所有艺术中占有最高的地位，这兴许是他以 *Politeia* 为名，撰写《理想国》的重要原因之一。不难想象，"城邦管理"的事务包罗万象，从组织生产、兴建设施、促进贸易、处理纠纷、议政决策、护法执法到保土安民等等，这需要具备不同的能力和素养。而这些能力与素养，如果达到才德卓越（goodness and excellence）、英武非凡（prowess

---

[1] Plato, *Laws*, 735b-736c, 969c.

and valour)、美善兼备和声名远播（manly beauty and reputation）的程度，并因此得到"同辈和后人的称颂"的话[1]，那就等于具备了古希腊人所推崇和敬重的"德行"（aretē）。因此，讨论"公民品行"（politeia），也等于在谈论"公民德行"（aretē politēn）。

另外，在"城邦管理"与"公民品行"之间，也会产生积极或消极的互动影响。在一般意义上，前者如果清正廉明、公正公平，后者就会遵纪守法、完成义务，这时的执政者与民众双方都有可能讲求公德，彼此尊重，相互协作，把城邦治理得井井有条，建设得和谐宜居，由此形成良性的循环效应。相反，前者如果贪污腐败、徇私舞弊，后者也会上行下效，违法乱纪，甚至唯利是图，由此可能导致恶性的循环效应。上述两种现象使人不由联想到"良民"与"刁民"的传统说法。无论这种说法是否妥当，都从正反两个方面说明了"公民品行"或"公民德行"的重要性。

那么，那些被选择为"玛格尼西亚城邦"的公民，到底应当具有什么"德行"呢？柏拉图对此费了不少笔墨，列举了一系列所需的"德行"，认为只有具备这些"德行"的人，才能"成为完善的公民"（politēn genesthai teleon）[2]，成为"城邦伟大而完美的男子汉"（ho megas anēr en polei kai

---

[1] 基托：《希腊人》（徐卫翔、黄韬译，上海：上海人民出版社，1998 年），第 318 页。在论及希腊人的德性（或德行）观时，基托认为荣誉感对希腊人的影响非同寻常。实际上，"希腊人对他自己在同胞中的地位非常敏感。他热切——人们也期待着他会热切——要求理应属于他的一切。谦恭并不受人赞赏，被希腊人视作愚蠢的教条，美德自身就奖励这种看法。同辈和后人的称颂才是对德性（aretē, 出类拔萃）的回报。这贯穿于希腊人的生活和历史之中，从荷马式英雄对其'奖赏'特别敏感这一点上就开始有所表现。这里有一典型的评述：'如果你看到男人的勃勃野心，你会惊诧于它是如此地不合理性，除非你能理解他们渴求声名的激情。就像一位诗人所说，'他们想在身后留下永垂万世的声名。'为此，他们随时准备面对任何危险——这甚至比自己的孩子更重要：他们可以为之耗尽财产，忍受任何肉体的艰辛，直至献出生命。如果他们没有想到他们自己的德性将会不朽，你想想，阿尔西斯蒂斯（Alcestis）还会为阿德墨托斯（Admetus）献出她的生命吗？或者，阿喀琉斯还会为了替帕特洛克罗斯复仇而献出他的生命吗？不会！一个人越高贵，他在每一个行动中就会越多地考虑到不朽的声名和永恒的德性。'这就是在柏拉图的《会饮篇》中，充满智慧的狄奥提马（Diotima）对苏格拉底的教导。这是常见的希腊式教诲，在哲学家、诗人和政治演说家那里可以找到"。（同上书，第 318—319 页，译文稍有修订。）

[2] Plato, Laws, 644a.

teleios），并因此而获得"卓越德行奖"（*nikēphoros aretē*）。[1] 如他所述：

> 节制（*sōphrosunēs*）、智慧（*pronēseōs*）以及能够传达和展示给别人的其他善德（*agatha*），都应受到同等的赞扬。如果一个人能够将这些德行传布给他人，那他就应被尊为德行最高之人；如果一个人虽然愿意但却没有能力将这些德行传布给他人，那他就应被视为德行次高之人；如果一个人心存嫉妒，只想垄断这些德行，那他就应遭到谴责，但不要因人废德。相反，我们要不遗余力地学到这些德行。我们期望每个人都以慷慨的精神，积极修德向上，因为这是个人有益于城邦的途径。[2]

至于"其他善德"，也就是其他德行，柏拉图特意强调了"勇敢"（*andria*）和"健康"（*hygieivos*）两种。如此一来，具备上述四种德行的人，就可过上四种相应的生活：节制的生活（*sōphrona bion*）、智慧的生活（*bion pronimon*）、勇敢的生活（*bion andeion*）与健康的生活（*bion hygieivon*）；反之，不具备上述四种德行的人，就会过上另外四种截然对立的生活：放纵的生活（*bion akolaston*）、愚蠢的生活（*aphrona bion*）、懦弱的生活（*bion deilon*）、有病的生活（*bion nosōdē*）。相比之下，节制的生活在所有方面都是温柔敦厚，对于苦、乐、欲、求，都能把握有度，适可而止；放纵的生活在所有方面都是恣意妄为，对于苦、乐、欲、求，都会疯狂追逐，走向极端。于是，无论在数量、程度还是频率上，节制生活中的快感超过痛感，而放纵生活中的痛感则超过快感。将智慧、勇敢和健康的生活与愚蠢、懦弱和有病的生活相比，各自的情况相应如此，前者总比后者更为快乐。概而言之，举凡基于心灵德行（*aretēs psychēn*）与身体德行（*aretēs sōma*）的生活，不仅要比充满邪恶（*mochthrias*）的生活更为快乐，而且更为合乎道德、高尚、正直和荣耀（*kallei kai orthotēti kai aretē kai eudoxia*），这便使有德之人比无德之人生活得更加幸福（*eudaimonesteron*）。[3] 当然，这种幸福的生活，也就是柏拉

---

[1] Plato, *Laws*, 730d.

[2] Ibid., 730e-731a.

[3] Ibid., 734a-e.

图先前所说的"最正义的生活"(dikaiotaton bion)，[1] 而正义 (dikaiosynē) 这一德行，正好是节制、智慧、勇敢与健康等四德的综合结果。

另外，按照柏拉图的说法，举凡具有上述德行的人，必将成为一个真实可信的人；而没有这些德行的人，就会变为一个虚伪说谎的人。这种有德之人作为公民，不仅自己不会违法乱纪，还会阻止他人胡作非为。在此意义上，他可以说是一个顶俩，理应倍加赞扬。[2] 再者，这种有德之人能够最大限度地恪守和完成自己对城邦和同胞所负的责任，该责任不只是赢得奥林匹克的冠军，取得战争的胜利或拔得比赛的头筹，而是终生竭诚遵守和维护城邦的法律，由此获得的声誉使他出类拔萃，远超他人。[3]

那么，怎样才能培养出这些公民德行呢？柏拉图认为没有什么捷径，唯有从儿童开始推行"正确教育"。如他所言：

> 我们所说的教育 (paideia)，是指从童年开始培养人的德行 (aretē)，使其渴望成为完美的公民 (politen teleon)，从而懂得如何适当地治人与治于人。这种特殊的培养方式，正是我们现在讨论的"教育"一词的确切用意。不过，也有一种培养方式，只是教人如何赚钱或如何健身，甚至教人从心眼里蔑视理性与正义，这实在是庸俗至极，根本不配称作"教育"。然而，我们无须在称谓上争来论去，我们还是持守我们刚才赞同的那种说法，即：凡是受过正确教育的人，通常会成为善的，这种人在任何情况下都不应诋毁教育，因为这在赠予最善者的最佳礼物中首屈一指；假如这种教育一度出现差错，但只要能够重回正道，那么每一个人，只要他还活着，就必须不遗余力地教育好自己。[4]

很显然，柏拉图十分鄙视只顾"赚钱"或"健身"、无视"理性和正义"的"坏教育"或"不正确教育"，认为这种唯利是图的做法"庸俗至极"，不仅没有资格使用，而且还会玷污"教育"这个圣洁的称谓。相比之下，他极力推崇"正确教育"，认为只要是正经人，就应学正经事；只要人活

---

[1] Plato, *Laws*, 662e.

[2] Ibid., 730b-d.

[3] Ibid., 729d-e.

[4] Ibid., 643e.

一天，就应接受好教育，须持之以恒，终其一生，方能实现"成就善德"的最终目标。自不待言，这种"正确教育"，就是要培养公民德行，使其成为全面发展的"完美公民"（politen teleon）。这种公民为了城邦的共同利益，不仅知道如何"适当地治人"，也就是能够公正而有效地管理别人，而且知道如何"适当地治于人"，也就是能够接受别人的正确领导并竭力完成自己应尽的职责，这便是"完美公民"或"理想公民"的本义。而"完美公民"所应有的品行，就植根于上面所说的节制、智慧、勇敢、健康与正义等德行。培养这些德行，无疑是一个漫长而艰巨的过程。因为，在柏拉图看来，要做一个"好人"（agothou andra），就需要从童年开始，矢志不渝地追求善的东西。他无论在游戏时，还是在工作中，都不应该有任何懈怠或须臾偏离。[1] 只有如此，这种追求才会成为一种习性，才会由此成就一种善德。值得注意的是，在古希腊语中，paida，paidia 与 paideia 源自同一词根 paid-，paida 意指"儿童"，paidia 意指"儿童游戏"，paideia 意指"培养儿童长大成人"，也就是常说的"教育"。柏拉图深谙这三词之间的内在关联，因此一再强调"游戏"对"儿童"的意义及其在"教育"中的作用。他认为"正确教育"从一开始，就应当从儿童（甚至从胎儿）[2] 抓起，应充分利用儿童的天性和游戏的功能，将儿童在游戏时的"种种快乐和欲求"（edonas kai epithumias ton paidon）[3]，引向他们追求的那个"最终目标"（telos echein）[4]，也就是那种具有善德的"好人"这一目标，由此奠定他们的人格品质或"公民德行"。

概而言之，《法礼篇》是一部关乎城邦政体建构与公民德行教育的著作。如上所述，城邦政体建构涉及"次好城邦"的蓝图与立法原则等要素。至于公民德行教育，则是对受教育者从小到大进行精心培养，其终极目的是让城邦公民获得"完整的公民资格"（full citizenship）。这类"公民"，既包括普通公民，也包括领导阶层。洛齐（R. C. Lodge）将其分为两组：一

---

[1] Plato, *Laws*, 643b-c.
[2] Ibid., 788-790. 柏拉图对于胎教十分重视，做过颇为详尽的描述和建议。另外，柏拉图在论及婚姻时，从一开始就对新婚夫妇提出了要求，要求他们从城邦的利益考虑，设法生育出"最好和最美的儿童样本"，随后要对其进行精心的培养和教育。Cf. Plato, *Laws*, 783d-784c.
[3] Ibid., 643b-c.
[4] Ibid., 650b.

组是温顺而热情的遵纪守法男女，他们需要和接受管理阶层的领导；另一组是为数不多且经过特训的男女，他们被挑选出来担任领导职务。因此之故，柏拉图的教育理论也分为两大部分：一是公民资格教育（education for citizenship），一般是指"诗乐和体操教育"；二是领导能力教育（education for leadership），通常是指"高等教育"或"理智教育"。这两者之间的差别，在一定程度上如同中小学教育与大学教育的差别，而大学教育既包括本科生教育，也包括研究生教育。[1]

值得注意的是，在《法礼篇》里，有关"诗乐和体操教育"的内容相当具体，从诗乐歌舞学习到体操军事训练，每个项目都有相应规定，这不仅是对《理想国》有关教育学说的一种补充，也表明柏拉图对一般公民教育的重视。至于"高等教育"或"理智教育"，主要是指文学、数学、天文学和哲学教育。《法礼篇》在论及悲剧和喜剧时，从审美和道德角度凸显了文学教育的重要意义；在论及宗教信仰时，从宇宙神学的角度凸显了天文学的知识与神正论的思想；在论及夜间议事会成员的职责与贤能时，从治国安邦的角度强调了哲学的作用。在这里，哲学不仅应用于立法程序和法治教育，而且应用于城邦管理和护法活动，当然也应用于城邦公民的德行教育和理智教育。

---

[1] R.C. Lodge, *Plato's Theory of Education* (London: Routledge & Kegan Paul, 1947), p.64.

七 悲剧净化说的渊源与反思[1]

亚里士多德的悲剧理论

迄今，中外学界对柏拉图城邦净化说的专论颇为鲜见，但对亚里士多德悲剧净化说（the tragic *katharsis*）的阐释却不计其数，其中较有代表性和系统性的论作包括伯内斯（Jacob Bernays）的《亚里士多德戏剧学说两论》（*Zwei Abhandlungen über die Aristotelische Theorie des Drama*, 1857, rep. 1880），布切（S. H. Butcher）的《亚里士多德论诗歌与美术》（*Aristotle's Theory of Poetry and Fine Art*, 1895, rep. 1911），卢卡斯（F. L. Lucas）的《论悲剧：与亚里士多德诗学相关的严肃戏剧》（*Tragedy: Serious Drama in Relation to Aristotle's* Poetics, 1957），埃尔斯（Gerald Else）的《亚里士多德〈诗学〉专论》（*Aristotle's* Poetics: *The Argument*, 1963）与豪利威尔（Stephen Halliwell）的《亚里士多德诗学》（*Aristotle's Poetics*, 1998）等，至于其他影响较大的论文，更是不胜枚举。

那么，亚里士多德是怎样论述悲剧净化问题的呢？在《诗学》第六章里，他对悲剧做出如下界定：

> 悲剧是对一个严肃、完整、有一定长度的行动的摹仿（*estin oun tragodia mimesis praxeos spoudaias kai teleias megethos echouses*），使用的是经过艺术性装饰的语言，采纳了构成剧中各个部分的几种方式，凭借的是人物的行动形式而非叙述形式，通过怜悯与恐惧（*di eleou kai phobon*）使这些情感得到疏泄或净化（*perainousa ten ton toiouton pathematon katharsin*）。所

---

[1] 此文发表于《哲学研究》2012 年第 5 期。随后应邀在中国社会科学院大学给研究生做讲座时予以补充。

谓"经过艺术性装饰的语言",是指包含节奏、曲调和唱段的语言;所谓"构成剧中各个部分的几种方式",是指剧中的某些部分仅使用格律文,而其他部分则借助唱段。[1]

在《诗学》的其余章节里,亚里士多德对悲剧所摹仿的"行动"、所使用的"语言"、所采纳的"方式"、所借助的"形式"等等要素,连同构成悲剧的"六个决定性成分",都做过具体的阐述,甚至对于构成"行动"或"情节组合"的严肃性、完整性和适当长度,均结合人物、性格、境遇、时间和地点等因素,提出了明确的规定。

根据亚里士多德的说法,悲剧是对"行动"的摹仿,情节是对"事件"的安排。不难想象,戏剧舞台上由情节所再现的严肃或庄严、惊人或震撼、苦难遭遇或可怕命运等成分,均会在观众心理上产生某种联想或想象作用,会使他们联想到自己或他人的现实经历,同时也会使他们开始担心剧中人物的处境与结局,这样的恻隐之心与担惊受怕的感受就会引发"怜悯与恐惧"之情。与此同时,悲剧所描写的人物形象(ēthē),按照亚里士

---

[1] Aristotle, *The Poetics*, VI. 1449 b21-31, in S. H. Butcher, *Aristotle's Theory of Poetry and Fine Art: With a Critical Text and Translation of The Poetics* (London: MacMillan, 1911). 另参阅亚里士多德:《诗学》(陈中梅译,北京:商务印书馆,1999年),第63页。相关的英译选录于此,仅供参考: (1) "Tragedy, then, is an imitation of an action that is serious, complete, and of a certain magnitude; in language embellished with each kind of artistic ornament, the several kinds being found in separate parts of the play; in the form of action, not of narrative; through pity and fear effecting the proper purgation of these emotions (di eleou kai phobou ⋯path ē mat ō n katharsin)." (Poetics, 1449b, tr. S. H. Butcher, 1922). (2) "Tragedy, then, is an imitation of an action that is serious, complete, and has bulk, in speech that has been made attractive, using each of its species separately in the parts of the play; with persons performing the action rather than through narrative [carrying to completion, through a course of events involving pity and fear, the purification of those painful or fatal acts which have that quality (di eleou kai phobou ⋯ path ē mat ō n katharsin)." (tr. Gerald F. Else, 1957) (3) "A tragedy, then, is a mimesis of an action that is [morally] serious and purposeful, having magnitude, uttered in heightened language and [using] each of its resources [i.e. dialogue and song] separately in the various sections [of the play], [the action presented] by people acting rather than by narration; ⟨bringing about through [a process of] pity and fear [in the events enacted] the purification of those destructive or painful acts (di eleou kai phobou ⋯path ē mat ō n katharsin)." (tr. George Whalley, 1997) (4) "Tragedy, then, is an imitation of an action that is of stature and complete, with magnitude, that, by means of sweetened speech, but with each of its kinds separate in its proper parts, is of people acting and not through report, and accomplishes through pity and fear the cleansing of experiences of this sort (di eleou kai phobou ⋯path ē mat ō n katharsin)." (tr. S. Benardete & Michael Davis, 2002)

多德所设定的要求，务必行为高尚但非纯然无辜，其苦难遭遇与过度惩罚理应出乎观众的预料。于是，他们不完善的人格与可能的过失，他们与普通人的亲和力和共同性，或者说，他们十足的人性与人情，都会让观众拉近与对方的距离，将对方的不幸视为自己的不幸，由此产生同情或怜悯。而怜悯又伴随着恐惧，两者密不可分。一般说来，设身处地地为剧中人物着想或推己及人的感受方式，必然会导致内在的心理恐惧或烦乱不安，甚至由此担心自己、他人以及人类所面临的类似困境，这便在潜在意义上涉及一种应和关系（correspondence link）。一般来讲，此类关系基于一种经历相似（experience resemblance）或人物相似（character resemblance）现象，不仅会激发，而且还会强化"怜悯与恐惧"等情感。但要看到，悲剧音乐、情节与人物三者能否引发或"净化"这些情感，还需满足至少两个条件，即：悲剧诗人创构情节的艺术技巧和观众欣赏剧情的审美能力。在古代雅典，这两个条件似乎不成问题。要知道，正是悲剧诗人的创造天赋与雅典公民的审美素养，成就了历史上最为辉煌的希腊悲剧艺术。

那么，亚里士多德又是如何界定"怜悯与恐惧"的呢？在《修辞学》里，他曾这样表述：怜悯（eleos）与恐惧（phobos）均属于一种痛感（lypetis）。具体地说，恐惧是"一种痛苦感或紊乱失常感，源自迫在眉睫的恶行所给人的印象，这一恶行在本性上是毁灭性的或令人痛苦的"[1]。譬如说，一种预想不到的恶行出现在眼前，无论它是观众在现实生活中所感受或联想到的，还是观众在舞台上直接看到的，或者说是即将降临到悲剧人物头上的，都会使人受到某种惊吓。此时此刻，这种惊吓会涉及在场的观众与舞台上的演员，也会涉及不在场但却处在联想或想象中的他人，由此产生的交互影响作用或情感相似现象（emotional resemblance），在一定意义上对人类来说具有某种普遍性。于是，作为个体存在的人物的经历，俨然成了作为总体存在的人类的经历；担心剧中人物饱受磨难的恐惧，也会成为担心人生残酷无情、人类命运变幻无常的恐惧。这便是悲剧情节与人物的严肃性、深刻性与普遍性之所在。

至于"怜悯"这种"痛感"，本质上是"一种面对某位不应得到毁灭或惩罚之人在遭遇令人痛苦的恶行时所产生的痛感，这种恶行正是那种

---

[1]　Aristotle, Rhetoric, ii. 5.1382 a 21.

我们可能预料会发生在自己或朋友身上的恶行,而且还是那种看来随即就要发生的恶行"[1]。然而,由于相关对象与我们十分贴近,致使他们受难仿佛成为我们自己受难,结果便让怜悯在此时转化为恐惧。[2] 这就是说,我们在类似的情景下怜悯他人时,会为自己可能遇到类似情景而感到恐惧或担忧。[3] 相应地,感受不到恐惧的人,也感受不到怜悯。[4] 在严格意义上,"怜悯与恐惧"是两种"相互关联的感受"(correlated feelings)。[5] 若从心理学角度看,恐惧是一种情感,怜悯也是一种情感,后者从前者之中获得自身的意义。若从本质上讲,怜悯的基础是一种自尊的本能,源自类似的苦难会发生在我们自己身上的那种感受,其中包含一种潜在的恐惧。[6] 这就是说,如果我们处在被怜悯对象的位置上,就会出于自我保护的本能,为自己感到担心或恐惧。不过,或然恐惧也许永远不会成为已然恐惧,这便使怜悯的力量不会因此遭到削弱。那种以秘而不宣的方式推己及人而引起的怜悯之情,显然有别于现代人所说的那种无私地同情他人遭难的恻隐之心(compassion)。[7] 这主要是因为前者表现出想象性的移情作用,而后者却体现出"慈悲为怀"或"博爱"的宗教精神。当然,在现实生活中,怜悯或同情的程度不同,其自身性质自然有别。譬如,有采取行动、救助他人的有用怜悯(useful pity),有仅限于感受而未采取行动的无用怜悯(useless pity),也有居高临下、装模作样的虚假怜悯(pretentious or hypocritical pity),等等。这些均与古希腊时期所说的悲剧性"怜悯"相去甚远。

这里,仅就悲剧而言,它以典型的方式和高度集中的力量,表现出诗艺的精神功能和审美效应。其情节、人物与音乐所体现的崇高精神与揭示的人类命运,均具有某种普遍价值或普遍意义。其引发的"怜悯与恐

---

[1] *Aristotle, Rhetoric*, ii. 8.1385 b 13.

[2] Ibid., ii. 8.1386 a 17.

[3] Ibid., ii. 8.1386 a 27.

[4] Ibid., ii. 8.1385 b 19.

[5] S. H. Butcher, *Aristotle's Theory of Poetry and Fine Art: With a Critical Text and Translation of the Poetics* (London: MacMillan, 1911), p. 256.

[6] Ibid., p. 257.

[7] Ibid., pp. 257-258.

惧",借助悲剧特有的表现方式也成为普遍化的情感。这两种情感所夹杂的不纯净因素(impure element),经过悲剧高潮的净化或洗涤之后,继而转化为高贵的情感满足(noble emotional satisfaction)。在此意义上,"悲剧净化"也可以说是一个去除杂质的精炼过程,它会洗刷或清理掉潜藏在"怜悯与恐惧"之中的痛感(pain)。这种痛感只有在遇到真实的悲剧情景时,才会被激发出来并随之被疏泄出去。总之,悲剧净化不仅涉及情感消除的理念,而且涉及情感被疏泄净化的理念。[1]

值得注意的是,埃尔斯在亚氏《诗学》的悲剧界说中发现,许多古典学者在翻译下列从句(di eleou kai phobou peraivousa ten ton toioiton pathematon katharsin)里的短语"ton toioiton pathematon"时,将其等同于"这些[怜悯与恐惧的]情感",并且认定"这些情感"是悲剧所摹仿的可怕情节与人物遭遇在观众身上所产生的效应。如此一来,这一从句就被解释为悲剧"通过[在观众身上引起的]怜悯与恐惧而使这些情感得以清除[或疏泄]"。[2] 埃尔斯本人不同意这种译释,他认为这等于规定了悲剧的特性,限定了悲剧的作用;也就是说,这样会认为悲剧只能引发"怜悯与恐惧"这两种情感,从而断然否定悲剧还会引发其他"诸如此类的"情感(other "such" emotions)。[3] 应该看到,悲剧是一门表现多种苦难的复杂艺术,通常会引发多种悲剧情感(tragic emotions),至于此前那种将悲剧情感仅限于"怜悯与恐惧"的论断,是令人难以信服的。

另外,埃尔斯还认为,如果上述从句中的短语意指"[悲剧所摹仿或表现的]诸种事件或情节"而非"这些[怜悯与恐惧的]情感",那么,katharsis 一词必然意指某种净化作用(purification)而非清除作用(purgation),因为这些事件或情节是不能从悲剧中清除出去的。[4] 要不然,悲剧本身的结构也就荡然无存了。有鉴于此,埃尔斯一方面将从句中表示"达成[某种目的]或促成[某一事情]"的 perainousa 一词,与表示"摹仿、再现与表现"的 mimesis 一词联系起来,另一方面仔细考察了 pathematon 一

---

[1] S. H. Butcher, *Aristotle's Theory of Poetry and Fine Art: With a Critical Text and Translation of the Poetics*, pp. 266-269.

[2] Gerald Else, *Aristotle's Poetics: The Argument* (Cambridge: Harvard University Press, 1963), pp. 226-227.

[3] Ibid., p. 228.

[4] Ibid., p.231.

词在《诗学》第十一章与第十四章中的具体用意，认为该词从上下文关系来看是表示"正在发生的那些事件而非引发的那些情感"。随后，他归纳说：到底是什么"促成了"悲剧的净化作用呢？不是作为一组语词的戏文，也不是剧场里的戏文演出，而是悲剧本就如此的摹仿过程（process of imitation）。悲剧摹仿行动，其自身就是行动。据亚里士多德的分析，这一行动是由情节再现出来的，而情节就是对行动的摹仿。情节应该说是悲剧的运行原则与灵魂（archē kai oion psychē）。于是，净化作用是通过悲剧情节或"一连串事件的结构"（the structure of events）得以实现的，而该情节或结构则是诗人自己对悲剧做出的不可或缺的贡献。在此意义上便可推导出如下论断：净化作用（purification）是一过程而非结果，该过程是靠悲剧诗人通过自己创作的"一连串事件的结构"得以推进的。在这方面，有些悲剧成就卓著，有些悲剧成就较差，有些悲剧则无成就可言。如果 katharsis 有赖于诗人的构建活动的话，那它就不再是标准的结果，不再是任何被称为"悲剧"的戏剧可以自动获得的东西……倘若我们探讨这一问题的方法是正确的，那么，katharsis 反而是悲剧情节结构的一种功能（a function of the structure of the plot）。[1] 具体而言，埃尔斯等人将 katharsis 视为悲剧诗作中的一个内在而客观的特征（an internal and objective feature of the poetic work itself），认为这一特征不是情感上的，而是结构上的或戏剧性的（structural or dramatic）。这就是说，katharsis 作为一种悲剧艺术功能，是贯穿或落实在写作过程之中的，抑或是用来"编排可悲的与可怕的素材"（ordering of pitiable and terrible material），抑或是"通过观众的怜悯与恐惧之情来编排戏剧的素材"（the material of the play is ordered through the audience's pity and fear）。[2]

对悲剧净化说的几种看法

值得一提的是，结构功能论者的说法虽然新颖，但却比较松散，而且也只是彰显了 katharsis 的一个方面。根据古典学者的相关解释，katharsis 体现在多个方面，豪利威尔（Stephen Halliwell）将其归纳为六个方面，除

---

[1] Gerald Else, *Aristotle's Poetics: The Argument*, pp. 230-232.

[2] Ibid., p. 356.

了上述结构功能论者的说法之外，还有其他五种不同说法，其各自要点如下：

（1）道德主义者认为，悲剧凭借正反两种范例，在教育观众约束自己情感的同时，也教育观众克制由情感引起的过失。正是通过 katharsis，观众得以学会如何规避可能导致苦难与悲剧的那些情感。如此一来，katharsis 与直接说教几乎是同义词，这样就会忽视顺势疗法的因素，会夸大恐惧的作用。结果，那些通过 katharsis 而被清除的情感，与其说是怜悯与恐惧，毋宁说是愤怒（anger）、仇恨（hate）、妒忌（envy）与野心（ambition）。[1]

（2）情感教育论者认为，katharsis 有助于人们获得情感的坚韧性（emotional fortitude），悲剧展现给观众的是他人更大的苦难，这将有助于人们在生活中减少对怜悯与恐惧的敏感性，有助于人们学会适应和更好地忍受不幸的遭遇，在此意义上，悲剧体验就是"一种针对不幸遭遇的演练活动"（une sorte d'apprentissage du Malheur）。[2]

（3）注重适度原则者认为，亚里士多德的悲剧净化说与其所论的适度原则（the principle of the mean）有关，katharsis 本身并非一种单纯或恒定的情感递减过程，而是一种心理调适或平衡过程（process of psychological attunement or balance），它有助于提高感受能力欠缺者的感受能力，通过悲剧所激发的怜悯与恐惧之情，使人习惯于以适当的方式和适当的程度来感受这些悲剧情感。[3]

（4）强调情感宣泄者认为，katharsis 是一种情感宣泄过程（a process of emotional outlet），所宣泄的是那些受压抑的或过度的情感。于是，净化作用被视为一种无害的愉悦手段（a harmlessly pleasurable means），katharsis 过程被视为一种病理学现象（a pathological phenomenon），借此凸显了亚里士多德在《政治学》里对净化问题所做的说明，论述了有关"导泻"作用的医学性喻说（medical analogy），强调了悲剧净化的理疗性或准理疗性缓解作用，但却不再追问悲剧体验中的道德向度。[4]

---

[1] Stephen Halliwell, *Aristotle's Poetics* (London: Duckworth, 1998), pp. 350-351.
[2] Ibid., pp. 351-352.
[3] Ibid., pp. 352-353.
[4] Ibid., pp. 353-354.

（5）推举理智论者认为，悲剧净化虽然是一个事关情感经验的问题，但悲剧情感的产生与否却取决于观众对戏剧情节的认知判断（cognitive judgments about the dramatic action）。故此，理智因素是决定悲剧净化作用的重要基础；更何况悲剧作为一种摹仿艺术，观众对于摹仿活动的认知经验（cognitive experience of mimesis），对于净化过程而言是至关重要的；尤其是"怜悯与恐惧"情感的生成，在很大程度上有赖于理智的认知能力。[1]

悲剧净化说的相关问题

在《诗学》第六章里，亚里士多德认为悲剧"通过怜悯与恐惧（di eleou kai phobou）使这些情感得以疏泄或净化（pathēma tōn katharsin）"[2]。对于涉及"疏泄或净化"的 katharsis 问题，他在《诗学》里一笔带过，语焉不详，但此前在《政治学》里却有如下说明："所谓 katharsis 到底是何意思，现在只能概而言之，随后会在诗论里对其加以更为清楚的解释（eroumen saphēsteron）。"[3] 这里提到的"诗论"，很可能是指其后撰写的《诗学》。但令人遗憾的是，《诗学》部分内容佚失，读者无缘看到他对 katharsis 问题"更为清楚的解释"，因此不得不返回到《政治学》里搜寻相关说法。在这里，亚里士多德论及音乐，按功能将其分为三类：一类音乐适用于教育民众，另一类音乐适用于消遣或审美（因为它可松弛人的神经或给人以美的享受），还有一类音乐可以像药物和疗法一样，对人起到导泻与调理的功用。每个人都难免会受到怜悯、恐惧等情感的影响，其中有些人特别容易产生这些感受。动感强烈的音乐可以引发某些人的宗教狂热，当狂热的情感高潮像疾风暴雨般一扫而过后，人们的心情就会趋于平静，就像病人得到治疗和净化一样。有鉴于此，通过心灵与音乐的撞击，无论是受到怜悯、恐惧或其他情感侵扰的人，还是在不同程度上受这些情感影响的人，都会感受到一种轻松和愉快的感觉，都会从具有净化功能的

---

[1] Stephen Halliwell, *Aristotle's Poetics*, pp.354-355.

[2] Aristotle, The Poetics, VI. 1449 b27-28. Cf. Butcher, S. H., Aristotle's Theory of Poetry and Fine Art: With a Critical Text and Translation of The Poetics. 另参阅亚里士多德：《诗学》，第 63 页。

[3] Aristotle, *Politics* V. (viii) 7. 1341 b 39.

音乐中体验到一种无害的快感。[1] 值得注意的是,亚里士多德在此使用了原本意指"导泻"的医学术语 katharsis,旨在表示情感的"疏泄"或"净化"效应。另外,他还明确指出,这种伴随净化功能的体验与感受,是一种纵情音乐(orgiastic music)所引发的体验与感受。我们知道,在古希腊,音乐与诗歌和舞蹈三位一体,不可分离,由歌队与演员所表演的悲剧诗更是如此。音乐直入灵府,感染力强,用途颇广,不仅用于战时以鼓舞士气,用于平时以陶情冶性,而且还用于宗教祭祀以培养虔敬之心,用于审美娱乐以调节精神生活。因此,音乐在"悲剧净化"(tragic katharsis)过程中发挥着重要作用,丝毫不亚于悲剧结构中的另外两大要素——情节与人物。

那么,到底应当如何理解 katharsis 的多重喻义呢?根据相关释证,我们可以从词源与语义上将其归结如下:其一是指医学或医疗上的导泻(medical katharsis),即用泻药使身体中的多余或有害部分排泄出来;其二是指宗教上的驱邪(religious lustration),即用宗教仪式来达到驱邪或赎罪的目的;其三是指情绪上的疏泄(emotional purgation),即用同质性的情绪来疏泄相应的情绪;其四是道德上的净化(moral purification),即用顺势疗法(homoeopathy)来净化过度的或有害的情感与欲望。

在亚里士多德的悲剧净化说里,所谓净化是一隐喻,表示悲剧意义上的情感宣泄与净化过程。该过程主要涉及三个向度,一是凭借悲剧激起的怜悯与恐惧,顺势促发观众内在的情感宣泄(emotional purgation),二是凭借这种情感宣泄,使人获得心理解脱(psychological relief)或审美满足(aesthetic satisfaction),三是通过悲剧所表现的崇高理想、伦理德性及其精神效应,使人获得道德净化(moral purification)或道德意义上的心灵净化。此三者主要通过悲剧情节、人物与音乐的综合形式予以实现。

需要指出的是,上述三个向度彼此关联,须臾不离,因为"审美"(aesthetic)的本意关乎情感与知觉两个方面,可以说是借助知觉与感悟能力的情感体验。在逻辑关系上,审美满足由于自身的双重特性——情感性与精神性,一方面上承情感宣泄,由此获得审美的快感,另一方面下启

---

[1]　Aristotle, *Politics* V. (viii) 1342 a 5-11.

道德净化，由此获得精神的升华。在演出与观众都符合相关条件的理想情况下，悲剧通过情节、人物与音乐的综合性感染力量，先是引发观众的怜悯与恐惧等情感，继而使其在宣泄这些情感的过程中或在宣泄这些情感之后，从心理上得到相应的解脱或释怀。其中涉及"医学或医疗导泻"这一隐喻中所潜含的顺势疗法，即用以情化情的方法，借助"怜悯与恐惧"使可怕担忧的焦虑得以平复，使烦乱不安的心态得以平静，使怒不可遏的情绪得以缓解，从而体验到一种轻松而无害的快感，获得我们所说的那种审美满足，同时还有可能在悲剧的英雄行动及其道德精神的感召下，涤除思想与欲求中的杂质，获得道德上的净化或升华。这一点着实符合亚里士多德对悲剧的基本定义——"悲剧是对一种庄严行动的摹仿"（*estin oun tragōdia mimēsis praxeōs spoudaias*）[1]，此类摹仿不仅会产生情感与审美价值，也会产生教育与道德价值。

在西方诗学史上，悲剧净化说一直被视为亚里士多德的独特创见。实际上，此说与柏拉图提出的城邦净化说等思想关联甚大。本文将从悲剧净化说的思想渊源与理论进程角度，试析柏拉图与亚里士多德在诗学领域的某些内在联系，同时参照古希腊人的生命观、艺术观、危机感以及悲剧的情感反应和审美心理等因素，继而反思悲剧净化问题所隐含的相关疑虑和深层意蕴。

思想渊源与影响因素

我最近在研究柏拉图的道德诗学时发现，悲剧净化说的思想渊源及其所受影响主要来自柏拉图。众所周知，柏拉图与亚里士多德是师生关系。亚里士多德于公元前367年从马其顿移居雅典，17岁进入柏拉图的学园开始学习和研究，作为柏拉图的弟子和同事长达二十年之久，"参与了"柏拉图哲学研究日程中的大部分活动，他的教学活动经常是对柏拉图学说的修正而非否定。这两位哲学家共有的哲学思想，要比分离他们的

---

[1] Aristotle, *The Poetics*, VI. 1449 b 24.

问题更为重要"[1]。从两人亦师亦友的多年交往来看，彼此间的思想交流及其影响，实属自然而然之事。

那么，悲剧净化说的思想渊源及其影响因素主要涉及哪些内容呢？我们可从下列五个方面予以阐述。第一，柏拉图的"城邦净化说"。此说发端于文艺教化、政治博弈与公民选择等问题，主要有三种代表性的陈述方式：其一是 diakathairontēs... polin[2]，意指"彻底清洗或彻底净化[这座]城邦"，所针对的是诗乐与文艺在城邦里产生的消极影响或氛围；其二是 kathērē tēn polin[3]，意指"净化或清洗这座城邦"，所针对的是城邦里存在的政敌与敌对意见；其三是 katharmous poleōs[4]，意指"城邦净化或清洗"，所针对的是城邦社会或公民群体。概而言之，柏拉图的城邦净化说主要涉及三方面的内容：一是净化城邦的诗乐（mousikē），即用审查制度来选用文艺作品[5]，保障施行正确的道德化教育[6]；二是净化城邦的政坛与民意（politikos），即用专制方式和政治权术清洗政坛对手，铲除异己，以便实现大权独揽、唯我独尊的政治企图；[7] 三是净化城邦的公民（poliētēs），

---

[1] 安东尼·肯尼：《牛津西方哲学史（第一卷）：古代哲学》（王柯平译，长春：吉林出版集团有限责任公司，2010年），第79页。根据肯尼的研究，柏拉图后期的许多对话撰写于最后的二十余年，其中一些论点，可能反映了亚里士多德在论辩中所作的贡献。亚里士多德最初是以对话形式写作的，在内容上深受柏拉图的影响，其佚失的柏拉图式对话作品包括《优台谟篇》（Eudemus）和《劝导篇》（Protrepticus），所论述的灵魂概念和灵与肉融合的观点，都明显地折射出柏拉图在《斐多篇》等对话里提出的相关学说。不过作为一位追求真理和善于独立思考的哲学家，他在雅典学园研究期间，就已经与柏拉图的理念论保持一定距离，随后放弃了对话形式，采用了论证形式，在《后分析篇》里彻底放弃了理念，蔑称其为"微不足道的谎言"（tarradiddle）(1.22.83a 33)，并在《形而上学》里严肃地指出，理念论未能解决其意在解决的问题。参阅肯尼：《古代哲学》，第75—80页。

[2] Plato, Republic (trans. Paul Shorey, London & Cambridge: William Heinemann Ltd. & Harvard University Press, 1963), 399e. 汉译本主要参考柏拉图：《理想国》（郭斌和、张竹明译，北京：商务印书馆，1995年）。

[3] Ibid., 567c.

[4] Plato, Laws (trans. R.G.. Bury, London & Cambridge: William Heinemann Ltd. & Harvard University Press, 1994), 735d. Also see Plato, The Laws (trans. Trevor J. Saunders, London: Penguin Books, 1975).

[5] 古希腊词 mousikē，英译为 music（音乐），实际上意指 music-poetry（诗乐），在古希腊有时表示文学艺术的总称。

[6] Plato, Republic 399e-401a.

[7] Ibid., 560e-567c.

即用立法程序或规章制度的名义设定标准，试图以优胜劣汰的方式挑选和保留优秀的公民，清除品格有问题的公民。[1] 此三者的最终目的尽管是建构"美好城邦"（kallispolis），但其直接目的与具体作用各有侧重，故须借助文艺审查、政治清洗与挑选公民等不同方式予以实现。[2]

具体地说，柏拉图在讨论城邦净化的不同方式时，反复使用意指"净化""疏泄""宣泄""涤除"或"导泻"等不同变位形式的动词与名词，譬如 kathērē, diakathairontai, diakathairontēs, kathairomen, kathairontēs, katharmous, katharmon，等等，这势必会引起亚里士多德的关注。他作为柏拉图所主持的对话讨论的直接参与者，必然会提出自己的看法，会继续反思这一问题。另外，当柏拉图提出以诗乐审查为手段来净化城邦（教育）时，其中就包括对史诗、悲剧诗和喜剧诗的批评和排斥，这会让亚里士多德从中看到诗乐审查与净化的利弊，为他日后替诗（特别是悲剧诗）正名留下了余地，同时也为他日后采用"反其道而为之"的思索理路奠定了基础。

第二，"城邦净化"是一隐喻，"悲剧净化"也是如此。不过，亚里士多德所借用的"医学或医疗导泻"（medical katharsis）这一隐喻，并非他自己首创，而是出自柏拉图的手笔。在其对话中，柏拉图数次从医学角度谈到"导泻"的隐喻意义——"净化"作用。譬如，在《克拉底鲁篇》里，他认为医生与占卜者会采用药物导泻与驱邪手法让人的身心得以净化。[3] 在《智者篇》里，他举出医疗、体操与搓澡三种常见做法，通过排毒、发汗与清洗来保持身体内外平衡与健康状态。[4] 类似的说法也见于《蒂迈欧篇》。[5] 随后，在《智者篇》里，他除了讲述清除体内杂物对身体的益处之外，还论证了清除偏见对于知识净化心灵并由此获得真知的必要性。[6] 继而在《斐多篇》里，他强调指出优良德行与宗教仪式对于情感的净化作

---

[1] Plato, *Laws*, 735b-736c.

[2] 参阅王柯平：《柏拉图的城邦净化说》，《世界哲学》2012 年第 2 期。

[3] Plato, *Cratylus*, 405a, in Plato, *Complete Works* (ed. John M. Cooper, Indianapolis: Hackett Publishing Company, 1997).

[4] Plato, *Sophist*, 226d-227a, in Plato, *Complete Works*. Also see E. E. Sikes, *The Greek View of Poetry* (London: Methuen, 1931), p. 119.

[5] Plato, *Timaeus*, 89b-c, in Plato, *Complete Works*.

[6] Ibid., 230bc-d.

用。[1] 后来在《理想国》里，他特意比较了科学性医疗导泻的积极功效与僭主式政治清洗的破坏作用。[2] 综其所言，均与医疗导泻的隐喻所指有关。反复使用这种表达方式，也说明柏拉图对其修辞效果颇为重视和偏好。长时间的耳濡目染，其特定的理论意义自然会促使亚里士多德"借船渡海"，引发他对净化问题与悲剧功能的关联性思考（correlative thinking），从而为其悲剧净化说的缘起埋下了伏笔，为其诗学理论的拓展开启了方便之门。

第三，亚里士多德的"悲剧净化说"主要涉及"怜悯与恐惧"两种情感，柏拉图在论及悲剧对观众的感染力时，也先后列举出怜悯、苦乐、愤怒与赞美等多种情感反应。如他所说：

> 舞台演出时诗人是在满足和迎合我们心灵的那个（在我们自己遭到不幸时被强行压抑的）本性渴望痛哭流涕以求发泄的部分。而我们天性最优秀的那个部分，因未能受到理性甚或习惯应有的教育，放松了对哭诉的监督。理由是：它是在看别人的苦难，而赞美和怜悯别人——一个宣扬自己的美德而又表演出极苦痛的人——是没什么可耻的。此外，它认为自己得到这个快乐全然是好事，它是一定不会同意因反对全部的诗歌而让这种快乐一起失去的。因为没有多少人能想到，替别人设身处地地感受将不可避免地影响我们自己的感受，在那种场合养肥了的怜悯之情，到了我们自己受苦时就不容易被制服了……爱情和愤怒，以及心灵的其他各种欲望和苦乐——我们说它们是和我们的一切行动同在的——诗歌在摹仿这些情感时对我们所起的作用也是这样的。在我们应当让这些情感干枯而死时，诗歌却给它们浇水施肥。在我们应当统治它们、以便可以生活得更美好更幸福而不是更坏更可悲时，诗歌却让它们确立起了对我们的统治。[3]

在这段话里，柏拉图首先谈到心灵的两个部分，一个是"以求发泄的部分"，也就是情感部分；一个是"天性最优秀的那个部分"，也就是理性部分。悲剧所引发的怜悯、赞美、爱情、愤怒以及各种欲望和苦乐，无

---

[1] Plato, *Phaedo*, 69c, in Plato, *Complete Works*.

[2] Plato, *Republic*, 567c.

[3] Ibid., 606a-d.

形中放纵了情感部分的发泄欲望,同时也放松了理性部分的监督作用,结果造成心灵失衡、人为情役的现象,最终让诗歌占据支配地位,使人的幸福快乐受到损害。由此看来,悲剧在柏拉图眼里的确具有强大的引情或煽情作用,但对人的心灵与生活几乎是有害无益的。因此,他试图限制诗歌,反对用诗歌来浇灌和养肥那些本应"干枯而死"的情感,同时建议人们采取行动,回归理性,主导诗歌,成为自己的主人。有鉴于此,柏拉图对悲剧效应的上述理论,基本上属于一种"悲剧移情说"(tragic empathy),其对悲剧所持的否定态度与抵制倾向,或许正好为亚里士多德提供了反拨或补正之机,因为后者恰恰是从肯定的立场出发,去论述悲剧净化的积极作用的。但就悲剧所引发的情感多样性而论,亚里士多德非但没有走出柏拉图所划定的范围,反而采用了"化繁为简"的方式,将情感主要归结为"怜悯与恐惧"两种,这虽然具有一定的代表性,但却无法涵盖悲剧引发多种情感反应的事实。

第四,亚里士多德的悲剧净化说,强调人们在观看悲剧时会在自己身上引发恐惧与怜悯的情感,同时又在个人的体验过程中将其宣泄,继而使自己的心理得到净化,并由此获得某种满足感或审美感。另外,能在自己身上引发出来的"恐惧与怜悯"两种情感,一般来说是自己内心潜在的而无意识的东西,是受到相关经历刺激后积淀下来的遗存"迹象",悲剧中所表现的可怕事件与可悲结局等于"诱因"。在特定场合与心态下,两相作用就会出现上述情景。对于这种心理现象,柏拉图亦有觉察,在描述如何看护幼儿的方法时,他这样写道:

> 采用摇篮的做法使幼儿安静下来进入梦乡是相当有效的,这不仅得到保姆的认可,而且得到精神狂乱(Korubantōn)医治者的认可。于是,母亲在看护困闹不睡的幼儿时,想用温和的抚爱哄其入眠,但她往往采用摇动而非安静的方式,会在怀里来回地摇动小孩;与此同时,她还低声哼唱,而非悄不作声;这样就能使小孩逐渐迷糊起来,就像参加疯狂酒神的崇拜者一样,能帮他们解除困扰的灵丹妙药就是让他们狂歌乱舞。这两种情感都是恐惧所致,出现恐惧是因为心灵条件差。所以,每当有人采用外部的摇晃来对付这些情感时,外在的运动在力量上压倒了内在的恐惧与狂热引起的运动,这样就会导致显而

易见的心灵宁静，能够停止剧烈难受的心悸感受，上述两种情况都是如此。由此便产生了令人非常满意的结果：摇晃使困闹的幼儿睡着了；歌舞使狂热的酒神崇拜者清醒了。[1]

有人将上述做法称为"对抗疗法"（allopathy），近乎"以毒攻毒"的做法。这在一定程度上，同那种用悲剧表现可怕事件来引发和疏泄"恐惧与怜悯"情感的手法似有异曲同工之妙。亚里士多德谙悉业师柏拉图的著作及其思想，近水楼台先得月，从中得到启发应是顺理成章、不言自明之事。

第五，在诗学与政治学等思想领域，亚里士多德主要是以柏拉图为参照与前提，不仅"照着讲"，而且"接着讲"。论及悲剧诗，亚里士多德更是采取了"反着讲"的策略，借此反驳柏拉图对诗歌与悲剧诗的抨击，补正对方的理论偏差，推出自己的理论新说。有不少西方学者也认同这一关系。譬如，卢卡斯（F. L. Lucas）就曾断言：虽然亚里士多德没有提及柏拉图的名字，但他的悲剧净化说却是以柏拉图的相关学说为前提，是在为自己有别于业师的观点进行辩护。[2] 豪利威尔（Stephen Halliwell）也曾指出：我们可以温和的方式确认这一前提——亚里士多德式的净化说在一定程度上回应了柏拉图反对悲剧心理效用的立场。如果此说正确，那么净化一说不只是为了展现悲剧情感体验的意图，而且也是为了表示对这一体验结果的看法。但我们不要以为这是理所当然之事，而要慎重考察这一假设是否证据确凿。无论怎样，我们至少也要承认亚氏的净化说旨在驳斥柏拉图对悲剧的指责，同时也要看到整部《诗学》显然接受了下述观点：激发情感是诗歌艺术追求的合理目的与效果。因此，对"悲剧"界定概念的解释，不仅有必要研究有关"净化"（katharsis）一词的早期用法，而且有必要关注古希腊思想家在更广意义上对音乐和语言魅力的论述，其中有些相关的重要证据或预见就见诸柏拉图的对话。[3] 这些证据或预见，从柏拉图的上述论说中就可以看出不少端倪。此外，对悲剧净化

---

[1] Plato, *Laws*, 790c-791b.

[2] F. L. Lucas, *Tragedy: Serious Drama in Relation to Aristotle's Poetics* (London: The Hogarth Press, 1957), pp. 53-57.

[3] Stephen Halliwell, *Aristotle's Poetics* (London: Duckworth, 1998), pp. 184-185.

说的深入解析，还有必要超出亚里士多德的《诗学》文本及其思想之外，尝试创设一个具有理论关联性的更大视野。

理论进程与批评反思

历史地看，悲剧净化说有一个继往开来的理论传承与推进过程。这一过程在总体上至少涉及三种彼此关联的形态与阶段：首先是毕达哥拉斯的净化说（the Pythagorean katharsis）。依据亚里士多德的学生的相关引述，毕达哥拉斯曾经表示："医疗用于身体导泻，音乐用于心灵净化。"[1] 这一说法见于 Aristoxenus 的残篇[2]，可以说是使用"净化"概念的一个"重要先例"（important precedent）。这种通过音乐所产生的"宗教（或巫术）式宣泄或净化作用"，与亚里士多德在《政治学》里的相关论述颇为接近。[3] 接下来便是希波克拉底学派的疏泄说（the Hippocratic katharsis）。这种疏泄说主要涉及人体自我调节的自然疏泄法（the natural katharsis）与人为的医学理疗疏泄法（the medical katharsis），其主要目的是在维持生理平衡的基础上促进健康状况与医疗身体疾病。相关的研究成果表明，在《希波克拉底全集》（The Hippocratic Corpus）中，关于疏泄说的描述和案例记载较多，通常是从病理学角度出发，根据临床经验和观察，重在分析和说明疏泄作用与身体结构的关系，疏泄在治疗中的正负效应，疏泄与过度疏泄的局限与危险，疏泄的语义学场域，疏泄的认识论等问题。[4] 再下来就是柏拉图的净化说（the Platonic katharsis），也就是关乎城邦净化与身心净化的相关理论，但其目的在于强化城邦的道德教育、政治警惕与理想追求，以期建构柏拉图心目

---

[1] F. L. Lucas, *Tragedy: Serious Drama in Relation to Aristotle's Poetics*, p. 40.

[2] Aristoxenus fr. 26 Wehrli (1945): Wehrli 54f. regards Pythagorean *katharsis* as magical in origin. Cf. Aristoxenus fr. 117 with Wehrli 84. On Aristoxenus' reliability as a source for Pythagoreanism see G. Kirk et al., *The Presocratic Philosophers*, 2nd ed. (Cambridge 1983), 223f ... Since Pythagorean practice seems to be allopathic, not homoeopathic, it would be wrong to argue for too close a link with Aristotle. This note is provided in Stephen Halliwell, *Aristotle's Poetics* (London: Duckworth, 1998), p. 187.

[3] Stephen Halliwell, *Aristotle's Poetics*, 187.

[4] Heinrich von Staden, "Purity, Purification, and Katharsis in Hippocratic Medicine," in Herausgegeben von Martin Vöhler und Bernd Seidensticker (ed.s), *Katharsiskonzeptionen vor Aristoteles: Zum kulturellen Hintergrund des Tragödiensatzes* (Berlin: Walter de Gruyter, 2007), pp. 22-35.

中的美好城邦。最后则是亚里士多德的净化说（the Aristotelian *katharsis*）。此说主要基于艺术或审美心理学的立场，阐述悲剧通过情节、人物与音乐的综合魅力和感染作用，引发观众的怜悯与恐惧等情感，随之以类似顺势疗法的方式疏泄这些情感，进而达到以审美满足与道德升华为理想效应的悲剧净化目的。相比之下，毕达哥拉斯式的净化说，论述简略，资料缺乏，仅能视为开创性的理论引言，或多或少地隐含或反映在后来的净化理论之中。柏拉图式的净化说主要是在《理想国》与《法礼篇》里提出的。其主题与目的在于讨论理想城邦与法治城邦的教育和管理艺术，这样必然使其净化学说作为一种辅助性的补充手段，完全被纳入道德教育与城邦政治的视野之内，结果间离了此说与艺术的密切关系。亚里士多德式的净化说是在《诗学》与《政治学》里提出的。虽然《诗学》部分内容佚失，无法看到其全部论述，但亚氏立足于艺术的角度，紧扣悲剧创造规律与观众审美心理变化的主题，以积极的分析态度和理论洞察，得出了更为科学和深刻的结论，确立了趋于合理的新说，印证了这一承前启后的理论深化过程。

相比之下，柏拉图的城邦净化说是基于建构"美好城邦"的政治或社会理想，因此，无论是推举文艺审查制度，还是批判僭主排除异己，或是设立选择公民之法，均是从道德理想主义与政治工具论的角度出发，为的是维护"美好城邦"这幅乌托邦图景的理论纯粹性与观赏性。而亚里士多德的悲剧净化说，则是以匡正柏拉图抨击诗歌的论说为己任，与业师的悲剧移情说背道而驰，从艺术与审美的角度解释了悲剧的积极功能。在《理想国》第十卷里，柏拉图在批评荷马史诗时特意感叹说："吾爱吾师，更爱真理。"[1] 如今，亚里士多德的所作所为，也可以说是"吾爱吾师，更爱真理"的另一范例。只不过他并未像自己的业师柏拉图那样直接点名批评荷马，而是以承前启后的做法，在以柏拉图诗学思想为理论前提的反思过程中，践履了"接着讲"以及"反着讲"的学术使命，立足于艺术自身的本质特征，真正推动了悲剧理论的发展与深化。

不过，悲剧理论的上述进展，并不等于整个净化问题（the whole *katharsis*

---

[1] Plato, *Republic*, 595c.

problem）的彻底解决。事实上，这一进展反倒引出更多的质疑。譬如说，基于古典文本研究的诸多评注能否真正说明悲剧净化的本质呢？悲剧情感为何只限于"怜悯与恐惧"两种？悲剧还会引发别的情感吗？古希腊观众到底会"怜悯与恐惧"什么？……所有这些质疑，不仅是值得进一步反思的悲剧理论问题，而且也是有助于澄清悲剧净化说内在矛盾的重要切入点。但要看到，这些问题都是彼此关联和相互释证的，研究者不可偏于一隅而不论其他。卢卡斯就曾直言不讳地指出：悲剧净化说既饶有趣味也包含某些真理，但远非制造神秘的文艺批评所宣扬的那样深刻。人们若在某个新型的乌托邦政府面前为戏剧艺术申辩，任何过多依赖净化学说的做法都是不明智的。[1] 这一说法不无道理。在我看来，对上列问题的研究，在方法上既不可画地为牢，也不应随波逐流，更不能本末倒置。这就是说，基于古典文本研究的诸多评注尽管不足以说明悲剧净化的本质，但要想真正揭示这一问题的本质特征与内在联系，还必须以古典学的评注方式与文本分析为基点，进而采用多种视角，拓展相关研究范围，譬如把古希腊人的生命观、艺术观、危机感以及悲剧的情感效果和审美心理等方面包括在内，以便在相互参证中进行深度的挖掘和剖析。

第一，根据希腊人的生命观，人生由于饱受精神与肉身之间内在冲突的煎熬，因此面临如何缓解人的种种情感（the passions）问题。按照禁欲主义或道德主义的观点，人应"凭借节欲来抑制情感"（subdue them by abstinence），这也正是柏拉图与斯多亚学派坚守的立场。对此，古希腊人不以为然，他们崇尚理性，但不忽略感性，更倾向于"凭借合理的纵情来控制情感"（Govern them by reasonable indulgence），这也正是亚里士多德倡导的做法。于是，古希腊人既敬奉象征理智约束与静观世界的日神阿波罗（Apollo），也爱戴象征纵情躁动与情感世界的酒神狄奥尼索斯（Dionysus）。这两种代表人生与艺术的冲动，都不约而同地融合在希腊人的生命意识和审美意识之中。用尼采的话说，"希腊人知道并且感觉到生存的恐怖和可怕……为了能够活下去，希腊人出于至深的必要不得不创造这些神。我们也许可以这样来设想这一过程：从原始的泰坦诸神的恐怖秩序，通

---

[1] F. L. Lucas, *Tragedy: Serious Drama in Relation to Aristotle's* Poetics, p.53.

过日神的美的冲动，逐渐过渡而发展成奥林匹斯诸神的快乐秩序，这就像玫瑰花从有刺的灌木丛里生长开放一样。这个民族如此敏感，其欲望如此热烈，如此特别容易痛苦，如果人生不是被一种更高的光辉所普照，在他们的众神身上显示给他们，他们能有什么旁的办法忍受这人生呢？"[1] 因此，在希腊人的生命意识里，理性的静观总是伴随着野性的冲动，深沉内在的快乐总是交汇着深沉内在的痛苦，日神冲动总是牵挂着酒神冲动。这两个原本敌对的原则彼此衔接，在不断新生中相互提高，彼此补充，最终在很大程度上支配了希腊人的民族本性，同时也铸就了希腊人的生命观念。因此，他们在行为方式与价值判断方面，比较看重两极之间的平衡作用与良好感觉，惯于尊奉具有调和色彩或中庸特征的"适度原则"(principle of *mesos*)，倾向于追求一种"既不太多，也不太少"(Never too much, never too less)的、符合克己自律德行的境界，在两极冲动的游戏中奋力捕捉安身立命的可能契机。

第二，从柏拉图的艺术观来看，摹仿诗乐是坏艺术，既不能培养理智，也不能教人真理，反倒滋养和浇灌那些本该像野草一样全然枯死的种种情感；悲剧也是坏艺术，不仅使人动情伤感，而且使人在恸哭中失去理智，还使那些摹仿各种人物角色的悲剧演员最终搞乱自己的心智，毁掉自身的性格。对此，亚里士多德并不认同，而是以不点名的方式予以反驳。譬如，当柏拉图基于理智主义而标举哲学的价值时，亚里士多德则宣称诗比历史更富哲理，更为严肃；当柏拉图认定诗通过描述冥界的可怕景象而使人胆怯时，亚里士多德则坚信诗有助于疏泄人的恐惧之情；当柏拉图担心诗因刺激情感而使人变得疯狂失控时，亚里士多德则认为诗通过情感的周期性发泄反倒使人不那么情绪化。总之，亚里士多德诉诸情感的论说 (argument *ad hominem*)，一方面表明了自己与柏拉图相对立的艺术观念，另一方面也为悲剧的诗性功能进行了巧妙的申辩。实际上，这种倡导"以情化情"的艺术思想，更符合古希腊人的生活方式与审美趣味。要知道，希腊人习惯于借助日神冲动与酒神冲动来创构自己的艺术世界，习惯于在想象中直观两种不同但却互补的审美现象，即在理智的静观中欣赏梦境中美的形象和快乐的智慧，或在感性的知觉中体

---

[1] 尼采：《悲剧的诞生》（周国平译，北京：生活·读书·新知三联书店，2011年），第11—12页。

悟醉境中丑的形象与痛苦的智慧。因为，这两者都有助于他们将命运无常、充满张力的生活调整到可以承受的程度。在此意义上，尼采的下述说法很值得关注："对于这个艺术世界的真正创造者来说，我们已然是艺术的画像与投影，我们的最高尊严就在于我们作为艺术作品的意义之中——因为只有作为审美现象（phénomène esthétique），生存和世界才会证明自身是永远有理由的（éternellement se justifient）。……只有当天才在艺术创造活动中与这位世界的原初艺术家混同一体，他对艺术的永恒本质才会略有所知。在这种状态中，他就像神话故事中的那幅忐忑不安的画像（cette inquiétante image du conte），能够以奇异的方式转动自身的眼珠来审视自己。这时，他既是主体，又是客体，既是诗人和演员，又是观众。"[1] 当然，这段引述中的主语代词"我们"与"他"，都需要置换成生活在古典时期的"希腊人"。不难想象，在环境恶劣、战事频仍、命运多舛的生存重压下，这些"希腊人"在面对种种严酷的挑战时，会发现人类生存与艺术世界只有作为象征日神和酒神这两种精神的审美现象，才是永远有理由的、有意义的和有价值的。在此条件下，人生虽然不易，但却值得一过；艺术虽然虚幻，但却不可或缺。于是，从两者在生成与创化的机制来看，似乎构成了某种彼此依赖、互为因果的特殊关系。

第三，从希腊观众的危机感来看，他们在观看悲剧时可能会"怜悯"什么呢？有的学者认为，甲怜悯乙是有一定原因或条件的。一般说来，甲怜悯乙抑或是因为甲认识这位遭遇不幸且与自己亲近的乙，抑或是因为甲假定发生在乙身上的不幸也会发生在甲的身上或甲的某个朋友身上。[2] 但也有学者认为，所谓"怜悯"，更多的是"怜悯自己"（pity for oneself），此乃亚里士多德对柏拉图批评诗人的一种回应。[3] 在柏拉图看来，诗人创写的那些言辞雄辩的哀歌，会摧垮人的刚毅品质，而这些人在现实生活中原本刚毅并能够承受丧子之痛。然而，亚里士多德反倒认为，悲剧激发的情感效应有助于疏泄积蓄过多的情感，悲剧本身也会告

---

[1] Friedrich Nietzsche, *La naissance de la tragédie* (traduit Michel Haar et al, Paris: Gallimard, 1977), p.47. 另参阅尼采：《悲剧的诞生》，第 21 页。

[2] Jonathan Barnes, "Rhetoric and Poetics," Jonathan Barnes (ed.), *The Cambridge Companion to Aristotle* (Cambridge: Cambridge University Press, 1999), p. 278.

[3] F. L. Lucas, *Tragedy: Serious Drama in Relation to Aristotle's* Poetics, p.41.

诫观众不要为其生活处境过多地伤悲或自怜。

那么，希腊的悲剧观众又会"恐惧"什么呢？有的学者认为，"恐惧"作为一种情感反应，一般表现为三种：一是对舞台上表演的可怕事件感到恐惧，二是对悲剧人物产生同情性恐惧，三是对残酷的生活处境和无情的人类命运感到恐惧。比较而言，希腊悲剧观众在自由宣泄情感的过程中，主要是想缓解或涤除第三种恐惧。尤其对雅典人来讲，当他们站在卫城之上环视四周时，常常会发现他们处在严峻的生存环境之中：在其西部，撒罗尼克海湾环绕着敌视雅典的柯林斯要塞；在其北部，连绵起伏的帕内斯山区居住着敌视雅典的皮奥夏人。在地理上，雅典卫城完全暴露在敌人的眼前。此情此景，雅典人难免心存忧患，悲从中来。不单如此，他们虽然充满活力，但从不乐观，深层意识中的悲观主义思想时时萦绕心际，驱使他们在抱怨生命的同时赞美死亡，在其气势恢宏的文学中不难找到诸如此类的论调与寓意[1]："没有一个人是快乐的，太阳底下所有的人都是不快乐的"（梭伦）；"生命只是一个影子的梦想……时间不怀好意地笼罩在人类的头顶上"（品达）；"生命是琐屑、无力、短暂的，背负着巨大的悲痛一晃而过"（安提丰）；"整个一生总是苦难占据上风"（菲利蒙）；"没有痛苦的一天就是至福。我们到底是什么？我们是用什么材料做

---

[1] 布克哈特：《希腊人和希腊文明》（王大庆译，上海：上海人民出版社，2008年），第159—163页。有关古希腊人的悲观主义人生观念，这里不妨将布克哈特所引的两段话较为完整地转引于此。首先是梭伦的辩说："在人的一般70年的生命过程中，一共有26250天，没有两天是完全一样的，只有在事先知道了这些人世沉浮的结果之后才能够讨论什么是幸福；但对人来说，一切都是偶然的；很多人刚刚从神那里得到了好的生活（olbos）就被无情地毁掉了。"（布克哈特：《希腊人和希腊文明》，第159页）其次是索福克勒斯的叹喟：
"不出生是最好的，在一切都经过考量之后，
但是当一个人睁开眼睛看见日光的时候，
接下来最好的行动就是回到
他来的那个地方，越快越好。
当青年时代带着它的那些荒唐事远去的时候，
所有的苦痛也就开始找上门来，
嫉妒，对质，冲突，战斗，流血，
最后，衰老早在那里等候，把他包围，
羞辱，争吵，
敌意，疾病和虚弱
是所有邪恶中最糟糕的。"（布克哈特：《希腊人和希腊文明》，第161页）

成的?"（索塔德）;"人是什么? 一块软弱的墓碑,时间的牺牲品,命运的玩物,倒霉的影子,有时受到嫉妒的折磨,有时受到厄运的捉弄,剩下的便是黏液和胆汁"（亚里士多德）;因此,"人最好的事情就是没有出生,其次是刚一出生就即刻死掉"（狄奥格尼斯）;或者说,"不出生是最好的,在一切都经过考量之后,当一个人睁开眼睛看到日光的时候,接下来最好的行动,就是回到他来的那个地方,越快越好"（索福克勒斯）……总之,不活比活着要好;神赐的最佳礼物就是英年早逝;人在遭受最坏的磨难之前去世是令人羡慕的;等等。上列悲观主义言论,在根本上或许受到阿那克西曼德的影响,后者断言:"事物生于何处,则必按照必然性毁于何处;因为它们必遵循时间的秩序而支付罚金,为其非公义性而受审判。"[1] 这就是说,凡是已经生成的,必定重归于消灭,无论是人的生命还是其他任何东西,与永恒的时间相比都是短暂易逝的,在时间的秩序面前都是难逃相应惩罚的,按照公义性的原则都是要接受最后审判的。对此箴言,尼采视其为"铭刻在希腊哲学界石上的神谕"[2],我们则可视其为希腊悲观主义思想发展的基质。因此,我们有理由认为,雅典人对人生与世界所持的悲观态度,必然伴随着某种特有的悲剧意识。他们虽然可能以达观或游戏的态度看待一切,但在与命运的博弈中,也必然会感受到深切的痛苦或失落。似乎可以设想,当他们在剧场里观看《俄狄浦斯王》这样的悲剧时,若一旦联想到自身的困境与潜在的危机,他们抑或会心生恐惧或怜悯之情,抑或会萌发超然或悲凉之感。但无论出现哪一种情境,其中都或多或少地隐含着希腊人那种挥之不去的悲剧情结（tragic complex）。

另外,从悲剧的情感效果来看,"怜悯与恐惧"之外还会有其他情感。卢卡斯坚持认为:亚里士多德并未说过"凭借怜悯与恐惧而引致这些情感的缓解"（by pity and fear producing the relief of these emotions）,而是说过"缓解诸如此类的情感"（relief of such emotions）。这与埃尔斯的观点十分接近。

那么,悲剧到底会引发其他什么情感呢?卢卡斯这样断言:悲剧在观众身上会引发同情与反感（sympathy and repugnance）、欢愉与愤懑（delight and indignation）、赞叹与鄙视（admiration and contempt）、伤感与责备（grief and blame）

---

[1] 尼采:《希腊悲剧时代的哲学》（周国平译,北京:商务印书馆,1999 年）,第 40—41 页。
[2] 同上书,第 41 页。

等等。不过，亚里士多德或许认为这些情感不如"怜悯与恐惧"来得重要和强烈。[1] 其实，我们不难设想，当亚里士多德有意凸显"怜悯与恐惧"这两种悲剧情感时，并不意味着他完全忽视了其他悲剧情感的存在，而只是择其要点而论罢了。至于这些悲剧情感之间的关系与作用，卢卡斯做过这样一个比喻：一个人的情感能量犹如水库里的蓄水，当水位高出临界点时就需要外泄，否则就会产生危险的后果。有鉴于此，一个人在观看和欣赏悲剧的过程中，有必要让过多的情感顺着同情性焦虑与怜悯（sympathetic anxiety and pity）这两条管道疏泄出去，从而降低唯情论的水平或情感的强度。[2] 在我看来，这一解释具有相当的合理性。通过疏泄作用使情感能量趋于适度，这对于人的身心健康是有益的和必要的。要知道，"乐极而生悲""哀大而心死"，人的情感能量虽有正负之分，但都不可过度，否则会影响健康，殃及人生。另外，观众由不同的个体组成，对于悲剧的情感反应，既有某种共同性，也有一定差异性，由此形成悲剧体验的多样性。如果说"怜悯与恐惧"代表情感反应的共同性，那么，其他"诸如此类的情感"则代表情感反应的差异性。在很多情况下，悲壮离奇的情节会使人产生兴奋之感，罪有应得的惩罚会使人产生欣快之感，剧中所爱对象饱受磨难或惨遭不幸会使人产生哀伤之感，假借悲剧性的苦难来惩罚自我想象中的敌手会使人产生一种不可告人的幸灾乐祸之感，凡此种种，不一而足。所有这些不同的情感反应，通常源自不同观众的不同经验、不同理解、不同判断或不同文化心理结构。

最后，从悲剧心理学的角度来看，悲剧净化并非纯然的情感宣泄、心灵净化或道德升华，而是相关情感或"情绪的缓和"。按照朱光潜的说法，怜悯表现爱和同情，所以是快乐的，又由于含有惋惜之感，所以是痛苦的。恐惧能刺激和振奋我们，所以是快乐的，但由于源自危险之感，所以又是痛苦的。悲剧能使人感到怜悯和恐惧这两种情绪中所包含的痛苦。涤除了痛感的纯怜悯和纯恐惧，是站不住脚的概念，因为怜悯和恐惧若没有痛感，也就不成其为怜悯和恐惧了。正是痛感成分使悲剧经验具有特殊的生气和刺激性。但是，悲剧中的痛感并非始终存在或一

---

[1] F. L. Lucas, *Tragedy: Serious Drama in Relation to Aristotle's* Poetics, pp. 43-44.
[2] Ibid., pp. 43-44.

成不变。鉴于任何不受阻碍的活动都会产生快感，所以痛苦一旦在筋肉活动或某种艺术形式中得到自由表现，本身也就会成为快感的来源。例如，人在悲哀的时候，如果大哭一场，就可以大为缓和而感觉愉快。由此可见，无论快乐或痛苦，只要该情绪得到表现，便可使附丽于情绪的能量得到发泄或缓和。在这里，情绪的表现类乎情绪的缓和。当怜悯和恐惧在悲剧中得到表现并被观众感觉到时，附丽于这两种情绪的能量就得到宣泄，从而将痛感转化为快感，进一步增强了悲剧中积极快感的力量。因此，悲剧特有的快感是一种混合情感，既包含怜悯和恐惧中的积极快感，也包含艺术中的积极快感，同时还包含怜悯和恐惧中从痛感转化而成的快感。这后一种由痛感转化而成的快感，正是情绪缓和及情绪表现的结果，也是亚里士多德所谓悲剧净化的结果。[1]

　　说到底，悲剧是一种复杂、奇妙而深刻的艺术。依照我目前的理解，古希腊人的生命观、艺术观、危机感、文化情结与审美心理，均以直接或间接的方式，不同程度地折射或表现在古希腊悲剧之中。如今，当我们跨越历史的时空，再去阅读或观赏这些悲剧作品及其演出时，我们会产生什么样的反应、做出什么样的评判、获得什么样的感悟，这都很难说。或许，圣奥古斯丁（St. Augustine）的下述悲剧观，会给予我们某种启示。他说：

> 人们愿意看自己不愿遭遇的悲惨故事而为此感到伤心，这究竟是为了什么？一个人愿意从看戏引起悲痛，而这悲痛就作为他的乐趣。这岂非一种可怜的变态？一个人越是不能摆脱这些快感，越是容易被它感动。一个人自身受苦，人们说他不幸；如果同情别人的痛苦，便说这人有恻隐之心。但对于虚构的戏剧，恻隐之心究竟是什么？戏剧并不鼓励观众帮助别人，不过引逗观众的伤心；观众越感到伤心，剧作家越能感受到赞赏。如果看了历史上的或竟是捕风捉影的悲剧而还不动情，那就败兴出场，批评指摘；假如能感到回肠荡气，便看得津津有味，自觉高兴。于是可见，人们喜欢的是眼泪和悲伤。但谁都要快乐，谁也不愿受苦，却愿意同情别人的痛苦；同情必然带来悲苦的

---

[1] 朱光潜：《悲剧心理学》（张隆溪译，北京：人民文学出版社，1985年），第258—259页。

情味。那么是否仅仅由于这一原因而甘愿伤心呢？[1]

  对于这段话里提出的一连串疑问，我相信每一位敏感、睿智和具有审美眼光的悲剧观众，都会在各自的内心深处做出真诚的反思与回应的。当然，我们也可以换一个角度，即从强调悲剧情感的审美体验转向凝照悲剧精神的哲学思考，这样一来，我们不再困扰于苦中作乐或悲中寻欢的自责意识或诡异心态，也不再纠缠于如何疏泄或净化"怜悯与恐惧"诸如此类的悲剧情感，而是更多地专注于悲剧自身所表现的哲理价值，这种价值不是来自逻辑严密的哲学阐释，而是来自直觉敏悟的诗性智慧，它在扩充我们生活经验或生命体验的同时，还会振奋我们的精神，激发我们的灵思，强化我们的活力，磨砺我们的意志，深化我们对人生苦难及其玄秘奥理的感悟与觉解。最终，我们虽然在观赏悲剧的过程中惊愕不已，但当我们看完结局或走出剧场时，却会从中获得一种如释重负的胜利感，一种超越痛苦、看破生死、笑傲一切悲剧的胜利感。唯有在这种感受中，我们发现人才是自由的，生命才是本真的，"此在"（*Dasein*）才是充满诗意的。

---

[1] 奥古斯丁：《忏悔录》（周士良译，北京：商务印书馆，1987 年），第 37 页。译文稍有修订。

八　古希腊教育传统与摹仿理论[1]

现代人对古希腊文化传统的了解，除了亲临其境去考察历史遗迹和博物馆藏品之外，大多是通过阅读古希腊诗歌和观赏古希腊雕刻来满足自己的求知欲望或审美好奇心的。在此过程中，每触及古希腊艺术教育的话题，我们必然会联想到古希腊教育制度中的课程设置及其范型。

一般说来，古希腊教育制度在城邦生活中占据重要位置，因为其最终目的在于通过正确的教育方式来培养杰出的公民德行与法纪操守。在此制度中，早期蒙学阶段的艺术教育实属不可或缺的重要环节。在此阶段，课程设置通常分为两大科目：一是陶冶和培养美好心灵的诗乐，一是训练或锻炼身体的体操。[2] 前者旨在"善心的和平游戏"，后者用于"强身的战争游戏"。[3] 通常，诗乐包括神话、诗歌与音乐，体操包括舞蹈、体育与军训。从目的论角度看，前者以善心为本，旨在培养高尚的德行、正确的美感与明智的判断；后者以强身为用，旨在练就健美的身材、坚忍的意志与高超的武功。两者如若统合互补，便有可能培养出身心健康、美善兼备、文武双修的城邦卫士或合格公民。需要指出的是，柏拉图虽然在身心教育方面采取两者并重的二分法，但却认为心灵的重要性大于身体的重要性。这不仅是因为心灵教育的难度大于身体训练的难度，而且是因为单凭好的身体不一定能够造就好的心灵与好的品格，但好的心灵和品格却能使天赋的体质达到最好的境界。[4] 另外，从心灵德

---

[1] 此文以"古希腊艺术教育与摹仿理论"为题发表于《美育学刊》2013 年第 3 期。为避免重复，收入本书时有删节。

[2] Plato, *Republic* (trans. Paul Shorey, London & Cambridge, Mass.: William Heinemann & Harvard University Press, 1963）, 376e; *Laws* (trans. T. Sounders, London: Penguin, 1975）, 796a.

[3] John J. Cleary, "Paideia in Plato's *Laws*", in Samuel Scolnicov & Luc Brisson (ed.s), *Plato's Laws: From Theory to Practice* (Sankt Augustin: Academia Verlag, 2003), pp. 166-170.

[4] Plato, *Republic*, 403d.

性与身心发展的角度来看，基于诗乐与体操的艺术教育，对于理想城邦的优秀卫士而言是不可偏废的，因为两者在塑造卫士品格方面是相辅相成与均衡发展的。诚如柏拉图所言，诗乐和体操协同作用，将使心灵中的理智和激情两个部分得以协调，诗乐借助优雅的文词和良好的训练使理智部分得到培养和加强，体操通过调式和韵律使激情部分变得温和平稳且文质彬彬。

在古希腊艺术教育的主导范型中，我们会从宙斯、阿波罗、狄奥尼索斯等诸神雕像中看出某些端倪。希腊艺术家参照史诗中的相关描述，借助自己的想象，通过超凡的技艺，在宗教精神、理智灵思和审美意识的驱动下，创构出富有神性、理性和诗性三位一体的精湛作品，从而为人类后世奠定了难以企及的范本。当我们审视这些作品时，从其高贵自在的神态、优雅强健的体形和张弛有度的肌肉中，还可以看出充满人性的情怀与崇高的人文理想。因为，所有这些雕刻作品，都是在创造意义上"摹仿"人体的产物。假如我们有意抛开那些神性因素，凝视这些雕刻作品的空间形象，就会自然而然地直观到人的形象和体魄。实际上，希腊雕刻中确有不少现成的作品，譬如《米隆的掷铁饼者》，无论从运动力学角度看，还是从人体比例角度看，或者是从艺术审美角度看，这位形神兼备、美轮美奂的"掷铁饼者"，不仅代表着希腊艺术教育的目的性追求，而且也代表着希腊艺术教育的成果范型。

在古代雅典的青少年教育阶段，尤其是在体操训练与诗乐教育过程中，都无一例外地涉及摹仿与技艺。这不只是因为摹仿是人的天性，而且也因为摹仿是人学习技艺和熟悉生活的重要途径。另外，就诗乐、绘画、舞蹈等摹仿艺术而言，摹仿更涉及其生成与创构的本体根源。在诸多现代西方语言中，古希腊语 mimēsis 通常被译为 imitation，意指摹仿、仿效、仿制、伪造或赝品等多义。其实，mimēsis 并无现成的同义等价词，强译为 imitation，会将其全然等同于一种摹仿或复制技能，难免会引起诸多误解。[1] 当然，也有一些论者，根据 mimēsis 在艺术创作领域的

---

[1] Imitation 一词在语义上难以与 mimēsis 对等，故此在西方学界引起诸多诟病。譬如，在专论文学本质的《双重审讯》(La double séance, 1972) 一文中，德里达特意从形而上学的角度强调指出：源自希腊语 mimēsis 这一概念，"在翻译时不可草率行事，尤其不要以摹仿一词取而代之"。在他本人看来，希腊语 mimēsis 从本质上代表柏拉图式的呈现方式，与实在和本体（转下页）

用法，试图将其译为 representational action（再现行为）、representation-cum-expression（再现加表现）或 make-believe（虚构）等等。[1]

"摹仿"理论是柏拉图诗学思想的核心内容之一。我们在《理想国》《克拉底鲁篇》《蒂迈欧篇》《治邦者篇》《斐德若篇》与《法礼篇》等诸多对话文本中发现，除了艺术范畴之外，不少其他领域也涉及种种不同的摹仿行为与摹仿结果。在语言学领域，文字借助字母和音节摹仿事物，旨在命名和把握所指事物的各自本质。在和声学领域，声音借助凡人的运动摹仿神性的和谐，旨在给明智之士带来愉悦，而不是给愚蠢之人提供快感。在认识论领域，有关宇宙本性即至善的思考和论证，依据神明绝对无误地运行，摹仿的是实在性或真实性。在宇宙学领域，时间摹仿永恒，在主神的协助下，依照数的法则旋转。在政治领域，法律摹仿各个事物的真理，法律制定者是那些真正懂得治国安邦之道的真才实学者。人性化的政府或宪法，为了取得更好而非更糟的成效，所摹仿的是正确而适宜的政府或宪法。在宗教和精神领域，虔诚的人们试图以各种力所能及的方式，摹仿和追随他们敬奉的神灵；如果他们碰巧从宙斯那里汲取到灵感，他们就会将其灌注到所爱之人的灵魂里，尽力使对方养成他们所敬神明的那些品质；各种有形的人物都试图摹仿永恒的人物，均采用一种难以言表的奇妙方式，效仿后者的言行举止；普通人都尽力摹仿

（接上页）（ontologique）有关，涉及真实性的形而上学问题。因此，摹仿的历史"完全受到真实性价值的支配"。Cf. J. Derrida. "La double séance," in *La dissemination*, Paris: Éditions du Seuil, 1972), pp. 208-209. 豪利威尔认为，德里达在批判摹仿时，正误兼有。譬如，德里达"认为摹仿总是以不言而喻的方式，假定一种想象的实在，这种实在从原则上讲可能是外在于作品的（再现务必再现某种东西）。这一点是正确的。然而，德里达的另一观点则是错误的，即：他认为上述需要涉及一种'在场的形上学'（metaphysics of presence），或者说是涉及一种实在的平面，而这一平面在他看来完全独立于艺术的表现。一般说来，人类的思想与想象如果是可行的或可知的（德里达本人意在思索这些问题），那么，艺术摹仿就有其需要的唯一基础。无论是内在于艺术还是外在于艺术的再现，均有赖于某些为公众所共享的理解力所能理解的东西，但是，这种再现对于超验真实性并无任何内在的要求"。Cf. Stephen Halliwell, *The Aesthetics of Mimesis* (Princeton & Oxford: Princeton University Press, 2002), pp. 375-376. Also see footnotes on p. 375.

[1] 这三种译法分别见于 G. Sörbom, *Mimesis and Art* (Bonniers: Svenska Bokförlaget, 1966), p.22；S. Halliwell, *The Aesthetics of Mimesis* (Princeton and Oxford: Princeton University Press, 2002), pp. 14-18；K. Walton, Mimesis as Make-believe (Cambridge: Harvard University Press, 1990), pp. 11-69。

那些据说是神明指导过的人，这样做的目的就在于获得幸福。……这一切足以表明，柏拉图所论的"摹仿"，是接近不同事物、品质、实体、神灵、理式或真实的途径，而非意指单纯摹本的制作。柏拉图本人向来反对以机械的方式将摹仿形象等同于摹仿对象的所有品质。因为，摹仿形象毕竟是形象，远未具备摹仿对象固有的品质。也就是说，摹仿或摹仿品永远不会超过它所暗示或唤起的东西。

柏拉图终其一生，都在探讨希腊公民教育的有效途径与因革之道。在其代表作《理想国》与《法礼篇》中，他一再强调和论证"正确教育"的宗旨与方法，认为其目的在于"使人的心灵与身体变得尽善尽美"。这种教育的重要根基不是理性化的说教训导，而是游戏化的艺术教育，是由诗乐和体操两部分组成。这种游戏化的诗乐娱乐和体操训练，要求符合法律精神，具有正当性和规范性，唯此才有助于培养儿童形成遵守法律的意识和行为习惯，进而引导他们健康成长，成为品行端正与遵纪守法的公民。否则，就会走向反面，不但会助长违法乱纪的刁民，而且会导致城邦秩序的失常。

事实上，在《理想国》和《法礼篇》里，柏拉图对"摹仿"的论述较为集中，但依然晦涩费解。若从体操训练、诗乐教育与艺术创作的角度看，我认为柏氏的"摹仿"理论主要涉及三个向度：一是侧重学习动作的身体摹仿，二是侧重学习性格的心理摹仿，三是侧重形象创制的艺术摹仿。而柏氏的摹仿理论，对亚里士多德摹仿诗学产生的影响，则会引致更为积极的价值取向。

一　身体摹仿

根据古希腊的传统和柏拉图的描述，体操训练包括两个分科：一是舞蹈，二是摔跤。其教育目的与练习方法如下所述：舞蹈有两个分支，一是摹仿诗神缪斯的风格，旨在培养自由与高贵的品性；二是通过有节奏的运动来训练身体各个部位的灵活性和舒展性，在舞蹈过程中能使节奏和姿势达到相互协调配合的程度，此类舞蹈的目的是增进健壮、敏捷和优美。至于摔跤技术，如果没有实战用途，只是为了博取职业摔跤或拳击运动的虚名,那就不值得称赞与标榜。而站立式的自由摔跤训练务必加以推行,这是因为其动作坚实而优雅,有助于增进力量和健康,有利于实现我们的所有目的。这里所言的"所有目的",包括身体的"健壮",形体的"优美",动作的"敏捷""坚实和优雅",搏击的"力量",特别是参战时的"实用性",等等。为此,柏拉图建议制定法规,要求不论男女从6岁开始一直到从军年龄,根据身体的发育情况,在教师正确的指导下,摹仿和练习克里特与斯巴达的刀剑舞、雅典的盔甲战斗舞等等。这样一来,当他们长大成人后,无论是祭祀神明,还是组织游行,都能全副武装,或胯骑战马,或列阵行军,按照号令,快慢有度,步调一致。另外,还要举行一些比赛或军演,检验所练的科目是否有助于保家卫国。至于其他那些徒有虚名的游戏与体育项目,譬如像没有实战效应的职业摔跤之类,都不值得城邦公民花费心力。

就整个训练过程而言,初步阶段是先要学会那些舞蹈和摔跤的基本动作。柏拉图认为,要想掌握其中的动作要领,就需要通过"摹仿",即"青少年全心全意地摹仿相关的样板"。譬如,要学会实战性的摔跤,仅用语言是无法描述清楚的,于是需要在讲解的同时,由摔跤高手进行实地示范,让初学者观摩和摹仿。举凡练习过拳脚的人,大都熟悉这一过程:先观摩,后摹仿,再演练,多对抗,只有熟能生巧,才能灵活多变,使自己立于不败之地。显然,柏拉图深谙此理,首先肯定了身体摹仿动作的教学方式。另外,考虑到青少年学习的兴趣,他还建议用"合唱游戏"予以调节,让他们在舞蹈的快乐气氛中,提高学习演练的积极性和主动性。而这些舞蹈,经常与拉弓射箭、舞枪弄剑、攻击防守、前俯后仰等动作编排在一起,更大地拓展了身体摹仿的空间和复杂性。[1]

这里至少有五点需要注意,(1)柏拉图所言的体操训练,是在具有"体育和军训目的的体操学校"进行的。在这里,除了学习舞蹈和摔跤之外,还要学习诸多其他项目,譬如射箭、标枪、队列、野营以及散兵、骑兵和重甲兵等必要的作战技能。尤其是射箭、标枪与队列训练等项目,这些在初学阶段均需要专人示范和身体摹仿。(2)男女同校接受体操训练和军事训练,都是出于同样的实用目的。也就是说,当大军外出作战时,

---

[1] Plato, *Laws*, 795d-815b.

敌人如果突袭守备力量薄弱的城邦，留守在家的妇女就必须迅速组织起来，抗击来犯之敌，保护城邦里的老弱妇孺。在柏拉图所构想的这座"次好城邦"里，如果妇女所受到的教育和训练，连那些勇于保护幼鸟的母鸟都不如，那对城邦来讲就是不折不扣的灾难。可见，无论是体操训练的军事用途，还是男女同校的训练方式，都是出于保家卫国的政治实用目的。(3) 身体摹仿的主要内容是与技能密切相关的姿势和行动。无论是舞蹈、标枪、角斗还是其他项目，都是出于实用目的与实战的需要。因此，所要摹仿的便是未来所要预演的，而预演的场景不只是训练场，还有竞技场和战场。要知道，摹仿预演或预期的姿势与动作，经过不断地反复、训练与强化后，最终就会形成习惯性的姿势和动作，这在实际需要的情况下，就会激起敏捷的反应，爆发强大的威力，借此可以战胜对手，保护自己。(4) 对于古希腊人来讲，尤其是对年富力盛的城邦卫士来讲，当身体摹仿的姿势与动作达到熟练自如或本能反应的程度时，人们就会借用展示自己训练结果或技能水平之际，自由地表现自我，也就是表现自己的情趣、优雅、勇武、精神、理想与追求。对此，柏拉图虽然没有论及，但我们可从历史的经验中推导出来。譬如，古希腊历史上的伟大英烈、奥林匹克运动的杰出冠军、人体雕刻的精品佳作，都从不同角度向我们暗示出与身体摹仿相关的成果和特质。更何况，人类的所有活动，都关系到内在于人性的知（识）、情（绪）、意（志）三大要素。在一定程度上，下述说法可以印证这一点：

> 智、情、意三要素或三阶段是任何人类行为都不可或缺的组成部分，因此，当我们谈及它们时，我们不再将它们排列为高低等级，让知识或推理高高在上。知识，即被动地接受和认知一个刺激，看起来好像具有在先性，因为我们在反应（react）之前，必须有所受动（acted），但是，在先性并不意味着优越性。我们可以换一个方式看问题。我们把人性比作一个通向行动的阶梯，则知觉应是梯子的第一层，情绪处于第二层，行动处于最顶上一层，它是攀登者的最终目的。上面这番对人性的勾勒尽管极为粗率，但就我们的话题而言已经足矣。[1]

---

[1] 哈里森：《古代艺术与仪式》(刘宗迪译，北京：生活·读书·新知三联书店，2008年)，第21页。

二 心理摹仿

自不待言，任何正常的人，在用身体摹仿外部动作时，都不可能是单一机械的效仿，而需心智的参与和协助。否则，所学到的结果不是因走样而显笨拙，就是因徒有其表而不得要领。就是说，初学者在身体摹仿的同时，还有心理摹仿参与。后一种摹仿，除了涉及外部动作之外，更多地涉及内在性格乃至德行。诚如柏拉图所说：歌舞合唱表演是对性格的摹仿，涉及各种各样的行动和事件。每位表演者在扮演自己担负的角色时，部分程度上是在表现自己的性格，部分程度上是在摹仿角色的性格。这就是为什么当他们发现相关的文词、歌曲或舞蹈投合他们的天性、习惯或天性加习惯两者时，他们就忍不住欢呼雀跃，用"美"来称赞这些东西。但在有的时候，当他们发现这些表演活动有悖于他们的天性、习惯或天性加习惯两者时，他们从中找不到快感，高兴不起来，于是就用"丑"来形容这些东西。此外还有一种人，天性好而习惯坏，或是习惯好而天性坏，就会口里赞赏的是一回事，而心里喜好的却另是一回事。他们说，"这些摹仿都是愉快的，但是不好的"。在他们认为明智的人们面前，他们会对用卑鄙方式去歌舞或是有意识地赞助这种行为而感到羞耻，但是在内心里却感到一种不可告人的快感。[1]

《法礼篇》第七卷里，柏拉图进而发展了上述观点，断言"节奏与音乐这等事情就是对好人与坏人性格的摹仿"。这就是说，歌舞创作及其作品本身，都涉及摹仿或再现"好人与坏人的性格"。而歌舞表演者在表现这些角色时，除了"表现自己的性格"之外，还在"部分程度上摹仿角色的性格"。所谓"部分程度"，那大约是一半，这等于是在半摹仿。所谓"摹仿"，也就是"再现加表现"。所谓"角色"，就是作品中的人物，抑或是"好人"，抑或是"坏人"。所谓"性格"，在古希腊语中一方面意指人物的风度、做派或习惯，另一方面意指人物的性格、脾气或秉性。对于前者，一般情况下可通过人物的步态、姿态、体态、手势、语言习惯和面部表情去摹仿，这主要涉及身体动作与言语行为，好的演员可以摹仿或表现得惟妙惟肖；对于后者，虽然前面所列的外显行为会在一定程度上折映出一些，但很难

---

[1] Plato, *Laws*, 655d-656a.

完全把握和表现出来。因为，性格与脾气秉性更为内在，涉及心理和精神层面，这就需要更为精微的心理摹仿方式。然而，这种方式不仅需要全面理解人物的性格特征，更需要具有深厚的文化修养和艺术造诣，否则也只能取得形似而非神似的效果。好在柏拉图所说的这些歌舞表演者，大多是在"半摹仿"，这就等于降低了一半要求。

另外，心理摹仿还会引发出真真假假的虚伪表现。譬如，一些人爱屋及乌，若喜欢"好人"的性格，就喜欢摹仿这类性格；若不喜欢"坏人"的性格，当然也就不喜欢摹仿这类性格。另有一些人则与其相反，他们喜欢"坏人"的性格，于是专门摹仿这类性格；而不喜欢"好人"的性格，当然也就不喜欢摹仿这类性格。还有一些人对两者都喜欢，但他们在明智的人们面前，表面上对"坏人"的卑鄙行为以及表演者的摹仿结果表示厌恶，但内心里暗自喜欢，从中得到"不可告人的快感"。这后两类人不仅包括某些表演者，也包括某些观众，柏拉图要求对其严加防范和警惕。他所建立的"正确性准则"与文艺审查制度，实际上也就是为了防患于未然。

三　艺术摹仿

在《法礼篇》第二卷里，柏拉图将诗乐视为"摹仿与再现的"艺术，并极力推崇"摹仿美好事物"的作品和"正确性摹仿"的准则。他之所以如此界定诗乐而不加任何说明，估计是他无意重复自己先前的相关论述。我们知道，艺术摹仿论是柏拉图诗学思想中的重要内容。在《理想国》第十卷里，他提出了著名的"床喻"，其要点如下：

（1）在凡是能用同一名称称谓多数事物的场合，应当假定它们只有一个理式或形式。譬如床有许多张，但床之理式仅有一个。

（2）床的理式由有神所创，木匠摹仿这一理式，制造出一张或多张木床。

（3）画家摹仿木床的外形，绘制出一幅或多幅画床。

（4）画家摹仿事物的表象，其做法就像是拿一面镜子四处映照，很快就能制作出太阳和天空中的一切。然而，他的"制作"并非真的制作，只是制作出外物的影像而已。

（5）木匠制作的床，不是真实的床，与真实隔着一层；画家绘制的床，也不是真实的床，与真实隔着两层。

（6）摹仿术虽能骗人耳目，但与真实相去甚远，因为摹仿者全然不知事物真相，仅仅知道事物外表。他所摹仿的东西对于一无所知的群众来说是显得美的，但他自己对摹仿的对象却没有值得一提的知识。

（7）摹仿只是一种游戏，不能当真，仅与隔着真实两层的第三级事物相关。犹如同一事物在水里面看是弯曲的，不在水里面看则是笔直的，这是视觉错误与心灵混乱所致。

（8）绘画之所以能发挥其魅力，正是因为利用了我们天性中的这一弱点。[1]

由此可见，柏拉图以理式为始基，以真实为根本，以比较为方法，以价值为尺度，逐一论述了三类制造者、三类床和三类技艺。[2] 柏拉图所言的 mimēsis，不能简单地翻译为 imitation，也不能等同于摹仿或再现，因为，对于优秀画家来讲，要想绘制出具有艺术特性与审美价值的形象，既需要摹仿，也需要创造；既需要再现，也需要表现。于是，唯有将摹仿、创造、再现与表现等四个维度综合起来审视，才能全面理解古希腊语 mimēsis 的实际含义，才能真正弄清艺术摹仿论为何被视为"西方美学理论的重要基石"之内在原因。[3] 笔者曾专门撰文用简约音译"弥美"代替 mimēsis，是想凸显和矫正行之已久的误译误解[4]，无奈国内相关表述习惯已然形成，改之甚难且易引生疏，只好因袭"摹仿"这一旧译，但在行文中尽量予以说明。

---

[1] Plato, *Republic* 596-602.

[2] 详细论述参见收入本书的《古典批评的四根支柱》一文。

[3] Bernard Bosanquet, *A History of Aesthetic* (New York: Meridian Books, 1957), p. 28. 鲍桑葵如是说："至少在柏拉图的著作中，对创造形象的美术进行形而上学的估计，同那种对想象力进行类似的心理学估计，是密切相关的。虽然这种形而上学的估计在形式上是非审美的，并且对充满诗意的世界之价值采取了极端敌视的态度，但是它在实质上却是美学理论的一个重要基石（important foundation-stone）。"

[4] 王柯平：《Μίμησις 的出处与释义》，见《世界哲学》2004 年第 3 期；《古希腊弥美说的缘起》，见《美学》2006 年第 1 卷。

值得指出的是，举凡形象，特别是艺术形象，并不囿于自身视觉模式的局限，而是通过自身的象征作用，唤起或使人联想到某种与其相似但却更为真实的存在。对柏拉图来说，这种源于艺术形象的唤起作用，并非指向普通现实，而是指向理想之美，指向美的本质，也就是"美自体"或美之为美的根本原因。此前在《理想国》第五卷里，柏拉图已然论及这个问题。他认为，单纯喜爱声音、色彩与外观的人，只停留在事物外在美或艺术美的表层，不能入乎其内地凝照和欣赏美的本性或美自体；而为数不多的爱美之人，则能发现和欣赏美自体或美之为美的根由，也就是说，他们不仅知其然，而且知其所以然。相比之下，前者缺乏真知，自以为是，如在梦幻之中；后者由表及里，思想深邃，始终保持清醒。很显然，柏拉图认为前者虽然爱美，但不知真美，因限于美的表象而流于肤浅；后者爱美如斯，且谙悉真美，因掌握美的知识而趋向深刻。

另外，柏拉图确把哲学奉为"真正的缪斯"。在他眼里，艺术的作用无法与哲学的作用相匹敌。但是，当柏拉图沉迷于形而上的理式思索时，却在不经意之间使艺术摹仿感染上某种形而上的色彩。通过具体的形象，艺术摹仿可通过象征与联想的方式，既可表现出二等真实，也可表现出一等真实以及神性特征。在这方面，古希腊艺术中的神像与雕刻就是范例。再者，柏拉图认定画家是摹仿者，如同抱着镜子四下映照一样，会以令人惊异的摹仿术制造出各种影像或形象。以此逻辑进行推断，似可得出这一结论："画家本人只要有意，只要认为值得，就会随兴之所至，摹仿自己喜闻乐见的任何事物。这些事物包罗万象，不会局限于描绘床的形象与其他物象。也就是说，画家完全可以自由挥洒，驰骋想象，直接摹仿理念或理式等不可见的实体，借此创制或设计出许多超出物质界与经验界之外的形象。"[1] 在这方面，古希腊雕刻与古瓶艺术所表现的诸神形象与英雄形象，就是重要的历史明证。常识告诉我们，所有这些让后世难以企及的艺术典范，都离不开相应的思考与丰富的想象，绝非机械摹仿或简单复制所能为。

应该看到，思考源自理性能力，想象源自艺术灵感。在柏拉图眼里，理性能力是人类与生俱来的一种神性要素或神赐礼物。至于充满创造性

---

[1] 王柯平：《流变与会通：中西诗乐美学释论》（北京：北京大学出版社，2012 年），第 110 页。

的想象能力，则有助于艺术家制作出各种各样的形象，其中必然包括那些关乎宗教崇拜和升华精神的神像等等。如此一来，绘画作品中蕴含的启示意义和道德价值，肯定会产生相当大的感召力量或影响。对真正的哲学家而言，此类影响也许是微不足道或可有可无的；但对普通人而言，它却是意义重大且不可或缺的。这在古今中外的教堂和寺庙艺术中显而易见，不证自明。

四 摹仿诗学的价值取向

柏拉图的摹仿理论，直接影响了亚里士多德。后者作为柏拉图的学生，对业师的相关学说做了传承、反思、补充或矫正，提出了承前启后的摹仿诗学，确定了更为积极的价值取向。

相比之下，柏拉图的摹仿理论主要建立在事关三等真实或理式的认识论基础之上，而亚里士多德的摹仿诗学主要是建立在事关普遍性的合规律性基础上之，两者的差异是显而易见的。[1]

另外，古希腊时期的诗歌主要是以神话为题材，无论是荷马和赫西俄德的史诗，还是埃斯库罗斯等悲剧诗人的作品，其核心内容都有着内在的联姻关联。亚里士多德在《形而上学》里指出，"爱神话者等乎爱智慧者"[2]。比较而言，在"爱神话者"中间，最具代表性的莫过于"诗人"，因为他们描写和吟诵的题材都与神话密不可分，甚至可以说，他们是立足于神话进行创作的"诗人"；相应地，在"爱智慧者"中间，最有代表性的莫过于"哲学家"，因为"哲学家"实际上就是"爱智慧者"，他们在古希腊语里享用同一称谓。故此，爱神话的诗歌与爱智慧的哲学也会结成某种内在的联姻关系。一方面，神话作为一种特殊的话语形式，所涉及的故事会令人"好奇"或"惊奇"，而哲学则要研究这种令人"好奇"或"惊奇"的现象，要解释其背后的因果关系，由此形成了解事物真相的"智慧"或"真知"。另一方面，基于神话题材而创生的诗歌，不仅要构想诸神的谱系与宇宙的秩序（如史诗《神谱》），而且要建立人类的德行与

---

[1] 详细论述参见收入本书的《古典批评的四根支柱》一文。

[2] Aristotle, *Metaphysics* (trans. Richard Hope, New York: Columbia University Press, 1952), I.982b 18-19.

社会的秩序（如史诗《工作与时日》），更要探索神人的关系与命运的本质（如悲剧《俄狄浦斯王》和《安提戈涅》等），这便使诗歌在艺术表现和思想内涵上显示出"更富哲理性与严肃性"等特征。

历史地看，从荷马到阿提卡悲剧作家，希腊诗人所创作的诗乐、合唱、舞蹈与表演等艺术，其显著的共性之一就是给人以快感或愉悦。这种快感或愉悦所引发的审美与精神体验，有赖于格律形式、情感表现、文词魔法、幻觉魅力与神启灵感等多重要素。在现有的希腊先贤残篇中，修辞学家高尔吉亚（Gorgias）对诗性快感的阐述最为清晰鲜明。如其所言：

> 我把所有诗歌看作或界定为格律形式中的话语。当一个人听到诗歌时，他就会感受到一种灌注全身的震撼，一种催人泪下的同情，一种释放悲伤的渴望：虽然事件发生过程中的兴衰和相关人物的生活都与他本人无关，但他的心灵则会对诗歌文词产生反应，会将他人的情感体验视为仿佛就是自己的情感……诗歌文词的神性魔法引发快感，终结悲伤：这种魔法的力量类似于心灵的洞察能力，以其自身的魔力在吸引人，说服人，改变人。[1]

在论及诗歌的"幻觉魅力"时，高尔吉亚认为这种魅力对于诗人与听众的情绪具有类似影响，会使双方相互感染。对于其欺骗性，高尔吉亚如此断言："成功的欺骗者要比失败的欺骗者更为正义；接受欺骗者要比抵制欺骗者更为明智。"[2] 所谓"欺骗"，就是利用诗歌的"幻觉魅力"吸引人的注意，使其在亦真亦幻的诗情画意中难辨真伪，几近于物我合一的艺术体验。无独有偶，柏拉图也曾用"欺骗"一词，来形容诗人的摹仿技艺，认为诗人就是擅长骗人的、魔术师般的巧于摹仿者。[3] 这表明，在诗歌创作领域，"欺骗"与"摹仿"具有某种内在联系。由此推论，所谓"成

---

[1] 82 B 11, 9ff. in H. Diel and W. Kranz (ed.s), *Die Fragmente der Vorsokratiker* (vol.s 1-2, Zurich: Weidmann, 1992). Cited from Bruno Gentili, *Poetry and Its Public in Ancient Greece* (Baltimore and London: The John Hopkins University Press, 1990), pp. 54-55.

[2] 82 B 23. in H. Diel and W. Kranz (ed.s), *Die Fragmente der Vorsokratiker* (vol.s 1-2, Zurich: Weidmann, 1992). Cited from Bruno Gentili, *Poetry and Its Public in Ancient Greece*, p.55.

[3] Plato, *Republic* 598-599a. 另参阅柏拉图：《理想国》（郭斌和、张竹明译，北京：商务印书馆，1995 年），598-599a.

功的欺骗者",就是才艺杰出的诗人;所谓"失败的欺骗者",则指才艺平庸的诗人。至于"正义",在古希腊语中用 dikē 来表示,意味着"确切的均衡观念",这种均衡体现在动物或人类行动与反应的相互关系之中。[1] 照笔者的理解,这里所谓的"均衡"状态不涉及司法的公正与道德的判断,而像是能力的表现或素养的展示。但对一个诗人来讲,这种"均衡"还应当体现在理智与情感之间,体现在直观与想象之间,体现在感受与表达之间,甚至体现在吟唱与表演之间。唯有如此,他才会创写和演唱富有"幻觉魅力"的诗歌,才会成为"成功的欺骗者"。另外,"接受欺骗者"与"抵制欺骗者"均指观众,但前者的明智之处,就在于将自己置于和诗人同等的地位,感其所感,思其所思,同时在外来熏染与主观投射的交互作用下,使自己与诗中描写的人物打成一片,将他们的经历视为自己的经历,将他们的喜怒哀乐当作自己的喜怒哀乐。因此,这些自愿"接受欺骗"的观众,显然要比那些执意"抵制欺骗"的观众,更有可能释放出更多的情感反应,获得更多的艺术快感。应当说,诗歌所引发的情感反应与艺术快感,正是诗歌的摹仿功能之一。有关悲剧快感与审美心理问题,本书在上一章已有论述,此不赘言。

这里,我们不妨回过头来看看诗歌"文词的神性魔法"。高尔吉亚认为,这种魔法既能"引发快感",亦能"终结悲伤",其魔力"类似于心灵的洞察能力",可以"吸引人,说服人,改变人"。这到底是指什么一种"神性魔法"呢?从柏拉图所论述的神性迷狂和诗神缪斯追随者的角度看,[2] 这种"神性魔法"理应与"神启诗人"有关。所谓"神启诗人",也就是受到诗神灵感的启发,进入神性迷狂中的诗人。在古希腊,优秀的诗人会采用各种题材,来打动观众的情感,昭示人生的奥秘。他们"甚至可以用赞歌、咒语、神谕的形式,来揭示隐藏于历史深处的事物,来展现重大的真理启示,这一启示具有宗教神秘性和哲理教义的双重特征"。而"神启诗人",作为能看见和显现不可见之物的超凡之人,其"神秘的视觉力量受缪斯诸神母亲——记忆女神——的影响。记忆不是授予

---

[1] Bruno Gentili, *Poetry and Its Public in Ancient Greece*, p. 55.

[2] Plato, *Phaedrus*, 245-249, in Plato, *The Complete Dialogues* (ed. Edith Hamilton & Huntington Cairns, New Jersey: Princeton University Press, 1996).

诗人唤起个人回忆的能力，不是让他依次再现消失在历史中的事件。它带给诗人的（正如它赋予占卜者的一样）是能看见永恒不变的实在的特殊能力；它可以把诗人和太初实在联系起来——在时光的流逝过程中，这一实在只向人类显露其微不足道的一部分，而且很快又将其掩盖了。这种具有揭示真相之能力的记忆，并不是我们随时间而流失的记忆，而是超脱于时间之外的记忆。我们还发现，这种记忆被移植到哲学的回忆中：柏拉图式的回忆，可以认识灵魂在肉体解脱过程中所能冥想到的永恒真理。在柏拉图那里，记忆观念和一种有关不朽的新学说之间，存在着显而易见的联系，而这种新学说猝然割断了与从荷马到爱奥尼亚思想家们之间的希腊灵魂观念的联系"。[1] 这一点很值得我们现代人关注，因为我们对古希腊诗歌的认识与理解过于字面化了，甚至对"神性魔法"的说法都感到十分陌生了，因此也就不可能理解诗歌曾是沟通凡人与神灵的重要中介了。不消说，在亚里士多德的《诗学》里，我们并未看到有关"神性魔法"或"神启诗人"的任何说法。但我们知道，《诗学》一书残缺不全，据此不能肯定在其佚失的篇章里，作者从未论及这些话题。所幸的是，我们在柏拉图的《斐德若篇》里，依然可以找到触及此类问题的论述。布克哈特在《希腊人和希腊文明》里，对神灵显现的观念和希腊人的精神倾向也有过精彩的描述和有趣的假设。他认为：

> 神灵显现的观念与人们是如此接近，这一点曾经以喜剧的形式表现出来……这就是希腊人的精神倾向；对他们来说，世界历史中最伟大的命运就是衰落。他们沉迷于用神话编织的过去之网中，只是正在缓慢地形成真正意义上的历史，在充满想象力的诗歌中逐渐接近他们的顶峰，在时间流逝的过程中，他们注定在理解力上要成为所有民族的先驱，注定要把这种理解力传播给其他民族；他们注定要去征服一个广大的地区和东方民族，使他们的文化成为全世界的文化；在这个过程中，通过希腊化时代，罗马和亚细亚融合在一起，成为古代世界伟大的催化剂。与此同时，通过这种文化的流传，他们为我们保

---

[1] 维尔南：《希腊人的神话和思想》（黄艳红译，北京：中国人民大学出版社，2007年），第398—399页。

> 存了世界发展的连续性；因为，只有通过希腊人，我们所感兴趣的不同的时代才能够被连接起来，穿成一线。如果没有他们，我们将对遥远的古代一无所知，没有他们，我们会知道什么呢？我们甚至没有去了解的欲求。除了这样一笔无法估量的思想财富之外，我们还继承了另外一件礼物，这件礼物中保留了他们充满创造力的成果——艺术和诗歌。[1]

当然，仅靠这些宏大叙事式的推论还远远不够，仍需要对其进行更为深入的研究和更为翔实的印证。

综上所述，柏拉图的摹仿理论，在很大程度上是促进艺术教育实践的有效手段。在他看来，无论是体操训练，还是诗乐教育，都离不开摹仿技艺的习得与运作活动。而摹仿是多向度的，既涉及身体，也涉及心理，同时还涉及再现、表现与创构等性相。亚里士多德的摹仿诗学，继而从更为积极的视域出发，深化了摹仿的功能，扩展了诗歌的主题，凸显了艺术的合规律性及其哲理性。

---

[1] 布克哈特：《希腊人和希腊文明》，第 85 页。

九　教育目的与完善公民[1]

在古希腊教学大纲中，诗乐与体操分为两科。实际上，无论从诗乐舞三位一体的表现形式来看，还是从儿童教育的历史实践经验来看，诗乐教育与体操训练在原则上都是同步进行、互动互补的，但在具体科目的学习和训练上，则要根据时间与年龄予以适当安排，这与古往今来的课程安排没有本质性的差别。

那么，按照柏拉图的"正确教育"构想，善心为本的诗乐教育同强身为用的体操训练有机融合，彼此促进，最终将会为"次好城邦"培养出"完善的公民"（politēn teleon）。在我看来，这种"完善的公民"通常是"美善兼备"（kalokagathia）的，既有善良的心灵，典雅的品位，同时也有健美的身体，高超的技能。

所谓善良的心灵，不仅是指理智、激情与欲求三个部分和谐互补的内在关系，而且也指拥有智慧、勇敢、节制和正义等主要德性。基于这两种素养的心灵，会使人在价值判断和实际言行方面，能够爱其所应爱，恶其所应恶，为其所应为，其结果既有益于城邦共同的福祉，也有益于个人的福祉。

所谓典雅的品位，可从攀登"美的阶梯"过程中展示出来。众所周知，柏拉图在《会饮篇》里，谈"爱"（erōs）论"美"（kallos），这里所论的"美"，在具体的语境中与"善"（agathos）和"真"（alētheia）的用意相趋同，因此，追求真爱，也就是追求真美、真善与真知。在此过程中，对美的追求与认识是不断深化的，经历了由低而高、由浅入深、从感性到理性、从表象到本质几个阶段。首先从美的形体开始，逐渐提升到最高境

---

[1] 此文曾收录于作者所著的《希腊遗教——艺术教育与公民德行》（南京：南京出版社，2014年）一书。

界的美自体。整个过程如同登梯一样,第一阶梯涉及感性审美直观的自然人体美,即在欣赏单个形体美的同时,引出一番美的言词话语,借以描述相关的道理。第二阶梯涉及综合概括能力的审美分析,即从比较和审视诸多形体美中,归纳出所有形体美的共相,从而拓宽审美的视域,不再偏执于一隅,只专注于一个美的形体,而是专注具有共相美的众多形体。第三阶梯涉及道德评价的审美判断,所欣赏的对象不再是外在的形体美,而是内在的心灵美,这对青年人的精神修养十分有益。第四阶梯涉及道德和政治生活内容的社会美,所鉴赏的对象是人的行为美和社会制度美,在这里形体美显得微不足道。第五阶梯涉及理智思索和理论探讨的知识美,这里注重研究学问,以期从中发现知识的美,这种美关乎真理和智慧的美,在此显然已登堂入室,进入到哲学与科学的审美王国。最后阶段涉及形而上学和本体论的"美自体"(to kalon),经过多年探索和积淀而成的学问,也就是以美自体为对象的学问,使人最终彻悟了美的本质或美之为美的终极原因。"一个人在凝神观照这种本质意义上的美时,他会发现人生的确值得一过。"[1] 所谓"本质意义上的美",也就是"美自体"或"绝对美"。"这种美是永恒的,无始无终,不生不灭,不增不减的。它不是在此点美,在另一点丑;在此时美,在另一时不美;在此方面美,在另一方面丑;它也不是随人而异,对某些人美,对另一些人就丑。还不仅此,这种美并不是表现于某一个面孔,某一双手,或是身体的某一其他部分;它也不是存在于某一篇文章,某一种学问,或是任何某一个别物体,例如动物、大地或天空之类。它只是永恒地自存自在,以形式的整一与它自身(即美自体)同一;一切美的事物都以它为泉源,有之它那一切美的事物才成其为美。但是那些美的事物时而生,时而灭,而它却毫不因之有所增,有所减。"[2] 显然,美自体作为一种绝对美,是涵盖一切的,独一无二的,永恒自在的,是天下万物成其为美的

---

[1] Plato, *Symposium* (trans. W. M. Lamb, London & Cambridge, Mass.: Harvard University Press, 1996), 210a-211d. 兰姆的英译文为"a man finds it truly worthwhile to live, as he contemplates essential beauty"。根据原文所用的形容词性 το καλον/to kalon,应该将其英译为"as he contemplates the essentially beautiful",实际上也是指"the beautiful itself"(美自体)。

[2] Plato. *Symposium* 211b. 参阅柏拉图:《柏拉图文艺对话集》(朱光潜译,北京:人民文学出版社,1980 年),第 272—273 页。

根源或本质所在。基于这一美的本体论，柏拉图试图引导人们不断提升自己的鉴赏品位，借此从形而下的感性审美层面直达形而上的理智认识境界，其中隐含着以美启智和以美养善的目的论意向。

所谓健美的身体，现代人可以从制度化的体操训练和奥林匹克竞技传统等相关活动予以推测。其具体的成就或形象，可以从现存的古希腊人体雕刻作品中见出端倪，可以从现存的古代陶瓶画作及其场景中找到线索，当然也可以从古罗马时期仿制古希腊雕刻的作品中获取证据。

所谓高超的技能，不仅是以各种方式和形态反映在以雕刻和悲剧为代表的古希腊文学艺术中，体现在以神庙和卫城为代表的古希腊建筑遗迹上，同时也沉淀在以金币和饰物为代表的古希腊工艺作品中。

举凡在上述四个领域取得显著成就的古希腊人，近乎整全的人格或全面发展的人（a whole being）。也许有人会问，这种人格是否纯属空想呢？研究结果表明并非如此。这无论在文克尔曼等人的艺术考古发现里，在丹纳等人的社会实证研究结果里，还是在其他古典学者的历史考察文献里，几乎都会找到许多相关的佐证和高度的赞叹。下面这段描述或许足以提供一个古雅典人的直观形象：

> 他们精力充沛、体魄雄健、热情豪爽；他们喜欢高谈阔论，但那是血肉之躯的交流，他们也同样喜欢雄武强健的体魄；他们头脑冷静，能欢饮达旦，但不出醉语；他们凡事皆抱现实的态度，不会对任何生活现实进行歪曲。他们认识到人的体魄是异常重要的，几乎同理智和精神一样重要。[1]

这样杰出的体魄、心智和德行，不仅仅是严酷的生活环境与连年征战的压力所致，更多的是正确教育和适度训练的结果。要知道，在当时的雅典，民主的社会制度不但没有实行严格的分工，而且提供了平等而充分的教育机会，这便为每位公民实现自己的各种潜能创造了客观条件。因此，那里多才多艺的历史人物层出不穷。譬如，雅典黄金时期的执政官伯里克利本人，不仅是立法家和政治家，同时还是诗人、将军和演说家。再如索福克勒斯，不仅是悲剧诗人和剧场技术工作人员，同时还是

---

[1] 依迪丝·汉密尔顿：《希腊精神》（葛海滨译，沈阳：辽宁教育出版社，2003年），第110页。

将军、外交家和神职人员。而柏拉图自己，不仅是哲学家、诗人和教育家，而且还是从军打仗的骑兵战士。不难推想，他们若无强健的体魄和卓越的心智，是不可能取得如此多样的成就的。

最后，我们不仅要问，上述这类"完善的公民"会进入怎样一种生活状态呢？在柏拉图看来，他们具有城邦伦理与个体道德所需要的基本德行，譬如节制、智慧、勇敢、健康与正义等。相应地，他们会过上节制、智慧、勇敢、健康与正义的生活。这种生活无疑是"最幸福的"，也是最有尊严和最有道德的。因此可以说，那座"次好城邦"，若能拥有这类公民，实属城邦之幸；而这类公民若能居住在那座"次好城邦"，也实属公民之幸。我曾就城邦与公民德行打过这样一个比方：城邦如船，正义如锚，节制如桨，勇敢如胆，智慧如技，健康如手。举凡公民要大海行舟，务必五德齐备、相辅相成，必然栉风沐雨、历尽艰险，这无疑是一种奥德赛式的壮举，绝非"画船人似月，细雨落杨花"般的悠游。

十　希腊遗教的启示[1]

开宗明义：本书名为《希腊遗教》(*Hellenic Legacy*)，实乃基于柏拉图与亚里士多德的诗学理论，偏重探讨古希腊艺术教育思想要义、基本原则及其目的性追求。所涉及的内容背后，隐含某种一以贯之的思想线索，那就是古希腊"人文化成"的理想与"公民德行"的培养。笔者以为，"轴心时期"对这两个方面的深入探讨与历史经验，无论对于过去、现在，还是未来，依然具有一定的参照或借鉴意义。因为，正是在这个时期，诸多精神天才上下求索，各显其能，为人类精神文化奠定了坚实的基础。现如今，在这个科技主导的世界，科技天才纷至沓来，精神天才寥若晨星，结果在物质生活日渐繁荣与便捷的背后，精神生活陷入委顿、匮乏与紊乱状态，随之造成的种种文化心理问题，不仅导致人际关系的日趋稀薄，而且导致恶性事件的不断攀升。我们可以毫不夸张地说，新千年以来，人类并未享用到多少可以称道的福祉，反倒经历了无穷无尽的烦恼。

在此意义上，我们也许有必要回顾和反思古希腊人的艺术教育方式。要知道，正是通过有效和正确的教育，古希腊人的身心得到健康发展，古希腊人的情理得到平衡和谐，他们在适度原则与城邦理想的引领下，不仅谙悉人类的幸福就在于让生命力量于生活时空中卓异而自由地展现，而且深晓公民素养就在于拥有智慧、果敢、节制、正义乃至虔诚等超凡的德性。于是，他们创造了灿烂的文明与优秀的艺术，同时也成就了自身的优雅和人格的卓越。这种率先垂范的作为与贡献，就像经久不息的灯塔一样，两千多年来一直烛照着欧洲文明乃至人类文明的发展进程。对此，我们不由想起马克思由衷的感慨：

---

[1]　此文是作者所著《希腊遗教——艺术教育与公民德行》（南京：南京出版社，2014年）序言。

> 关于艺术,大家知道,它的一定的繁盛时期决不是同社会的一般发展成比例的,因而也决不是同仿佛是社会组织的骨骼的物质基础的一般发展成比例的。……困难不在于理解希腊艺术和史诗同一定社会发展形式结合在一起。困难的是,它们何以仍然能够给我们以艺术享受,而且就某方面说还是一种规范和高不可及的范本。……为什么历史上的人类童年时代,在它发展得最完美的地方,不该作为永不复返的阶段而显示出永久的魅力呢?有粗野的儿童,有早熟的儿童。古代民族中有许多是属于这一类的。希腊人是正常的儿童。他们的艺术对我们所产生的魅力,同它在其中生长的那个不发达的社会阶段并不矛盾。[1]

在我看来,希腊艺术的永久魅力及其范本地位,在很大程度上是希腊城邦借助自由精神推行制度化艺术教育的产物。假如我们自己能够穿越时间的隧道,想象自己来到古希腊雅典城邦,来到这个物质生活简朴、精神生活丰富、充满哲学与艺术气息的社会,就会有幸在卫城展厅或神庙里,看到菲迪亚斯与米隆的雕刻作品;在议会大厅里,听到政治家激情洋溢的演说;在古代集市里,旁听苏格拉底爱智求真的论辩;在会饮活动中,欣赏弹拨里拉琴的诗人在吟唱荷马史诗或萨福的抒情诗;在狄奥尼索斯剧场里,评鉴埃斯库罗斯、索福克勒斯、欧里庇德斯与阿里斯托芬的悲剧和喜剧表演……凡此种种文化景观,委实令人流连忘返。

对于古希腊这种注重身心和人格塑造的艺术教育模式及其制度化设置,丹纳在《艺术哲学》里有过颇为详细的描述和论证,甚至将其与气候学和人种学有机地联系在一起。不过,当我们设法进入希腊历史文化的语境中时,当我们从柏拉图的《会饮篇》里解读希腊人言谈举止的优雅与睿智时,当我们从宙斯、雅典娜、日神阿波罗、酒神狄奥尼索斯、爱神阿佛洛狄特等著名雕像中审视希腊人的审美理想时,我们似乎不难发现希腊人特有的审美智慧及其创造才能。这种审美智慧,介于理智直观与感性直观之间,介于理论智慧与实践智慧之间,故而拥有自身独特的包

---

[1] 马克思:《〈政治经济学批判〉导言》,《马克思恩格斯选集》(第 2 卷,北京:人民出版社,1972 年),第 112—114 页。

容性、平衡性或动态间性，由此彰显出希腊人无与伦比的感觉、体悟、想象、情操、修养与目的性理想追求。

当然，古希腊艺术教育是综合性的，其中也包括史诗传统与悲剧艺术成就，这里仅就希腊人的雕刻艺术而论。在这方面，温克尔曼在《古代艺术史》中得出的结论——"静穆的伟大，高贵的单纯"，显然是切中要点的高度概括，这不仅反映出希腊雕刻作品外在的直观特征（审美形象），而且反映出其内在的结构特征（心理状态）。实际上，温克尔曼从艺术考古学和历史学的角度出发，有效地总结了古希腊艺术的历史发展阶段及其风格流变特征。譬如，他将希腊艺术大体分为四种风格。就早期的远古风格而言，其刚毅而僵硬的轮廓，虽然凸显出雄伟的表现力，但却破坏了优美，不那么自然。就随后的崇高风格而论，其柔和的轮廓代替了僵直的棱角，自然的姿势代替了不自然的造作，合理的运动代替了激烈的夸张，由此所奠定的人体比例，显得更为精确、优美和宏伟，这一切在菲狄亚斯与米隆等人的作品中得到充分展现。就鼎盛的典雅风格来看，宏伟感已然融入了和谐感，人体作品中柔和的目光、优美的双手与优雅的神态，在雅典娜的雕像中表现得十分完美。正是在此阶段，艺术家试图表现两种优雅，一是基于伊奥尼亚式和谐或秩序的优雅，二是基于多里克式和谐或秩序的优雅。就后期的摹仿风格来说，圆润而讲求细致的艺术表现手法，虽然使作品变得更加悦目可爱，但由于缺乏独立思想和英雄气概，结果使雕刻像音乐一样，沾染上过多的女性色彩，因此显得枯燥、干瘪、琐碎、迟钝和卑俗，这可以说是为了追求更好的东西反倒失去了原有的美好东西。对此，温克尔曼断言，第四种摹仿风格的灿烂时期并不长久，因为从伯里克利时代到亚历山大逝世，只经历了将近120年，而在亚历山大逝世之后，艺术的蓬勃景象开始趋向衰落。[1]

如今，现代人观看古希腊艺术，虽然也会从中或多或少地窥知不同历史时期与不同艺术风格的不同特征，但由于历史时空的间距与文化背景的阻隔，现代人更多地倾向于从理解和欣赏的角度切入，力图对希腊艺术（特别是雕刻艺术）的表现对象及其可能含义做出合理的解读。通常，这种审视方式至少要关注四个向度：一是神性范型，以此感知雕像中的

---

[1] 温克尔曼：《希腊人的艺术》（邵大箴译，桂林：广西师范大学出版社，2001年），第200页。

神性理念、完善形式及其精神境界，明确诸神的象征符号及其艺术表现的典型特征；二是人性追求，以此探求人向神生成的可能途径，揭示人类追求完善的内在驱力与外在成就；三是理智直观，以此洞察艺术形象所包含的真理性内容和审美价值，继而分析艺术摹仿与艺术创造的内在关联；四是诗性表现，以此体察艺术作品的诗意化形象和抒情性表现手法，继而发掘装饰与造型、体态与神态、神话与诗歌等范畴之间的有机联系和诗性智慧。

尽管如此，有一点是值得我们铭记于心和经常反思的，因为它既是锻造古希腊人思维方式的铁砧，也是孕育古希腊艺术家创造能力的基质，同时还是打开古希腊人精神世界的钥匙。这一点到底是什么呢？温克尔曼令人信服将其归结为古希腊式的"自由"观念。对此，他在多年研究和考察的基础上，以感慨与羡慕的语气指出：

> 通过自由塑造出来的全民思维方式，犹如健壮树干上萌发的优良分支一样。诚如一个习惯于反思之人的心灵，在广阔的田野里、敞开的道路上或房子的屋脊上，一定要比在低矮的居室里或任何受限的处境中，会上升到更高的位置。享有自由的希腊人的思维方式，当然与在强权统治下的民族有着迥然不同的观念。希罗多德引证说，自由乃是雅典城邦获得力量与尊重的唯一缘由，而在此之前，雅典由于被迫承认独裁君主，则无力与邻近的城邦匹敌。……
>
> 希腊人在风华正茂时就善于沉思，比我们通常开始独立思考要早二十余年。当青春的火焰引燃后，他们便在精力旺盛的体格支持下开始训练自己的心灵，而我们的心灵所吸收的却是低等的养料，一直到其走向衰亡为止。希腊人年富力盛的理智，犹如娇嫩的树皮，保存和放大一种留在上面的印记，不会因空无思想概念的单纯声响而转移自身的注意力；至于其大脑，犹如涂上蜡层的刻写板，只容纳一定数量的词汇或形象，当真理需要容纳空间时，它不会被各种梦想挤得满满登登。知晓别人先前已知之物的博学，是后来修养而成的。我们今天所理解的那种博学，在希腊鼎盛时期可以轻而易举地获得，那时人人都可成为智慧之士。那时的世界没有现在这样虚荣，这样看重许多书本知识，因为，直到第61届奥林匹克竞技会（the 61st Olympiad）之后，

最伟大诗人的散佚作品才汇集在一起。儿童们学习这些诗篇,青年们像诗人一样思索,倘若有人贡献出某种有价值的东西,他就会加入最佳公民的行列之中。[1]

可见,自由不仅是希腊人进行思想创造的保障,也是希腊人进行艺术创造的保障,更是希腊人享受幸福生活的保障。尽管古希腊哲人柏拉图对无政府状态下不负责任的"过度自由"严加批判,但却对适当自由倍加推崇,认为这是公民的基本权利,是城邦善治的必要条件,也是思想启蒙和人文化成的组成部分。有趣的是,两千余年之后的康德,在一次征文比赛中所撰写的《何为启蒙?》一文里,再次从思想自由的角度论述了启蒙的可能途径。当然,这种自由,是基于理智和责任的自由,是自然向自由生成的自由,同时也是人之为人所应追求的积极自由。康德本人作为哲学家,试图从理智直观经由审美判断抵达自由直观,由此开辟一条从启蒙到自由的新理路。追随其后的席勒,则将前者开启的宏伟事业,尽力趋向审美王国,试图以审美方式来实现人类启蒙与自由的理想目标。多少年过去了,这种带有乌托邦色彩的审美王国,如同柏拉图最早创设的理想城邦一样,在现实生活世界里总是难以建成。但是,这种理论假设与不懈探索,在古往今来工具理性泛滥的时期,总能为人类提供一种可资参考的超功利生活方式,从而使人类避免陷入为生活表象所遮蔽的异化生活。

现如今,在这个日益喧嚣、浮躁和粗暴的功利世界,如果我们有意要使自己生活得更优雅一些,更闲适一些,更富有创造性一些,就有必要了解一下古希腊艺术教育的基本宗旨及其目的性追求。自不待言,本书所述,仅是古希腊艺术教育思想与实践中的冰山一角,故在诚望读者诸君批评雅正的同时,也期待对此感兴趣的学界同人深入研究和讨论这一话题。

---

[1] Johann J. Winckelmann, *History of the Art of Antiquity* (trans. Harry F. Mallgrave, Los Angeles: Getty Publications, 2006), p. 188.

十一　为学之路与古代哲学[1]

作者其人其著

我对本书作者相关情况的了解，除了依据互联网上或百科全书里提供的资料之外，主要参考的是作者的自传《从罗马启程》(*A Path from Rome*)一书。我之所以关注他早年的经历，是因为这对他后来的发展至关重要。要知道，任何一位有成就的学者，总与其早年的特殊经历有一定关系，这也可以说是"个体化原则"中不可或缺的组成部分。

安东尼·肯尼于1931年出生在英国利物浦的一个普通家庭，其母笃信天主教，其父是一名工程师，从事海上运输，"二战"爆发后被招募从军，授衔中尉，于1940年以身殉国。肯尼自幼在外婆家生活，最早对他产生重大影响的是舅父亚历山大·琼斯(Alexander Jones)。琼斯是从罗马天主教英吉利神学院毕业后返回英国的神甫，接受过良好的古典人文教育，是一位颇有成就的神学家和研究翻译《圣经》的学者。1933年，肯尼在两岁半时，随家人一起来到罗马，出席琼斯在罗马教廷的神甫授职仪式。仪式之后，在拜谒教皇庇护十一世时，被放在琼斯同事房间的小肯尼，因看到身穿黑色袍服的母亲而受惊吓，号啕大哭，引起教皇注意。待家人将他抱给教皇看时，小肯尼相当安静，教皇还问起其年龄。少年时期，肯尼对此事深感好奇，时常推测其中缘由。从童年到少年，外婆都不许肯尼与邻里的同伴在大街上一起玩耍，这使他深感孤独，因而少言寡欢，但也充满神性遐想。"二战"爆发后，肯尼就读于天主教文

---

[1] 此文是作者所译《牛津西方哲学史（第一卷）：古代哲学》（长春：吉林出版集团有限责任公司，2010年）译序。

法学校，为躲避敌机轰炸，他的上学时间缩短，家庭作业量加大，他借机掌握了拉丁文的词性变化与时态变位。1943年，他以优异成绩获得奖学金，入读利物浦天主教区的阿普霍兰德神学院（Upholland College）。他期望通过自己的努力，有朝一日成为一名像舅父琼斯那样博学多识的神甫。

值得一提的是，阿普霍兰德神学院的教师大多毕业于剑桥大学，学院课程设置内容是以拉丁文为主导的人文学科，初级教育分为七个等级，分别为Under low（相当于初级班）、Low Figures（相当于中级班）、High Figures（相当于高级班）、Grammar（语法班）、Syntax（句法班）、Poetry（诗歌班）与Rhetoric（修辞班）。高级教育则主修哲学与神学。在这里，学生们每学期的考试成绩都在全校大会上公布，每门学科的成绩都会排名，由院长用拉丁文从高分到低分连同学生名字一起宣读。宣布分数时，每个班级要轮流站在会场前列，宣读排名分数与个人名字后，学生逐个返回自己原来的座位。凡是成绩不合格者，学院不宣读其分数与姓名，但要他们站在会场前列，不得返回原座，直到会后方可离开。这显然是一种无言的惩罚和羞辱。即便在这样严苛的教育体系下，每个年级的众多学生中也仅有一名能合乎神甫资格要求。当时，一名学生的培养成本近3万英镑，而当时一名从教神甫的年薪仅为30英镑。

在阿普霍兰德神学院，肯尼因先前学过拉丁文而跳过初级班。他在就读于此的六年（1943—1949）里，前三年深感无聊、苦恼、想家，从句法班开始的后三年，又深感有趣、欣然、快乐。因成绩优异，他在高线班（Higher Line）被推选为审查员（Censor），相当于男班长（Head Boy）。随后，他开始喜欢上古典文学，常借助Liddell与Scott编纂的古希腊语英解词典，阅读希腊文原著，譬如欧里底德斯的《赫卡柏》（Hecubar）、柏拉图的《申辩篇》（Apology）、色诺芬的《希腊史》（Hellenica）等。同时，他也喜欢阅读贺拉斯的《颂诗集》（Odes）、维吉尔的《埃涅阿斯纪》（Aeneid）等。进入诗歌班和修辞班后，他从大量阅读荷马史诗、希腊悲剧和拉丁诗篇中得到巨大乐趣，他的阅读范围也包括塔西陀、西塞罗、李维等罗马作家或史学家的散文著作。1949年毕业时，他被选拔保送到位于巴里阿多里德的英吉利神学院（English College in Valladolid）深造六年，其专业课程为哲学和神学。这所神学院是其舅父琼斯神甫的母校，后者一直认为该校是全世界最好的神学院。

英吉利神学院与位于罗马的格里高利大学（The Gregorian University in

Rome）同属于梵蒂冈。在这所国际性大学里，教师大多是来自世界各地天主教会或耶稣会神学院的著名神学家或哲学家，所有教材与讲课语言均用拉丁文。依据传统要求，入校生在未接受神职委任之前，务必取得传道资格的神甫证书，这需要研修三年哲学，其主要课程包括逻辑学、形而上学、天文学、经院心理学、生物学、物理学、化学以及不同历史阶段的哲学等，此外还需研修四年神学。肯尼在格里高利大学与英吉利神学院前后研修七年（1949—1955），在研修神学的第四年（1955），即获得神职委任，成为职业神甫。随后，他为了撰写神甫资格论文，遵照主教高德弗雷（Archbishop Godfrey）的安排，在罗马梵蒂冈档案馆研读一年（1956—1957）。因其所选论文题目涉及语言分析和宗教语言，肯尼继而到牛津大学从事分析哲学研究(1957—1959)。其导师包括奥斯汀(John Austin)、赖尔(Gilbert Ryle)、黑尔（R. M. Hare）、斯特罗森（Peter Strawson）、休斯（George Hughes）以及维也纳学派的最后成员魏斯曼（F. Waismann）等学界名流。

牛津大学特有的自由与深邃的学术环境，确实让肯尼体察到了什么是博学而不古板的治学氛围。譬如，他的导师之一昆顿（Ant any Quiton），虽是一位没有宗教信仰的宗教哲学家，但对自己研究领域里的每部论作几乎都烂熟于胸，在有人请教或与人漫谈之际，可顺口直陈相关著述的要点，为学生节省了许多去图书馆里查阅资料的时间。就是在这样的学术环境里，肯尼从分析哲学的角度切入，对神的存在、信仰的特性与宗教的地位进行了深入反思，由此也加重了自己的疑虑，陷入精神与思想上的双重困惑。如他本人所述：

> 由于缺乏证明上帝存在的有效证据，我出于其他原因而开始忧心忡忡。当我将实证主义视为影响宗教信仰理性的重大威胁时，我主要关切的是种种宗教断言的意义性而非真理性。当我认为神秘际遇是认识上帝的康庄大道时，我欣然而乐，足以区分出凭借理性去认识上帝的可能性（梵蒂冈会议所依据的观点）和凭借逻辑为上帝存在提供有效证据的可能性（我对此说深表疑虑）。然而，我在牛津大学研究维特根斯坦哲学的过程中，这种研究虽然驱走了实证主义的幽灵，但同时也消磨掉了我将宗教体验作为证明自然神学断言合理性之依据的信心。我开始思索（迄今亦然）这个问题，即：如若上帝存在的传统证

据是有效的，那么，信仰上帝能否从理性上予以证明呢？但是，信仰的作用代替不了证据，因为信仰是遵奉上帝之言对某种东西的信奉；人们也不能用上帝之言来证明上帝存在。从逻辑上讲，相信上帝存在必然优先于相信神启。[1]

虽然肯尼自称研究分析哲学使他摆脱了实证主义的困扰，但实际上实证主义的潜在影响依然存在，并且使他从伴随宗教信仰的历史事实出发，对宗教信仰的历史和理性产生了深度疑虑。如他所说：

> 教会有关信仰的说法也同样困扰着我。这种说法认为信仰是某种不可更改的东西，任何对信仰的怀疑，都要像对待诱惑犯罪一样加以抵制。但是，要接受某种东西作为信仰的一个条款，就得接受几个历史事实：因为，该信仰条款一直是由教会界定的，而教会的权威性，是通过耶稣在福音书里的著名言说赋予的；教皇是圣彼得的传人，言说时具有上帝赋予他的权威性。现如今这些历史断言，容易受到历史进步与《圣经》诠释的影响，其中许多内容遭到许多著名学者的大力反驳。如何才能赋予这些断言那种不可更改的、让我们必须信奉的义务责任呢？假如这些"信仰的前奏"无法成为不可更改的赞同意见的对象，那么，有赖于这些前奏或断言的信仰怎么能是不可更改的呢？[2]

肯尼在 1959 年夏季离开牛津大学时，虽然学术收获颇丰，交往朋友更多，但他的第二篇博士论文进展甚微（后来得以完成并于 1980 年获得文学博士学位），对宗教学说的困惑日益增多，心态变得更为沮丧且动荡不安。基于种种信仰疑虑与哲学思索，他在饱受精神性和思想性双重煎熬的同时，也经历了宗教态度的深刻变化。此后，在利物浦教区从事神甫工作的四年（1959—1963）里，他先后应邀在利物浦大学担任临时哲学讲师，在曼彻斯特大学开设系列讲座，并于 1961 年在牛津大学圣贝内特学院获得哲学博士学位。与此同时，随着他对宗教信仰的疑虑日益加深，对学术生活的兴趣日益增大，结果与教会对他的期待也就愈行愈远。最终，

---

[1] Anthony Kenny, *A Path from Rome* (Oxford: Oxford University Press, 1986), p.147.
[2] Ibid., p.148.

他决定放弃神甫职位，实现还俗意愿。经过与家人和教会的商议，他于 1963 年 1 月正式提出还俗申请，于 1963 年 12 月得到教皇保罗六世的恩准。同年 12 月 29 日，肯尼收到两份邀请，一份请他到牛津大学埃克塞特学院（Exeter）与三一学院（Trinity）担任两院合用讲师，一份请他到牛津大学堡里奥学院（Balliol）担任研究员（即学院院士）。1964 年，肯尼来到牛津，先在前两个学院执教两个学期之后，随即进入堡里奥学院，先任研究员职，继而任副教授、教授与院长等职，在此一直工作到 2001 年退休。

在牛津度过大半生的肯尼，曾应邀到英美十余所学院与大学讲学并任教，曾先后担任过牛津大学图书馆馆长、大英图书馆馆长，牛津大学副校长，英国学术院院士、副主席与主席等职。鉴于他在学术研究领域与公共事务方面的杰出成就，英国女王于 1992 年授予其爵士（Knight Bachelor）封号。至此，人们依照传统习惯，尊称他为安东尼爵士（Sir Anthony）。2006 年 10 月，美国天主教哲学协会授予安东尼爵士阿奎那奖章，以表彰他对哲学研究的卓越贡献。

肯尼勤于笔耕，著作等身，从出版首部著作《行动，情感与意志》（Action, Emotion and Will, 1963）以来，相继出版的主要论著包括《笛卡尔》（Descartes, 1968）、《心灵的本性》（The Nature of Mind, 1972）、《维特根斯坦》（Wittgenstein, 1973）、《灵魂的剖析》（The Anatomy of the Soul, 1974）、《意志，自由与权力》（Will, Freedom and Power, 1975）、《亚里士多德伦理学》（The Aristotelian Ethics, 1978）、《自由意志与责任》（Free will and Responsibility, 1978）、《阿奎那》（Aquinas, 1980）、《托马斯·莫尔》（Thomas More, 1983）、《心灵的形而上学》（The Metaphysics of Mind, 1989）、《亚里士多德论完善的人生》（Aristotle on Perfect Life, 1993）、《阿奎那论心灵》（Aquinas on Mind, 1993）、《弗雷格：现代分析哲学创立者导论》（Frege: An Introduction to the Founder of Modern Analytic Philosophy, 1995）、《西方哲学简史》（A Brief History of Western Philosophy, 1997）、《古代哲学：牛津西方哲学史，第一卷》（Ancient Philosophy: A New History of Western Philosophy, vol.1, 2004）、《中世纪哲学：牛津西方哲学史，第二卷》（Medieval Philosophy: A New History of Western Philosophy, vol. 2, 2005）、《近代哲学的兴起：牛津西方哲学史，第三卷》（The Rise of Modem Philosophy: A New History of Wester Philosophy, vol. 3, 2006）、《现代世界中的哲学：牛津西方哲学史，第四卷》（Philosophy in the Modern World: A New History of Western Philosophy, vol. 4, 2007），等等。

古典学术与牛津生活

肯尼还撰写过另一部自传,题为《牛津的生活》(*Life in Oxford*, 1997)。我尚未读过此书,相信其中一定记载着许多关于他在牛津大学执教的有趣经历与诸多感受。仅就我所阅读过的肯尼自传《从罗马启程》而言,他早年的诸多经历均给我留下殊深的印象。譬如,他早年接受的古典学术训练,获得的教育机遇和优越条件,确是一般人文学者可望而不可即的"特权"。当然,也正是这样的教育经历和学术背景,造就了肯尼这样的哲学家与哲学史家。如果说哲学史家要真正兼通哲学思想发展历史的话,那么,他的学养、视野与著述,足以表明他实实在在地做到了这一点。

就我所知,西方哲学史家们通常会被古代哲学或中世纪哲学这两个阶段卡住,而肯尼对亚里士多德与阿奎那等思想家的深入研究,使他能够驾轻就熟地处理这两个时期的哲学发展流变,从而撰写出一部富有自己研究心得的西方哲学通史。目前,摆在我们眼前的这套四卷本哲学史(即《牛津西方哲学史》),便是明证。

肯尼的学术态度是严肃认真的,这从他早年翻译《新约全书》的经历中可见一斑。那位对他自幼影响甚大的舅父亚历山大·琼斯神甫,曾受天主教会之托,组织人力重译《圣经》,从1956年开始,到1966年出版,前后用了十年工夫。这部新译《圣经》后来受到广泛好评,主要通用于以英语主持弥撒仪式的各大天主教堂。在琼斯组织重译《圣经》时,肯尼应邀参与翻译《罗马书》等部分。在参阅其他译本时,他发现"几乎每一行译文都会涉及某些问题,这些问题在宗教改革时代不是引起口诛笔伐,就是引起流血争端。仅以希腊词 *dikaiosyne* 及其同源词为例;钦定译本[1]中将其译为 righteousness(正直),杜埃版译本[2]将其译为 justice(正义)"[3]。如此一来,《圣经》学者各执一词,争论不休。赞同前一种译法者,坚持认为该词意指个人道德品质,而非社会伦理;而推举后一种译法者,坚

---

[1] 基督教《圣经》的钦定英译本是英国国王詹姆斯一世于1611年颁发,通常称其为权威版本(Authorized Version),亦称詹姆斯国王版本(King James version)。

[2] 杜埃版英译本《圣经》由英国天主教学者根据《通俗拉丁文圣经》译出,1610年在法国杜埃(昔为 Douay,今为 Douai)出版,故称 Douai Version。

[3] Anthony Kenny, *A Path from Rome*, p. 118.

持认为该词含义从柏拉图的著作中引申而来，具有重要的出处。这些看似纯粹语言学或翻译学上的考虑，总是笼罩在不同教派的思索和论证的阴影之下。

因此，在翻译《罗马书》时，每一行几乎都要进行决断，采取某种与宗教改革过程中的争论相关的立场。按规定，新版《圣经》从希腊原文翻译，译稿要呈送文学编辑和《圣经》编辑审阅。当时，肯尼将《罗马书》译文首先送交一位天主教本笃会的诗人西尔维斯特（Sylvester Houédard O.S.B）修改。后来他发现，这位诗人对每一行译文都倾力修改，甚至不惜把原译文改得"面目全非"（drastic revision）。这里不妨列出两段译文以作比较。前一段译文是年轻时的肯尼所为——

> You may bear the name of Jew, you may trust in the Law, and boast of God. With the help of the Law, you may know his will and tell what is right. You may pride yourself on being a guide to the blind, a light to those in darkness, a teacher to the ignorant and an instructor for the unlearned, because you possess in the Law the embodiment of knowledge and of truth. If so, then why do you not teach yourself as well as others? Why, when you preach against stealing, do you steal? Why, when you forbid adultery, do you commit adultery? Why, when you abhor idols, do you rob their temples? When you boast about the Law, and then disobey the Law, you bring God himself into contempt.[1]

后一段修改润色之后的译文是那位诗人与《圣经》编辑所为——

> If you call yourself a Jew, if you really trust in the Law and are proud of your God, if you know Cod's will through the Law and can tell what is

---

[1] 根据中国基督教协会编辑出版的中英对照本新标准修订版《圣经》，这段文字汉译为："你称为犹太人，又倚靠律法，且指着神夸口。既从律法中受了教训，就晓得神的旨意，也能分别是非；又深信自己是给瞎子领路的，是黑暗中的人的光，是蠢笨人的师傅，是小孩子的先生，在律法上有知识和真理的模范。你既是教导别人，还不教导自己吗？你说人不可偷窃，自己还偷窃吗？你说人不可奸淫，自己还奸淫吗？你厌恶偶像，自己还偷窃庙中之物吗？你指着律法夸口，自己倒犯法律，玷辱神吗？"（《新约全书·罗马书》2, 17-21）。

right, if you are convinced you can guide the blind and be a beacon to those in the dark, if you can teach the ignorant and instruct the unlearned because your Law embodies all knowledge and truth, then why not teach yourself as well as the others? You preach against stealing, yet you steal; you forbid adultery, yet you commit adultery; you despise idols, yet you rob their temples. By boasting about the law and then disobeying it, you bring God into contempt.

肯尼在自传中坦言，他初阅修订后的译文时，发觉改动过大，内心颇感愤懑。但过了一段时间，他以公正无偏的态度重读此文，发现后者委实高于前者，对自己原来译文确有改进。就我个人阅读的直观感觉而言，前一段译文估计是紧扣原文而为，故文笔平实坦直，语流节奏和缓，意群逐句展开。相比之下，后一段译文基于前者的特点，从整体意群出发，用条件句式形成排比，其文风更为简明，节奏更为紧凑，在隐含的一系列追问之中，形成一气呵成之感。

在20世纪60年代冷战高潮时期，肯尼对于西方的意识形态有独到的省察，即使面临来自教会的压力，他也不为所动，保持知识分子的基本立场。这对于一个天主教神甫来讲，难能可贵。肯尼反对战争，反对军备竞赛，反对任何针对平民的杀戮，反对制造和使用核武器这种大规模杀伤性武器。他坚持认为，任何用不正义对付不正义、用谋杀对付谋杀的做法，都是错误的，甚至是有罪的。他凭借自己的良知，克服重重阻碍，包括来自教会的种种干扰，不断在报刊上或讲演中发表自己的见解，竭力追求和宣扬尽可能客观而公正的判断，下述言论便是诸多例证之一：

基督教学说的核心传统一直坚持认为，参与战争是情有可原的。我之所以说到这一"核心传统"，是因为我既不否认也不贬低各个时期基督教和平主义者的存在。但一般说来，基督教学说的传布者并未将基督的学说决然解释为消除战争的学说。不过，他们为控制战争中的杀戮设置了严格的条件。如：若战争本身是不正义的——如果战争是侵略战争的话——那么，侵略者的所有杀戮都是不正义的。即便一场战争是正义的，士兵或政府都没有无限制的权利去杀戮敌方……从技术上讲，非作战人员都是"无辜者"。有关战争的基督教道德的主要原则就是：有目的地杀戮无辜者等于谋杀……摧毁城市的行动总是不道德的。核武器的发明使得摧毁城市和杀戮非作战人员的行动更为容易了；但这丝毫不能使这种行动变得更为道德。使用核武器，如同在广岛和长崎使用核武器一样，都是邪恶的，不道德的，无论借此手段会取得什么样的优势。因为，此目的不能证明此手段的正当性。[1]

在当时，教会内部意见出现分歧，其中一部分人认为可以使用核武器，以此来保护自己的国家；另一部分人则认为使用核武器没有正当的理由。对此，当《天主教画报》(Catholic Pictorial) 的常驻神学家利普雷神甫 (Fr. Ripley) 回应说，教会尚未在这两种意见之间做出抉择时，肯尼投书报刊，表示抗议。他指出，

> 在大部分人看来，核战争意味着一场使用氢弹与原子弹来摧毁城市的战争。贵报的有些读者会从利普雷神甫的回应中得出这样的结论：这样的战争在法律上是可以发动的。非也。战争中对没有参与战争的人进行有意的杀戮就是谋杀。这不是教会未作回答的问题。在1958年的复活节布道中，高德弗雷主教 (Cardinal Dogfrey) 说过："没有人会赞同这样的论点——使用任意破坏的核武器去轰炸主要以平民组成的人口中心在道德上是合法的。"因此可以说，使用核武器总是不道德的，就像用其炸广岛与长崎一样。无论用核武器去炸任何人，不管是日本人、俄国人、基督教徒或共产党人，都没有任何区别……这个国家的神学家尽管在拥有核武器的合法性问题上的确存在分歧，但他们都认为使用核武器——即便在可能使用的唯一方式上——是没有道理的。[2]

令人颇为感慨的是，肯尼在1963年还俗之后，教会仍为他保留教籍，期待其"迷途知返"。按照教会原有规定，也就是僧侣的立誓不婚律

---

[1] Anthony Kenny, *A Path from Rome*, pp.170-171.

[2] Ibid., pp.171-172.

条（the law of celibacy），肯尼本人不可结婚成家。但在牛津大学的一次聚会上，他有幸结识了来自美国宾州的南希·盖雷（Nancy Caroline Gayley），两人相互倾慕，随之坠入爱河，于1966年4月喜结良缘。为此，他被开除教籍，逐出教会，算是彻底还俗，与教会切断了所有联系。不过，这并未影响肯尼继续定期参加教堂礼拜活动——主要是英国国教而非天主教的礼拜活动。他这样做不是为了激发自己的信仰，而是出于一位不可知论者的思想需要，因此从不接受任何布道，也不背诵任何教义。不过，他所说的不可知论，不是必然型不可知论，而是偶然型不可知论。这样的不可知论者会说："我不知道是否有上帝，但上帝也许会被人所知；我没有证据表明上帝不能被人所知。"可见，这种偶然性不可知论，是一种永不安生的不可知论，所追求的是真知灼见而非不确定性。因此，肯尼一直关注宗教哲学，关注自然神学的现状，关注理性与信仰之间的关系。[1]

肯尼这位偶然型不可知论者（contingent agnostic），对于理性之德与信仰之德均有独到的见解，对于轻信说与怀疑论均有深刻的批评。当他对教条教义所制约的宗教信仰产生疑虑之时，在他最终离开教会返还俗世之后，他并没有从一个极端走向另一个极端，而是始终以爱智求真的精神，认真地对待正确的信念，客观地评价宗教的价值，这一切显然不是为了寻求个人精神的寄托，而是出于理智认识的需要和不断追思的结果，并且由此形成他个人精神境界与思想空间的特殊结构。下述两段独白颇能反映其内心世界的一些侧面——

> 有一事看来是明确的。没有任何理由认为，怀疑上帝存在的人就不应在这个话题上与其他问题上祈求上帝的帮助与指导。怀疑上常存在的不可知论者会向上帝祈祷这一想法，这在有些人看来会有些好笑。这种情况肯定不会比海上漂浮、洞中沦陷或山腰受困之人的行为更为荒谬，后者所发出的呼救声或许永难听到，所发出的信号或许永难看到，但他依然会呼叫救助或发射信号。[2]

---

[1] Anthony Kenny, *A Path from Rome*, p.208.
[2] Ibid., p. 210.

当我从自己的不可知论观点出发，审视我周围的那些信奉有神论与无神论的同人时，我不知道是要羡慕他们，还是要怜悯他们。我是否应羡慕他们呢？羡慕他们对这一议题抱有坚定信念，对此抱有坚定信念委实重要，可我却没有这种信念。我是否应该怜悯他们呢？因为他们用来证明其有神论或无神论的论证，均是肤浅而不可信的。在我看来，他们都是轻信之士；在他们看来，我却是怀疑论者。我们哪一方明白事理，我不知道。[1]

《古代哲学》的基本特点

迄今，我所看到的西方古代哲学史著作，就其书写结构而论，大多按照历史时期或年代顺序、人物先后或学派流变，逐一进行介绍、描述、诠释与归结。在国内出版的一些译作与专著中，具有代表性的文本包括策勒尔所著的《古希腊哲学史纲》、文德尔班所著的《古代哲学史》、汪子嵩等人所著的《希腊哲学史》、姚介厚所著的《古代希腊与罗马哲学》（见叶秀山、王树人主编的《西方哲学史》第2卷）等。

相比之下，肯尼所著的《古代哲学》，采用了新的书写结构。前两章是从历史的角度，概述了古代哲学的开端与发展，从毕达哥拉斯到柏拉图，再从亚里士多德到奥古斯丁，宏观地描述了主要哲学家的个人经历与思想要素，以此为读者提供了一幅素描式的古代哲学图谱。随后，他以学科为主题，分头讲解，先是逻辑，后为认识论、物理学、形而上学、心理学、伦理学与神学。在这些主题性章节里，作者继而按照各科思想发展的历程，摘其要点，顺从主线，由浅入深，剖析内涵，逐一阐述。这样不仅构成集中描述、避免散乱的特点，而且能为读者提供诸多方便，使不同学术背景的读者可以任意选读自己感兴趣的相关章节，借此可以免除为了搜罗所需资讯而通阅全书的"劳役"。要知道，肯尼在开篇就曾表明，这部书不只是为哲学专业的大学生所撰，而更多是为其他专业的大学生所撰。

---

[1] Anthony Kenny, *A Path from Rome*, p.210.

另外，由于文献资料、语言文化、历史语境等因素，研究古代哲学的方法是有一定规范要求的。按照文德尔班的总结，一般的研究方法包括：

  1. 单纯的"描述"立场。
  2. "发生学"的"解释"立场。
  （1）心理学上的解释；
  （2）效用主义的方法；
  （3）文化—历史方面的观点。
  3. "批判主义"的思辨态度。[1]

肯尼所著的《古代哲学》，综合各家所长，对于上述方法均有不同程度的借鉴与运用。最值得一提的是，他本人多年从事分析哲学研究，且自幼从事古典语文学的研习，因此自然而然地采用了分析哲学乃至比较语义学等方法，力求用直白的语言，来诠释和澄明古代哲学上的种种疑难。当然，作者对有些问题讲得比较清楚。譬如，对亚里士多德的逻辑论式与相关学说的阐述，显得驾轻就熟，游刃有余。对古希腊哲学家巴门尼德的存在论之存在所做的词源和词义阐释，作者有效地借用了相关英语词汇和语法的比较，将困惑许多读者乃至哲学家的一个问题讲得非常明晰。我们不妨将其抄录如下——

  形而上学的核心论题是存在论（ontology），即存在研究（study of Being）。"ontology"一词源自古希腊词"on"（复数形式为"onta"），是系词"einai"（是，在）的现在分词。如同在英语中那样，定冠词在英语里可以置于分词之前，借此表示一类人或物。譬如，当我们谈及在世者（the living）或临终者（the dying）时，我们意指所有现在活着的人或所有现在将死的人。存在论的创立者是巴门尼德，他在界定自己的论题时，将[古希腊]定冠词"to"置于分词"on"之前，由此形成"to on"，字面意思为"the being"，其样式类似"the living"，实际意指所有存在（all that is）。这一表达词组习惯上被译为大写的英语词"Being"。小写的英语词"being"在哲学中有两种用法，第一用法对应于希腊

---

[1] 文德尔班：《古代哲学史》（詹文杰译，上海：上海三联书店，2009年），第6—7页。

语的分词（the Greek participle），第二用法对应于希腊语的原形动词（the Greek infinitive）。我们可以说，使用分词形式的 a being 是指一个存在的个体（an individual that is）；而使用动名词的 being，实际上是指任何个体存在者所参与的东西。诸个体存在者的总体，构成存在（Being）[1]。

这些相当枯燥的语法上的区分需要澄清，因为忽视这些区分就有可能而且也已导致一些大哲学家思想上的混乱。为了弄懂巴门尼德的想法，还需要进一步做出重要的区分，即 Being 与 existence 之间的区分。

英语里的"to be"（是）与希腊语对应词的意思可以确指"to exist"（在）。因此，诗人华兹华斯（Wordsworth）告诉我们："露西活着时默默无闻／当她停止存在时（ceased to be）／更是鲜为人知。"系词形式（to be）在英语中的用法大多限于诗性描述，但当我们想要表示金字塔依然存在而罗得岛巨人雕像已不存在时，若用系词形式来言说这类事物就不自然了，"金字塔是在，但罗得岛巨人雕像不在（The Pyramids are, but the Colossus of Rhodes is not）"。不过，比喻性的陈述在古希腊语中是十分自然的，巴门尼德所谈的 Being 肯定包含系词（be）的这层意思。所以，Being 包含两层意思，即：所有本质存在与所有存在者。

但是，希腊语系词不仅出现在"特洛伊不复存在"这样的句子里，而且出现在许多不同种类的句子里，譬如，"海伦是美丽的""阿佛洛狄特是女神""阿喀琉斯是勇敢的"……正是通过所有这些不同的模式，亚里士多德得以提出范畴问题。在巴门尼德看来，Being（存在）不仅意指什么东西存在，而且意指任何包含系词（is）的句子所描述的

---

[1] 一般西方语言中有系词的动名词与现在分词形式之分，两者形似而意别。汉语中没有等价词或对应词。如果将其译成"是"，放在有的语句里可以理解（如表示本质存在的"This is what is"，可译为"这是其所是"，不一定非要译为"这是本质存在"）；但若放在其他语句里则难以读通（如表示存在总体性本质意义的"Being of all beings"，与其译为"所有是的是"，不如译为"所有存在的存在"）。因此，时下在国内哲学界通常将其译作"存在"，这样放在所有语句中原意有失但大意皆通。为了避免重叠或混淆，国内哲学界习惯于把 existence 译为"实存"，因为"实存"有别于"实在"（reality）。——译者注

东西是真实的。同样，being（存在者）不仅表示实存着（existing），而且表示存在状态，譬如是热或是冷，是火或是水，等等。依据这样的解释，存在（Being）就是一个要比实存物的总体（the totality t of existents）更为丰富且更令人迷惑的领域了。[1]

得益于自己畅达的文体，借助于相关的诗句引证，肯尼竟然将一个枯燥的语言与哲学问题阐述得如此可读且耐读，这不能不说是此书的又一特点。当然，此书对有些问题的阐述，由于篇幅所限，抑或过于简略，抑或不够透彻，如对奥古斯丁的神学系统，显然没有展开，估计是留给本套哲学史第二卷中世纪哲学去专门论述的。以上所言，相信读者最有资格鉴别与评判。

译余感言

我翻译此书，确属机缘巧合。近十余年来，鉴于研习柏拉图诗学之需，我对古希腊哲学产生了较大兴趣。大家知道，柏拉图是古希腊思想的集大成者，要深入研究柏拉图，就必须系统了解古希腊哲学史，这似乎是一种逻辑的必然。但就效果而言，我自己觉得与其阅读几部哲学史，恐怕不如亲手翻译一部哲学史。于是，在我参与翻译《剑桥哲学史》现代卷之后，总想抽时间翻译一部古希腊哲学史。正巧，梁展教授应吉林出版集团有限责任公司的约请，推荐了肯尼的《牛津西方哲学史》四卷本，其目的之一是为大学生提供一套具有可读性的专业教材。我翻阅了原书，觉得很有特点，说理与文风尤为通达，便答应翻译首卷《古代哲学》。

说到该书作者肯尼，也就是安东尼爵士，我在2000年于牛津大学访学时，就听到哲学圈子里谈及他的学术建树。有一天，中国学术研究所哲学部主任勃宁（Nicholas Bunnin）博士找到我，说他已经将我推荐给麦克雷迪（Stuart McCready）先生。不几日，后者在电话里告诉我，他正在约请一些在牛津的学者，合作撰写《重新发现幸福》（The Rediscovery of Happiness）一书，也约请我撰写一篇文章，专论儒、道、释的幸福观，作为该书第三章。

---

[1] Anthony Kenny, *Ancient Philosophy* (Oxford：Clarendon Press, 2004)，pp. 199-200.

与此同时，他还特意告诉我，安东尼爵士已应允撰写第十四章。后来，此书于 2001 年由英国 MQ 出版有限公司出版，图文并茂，装帧精美，封面设计凸显了中国文化的要素。我在此书中读到安东尼爵士所撰的那一章，题目为《超越温暖的感受》("Beyond a Warm Feeling")。此文从亚里士多德和边沁的幸福观说起，专论康乐（well-being）的三个要素，其中包括自我的知足、物质的福利与人格的尊严及三者之间的交互关系。文章篇幅不长，论证深入浅出，其透彻易懂的说理与自然简明的文风，给我留下了深刻印象，使我对分析哲学平添了诸多好感。有了这一段小插曲，我对翻译安东尼爵士的这部古代哲学史著作的兴致自然也就更大了。

翻译此书的过程，委实是一个受益良多的研习过程，所体验到的愉悦感受或些许困扰，唯我心知。本书前两章涉及人物与历史，翻译进展极其神速，几乎可以顺手而为。但到了以学科为分界的专题论述部分，翻译的难度不断加大，进展随之放缓，每日需要参阅相关的著作，譬如《柏拉图全集》《亚里士多德全集》、古代哲学史论著以及相关的专题论著等等。由于我了解肯尼的古典学术背景及其在亚里士多德研究方面的杰出成就，所以对他处理文献的方式以及古希腊语词的英译都充满信任，这自然也会提醒我在汉译时审慎为之。

譬如，在阐述亚里士多德有关心智的德性（arete）时，肯尼指出，

> 希腊词"arete"相当于英文词"virtue"（德性、美德）与"excellence"（卓越、杰出）；所以，在当前的语境里，我暂且不翻译这个词。一切事物的 arete 的本性取决于其工作效用（ergon），也就是其功能作用和自有特色的成就。心智及其所有官能的工作效用，就是成就真与假的判断（NE 6.2.1139^{a}29）。起码可以说，心智的工作效用意指心智的独特活动，其成就意指心智工作的好或坏；其活动是指心智工作良好、为其所为；因此，心智的工作效用在严格意义上就是单指真理（2.1139^{b}12）。于是，理智德性（intellectual aretai）就是指能使灵魂的理智部分获得真理的卓越能力。心智有五种状态，具有如下效用，即 techne，episteme，phronesis，sophia，nous，我们可以将其译为技艺（skill），科学认知（science），实践智慧（wisdom），理解力（understanding），洞察力（insight）（3.1139^{b}16-17）。

如上所述，有关心智的五种状态是用五个希腊词表示的，肯尼的英译是根据具体文本和语境做出的，而非依照一般的说法或从词典挪用，我依此照实译出和标出，以便阅读和理解。类似的部分不少，这里无须逐一列举。我通常的习惯是边译边改，第一天译的东西，在第二天续译时必须从头阅读和修改一次，这样在续译时就更有感觉。就此书而言，我也是一边翻译，一边修改，为的是把握文意和思想的连贯性，这样有助于保持活跃的感悟能力以便有效地进行翻译。

译出全文后，我通篇修改两遍，在庚寅年来临之前呈送姚介厚先生审阅。姚先生专治古希腊罗马哲学史有年，是一位学识广博、仔细认真的前辈学者。他通阅全文，建议修改之处颇多，有些关键概念还特意联系古代哲学史的演变进程加以注释，借此说明修改的原因和必要。如此严谨的治学态度和审慎细密的学养功夫，令我感佩不已，没齿难忘。譬如，他建议将恩培多克勒所说的"二因"(love and strife)译为"爱"与"争"，而非"友爱"与"争吵"，并解释说：此"二因"在自然界表现为排斥与吸引，在人世间表现为善与恶。权衡之后，我采用了他的建议，认为简译后的两个概念更具哲学味道，便于容含上列意思。再如，涉及德谟克利特论述原子与虚空这两种实在时，我将其中一句话译为"原子在虚空中集聚混合而成"(conglomerations of atoms in the void)，姚先生则将其改为"原子在虚空中集聚结合而成"，并就此解释说："原子"不同于阿那克萨戈拉的"种子"，不是混合与分离成物，而是特定几何形式的结合。另外，此书将巴门尼德所言的"一"与普罗提诺所言"太一"均写成"the One"，我曾试将前者译为"全一"，以别于"太一"，读起来会有某种对称之感。姚先生就此提出一个问题：既然要说"全一"，那是否会有"非全一"呢？我无言以对。因为，巴门尼德说过"存在"与"非在"（或"不存在"），但确然没有说过"全一"与"非全一"或部分意义上的"一"。自不待言，我放弃了自己不甚成熟的尝试。

还需要指出的是，我在翻译本书里的"逻辑"一章时，曾遇到一些难题，为此专门请教了逻辑研究室的同人邹崇理研究员，并将此章的译稿和原文打印出来请他校阅和修改。另就本书的物理学部分，我曾请教于科技哲学研究室的同人蔡肖兵博士，也将此章译稿与原文打印出来请他校阅和修改。同人们的盛情雅意和鼎力帮助，使我心存感激，在此深表谢忱！

十二　陈康释"*Alētheia*"问题[1]

二十多年前，我阅读过《陈康论希腊哲学》一书，当时留下的初步印象是：在国内古希腊哲学研究领域，陈康先生不仅是先导，而且在某些方面堪称标志。二十多年后的今天，国内的希腊哲学研究已经大有推进，而我当时形成的上述印象，尽管有些片面，但却依然难以抹去。如今，聂敏里教授立项专门研究陈康学术思想，相信他会对其学术贡献和成果价值做出更全面的评价。

在陈康研习和治学过程中，对其影响最大的当属耶格尔（Werner Jaeger）和哈特曼（Nicholai Hartmann）。陈康曾言："从 Jaeger 门下训练出来的人未受 Hartmann 的哲学训练，虽然已能做历史方面的研究工作，但还未能认识万有论 [本体论] 方面的问题；从 Hartmann 门下训练出来的人，未受 Jaeger 的历史研究训练，虽然已能认识万有论的问题，但仍不能做历史研究工作。"另外，他还指出："研究前人思想时，一切皆以此人著作为根据，不以其与事理或有不符，加以曲解（不混逻辑与历史为一谈）。研究问题时，皆以事物的实况为准，不顾及任何被认为圣经贤训。总之，人我不混，物我分清。一切皆取决于研究的对象，不自作聪明，随意论断。"[2] 事实上，陈康后来承接这两位导师的研究方法，兼顾历史与哲学两个向度，同时将 Hartmann 所倡导的三步骤方法论（描述现象、讨论问题与建设理论），拓展为六步骤方法，在重视叙述现象、陈述问题、讨论问题的同时，也关注检讨假设、尝试解答问题和进一步探讨问题。为此，他一再强调说："问题唤起解答，解答引出问题，因此方法的六个步骤循环不已地应用。"[3]

---

[1]　此文是 2017 年 9 月 16 日应邀参加"中国人民大学陈康学术思想座谈会"所撰的发言稿。

[2]　转引自《编者的话》，汪子嵩、王太庆编：《陈康：论希腊哲学》（北京：商务印书馆，1990 年），第Ⅵ、Ⅲ页。

[3]　汪子嵩、王太庆编：《陈康：论希腊哲学》，第 531 页。

的确，在哲学研究过程中，逻辑与历史不可混为一谈。不过，问题与历史则需要联系起来思索。因为，人文研究领域的相关问题，总是缘于历史的特定语境、需要和条件，这便使历史成为人文研究的永恒背景。当然，作为背景的历史，不只涉及前人思想中相关问题生成的历史，而且涉及促使读者思索和解答相关问题的历史。譬如，我们这一代人最早接受的真理观，大多是绝对独断的真理观，是政治意识形态化的真理观。结果在很长一段时间，每谈及"真理"，总是潜意识地回想起那种"放之四海而皆准"的东西，这显然远远超出了普通哲学对"真理"的条件设定：合逻辑性与合实在性。后来阅读陈康论集，在《柏拉图的"辩证法"》一文看到其对"真理"(alētheia)的阐释，才终于抹去了我早先记忆中那种绝对独断真理观的残存印迹，也由此引发了自己对希腊思维方式及其哲学思想的持久兴致。

在相关论作中，陈康是从认识论角度出发，在探讨"善之相"这一本体论原则时，延伸到"真理与存在"这对哲学范畴的。如其所述：

> 没有太阳产生光线，就不可能有视觉和被看到的对象。同样的，如果没有真理和存在，在主体方面就没有知识，从对象讲就不能被认识。"存在"(iò, ǒv, to on)，任何事物，如果没有存在附着，就是非存在，绝对的不"是"，不可被认知。"真理"(αληθεια, alētheia)，普通译为真理，希腊文还不只是这意思，它是 a-lētheia，"a"是"不"的意思，"lētheia"是从动词引申出来，主观方面的意思是"遗忘"，客观方面的意思是"躲避我们的认识"。Alētheia 就是不躲避我们的认识。就是说，如若我们所要认识的事物自身没有躲避我们认识的性质，我们便可以认识它。所以，对象必须有真理和存在这两个方面，我们才能认识它。是什么东西使对象有真理和存在呢？柏拉图认为是由于"善之相"，善是真理和存在的原则，它也是认识和被认知的原因。[1]

这里暂且将"善之相"何以成为"真理和存在"的原则或根据之类问题悬置起来，仅聚焦于陈康所释的"真理"问题及其思想启示。

---

[1] 汪子嵩、王太庆编：《陈康：论希腊哲学》，第 209 页。

根据以上所述，alētheia 作为"真理"，客观方面的意思理应是"不躲避我们的认识"。这一层意思，可沿着巴门尼德设定的"真理之路"予以解读。所谓"不躲避我们的认识"，意味着经得起我们的反思或反驳，经得起我们的质问或诘难，经得起所有合逻辑性的论证或辨析，也就是经得起我们的认识能力所能想到的种种追问与检验。如果将其引入实践领域，那就意味着不躲避或经得起所有合目的性的种种尝试与检验。再往下讲，就要与"是"与"不是"(存在与非在)联系起来讲。而在柏拉图这里，就要从"真理与存在"介于"善之相"与"知识"之间的因果关系来讲。由此引出的问题，既是认识论的问题，也是本体论的问题。

若就 alētheia 主观方面来看，所引申的意思是"不遗忘"，进而引申的意思是[值得]"记忆"。从心理学角度看，"记忆"是一种心理能力。但从历史角度看，尤其是在希腊古风时期，"记忆"是神性化的东西，是传统"真理"(alētheia)观的出处。源自荷马史诗的 alētheia，原本具有神性，实属灵验的箴言(或言说)，有赖真正地理解，是先知、神启诗人或国王所传达的神谕。直到西蒙尼德斯这位职业诗人行世以来，诗画同一的欺骗术或障眼法已然成为谋生手段，促使真假混合的意见(doxa)或爱意见(philodoxoi)之风广为流播。结果，原本具有特殊地位和救赎作用的神性记忆被世俗化了，或者说，记忆原本可使诗人了解过去、现在和未来的宗教功能，在西蒙尼德斯那里已然蜕变为诗歌朗诵与学习专业知识的一种技巧性工具，转化为每个人都可在一定之规内习得的一种心理能力。与此同时，意见作为真真假假的杂糅，以其不确定性逐渐放空了真理的确定性，最终使令人膜拜的传统真理观念开始贬值并逐渐式微。尽管西蒙尼德斯所说的意见，并不等于哲学家所说的意见；西蒙尼德斯眼中的真理，也不等于哲学家眼中的真理。但是，他的这些功利性作为或贪名好利品行，终究在一定程度上混淆了人们的视听，直接熏染了后来的职业智术师或唯利是图的哲人(sophists)。

鉴于此况，柏拉图出于拨乱反正或正本清源的目的，借助独创的诗性对话文体，试图匡扶爱智求真的哲学本性，涤除形形色色的"洞穴假象"，回归真理与存在的本然境界。当然，柏拉图因革传统真理观的做法及其目的性追求，需要纳入相关的历史语境中予以探讨研究，因为这绝不单单是一个合逻辑性与合实在性的论证问题。

现代美学与艺术教育

十三　现代美学的核心任务[1]

　　20 世纪 80 年代中后期，中国社会科学院哲学研究所滕守尧先生邀请德国明斯特大学曼纽什（Herbert Mainusch）教授来华讲学，我应邀担任讲座翻译。所讲议题是尼采艺术哲学思想及其流变，但在演讲期间，曼纽什教授时常指涉法兰克福学派的代表人物阿多诺和本雅明的有关思想。在参与讨论时，中国学人对尼采了解较多，反馈较多，但对阿、本二人知之甚少，反馈近无。私下，有学者有意通过翻译来探询法兰克福学派的有关情况。我当时也了解甚少，仅能现炒现卖，把从曼纽什教授那里得知的一些情况转告给这些好奇而认真的学者。后来中央编译局的杜章智先生约我翻译阿多诺的首部英译本《美学理论》，本人仗着"吃螃蟹"的愚勇接受了此项艰难的工作。这无疑与那次担任讲座翻译的经历有关。不过，数年后我看到第二个英译本时，有意查对了德文原作的几个章节，才发现首部英译本的某些论说结构是经过责任编辑按英文论说习惯加以调整的；这位责编甚至为了突出一些段落主句的要旨，有时不惜采用改动原有段落语序的做法。此番为作，在熟知阿多诺运思和表达方式的学者看来，近乎将"不可译性"的论说文处理为"可译性"的论说文。当然，首部中译本所存在的问题，在很大程度上是译者囿于当时对阿多诺论说文的有限理解所致。不过，此译本作为铺路石，至今尚未废弃，这主要得益于不同的读者会以不同的或精巧的方式借用这个译本。如今回过头来再看，译者深切感知到这句老话——"翻译是遗憾的艺术"——所言甚是。

　　时过境迁，瞬逾卅载有余。国内学界对阿多诺的译介和研究已然今非昔比。我自己的学术兴趣因多年来滞留于轴心时期的人文化成传统，故

---

[1] 本文是作者应常培杰博士所邀，为其新著《拯救表象——阿多诺艺术批评观念研究》（北京：人民出版社，2020 年）所撰序言。

此对以阿多诺为代表的法兰克福学派少有研习，但却一直关注国内外的研究动向，有时借外出讲学之机，也到书店购置相关论作予以翻阅。比较而言，我发现国内的阿多诺研究确已取得长足进步，有些成果因切入角度不同，使人不由眼前一亮，颇受启发。在我所看到的一些研究成果中，常培杰博士的新作《拯救表象——阿多诺艺术批评观念研究》显居其列。

本书作者常博士因循阿多诺的思想逻辑，认为审美唯名论破坏了艺术的整一表象，使得艺术与非艺术（现实）的边界发生混淆，艺术由此遭到物化现实的整合，结果陷入商品化消费或娱乐消遣的危机。然而，艺术作品表象的整一，是艺术作品具有"真理性内容"的必要保证；是否具有"真理性内容"，则是判断艺术作品是否本真的基本准则。因此，若欲维护艺术作品的"真理性内容"，就必须拯救艺术作品的表象，批判先锋艺术的无节制的唯名论冲动。阿多诺本人身体力行，相继批判了先锋艺术将创作源头置于无意识的自发性困境的非理性做法，批判了先锋派试图借助艺术介入复杂现实的乌托邦诉求，批判了先锋派诉诸艺术物性和剧场性来拆解现代主义艺术观念的冲动。在阿多诺看来，唯有理性建构的具有整一表象的现代主义自律艺术，才具有真正的批判功能和解放潜质。有鉴于此，常博士断言，阿多诺是一个理性主义者而非审美主义者。其美学理论的潜在框架，就是维护现代主义自律艺术，批判先锋艺术。另外，现代美学的核心任务，就是"拯救表象"，也就是拯救"具有整一表象的现代主义自律艺术"。

熟悉德文的读者知道，Schein 一词原本是多义的。其作为"表象"（semblance or appearance），具有另有所指、以此言彼的象征或借喻特质；其作为"光亮"（shining or glittering），具有引人注目或诱惑迷人的优美外观；其作为"假象"（false appearance），乃是"某种非其所似的东西"（something that is not what it seems.）。在阿多诺笔下，"表象"（Schein）三义近乎融通，意指艺术作品的审美表象或审美形式。举凡自律的艺术作品，均具有"谜语特质"，至少包含两个向度：虚幻的表象和真理性的谜底。

根据本书作者的解释性总结，这谜底并非外在或超越于谜面（艺术作品的审美表象或审美形式）的东西，而是寄身于谜面之中的意味；谜面是谜底的遮蔽与显现。如此一来，谜的表象——作为艺术作品的审美表象或艺术表象——就具有二重性：虚假性和真理性。艺术批评即解谜，其任务是从谜一般的艺术表象中解读出艺术形式蕴含的"真理性内容"。如谜的艺术是难解的，当代艺术更是以"不可理解性"著称。在此境况下，美学的任务就不是单纯地将艺术作品当作内含确定答案的阐释对象来解析，而是理解艺术作品的这种"不可理解性"何以如此这般的功能效应。然而，阿多诺在其著述中既未分析性地阐明现代艺术作品的构成要素及其组织原则，也未具体阐释蕴含其中的思想内容以及目的诉求，而是更多地从社会历史情境出发，论说了现代艺术作品的"不可理解性"在现代社会中的批判价值。可以说，阿多诺美学理论的重要工作是引导人们理解乃至接受这种"不可理解性"。在阿多诺看来，导致现代艺术"不可理解性"的最重要的原因，在于现代艺术深受"审美唯名论"的消极影响。唯名论的深入发展，不仅使得审美领域的整个朝向发生了转变，还导致了现代艺术审美表象的危机，结果使其因碎片化而丧失整一性，因概念化而丧失感染力。因此，阿多诺认为现代美学的核心任务在于"拯救表象"。

所谓"拯救表象"，说白了，就是拯救"具有整一表象的现代主义自律艺术"，拯救此类艺术作品的"谜语特质"，拯救其中蕴含的"真理性内容"。要知道，"皮之不存，毛将焉附"。没有整一表象的艺术作品，在阿多诺看来根本就不成其为真正的艺术作品，更不用说寄身其中的"谜语特质"与"真理性内容"了。当然，为了实现拯救的目的性追求，或者说为了落实现代美学的核心任务，需要探寻和采取行之有效的艺术批评方法，借此透视艺术作品的内在价值和确立艺术作品的衡量准则。在这方面，本书作者凭借自己对阿多诺美学思想的理解和分析，言之有据地将其归纳和释论如下：

> 阿多诺认为，要真正认识总体社会的现实和状况，就必须辩证综合"内在分析"和"先验批评"，使用"内在批评"（immanent criticism）方法，而"内在批评"是唯一的"辩证批评"（dialectic criticism）。文化作为一种意识形态，不仅是一种抽象地维持现实秩序的观念系统，还渗入个人生活领域。个体不过是社会进程的附属品，他的自主性在总体社会面前，不仅虚弱而且虚假。因而，文化批评的任务，不是在反映论预设的经济基础与上层建筑的反映模式中，透过文化现象、锚定某个社会阶级或特定的利益群体，而是要解码文化现象蕴含的社会趋势。

如此,"文化批评必须成为社会观相术(social physiognomy)"。这是一种受到西美尔和克拉考尔影响的"内在批评"方法。它并不把文化现象完全视为虚假的意识形态表象予以摒弃,而是认为真理与表象互为表里,表象中蕴含丰富的社会真实。从内在批评的视角看,艺术作品不是要在和谐的形式中消解社会矛盾,而是通过其内在结构暴露纯粹而不可调和的矛盾,进而否定性地表达出和谐观念。因而,内在批评的任务就是"解码"现象,从中分离出社会真实。它穿梭于文化现象(或文本)的内部与外域,辩证地将现象的微观形式与宏观的历史进程关联起来,既可以从总体角度解释细微的形式问题,又能在细微的形式中窥见总体世界。"内在批判认真对待如下原则,即意识形态本身并非虚假的,只是它假装自己与现实一致。对精神和艺术现象做内在批评,就是要通过分析它们的形式和意义,试图把握它们的客观理念与其伪装之间的矛盾,并且界定精神结构本身的一致性和非一致性对存在的构成问题表达了何种内容。这样的批评并不止步于大体认识到客观精神的奴性,而是试图将这种认识转化为对事物本身的更高认识。"

这里所说的"更高认识",是指向"真理性内容"还是指向真真假假的"意识形态"?是指向"物化现实"的危害作用还是指向"商品社会"的因果关系?是指向"生活为生活所遮蔽"的真相还是指向社会文化救赎的可能途径?……凡此种种,都成了问题中的问题。实际上,切入问题,再造问题,进而探索问题,实属阿多诺运思书写的组成部分。这位 20 世纪少有的思辨高手(阿多诺的传记作者称其为"最后一位天才"),积极推崇"否定辩证法",就像柏拉图笔下擅长诘难的苏格拉底一样,他不断提问并不断辩驳,但无意给出确定的答案,只提供思想探索的跳板。不过,我相信,读者诸君定会从阅读此书中得到有益的启示或找到可能的线索,同时也会沿着阿多诺以及自己认为可取的理路,不断追问和深入思索下去。

十四　跨文化美学片议[1]

20世纪以来的中国美学，既非单纯地继承中国古代传统，也非一味地移植西方美学思想，而是中国传统诗学与西方美学在跨文化交流的背景下互动磨合的结果。具体地说，通过文化变异而生成的中国现代美学，主要是在西方美学译介的支撑下和中西文化的碰撞中逐步发展起来的。基于以往成功的历史经验，从文化历史与现实语境来考量新世纪中国美学走向，我们认为以中西比较为导向的跨文化美学研究，不失为一条可供深入探索的有效途径。

跨文化美学（transcultural aesthetics）尽管与比较美学在总体特征、具体范畴与相互影响等研究方法上存在共性，但在研究领域方面则具有更大的外延性。它首先不囿于美学理论形态中的比较研究，而是把比较美学研究置于两种以上的不同文化背景或有机语境中展开的。而文化作为一个总体性概念，一般可分为器物、制度与观念或精神等不同的层面。相应地，跨文化美学研究将在不同的文化层面上进行，其触角几乎可以深入文化的所有相关要素之中。在逻辑的必然性上，这与美学应当研究人类有效劳动与生活之一切形态的审美追求相当契合。另外，从其建构意义上讲，跨文化美学重视探寻和打造"超越文化的"或"适合于多种文化的"美学精神及其多样化的成果形式，从而使自身成为一种追求"创造性转化"（creative transformation）或"转化性创造"（creative transformative creation）的动态过程，即一种在比较分析中彰显各自特点，在交流对话中寻求整合会通途径，并在互动互补中营构创新超越契机的过程。

质而言之，跨文化美学研究喻示着一种"融贯古今，会通中外"方法论，不仅包含着深化彼此双向理解的功能性意义，而且包含着追求创

---

[1]　此文写于2012年，是"比较文学与文化研究研讨会"发言稿。

新与超越的内在目的性。这种方法以在跨文化形态中进行系统和深入的比较研究为主要特征，涉及西方与东方、现代与传统、历时与共时等并列互动的参照系或研究坐标，要求在深入理解他者的同时积极地反观和深入地理解自己，并在客观的比照中鉴识双方的问题所在和可取之处。这种研究需要从可靠而翔实的历史和文化语境出发，对相关的理论和概念形态进行客观的比较与分析，进而探讨会通与整合的可能途径，最终追求创新式的超越或超越性的创新。在此过程中，既可在时空背景上依据历史文化发展相对平行的原则，开展作者对作者、文本对文本、学说对学说的比较分析；也可以打破时空背景和历史时期的界限，针对美与丑、美与真、美与善、虚与实、优美与阴柔、崇高与阳刚、意义与韵味、典型与意境、想象与神思、趣味与天才、自由与道德、经验与体悟、再现与表现、摹仿与临摹、抽象与写意等等具有本体论、价值论和生存论意义上的美学范畴，进行跨文化的比较研究，探讨它们彼此之间的相通性与差异性以及可能影响和互动作用。

毋庸讳言，在涉及相关文本的跨文化重新诠释时，其间容易出现以今释古、以己（见）度人（之见）、以本土文化视界去评判异质文化问题等话语强制做法。这些做法一旦偏离了正确理解的轨道而落入过度阐释的陷阱，必然会使跨文化美学研究的可靠性和有效性大打折扣。因此，这需要从跨文化的视野出发，尽力在正确理解文本含义的基础上，把古今中外的美学思想及其演化的历史文化语境，带进一个更为广阔的、网络式的视野中予以立体性的考量和梳理，以期阐发其流变与延异过程中的意义。这样有助于掌握不同美学理论形态的方法和条理，有助于洞识不同审美文化的精神特质和差异。特别是那些差异，更具有思想的张力和涵泳的空间，更富有文化和认知意义上的新奇性和刺激性，更能碰出火花、激活思想、促发灵感、氤氲出创新和超越的契机。当然，这一过程容不得"短、平、快"的急功近利做法或华而不实的浮躁心理，而是需要学贯中西的学养和脚踏实地的、积厚而发的学风。

跨文化美学的超越性追求，在相当程度上是以其互补性为基本条件的。宏观而论，东方美学（尤其的中国古典美学）更多地来自艺术创作与欣赏经验的总结，注重内在生命的自由和直觉妙悟式的体验，因此高度重视艺术家的内在心态和精神过程，高度重视其内省和自省的功夫，同时也高度重视艺术世界中现实与超越的关系。相关的经验性理论总结或概括，大多旨在建议艺术家如何提高自己的"才、胆、识、力"以期修炼成有利于创作的心态或艺术境界，建议欣赏者怎样神闲气静地通过艺术鉴赏来摆脱现实的羁绊与冲突而进入内心的自由与和谐。因此，在很多情况下，艺术家与欣赏者的角色认同并无严格的界限，几乎是浑然为一的。无论是强调道德修养或悠然自在的中国式人本主义美学，还是凸显神秘玄奥或超验解脱的印度式象征主义美学，都比较关注个体在审美活动中由外向内的体验和修行，其理论形态发展也大多依赖于具体而成功的艺术实践。西方的美学一般具有西方哲学的特色，以研究本质或本体作为其基本样态，在科学精神和思辨传统的推动下，建构出系统而多样的理论学说。西方美学也涉及艺术，但更多的是从形上学或本体论入手，去探求艺术的理念及其本质特征，倾向于把艺术、艺术价值及其表现形式归纳为明确的形态或各种流派（如写实、浪漫、再现、表现、印象或抽象等流派）。在西方，对艺术家的训练比较侧重明显外露的技术和对材料、器具的使用，内在心态一般留给艺术家个人去处理。艺术欣赏也比较侧重客观方面，注意学习艺术史，注意区分不同的风格，注意艺术品的色彩与线条或旋律与和声，很少鼓励欣赏者将自我置于正确的心态之中去享受艺术品，并与之产生共鸣，同时还反对把艺术品在观众内心中引发的特定心境或情感反应作为审美目标。

　　比较而言，西方美学比较注重科学分析，强调逻辑的严密性，讲究理论的系统性，概念界定明确，分门别类清楚。而中国美学比较注重经验总结，大多出于即兴、片段的感受和简略、含蓄的表述，其理论逻辑的连贯性和明晰性相对欠缺。但是，西方美学过分依赖从对美的思辨哲学假定中进行演绎推理或高度专业化的语言分析，致使许多美学家认为所有的问题根本无须涉及任何艺术就可得到解决。结果，不怎么重视不同民族和不同阶段丰富多样的艺术风格和价值，也未能研发出普遍有效的手段来。现代西方美学的衰落也证实了这一点。中国美学较多强调艺术创造的心态和实践，注重艺术欣赏的道德、精神和生命意义，认为艺术在观众内心中激发的共鸣以及主观而独特的艺术审美经验值得他人借鉴，并当作范例加以推广，但同时又鼓励个体的审美自由和深化的审美自省。就连美国著名美学家芒罗也认为，"对西方最有价值的东方美学成分，不是那些东方美学家们自己总要强调的神秘主义和先验主义的东西，而是那些直接经验的记录，即那些包括像'味'一类学说中的直接经验记录与地球上各种艺术、艺术家和艺术观众的直接经验记录"，因此，"我们需要在地球两边的美学家中更加活跃地交换思想，更多地进行合作性研究。美学作为一个世界范围的命题应该基于对所有主要艺术地区的观察与思考"。[1] 这无疑是东西美学的互补性所致。而加强对互补性的研究，也可以说是促进世界范围内跨文化美学会通的基础建设。

值得注意的是，中西美学的跨文化会通，一方面涉及"前见""现识"与"跨文化的互动"所构成的多维视界融合，另一方面涉及普遍性与特殊性的兼容并蓄关系。这里，视界的跨文化融合与理论的互补性整合，是微妙而多彩的。一般说来，中西文艺美学在总结艺术创作或欣赏规律中所彰显出的普遍性时，会突破各自的文化界限而构成交错共生的跨文化边缘地带，为跨文化美学对话及其融会贯通奠定基础；而各自表现出的特殊性，如中国文论偏于经验联想和道德感悟，西方文论则偏于语言分析和实证批评等等，均不会被对方强行统合，而是各自依然保持其原有的特色。当然，在此会通过程中，西方式的干涩寡淡的语言结构型分析，有必要吸收一些富有诗意与韵味的鲜活成分，而东方式的模糊感悟的笼统印象型批评，也不妨借用实证分析的方法而取得必要的透明度。

---

[1] 托马斯·芒罗：《东方美学》（欧建平译，北京：中国人民大学出版社，1990年），第30、1页。

十五　王国维诗学的创化之道[1]

陈寅恪在论及王国维的学术内容与治学方法时，将其概括为"三目"：其一是用于考古学与古史研究的"互相释证"法，其二是用于辽金元史与边疆地理研究的"互相补证"法，其三是用于文学批评与小说戏曲研究的"互相参证"法。这"互相参证"法，主要是基于"外来之概念与固有之材料"。所谓"外来之概念"，主要是来自西方古典哲学、文论以及心理学等领域中的重要理论概念及其运思方式，所谓"固有之材料"，主要是指中国传统哲学、古代文论和诗词歌赋中的思想资源和具体例证。王国维是最先主张"学无中西"、提倡互补兼容的学者，同时也是贯通中外、取法乎上和注重创化（creative transformation）的高手。由此看来，这种"互相参证"法，可以说是一种中西跨文化参证方法（transcultural cross-referential approach）。在中国诗学与美学的开端阶段，这种方法在王国维的理论创化过程中扮演着重要的角色，其突出成就便是学界悉知的"境界说"或"意境说"。

从思想资源上看，王国维的"境界说"，一方面主要来自叔本华的直观理念说，另一方面则来自魏晋南北朝的情景说（陆机、刘勰等），唐代的意境说（王昌龄、皎然、刘禹锡、司空图等），宋明清代的情景交融说与境界说（宋张戒，明谢榛，清李渔、王夫之、李重华、刘熙载等），尤其是宋代严羽的"兴趣说"与清代王士禛的"神韵说"。

王国维声称："沧浪所谓兴趣，阮亭所谓神韵，犹不过道其耳目，不若鄙人拈出'境界'二字，为探其本也。"（《人间词话》第九则）这种"境界"何以为"本"呢？何以成为诗歌艺术的本质特征或本根性理论学说呢？如果在传统的中国诗话中找原因，一般只能因循境界融合情景这一

---

[1] 此文发表于《文艺争鸣》2008年第1期，收入本书时有增补。

思路，找到令人易于会解的相关线索，譬如"情景一合，自得妙语"（王夫之语）之类说法。至于王昌龄所言的那种"张之于意而思之于心"的"意境"，虽然有人将其视为王国维境界说或意境说的雏形，但那只是术语因借而非学理意义上的近似性，因为王昌龄提出的那种仅"得其真"的"意境"，与那种"故得形似"的"物境"和"深得其情"的"情境"相比，也只是"诗格"构成因素中的"第三者"而已，远谈不上是"诗格"之"本"（本根或本体要素）。如果在中国佛教和禅宗中找原因，一般只能溯至"境界"（visaya）的语义所指，知其表示眼、耳、鼻、舌、身、意等"六识"或"六根"所能辨别的各自对象及其范围，如眼识以色尘为其境界，耳识以声音为其境界，鼻识以气味为其境界，由此便生成"六境"或"六尘"说。这"境"与"尘"，或触身成垢，或污染情识，或扰乱净心，都是由于尘缘未了而需破立、消除或超越的对象，在佛学里面均属于低级、消极或负面的概念，佛经里所谓"前念着境即烦恼，后念离境即菩提"的偈语就是明证。当然，就"境界"尤指"造诣"而言，如《无量寿经》所谓"斯义弘深，非我境界"，则是另一回事。在这里，将佛家所言的"境界"类比诗歌造诣，不能说没有意义，但如果据此而将其推向极致，推向与"空"之般若或真如相等同的至高范畴或本根地位，那显然是牵强之举，令人难以信服。

究其原因，王国维的境界为本论在外显形式上是应和了中国传统诗话中有关情景说的固有材料，但在其内隐结构上则创造性地转化了西方的外来概念，尤其是"直观"（intuition）和"观念"（idea）这两个概念。王国维在论境界或意境时，曾在《人间词话》《〈人间词〉乙稿序》《宋元戏曲考》和《文学小言》等文中，先后提出了几个彼此关联的重要界定。如：

> 境非独谓景物也。喜、怒、哀、乐，亦人心中之一境界。故能写真景物、真感情者，谓之有境界，否则谓之无境界。（《人间词话》第六则）

> 何以谓之有意境？曰：写情则沁人心脾，写景则在人耳目，述事则如其口出是也。（《宋元戏曲考》）

> 文学中有二原质焉：曰景，曰情。前者以描写自然及人生之事实为主，后者则吾人对此种事实之精神的态度也。故前者客观的，后者

主观的；前者知识的，后者感情的也。自一方面言之，则必吾人之心中洞然无物，而后其观物也深，而其体物也切；即客观的知识，实与主观的情感为反比例。自他方面言之，则激烈之感情，亦得为直观之对象、文学之材料；而观物与其描写之也，亦有无限之快乐伴之。
（《文学小言》四）

另外，在《〈人间词〉乙稿序》中，王国维继而指出，

原夫文学之所以有意境者，以其能观也。出于观我者，意余于境。而出于观物者，境多于意。……故二者常互相错综，能有所偏重，而不能有所偏废也。

若将这些界定连接起来，我们就会发现如下事实：无论是构成境界的"真景物"与"真感情"，作为文学二原质的"景"与"情"，还是能使文学或诗词成其高格的"意境"或"境界"，其共同特性均在于"能观"，在于真切生动的可观照性，也就是来自心意所感、耳目所触的真情景或真境界及其活灵活现的可观照性。

其实，王国维所说的"观"，蕴含着"直观"与"观念"的基本特征。诚如他在《论新学语之输入》一文中所说："夫 Intuition 者，谓吾心直觉五官之感觉，故听、嗅、尝、触，苟于五官之作用外加以心之作用，皆谓之 (Intuition)，不独目之所观而已。'观念'亦然……Intuition 之语源自拉丁之 in 及 tuitus 二语，tuitus 者，观之意味也。盖观之作用于五官中为最要，故悉取由他官之知觉，而以其最要之名名之也；Idea 之语源出于希腊语之 Idea 及 Idein，亦观之意也，以其源来自五官，故谓之观，以其所观之物既去，而象尚存，故谓之念，或有谓之想念者。" 据我的理解，"常事曰视，非常曰观"。在王国维看来，这"观"类似于"凝神观照"(contemplation)，是五官并用再加心灵感应的直觉活动，是从观物之外形，经由心之觉会，到成物之意象的心理感悟和审美过程，由此会凝结或积淀为可以回忆和复现、令人念想、品察乃至玩味的"观念"性对象 (idealistic object)。

可见，王国维的"境界"说，是以"能观"论为基础的。循此逻辑，王国维的相关思想可以说是叔本华直观理念说的翻版。在叔氏那里，"世界是我的表象"。这"表象"(Vorstellung)不仅可以抽象地被思维，而且也

可以直接加以直观，由此可分为抽象表象和直观表象两类。当我们直观一个对象并将其判断为美的客体时，那是因为我们从中看到的不是个别事物，而是认识到一个理念（或理式，即希腊文中的 Idea，王国维将其译为"观念"或"实念"）。这种以审美的态度、艺术的眼光或纯粹认识主体的立场所直观的理念，不仅摆脱了时间，而且摆脱了空间，不再是浮现在我们眼前的空间形象本身，而是这形象所表现的纯粹意义及其最内在的本质。作为一位新柏拉图主义者，叔本华不仅认为这理念是永恒常在的，是真正本质的东西，而且是世界各现象的真正内蕴。天才的任务就是凭借艺术来复制这些由纯粹凝神观照而掌握的永恒理念，复制这些在世界一切现象中最本质和常住的东西。相应的，艺术的唯一源泉就是对理念的认识，其唯一目标就是传达这一认识。因为，理念（Idea）也是理想的典型（Ideal），是以先验的方式来补充大自然后验地提供出来的东西，对于艺术之为艺术具有极其重要的实践意义。

如此看来，"境界"之所以被称为探"本"论，主因就在于王国维以"能观"的本质性来说明"境界"的本根性，实际上也就是以叔本华的直观理念说来支撑自己"拈出"的境界为本说。在这里面，既融会了西方诗学传统中"艺术理想即典型"和"理念认识即本质"等学说的要素，同时也吸纳了中国诗话传统中情景交融与诗格"三境"（物境、情境、意境）等学说的成分。值得注意的是，王国维绝非食古不化或食洋不化的一般学者，而是贯通中外、立意创化的大家。以他本人的深厚学养、学术自信以及艺术经验，他从来不屑于机械照搬或简单挪用，而是采用跨文化参证方法，在互动互补和"学贯中西"的自觉意识中，将古今中外的概念、材料与文思熔于一炉，创造性地提炼和转化出一种斯义精绝、形同己出但又西学弘深的"境界说"，委实体现了"善行者无迹"的创化智慧。

另外，国内一些学者在理解王国维的两境界说时也存在望文生义或简单臆断的问题。大家知道，《人间词话》第三则与第四则对两种境界是这样阐述的：

> 有有我之境，有无我之境。……有我之境，以我观物，故物皆着我之色彩。无我之境，以物观物，故不知何者为我，何者为物。古人

为词，写有我之境者为多，然未始不能写无我之境，此在豪杰之士能自树立耳。

　　无我之境，人惟于静中得之。有我之境，于由动之静时得之，故一优美，一宏壮也。

通常流行的是如下几种解读：1) 只有"有我之境"，没有"无我之境"；2)"有我之境"与"无我之境"的区别在于诗词境界中抒情色彩的浓淡之别；3)"有我之境"与"无我之境"的差异在于诗词意象或形象的显隐程度差异。4) 援引邵雍的道学论观物说，使问题变得更为模糊。譬如，按邵雍所言："圣人之所以能一万物之情者，谓其圣人之能反观也。所以谓之反观者，不以我观物也。不以我观物者，以物观物之谓也。既能以物观物，又安有我于其间哉？"(《皇极经世全书解·观物内篇十二》) 再者，"以物观物，性也；以我观物，情也。性公而明，情偏而暗。……人得中和之气则刚柔均，阳多则偏刚，阴多则偏柔"(同上书，观物外篇十)。于是，"任我则情，情则蔽，蔽则昏矣；因物则性，性则神，神则明矣。潜天潜地，不行而至，不为阴阳所摄者，神也。"(同上书，观物外篇十二) 这里的意思主要是说：因循事物的本性来观察和鉴别事物，就会全而不偏，获得全面而深刻的认识，达到神明而洞透的境界。若以主观的态度或带着情感色彩去观察鉴别事物，就会因情感作祟而遮蔽事物的原貌，所认识的事物只能是偏而不全，只能获得片面认识。邵雍的说法不无道理，但是，若将认识一般事物真相的方法直接与体味艺术审美的境界直接勾连起来的话，不但无助于澄清相关的疑问，反倒使人如堕五里雾中，觉得更加不置可否了。

　　其实，辨识王国维的两境界说，不能仅仅囿于一个文本的箴言式概述，而要普查他的整个思想发展脉络和不同文本的相关阐释。譬如，在《〈红楼梦〉评论》一文中，王国维对此有过较为明晰的说明：

　　美之为物有二种：一曰优美，一曰壮美。苟一物焉，与吾人无利害之关系，而吾人之观之也，不观其关系而但观其物，或吾人之心中无丝毫生活之欲存，而其观物也，不视为与我有关系之物，而但视为外物，则今之所观者非昔之所观者也，此时吾心宁静之状态，名之曰优美之情，而谓此物曰优美；若此物大不利于吾人，而吾人生活之意志为之破裂，因之意志遁去，而知力得为独立之作用，以深观其物，吾人谓此物曰壮美，而谓其感情曰壮美之情。

从中可以看出，"有我之境"与"无我之境"起码具有三层意义：其一是指审美主体在审美观照时因不同心境与处境而获得的两种不同的审美感受，即动而静时的壮美感受，与静观自得的优美感受；其二是指艺术形象及其所描写的对象所构成的两种美学形态或形式，即优美的形态与壮美的形态；其三是说两种审美感受与审美形态是彼此相应的关系；其四涉及观物的方式，即无关利害与欲念的观物方式，类似于以物观物，故不知何者为我，何者为物。这容易使人联想到庄子的"吾丧我"之说，那实际上代表一种物我两忘、入神化境的状态。

进一步看，王国维两境界说的关键词不在"有""无"，而在"我"。此"我"与叔本华的生命意志说相关。至于"优美"与"壮美"的审美感受，与叔本华的动静直观论以及康德的美与崇高判断相关联。刘刚强在《王国维美学思想初探》一文中指出："王氏'有我之境'、'无我之境'中的'我'，并非指一般意义上的'我'而言，更不是指表现在艺术作品中的情感而言，而是指人的'意志'、'欲望'、人与外界环境的种种利害关系。王氏继承康德、叔本华的衣钵，始终认为美是无意志，泯欲望，即无利害关系的。审美观照纯属一种静观——'一种在任何意义之下都完全不计利害的观察'。"[1]

这是一种比较符合事实的解释，指出了理解"无我之境'和"有我之境"的正途。但是，按照我的理解，这里尽管可以据此逻辑将"无我"理解为一个无意志、无欲望、处于静观状态和不计物我利害关系的纯粹认识主体，但还不能简单地把"有我"视为一个相对立的概念，将其等同于一个有意志、有欲望和纠缠于物我利害关系的普通认识主体。这里的"有我"理应与动而静之的审美主体联系起来辩证地加以看待。这是因为"有我之境"中的"有我"，不是一般实用意义上的"有我"，而是一种审美意义上的"有我"。这里的"我"，在审美过程中是随着对象的外在形态与主体的内在心态变化而变化的。也就是说，这个审美过程是一个先动而

---

[1] 刘刚强编：《王国维美论文选》（长沙：湖南人民出版社，1987年），第232页。

后静的过程,即从壮美或崇高对象引发的震撼、惊恐乃至痛感而使人顿然想到物胜于我的强大压力和相应的危及自我的关系,这种压力或威力由于过分强大,以致使人的生命意志破裂,使人脱离开意志的干扰和纠缠,进而凭借知解力或"知力"的"独立之作用"而"深观其物",感悟者对象并不实际危及自己的生命财产,同时抛开这些联想或想象中的危害可能性,最终在超越这些外在压力、威力和内心的消极感受的同时,获得具有某种精神胜利的崇高感或壮美感。因为,有意志有欲望的"我"或"主体",是不可能得到安宁的,也无法进入审美状态,当然也没有所谓的"艺术胸襟"。诚如叔本华所说:"如果我们还是欲求的主体,那么,我们就永远得不到持久的幸福,也得不到安宁。至于我们或是追逐,或是逃避,或是害怕灾祸,或是争取享乐,这在本质上只是一回事。不管在哪种形态之中,为不断提出要求的意志这样操心虑危,将无时不充满着激动着意识;然而没有安宁也就决不可能有真正的怡情悦性。这样,欲求的主体就好比是永远躺在伊克希翁的风火轮上,好比永远是以妲娜伊德的穿底桶在汲水,好比是水深齐肩而永远喝不到一滴的坦达努斯。"[1]

显然,叔本华认为,审美的观察方式具有两种不可分的因素:其一是把对象不当作个别事物而去认识,而是直观地认识事物的理念或"事物全类的常住形式",其二是基于一种特殊的意识,不把认识主体当作个体的人,而是当作认识的纯粹主体或无意志的主体。相对而言,非审美的观察方式是基于根据律的认识方式,"是为意志和科学服务唯一适用的认识方式"。结果,在主体的"认识甩掉了为意志服务的枷锁时,在注意力不再集中于欲求的动机"时,在"不关利害、没有主观性"而进入"纯粹客观地观察事物的心境时,失去的是痛苦与焦虑的心境,得到的是安宁与怡悦的心境,这便是"神的心境",是"伊壁鸠鲁誉之为最高的善","我们在这样的瞬间已摆脱了可耻的意志之驱使,我们为得免于欲求强加于我们的劳役而庆祝假日,这时伊克希翁的风火轮停止转动了"。[2]

---

[1] 叔本华:《作为意志和表象的世界》(石冲白译,北京:商务印书馆,1982年),第273—274页。

[2] 同上。

这种心境，正"是认识理念所要求的状况，是纯粹的观审，是在直观中浸沉，是在客体中自失，是一切个体性的忘怀，是遵循根据律的和只把握关系的那种认识方式之取消；而这时直观中的个别事物已上升为其族类的理念，有认识作用的个体人已上升为不带意志的'认识'的纯粹主体，双方是同时并举而不可分的，于是这两者[分别]作为理念和纯粹主体就不再在时间之流和一切其他关系之中了。这样，人们或是从狱室中，或是从王宫中观看日落，就没有什么区别了"。[1]

可见，只有真正理解了王国维所说的"我"之本义，我们才能把握住两境界说的要旨。但要做到这一点，就需要从其思想根源出发，而不能局限于单方面的文本。也就是说，在解读王国维诗学与美学思想的过程中，照样离不开这种跨文化参证法。否则，就容易落入理论困惑、语义误读或逻辑强辩的陷阱之中。值得提醒的是，在还原式的跨文化参证研究中，一方面要注意中译文、英译文与德语原文之间的差异，另一方面更要注重消化古今中外理论学说的同时提高自己的创化意识，相关的问题还有待于深入探讨。

"温故而知新。"纵观中国学术研究的现状，很少有人感到满意。与王国维所生活的那个动乱时代相比，现在的条件好多了，待遇高多了，出书多多了，但真正具有创新意义和较高学术价值的成果似乎并不多。说一句不中听的实话，我一直觉得在西学东渐百余年后的中国诗学与美学领域，真正具有深度、创造性和理论意义并且值得批判反思的学说，依然首推王国维的"境界说"，其次要数李泽厚的"积淀说"。至于其他所谓的新说要论，大多由于根底尚浅而枝叶不够繁盛，进入学术流通渠道后往往行之不远，其历史效应几近于雪落黄河。如今，要改变这种情况，要建构新的理论，要发展有根的学问，我觉得王国维贯通中外的创化之道，也就是上面所说的那种跨文化参证方法，很值得我们学习和借鉴。至于处在全球化语境中的中国人文创化事业，我觉得不光要依靠一些真正热爱学术和超越世俗名利的荒江野老似的素心人，也要依靠一批真正具有学术文化使命感以及社会历史责任感的大学者。

---

[1] 叔本华：《作为意志和表象的世界》，第 274—275 页。

十六　诗化哲学与文体刍议[1]

希腊古典时期，一度有"诗歌与哲学之争"。今天，我们的会议主题是"文学与哲学的对话"。在中国古代，文学与哲学不分。譬如，《庄子》一书，既可当文学读，也可当哲学读。现如今，无论东方还是西方，人们都习惯于从学科划分和话语模式的角度来判别文学与哲学的不同。一般说来，文学主要依据诗性思维（poetic thinking），哲学主要依据哲学思维（philosophical thinking）。基于形象隐喻的诗性思维，主要把真理还原为意义；而基于逻辑推理的哲学思维，主要把意义还原为真理。这两者之间的相互影响及其相互作用，在海德格尔看来，的确成了一个思维问题（a matter of thinking），现如今也成了我们思考与讨论的问题。

诗化哲学及其书写形态

今天上午主要讨论"诗化哲学及其书写形态"。诗化哲学曾经是20世纪80年代的热门话题之一，当时主要是承接德国浪漫主义者的思想理念、思维方式和书写形态而展开。有的学者认为，"诗化哲学"这一称谓是中国学者的创造发明。我估计这是一种创造性的挪用或变通。妄加推测的话，可能是从 poetic philosophy 转换而来。Poetic 表示"诗性的""富有诗意的"或"具有创意的"。所谓的"诗学"（poetics 或 poiesis），在原初意义上是指"创造或制作的艺术"。所谓的哲学（philosophy 或 philosophia），在原初意义上是指"爱智求真"。如此看来，poetic philosophy 可以直译为"诗性哲学"，展开来也可解释为"富有诗意和创意的爱智求真之学"。要深入讨论这一点，我以为维柯所谓的"诗性智慧"与德国浪漫派所谓的"诗

---

[1]　此文写于2015年，用于"京东学苑论坛"发言。

化哲学",都是可供参考的理路。

　　当然,我们也可以从具体的文本入手,来探讨和体味"诗性哲学"或"诗化哲学"的基本特征与写作形态。就我个人有限的阅读范围而论,柏拉图的《斐德若篇》《会饮篇》和《理想国》,庄子的《内篇》《外篇》和《杂篇》,都是很有代表性的"诗化哲学"文本。研究柏拉图思想的方法颇多,大体上可以分为三类,也就是哲学的方法、文学的方法、哲学与文学兼顾的方法。这第三类方法,就涉及文学与哲学的不同性相和相互作用。其实,柏拉图的写作形态,主要是介于密索斯(mythos)与逻各斯(logos)之间。前者主要源于希腊神话、荷马与赫西俄德的史诗等文学资源,主要讲述诸神谱系、矛盾斗争与神人关系等;后者主要基于毕达哥拉斯学派的数学几何方法及其逻辑推导方法,旨在探寻真正而可靠的"知识"(episteme)或"真理"(aletheia)。无论科学怎么发展,我们人类多多少少都有某种原型观念、神话意识乃至神话制作意识,对于神话传奇所陈述的道理,即便是相当纯朴、相当幼稚,人们对此也总有某种认同的心理倾向,会在有言或无言、有意或无意之间,将其视为远古智慧的不朽遗教或值得传承的永恒智慧。在柏拉图早期和中期的对话行文中,当对话各方在讨论一些相关问题而陷入争论时,柏拉图经常会引入密索斯,以讲神话故事的方式陈述某种观点。譬如,在《理想国》里,当对正义或教育问题的讨论进入高潮时,柏拉图会巧妙地切入话题,分别插入了戒指喻、日喻和洞喻等密索斯。结果,争论双方暂且达成共识,承认其中隐含的那种似乎不可辩驳的道理。我将这种写作方式称之为"话语转向"(discourse shift)。这种话语转向的特殊效应或功能如上所述,最起码在当时的社会文化语境中是如此。由此而产生的文本,即便现在读来,也觉得相当鲜活、生动,而且富有启示意义。我们阅读哲学文本,无疑要领会和把握其思想要旨、思维方式、逻辑结构及发展脉络,但也经常会为有趣而生动的例证拍案叫绝。这自然使我想起这样一种说法:如果让一位哲学与一位诗人同台讲演,过后人们一般记住的是诗人,而忘掉的是哲学家。这如同读哲学文本,一般读者总会轻易地记得有趣而生动的例证,对于其逻辑结构与抽象理论,要想记住就得颇费功夫。真正研究哲学的学人,也许不会这样,但他们对于这类例证想必也是记忆犹新,经常引证。

在中国，我觉得庄子的写作形态主要是介于寓言与道论之间。前者不仅讲寓言故事，而且也借用许多"无端崖之辞"，其用意在于说明或阐发那些看似"谬悠""荒唐"的学说，实际上则是宏大深远的道论。按庄子的说法，那是因为"以天下为沉浊，不可与庄语"，故而"以重言为真，以寓言为广"，借此使"其理不竭，其来不蜕，芒乎昧乎，未之尽者"。譬如，在《齐物论》中，作者为了由近及远、推而论之有关道理的内涵，在最后两节中一连讲述了五个寓言故事，从"尧问于舜""啮缺问乎王倪"一直到"庄周梦蝶"。庄周梦蝶，的确是微言大义。其中，蝴蝶之象，代表色彩斑斓的审美对象；蝴蝶之舞，栩栩然且自喻适志，意味着自由与快乐的形态和感受；庄周与蝴蝶之合，如"不知周之梦为蝴蝶欤，蝴蝶之梦为周欤"的梦境所示，象征着物我为一的无差别境界，实为审美自由与精神自由境界（可以《梁山伯与祝英台》中的"化蝶"为例）；庄周与蝴蝶之分，如"周与蝴蝶，则必有分矣"的醒悟所言，表示物我别异的有差别状态。那么，从物我别异到物我同一何以可能呢？庄子认为要依靠"物化"这一途径。从"物化"这一精神现象来看，我们可以说事物之间的别异不是绝对的；另外，从主客合一到万物齐一是可能的。深加追究的话，庄子是在借助这一寓言来喻说自己的人生智慧。这种智慧可以简单概括为不为物役，离形去知，与道为一，进而可以归结为精神自由与独立人格。

　　在现代社会语境下，特别是在商品社会的重重压力下，人之为人的问题以及自由的问题又凸显出来。当然，人对自由的追求有不同的途径，譬如追求政治、言论、宗教、审美或精神的自由等等。关于精神自由，在中国文化传统中经常同深层的、理想化的和道德化的审美自由紧密联系在一起。要达到这一境界，需要自省和修养的功夫，需要具备"自我转化"的能力。庄周梦蝶不仅是一个非常有趣的寓言故事，也是一种富有诗情画意的"自我转化"方式，同时也是一种富有哲理的思想遗教。尽管人们对此会有不同的解读，会从中得到不同的启示，但无论对此是真正思索还是一笑了之，总是无法遗忘这一喻说。况且，在衣食无忧的情况下，要想不被欲望牵着走，若能像庄子那样梦一梦蝴蝶或者欣赏其他优美自然、富有诗意的东西，也不失为一种静心养性乃至养神养生的途径，一种既经济实惠而又随意有效的途径。

文体问题

　　文体的确很重要。正是韵文和散文这两种写作方式，在希腊古典时期形成了两种不同身份的作家。在《理想国》第四卷里，柏拉图专门提到古来有之的那场诗歌与哲学之争，他还列举了四句引言，其中一半是诗人嘲笑哲学家的，大意是说他们自以为是，写出来的东西艰涩难懂，干巴巴没有可读性；另一半是哲学家嘲笑诗人，说他们想入非非，多愁善感，瞎说乱道，不能给人提供真正的知识。在古希腊雅典时期，最早通用的教科书是史诗，包括荷马和赫西俄德的史诗作品，这种韵文写作方式及其作品，在当时占据主导地位。早期希腊哲学的一些术语，譬如太初、混沌、万物、以太、星辰等等，也是从史诗中的抽取出来的，或者说古希腊早期的诗歌与哲学一度是搅和在一起的。如果从文体上分别，也可以说是先有诗歌，后有哲学。一开始，用散文写作的一些哲学家，不容易争取到受过史诗教育多年的读者或听众，于是也效法诗人，用韵文来写哲学。譬如，巴门尼德努力用史诗的六脚韵来表达抽象的思考，其中包括"存在"或"是"以及"万物有四根"等玄妙的东西；恩培多克勒也用韵文书写哲学。到了古罗马时期，这种遗风流韵依然存在，卢克莱修用韵文书写哲学，他的著作《物性论》就是代表。

　　现在我们讲哲学危机，西方学者也谈哲学危机，我觉得现行的过于抽象烦琐的哲学书写方式，可能是导致这种危机的众多原因之一。本来，书写哲学的作家写东西是给人看的，是通过说理和推理来传达相关的思想观念的，但你写了一大堆，子丑寅卯，从概念到概念，读者不买账，专家也不愿意读，所以也就传播不出去，导致了无人理睬、更无人喝彩的尴尬局面。现在越来越多的人开始重视话语伦理，希望把要想的想清楚，把要说的说明白，我看还得把要写的写生动，这种生动当然不是漫无边际的修辞装饰，而是有内容的，有寓意的，有格调的，兼顾情理与逻辑的。譬如，毛泽东讲实践问题，以吃梨子和学游泳为例，通俗易懂，在当时很能引起普通读者的关注。庄子讲"有待"与"无待"这一对概念，拿列子御风而行的故事来说明，这很富有想象力和诗性智慧。海德格尔讲存在与时间，讲向死而生，这种沉重的哲学话题不一定会引起广大普通读者的兴趣，但他后来借用荷尔德林的诗句——"诗意地栖居"，反倒引起大家的更多关注。这表明诗性的书写方式或诗化哲学的表达方式，是很有趣的一种现象。当然，国内有人在引用和解读"诗意地栖居"时，习惯于从中国式的思维出发，假定海德格尔所说的"诗意地栖居"，类似于陶渊明式的生活方式，类似于"采菊东篱下，悠然见南山"那样的散淡情调。实际上，海德格尔所讲的"诗意地栖居"方式，不是那么简单。从他对"艺术的起源"的分析来看，从他对凡·高的画作《农鞋》和古希腊神庙的分析来看，"诗意地栖居"方式不只是包含着幸福和快乐，而且也包含着痛苦与艰辛，更不用说伴随人世的生死命运等问题了。如果说艺术是"诗意地栖居"状态的一种反映或表现方式的话，那艺术不只是审美愉悦的语言，而且也是苦难受难的语言。惯于"诗意地栖居"的艺术家，在艺术创作过程中，甚至承载着双重的苦难经历，一方面是涉及人类生存状态的苦难事件本身，另一方面是自己感同身受的苦难体验。这无疑是一个很大的话题，需要专文予以论述。

十七　艺术鉴赏与敏悟能力[1]

在科技主导生活与思想的大背景下，因应大众对视觉艺术不断增长的兴趣，奥斯本（Harold Osborne）[2]撰写了《鉴赏的艺术》（*The Art of Appreciation*）一书。该书旨在探寻各门艺术鉴赏中的共相，注重开发理智性的批评方法，尤其注重训练和运用人的感悟能力，认为只有通过不断的训练和使用这些能力，人们才能够真正理解和欣赏艺术作品。相应地，此书兼顾基本理论与应用技能的探讨，彰显出言之有据的论述方式，力图把抽象的理论与具体的绘画批评以及审美体验紧密结合起来，因此在艺术美学研究领域产生了久远的影响，成为20世纪西方美学的一部经典之作。[3]

在奥斯本看来，艺术鉴赏原本是一种技能（skill）或敏悟活动（percipience），是鉴赏者对环境的一种意识能力；艺术鉴赏的价值则在于完善人性，完善人类能力本身。在这部内容丰富、论说翔实的著作里，作

---

[1]　此文是作者为奥斯本《鉴赏的艺术》（成都：四川人民出版社，2006年）一书所撰译序，收入本书时有修订。

[2]　奥斯本是英国知名美学家兼艺术理论家。作为英国美学学会（British Society for Aesthetics）的创建者之一，他从1960年以来长期担任该学会的执委，同时担任《英国美学杂志》（*British Journal of Aesthetics*）主编多年。里德爵士（Sir Herbert Read）1968年辞世以后，奥斯本接任国际美学委员会英国代表一职。奥斯本著述甚丰，主要美学论著有：《美论：美学导论》（*Theory of Beauty: An Introduction to Aesthetics*, 1952）、《美学与艺术理论》（*Aesthetics and Art Theory*, 1968）、《美学与批评》（*Aesthetics and Criticism*, 1969）以及《鉴赏的艺术》（*The Art of Appreciation*, 1970）；其他编著包括《价值哲学的根基》（*Foundations of the Philosophy of Value*, 1933）、《安第斯山脉的印第安人》（*Indians of the Andes*, 1963）、《现代世界中的美学》（*Aesthetics in the Modern World*, 1969）、《南美神话学》（*South American Mythology*, 1969）与《牛津艺术指南》（*The Oxford Companion to Art*, 1970）等。

[3]　同一时期（20世纪70年代）属于"艺术鉴赏丛书"的其他论著包括：高尔杰（Sinclair Gauldie）的《论建筑艺术》（*Architecture*）、罗杰斯（L. R. Rogers）的《论雕塑艺术》（*Sculpture*）、罗森（Philip Rawson）的《论素描艺术》（*Drawing*）、欧文（Peter Owen）的《论绘画艺术》（*Painting*）。

者不仅深入讨论了审美体验的本质及其相关的最新理论学说，而且客观地评估了历史学、社会学以及技术信息对于艺术鉴赏活动作出的种种贡献，同时还从跨文化的角度出发，颇为深入地阐述和比照了东西方艺术鉴赏理论的相互关系。

譬如，奥斯本经过相关的引证和分析后，深有感触地指出：总体看来，东方的印度传统美学比西方的美学更加关注鉴赏者的内心与主观方面。在印度，艺术家的创造能力与鉴赏活动通常被视为需要心理克制的个人虔诚境界，这种心理克制类似于瑜伽中旨在获得心灵觉悟的各种形式的自我精神控制。艺术愉悦在不同程度上类似于性交的快感，不同层次的鉴赏会逐渐获得喜悦的心灵渐悟与提升。此种喜悦近于人在实现人神灵交或与绝对达到形上统一时所获得的那种超验的"喜"（bliss）。印度思想大都蕴含形而上与宗教性的观念，其中"喜"与"味"（rasa）这些观念，能够弥补西方思想中所缺失的深刻洞悉能力。

从历史上看，无论是西方还是东方，许多古代审美概念均源自一些修辞学和诗学。与古希腊一样，印度美学最初也是源于诗、舞、剧。"味"这一术语似乎原指戏剧精华部分的根本性质，后来将其扩展至诗歌领域，随后又延伸到各种视觉艺术。到了阿毗纳瓦笈多（Abhinavagupta）那里，"味"的意义从客体转向主体，"味"的概念成为描述审美愉悦的一般术语。质而言之，"味"源于情感沉浸于某种艺术形式的凝神观照，往往是令人愉快的，即便是在心意状态中含有一种痛苦的情感时也是如此。"味"既不是直接的情绪反应，也不是以移情的方式完全投入于呈现对象中的情感。"味"产生的前提是：感知者心中被唤起一种脱离其现实自我的基本情感状态。在印度文学中，此种情感通常被称为"一般化情感"，而对某件具体艺术品的领悟所带来的心意状态，则被称为"自我实现"或"解放"，后者最终引向超验的"喜"。感知者在此种领悟阶段的心意状态被称作"静谧"或"沉静"，艺术品中与感知者的"味"相对应的部分被称为"暗示"。因此，"味"的核心是清晰、明澈的认识。值得注意的是，仅靠普通意义上的知识，是不能实现此种认识的，因为"味"是一种直接的领悟，摆脱了一切障碍（如有碍于同情感知的种种心态：想象力匮乏、把舞台上的表演视为单纯历史事实的倾向、缺少兴趣、缺乏体验、被所表现的情感搞得晕头转向等等）。"味"本身是一种"兴味"（relish），维瓦纳沙（Visvanatha，14世纪）将其描述为意识的延伸，也称其为"神妙"（wonder），即凝神观照所固有的一种非凡的愉悦。看得出来，印度美学中的"味"与"神妙"，与中国古典美学中的"味"与"妙"等思想观念，在一定程度上具有类似的特点，我们兴许可以将其称为"远亲相似性"。只不过中国美学传统中的"味"论，与"美"相若，最早起源于尘世生活中食物的美味与品味食物时的美好感受，很少带有宗教的色彩。在其转化为欣赏美的事物与美的艺术的一般化术语之后，"味"与"韵"开始连用，所涉及的心理反应特征或审美体验模式，与印度传统美学中的"味"说有相似之处。克里希纳莫西（K. Krishnamoorthy）有关凝神观照的论说，也的确显示出这一点：

> 当一个关乎人情的情景以艺术形式呈现出来（往往作为自然的对立面）时，批评家不会直接进入沉静的巅峰心意状态。他首先需要从不同角度获取种种印象，这些印象的获取往往是同时发生的。他的想象力的敏感帮助他感受，而他的智力则帮助他整理所感受的东西。当想象力与智力渐渐滑向意识的边缘时，他便进入了一种高度沉静的审美状态，此种状态是其自身的目的……批评家同时意识到对诸多部分的最初欣赏，片刻之间，这些意识便融入"味"中。对部分美的欣赏是认识整体美的前提，尽管部分之美绝不等同于整体之美。没有认识到一幅画各个部分的完美，就不可能认识到整幅画的优美……因此，正如欢增（Anandavarhana）本人指出的那样，尽管"味"被视为审美体验的精髓，它也不会无视对部分的专业鉴赏，反而言之却并不正确。仅仅对部分的鉴赏不能确保"味"的鉴赏。[1]

当审美凝神观照最终进入高潮时，就会体悟到类似于人与绝对合二为一的瑜伽体验所产生的至高精神喜悦。此种观念的最终发展结果是：它试图把审美愉悦与宗教心醉神迷的"喜"相类比，以此赋予"味"某种类似宗教的地位。维瓦纳沙对这种观念的简要概括是："味"源于纯粹的升华，它浑然一体，无须任何外在证明，它是愉快之情与深刻思想的融合同一，它脱离了与一切外在事物的联系；它近于梵天（Brahma）的实现，是后者所体现的那种超凡出尘的神妙生命状态。只有达到物我统一

---

[1] Harold Osborne, *The Art of Appreciation* (London et al: Oxford University Press, 1970), pp. 206-207.

的人才能体验真正的"味"。欧尼斯特·伍德（Ernest Wood）在其《论瑜伽》（Yoga）一书中，也曾以审美凝神观照为例来说明何为瑜伽的喜悦或沉醉。如他所言：这（指瑜伽带来的喜悦）不是一种情感状态，而是一种审视和领悟过程。这里没有偏见，没有来自记忆或过去的干扰，此刻的体验也不受任何比较与归类的影响。如果你正在欣赏一幅画，并感叹道："它多么美呀。看这边的这些树，那边的那条小溪，还有那山坡上的阳光……"此时你正体验着细察的快乐。这种对部分的细察逐渐会引导你把注意力转向图画的整体。在此过程中，你先是很好地领会了各个有趣的部分，接着又把它们合为一体并最终察觉到图画的整体统一性。但是，如果你一开始就"纳入"整幅图画，既毫无遗漏，也未曾游离于各部分之间，你将获得关于整体的令人欣喜的发现与体验。当然，为了这个目的，你所欣赏的必须是一幅好画，换言之，画布上不能有哪怕是最轻微的多余之笔，就像一个完美的人体，既要完整无缺又不能有任何的累赘（譬如在正常的拇指一侧长出一个多余的拇指）。

　　经过对比，奥斯本还发现，西方在讨论审美体验时，偶尔也会出现宗教神秘主义的语言，譬如，泛神论者在谈论人与自然之间的交流时所提及的具有审美成分的种种体验。在此语境中，约翰·杜威（John Dewey）曾言："敏锐的审美屈服于神秘的性相，使审美体验与宗教家称之为的狂喜的人神灵交（ecstatic communion）如此契合。"[1] 但总体而论，印度美学描述审美愉悦时惯常使用的语言，在多数西方人看来显得有些言过其实，这自然会使他们颇感诧异，同时也使他们甚觉新奇。要知道，每个人所处的文化环境，都在很大程度上塑造着他对事物的态度与体验，同时也自然而然地形成了他们描述各自体验的特殊语言及其表达方式。相形之下，印度文化传统显得更为关注宗教的凝神观照、瑜伽训练以及形而上的体悟；而西方文化传统则更注重审美凝神观照对"生命的提升"（life-enhancing）以及由此带来的愉悦感或欣快感，这类似于"自我实现"（self-fulfillment）的感受，有助于借此激活那些在日常生活中处于麻木状态的各种感知能力。总之，把审美凝神观照与宗教凝神观照作一比较，就会发现二者之间颇为有趣的近似性，即：二者都要求在全神贯注的同时摆脱

---

[1]　John Dewey, *Art as Experience* (New York: Putnam, 1934), p. 28.

普通外部意识与自我意识；彼此都涉及直接的直觉领悟而非理性推理；双方的注意力都是向外指向一个心理对象，伴随着凝神观照的继续，对这一对象的认识会更加充分；此外，二者都设想一种以沉静感和自我实现为特征的最高心意状态。

本书的读者还将发现，当奥斯本把鉴赏界定为一种敏悟活动时，他的论述重点主要是以审美态度来实现审美对象的凝神观照过程。在对这一态度与过程的分析中，他不仅援引了布洛的"心理距离"说与海上观雾的特殊体验，还援引了海兹拉伊（Pepita Haezrahi）对秋天观叶的心理描述：

> 叶落了。随着细微的响声，一片秋叶从高高的树上飘落下来。红色中透着金黄。叶落时直接穿过树枝，然后在空中犹豫片刻，在最低层的树枝下飘了一会儿。在阳光的照射下，上面的露珠光彩熠熠，雾气蒙蒙。现在，落叶在空中画出一个悠然的弧形，在最后落到地面之前又在空中滞留了片刻。
>
> 你见证了叶落的全部过程。其中有某种东西使你惊奇得透不过气来。你周围的城镇、乡村和花园已被忘却。时间陷入停顿状态。你的思路也被打断。树叶上的金红色泽，飘落时弧形的优美形式，充满了你的整个意识，充满了你的心灵。好像你的存在，就是为了凝视这片树叶的下落似的，倘若你有其他关注的事情和目的，那你已经将其抛到了脑后。你不知道这个过程持续了多久，也许只是短暂的一瞬，但却包含一种永不过时的特性，一种永恒的特性。你因此获得一次审美体验。[1]

心灵与关注所形成的这一态度，不仅出现在上述体验之中，而且使该体验成为可能。但不同的职业背景与观看态度，会导致不同的观看结果。按照海兹拉伊的假定，农夫、植物学家、心灵敏感者与诗人在观叶时，各自的体验是相当不同的。**农夫**看到叶落时在空中画出的弧形，他会从中推导出风向或迫近的降雨，因此会匆匆忙忙地走开，在下雨之前赶紧做完所有农夫该做的事情。**植物学家**看到叶落，他会想到今年的叶落早于以往，因此捡起一片，检查其毛细管，看看是什么症状或其他原因导

---

[1] Cf. Harold Osborne, *The Art of Appreciation*, p. 25.

致叶脉组织衰竭等等。**心灵敏感**的人在看到叶落时，则会思考人世的短暂，人生的不确定性，人性的易变，通常会沉浸在忧伤的思虑之中。**诗人**在看到叶落时，有可能会也有可能不会从审美的角度去体验这一经历，但他一定会想出可能在下一首诗中所采用的一个诗韵或节奏，或者想出一个令人惊叹的隐喻。我们这里将要思考如何来分析观看叶落的审美体验，假如能够诱导某人经历这种体验的话。唯有经历过这一体验并乐于停留在这一体验中的观者，无意从中得出什么结论或进一步将其加以利用，也无意从落叶的已知体验背后去追究其中可能的原因（譬如导致植物组织衰弱的原因）或象征的意味（譬如人生短暂），而是依然徜徉在审美的领域。除了看到观者观看落叶的方式之外，你将会发觉观看落叶的种种其他方式所具的有两个共同特点。第一，它们都试图把落叶的发生同落叶之外的事情联系起来，试图在某个由界说分明的因果关联所组成的系统中为落叶寻找一个位置。第二，试图把落叶的发生与生活中种种令人关切的问题联系起来，想利用落叶来达到某种外在的目的……唯有观者本人无意将落叶同落叶之外的任何事情联系起来，也无意利用落叶来达到任何其他目的。他视落叶为一整体，一个完整、绝对和珍贵的自在，只是一味地关注落叶本身，既无必要对其加以解释，也无必要对其加以利用。因此，我们将这一观者的态度说成是非功利的态度，即一种纯粹关注的态度，一种无私的、几乎忘我的关注行为，一种非物质的或精神性的"凝视"。事实上，我们已经把这一行为描述为凝神观照行为或凝神观照态度。

有趣的是，奥斯本认为，布洛的海上观雾假设与海兹拉伊的秋天观叶描述，均是从审美凝神观照的态度出发，比较详尽地确定了一种体验模式；这一模式尽管从性质上说是偶发的，但却可以培养，可以让众人驾轻就熟地加以运用，以此来调动自己的审美情趣和深化自己的审美体验。为了达到这一目的，奥斯本特意列举了审美凝神观照过程中可能涉及的八点心理特征：[1]

其一，要在审美感知对象时集中注意力，要全神贯注于对象身上。为此，有些艺术有意采用种种手段来促成注意力的集中，有意把对象从其

---

[1] Cf. Harold Osborne, *The Art of Appreciation*, pp. 27-37.

所处的环境中孤立出来。譬如,绘画是固定在画框之内的,这就使其与周围的墙壁隔离开来,从而限制了视域,帮助人们把注意力固定在画框之中的范围。

其二,将对象孤立起来以吸引注意力的潜在意味,在于我们不以推理的方式来思考对象或者将其概念化。我们不以如此这般普通常见的分类特征与诸如此类的区分特征,把对象划归为某一类别;我们也不去思考对象的起因或者有目的地利用对方的实用价值及其效应。我们的兴致与注意力被对象紧紧抓住而不旁牵它涉。与此同时,鉴赏家也要具备一定的相关知识,要将艺术品作为一个单元固定在系统性的语境之中,以此来建立各个作品的起源及其社会学内涵,总结其艺术风格与其他对比结果,追踪作品所经历过的各种变化。

其三,一旦从某物得到审美感悟,我们就不再去分析其构成要素之间的相互关系。我们在感知对象时,的确将其视为一个由彼此关联的部分所组成的复杂结构,而整体正是由这些相互关联的决定性部分组成的。我们可以分析各个组成部分的象征意义,因为这有助于观众获得对此画的审美认识,也有助于引导观众关注这幅画中有意味的特征。但这种做法本身并非审美的关注模式,不能取代就画观画的做法。根据格式塔心理学的完形结构原则,我们更应关注整体,而不应把注意力分散在局部。

其四,审美体验具有"此时此地"的特性("here and now" character),所关乎的是当下的审美感受。但由于文化、社会与心理历史的原因,我们当前的经历或体验往往会染上期待未来和回想过去的色彩。我们也习惯于为了实际意义而关注未来与过去。因此,每当我们心存期待之时,每当我们感到焦虑、理解、希望、自信或狂喜之时,每当我们意识到某种东西可疑、危险或无害之时,我们总是依据关乎未来的意味来塑造或支配我们当前的体验。所以,当我们感到惊讶、失望、后悔或自我庆幸时,当我们从熟悉的舒服感中得到安慰或受到陌生感的困扰时,我们是在有选择的以往语境和影响中体验着当前。所有这些态度与情绪,对审美凝神观照而言都是不相关的,尽管这些东西会进入艺术品的内容或我们凝神观照的对象里面。

其五,假如审美的凝神观照是指把注意力固定在所展示的对象上,或者是指让我们进一步认识感知对象的一个过程，这就意味着那些让诗化的敏感性乐不可支的沉思默想与想象的游戏，对审美入迷状态来说也是无关紧要的了。因为，这种想象的游戏会转移人们对对象的注意力，会弱化人们对对象的入迷程度。看到落叶就会默想并将其视为短暂的象征，这种人还会继而冥思所有尘世事物的短暂性，冥思人生的短暂性，凡此种种，不一而足，但他唯独不从审美的角度去凝神观照这片落叶。

其六，审美兴趣是不可或缺的。康德曾言："为了在鉴赏的问题上发挥判断者的作用，你万万不能为了事物的现实存在而有丝毫先入为主的东西，在这方面你务必要保持完全漠然的态度。"[1] 要知道，否认对审美对象的存在感兴趣这一说法，是康德从 18 世纪英国作家那里继承下来的，可这一说法经常被人误解。作为讲究实际的爱美之人，我们对优美事物的继续存在会感兴趣。假如我们现在凝神观照且欣然而乐的宫殿是并不实存的海市蜃楼的话，那我们就不能以同样的方式再次看到和欣赏其美了。在鉴赏的过程之中，当我们以审美的方式关注对象之时，其实存与否则是不考虑的或不相关的事情。审美的凝神观照，一般只与呈现在眼前的对象或其表象有关。

其七，审美凝神观照一直被描述为一种着迷入神状态，其实不仅如此。我们会对一个谜语、某项研究或一场足球比赛着迷，儿童会对一个童话故事着迷。无论什么时候什么东西引起我们的兴致，我们都会因为感兴趣而对其着迷；我们着迷的程度取决于兴趣的强度，这种兴趣当然与当时吸引我们的东西相关。不过，在审美观照过程中，注意的范围缩小了，平常实用性的关切被搁置起来了，我们的认识模式限于直接的敏悟。当然，着迷入神并非总能如愿以偿，也会遇到挫折。即便当我们努力追求享用审美体验的明确目的时，当我们参加一场音乐会或参观艺术博物馆时，我们也许没有心思、不在状态，其他利益的侵入或实际焦虑的支配，在很大程度上占据了我们的注意力，并且使我们的意向受挫。不过，当审美观照获得成功、着迷入神时，就会丧失主体的时间感、地点感以及身体意识等。我们会超然物外，与审美对象合二为一，全神贯注于审美对象之上，进入审美凝神观照状态。

---

[1] 参阅康德：《判断力批判》第 1 部分第 2 节。

其八，审美幻想的契机可以有意追求，也可能不期而遇。任何事物都有可能成为审美关注的对象，但不是任何事物都能够维持审美式的关注。只有意识得到扩展或多样化，注意力才会得到延长。在其他条件下，人为地固定与延长注意力，必然会导致妄想、瞌睡或自我催眠。倘若我们强迫自己在力所不及的情况下主动地关注一个审美对象，我们的关注方式会从审美转向推理或分析。艺术品是特意设计出来的审美对象，尤其适应于延长和重复审美敏悟活动。如若获得成功，艺术品要比任何其他东西更能维持审美注意力，而且能够为敏悟提供更为充足的领域。多年的研究与体验，半生的见识与历练，有助于充分地鉴赏伟大的艺术品：我们比平时更为清醒、更加警觉，我们的感官发挥作用的压力更大、更为有效，而且比其他时代享受着更多的自由，并在发现新的洞见的同时使其经常得到酬报。当一件作品不再能为我们提供新的东西时，审美厌倦（aesthetic boredom）就会随之而来。

总体而论，奥斯本对格式塔心理学美学具有深刻的理解和独到的看法，对艺术鉴赏过程中的完形结构也有深入的分析，对审美享受的精神向度与享乐主义的感官娱乐进行了区别，同时还提出了感觉间性（intersensory qualities）等诸多有趣的理论观点。当然，在阅读此书时，也会遇到某些概念互换与经验逻辑方面的困扰，其部分原因在于作者是一位艺术理论家与评论家，在使用概念上颇为灵活，习惯于把特性（qualities）、属性（properties）、特征（features）、特色（character）等术语混合使用，需要根据具体语境予以甄别。鉴于该书中译本即将出版，诚待读者解读判析，这里就不再赘述了。

十八　从禅宗公案来审视丹托的艺术观[1]

1917年，法国前卫艺术家杜尚（Michel Duchamp）将一件男用的白瓷小便器命名为《喷泉》（La fontaine），送交在纽约举办的阿摩利艺术展（Armoury Show）。这玩意儿本属于工业陶瓷制品，是一家名为姆特（Mutt）的制品厂所产，其用途是西方男性非常熟悉的。现在，它通过杜尚之手与厕所的管道分离了，朝上放置在那儿，像一只一动不动的乌龟。只要观众看到这东西，自然会想起站在它前面撒尿的一幕，会令人感到不快或恶心。杜尚的这件"作品"遭到评委会的拒绝，其"作者"为此还专门提出诉讼，要评委会道明缘由。这一事件在艺术界曾造成不小的轰动，不仅引发出"何为艺术"的争论，而且再次勾连起"艺术终结"的议题。不过，不少人的好奇心使杜尚名声大噪，随后有人以高价订购这件"作品"。据说，有一段时间，顾客盈门，供不应求，杜尚从姆特厂家购进一批同样形态的小便器，签名后又以高价售出，购买此作的就有纽约悉尼·贾尼斯画廊和米兰施瓦茨画廊。事实上，杜尚"相继推出8个签名并编号的相似作品，就像他发表一套相同的腐蚀版画一样"。

20世纪60—80年代，美国哲学家丹托借助杜尚的这件《喷泉》以及罗申伯格的《床》与沃罗尔的《布里洛盒子》等现代作品，在追问现成品（ready-mades）何以成为"被偶然发现的艺术"（found art）或"艺术品"（artworks）的同时，他提出了"艺术界"（artworld）的概念。对艺术的终结与死亡问题进行了重新思索，与此相关的论点比较集中地见诸《艺术界》《日常用品的变形》《艺术的终结》以及《艺术终结之后》等论作中。其中，他强调指出，这些作品在外形上与男厕所里的小便器、卧室里的睡床和超市里的布里洛肥皂纸盒毫无二致，但为什么有人会把前者视为艺

---

[1]　此文发表于《中国社会科学院院报》，2007年8月21日。

术品，而把后者视为物品呢？其主要原因在于"艺术界"。构成这一"艺术界"的要素是"艺术理论的氛围和艺术史的知识"（an atmosphere of artistic theory, a knowledge of the history of art）。一个人之所以将某物构成或视为艺术品，正是因为他根据自己了解的艺术界所提供的艺术身份（artistic identification）。否则，他永远不会观照艺术品，而只会像儿童一样，只会眼见为实，就事论事，看到什么就是什么。由此可见，如果没有艺术界的种种理论与历史，上列现成品也就不会被当作艺术品。

有趣的是，丹托为了进一步强化自己的论点，为了说明现成品为何被视为艺术品，特意引用了禅宗的一则公案。其大意如下："三十年前未参禅，见山是山，见水是水；参禅之后，见山不是山，见水不是水；而今悟得禅，见山仍是山，见水仍是水。"按照美国学者汤森德（Dabney Townsend）的注释，这则禅宗公案源自"理禅形式更为极端的《金刚经》"。实际上，此则公案来自宋代普济所编著的《五灯会元》，所记内容为吉州青原惟信禅师的参禅经验，其原话如是说："老僧三十年前未参禅时，见山是山，见水是水。及至后来，亲见知识，有个入处。见山不是山，见水不是水。而今得个休歇处，依前见山只是山，见水只是水。大众，这三般见解，是同是别？有人缁素得出，许汝亲见老僧。"

乍一看来，这是一个"是而不是，不是而是"的辨识逻辑过程，是以貌似肯定、否定与再肯定的辩证方式予以完成的。但从参禅修炼的具体过程来看，可将其分为三个不同阶段或层次。起先，"见山是山，见水是水"，代表一种纯朴直观的视界，人们见什么是什么，凭借常识和表象来分门别类。其次，"见山不是山，见水不是水"，喻示一种似觉非觉的状态，主要是从某种自以为是的禅理出发，拘泥于浮泛的解释和感悟，总想从中发掘出某种特殊的意味，以证自己学禅与修为的成果。人的聪明之处，往往在于依据文字所表达的某一道理，来认识和解释自己周围的世界。事实上，这种做法有聪明反被聪明误之嫌，会使自己落入文阱语陷之中难以自拔，结果是"话在说我"，而非"我在说话"，自我在作为他者的话语权力支配下，习惯于把简明的东西复杂化，把本然的东西玄秘化，把澄明的东西模糊化。如此一来，见什么不是什么，反倒觉得自己有高明之处或高人一等的智慧，殊不知任何意义都是人给的，山水感觉形象的变异乃是人为的。最后，真正的禅悟所带来的转机是："依前见山只是山,见水只是水"。这表面看来像是一种回归,实际上则代表一种自然而然的境界。这说明观者抛开了教义,放下了机心,悟得了玄旨,从而以物观物,以自在观自在,以山水观山水,一切都恢复了自己的本来真知,都显得那样自自然然,从从容容,平平淡淡。在这种境界里,人才能清心自得,静观山水,从中体味到人生与宇宙的本然。我们可以称其为"自然而然"的人生境界。

值得指出的是,这三种参禅体验中的见解,虽然有别,但彼此相关或由此及彼,代表不同阶段的不同感悟水平。如果黑白分明,截然断开,那也许难入禅之妙门。另外,上述那种"自然而然"之境,一方面如同"春来草自青"一样,是因循时令、顺其自然、超越人为的本真与自由状态;另一方面也意味着"如来禅"的真谛所在,讲究的是"如实道来",追求的是"自觉圣智"。我们知道,"如来"是佛的十种法号之一,其本义就是如实道来而成正觉。美国汉学家华生(Burton Watson)将"如来佛"英译为"Thus Come One",汉语可直译为"如此而来的一"或"照那样子而来的一",这"一"(One)即佛。不难想象,若以"如来"的法眼来观山水,势必也把山水视为"如此而来或照那样子而来的山水",也就是"山如山,水如水"(Thus come mountains as mountains, and waters as waters)的本来面目。

顺便说一句,禅悟的"山水之观",在回归本然的意义上,与"百尺竿头,更进一步"的禅机有相似之处。所谓"百尺竿头",已经到了"头",本来是无法"更进一步"的。但是,彻底的禅悟不能就此打住,而要"更进一步""更上一层楼"。其结果,你必然从"竿头"掉下来,回归到地面,或者说回归到原来的日常生活与个人境遇之中。尽管回归原来,但却有不同的意义,甚至与原来有天壤之别。因为,回归后的你,意识不同了,人生观改变了,精神境界提高了,所观之物与所理之事,或许与从前大致一样,但你却以平常心处之,以自然而然的态度处之,于是超然物外,来而不迎,去而不却,洞透人生,乱中取静,步入"万物静观皆自得"的境界。

以上所述主要是从一则禅宗公案来分析禅宗式的观物方式以及体认人生本然的过程。那么,就现代艺术而论,丹托借用这则禅宗公案的主要意向何在呢?有资料表明,丹托对中国艺术颇有研究,而且深得三昧,但他对这一禅宗公案的理解是否如上所言,我们尚且无法断言。不过,有一点可以肯断定：这种似是而非（今是而昨非或昨非而今是）的表述方式，虽然有悖于分析哲学与分析美学的惯常做法，但以此来喻示现代艺术的境遇似乎又在情理之中。在我看来，丹托也许是要以这种禅宗式的感悟方式，来凸显其中隐含的那种无言之辩的智慧，继而以禅宗式的观物方式，来比照人们对待现代艺术流变的可能态度。我们知道，悟禅者对山水的观照，是随着态度的变化而变化的，其中包含着一种微妙的隐喻作用。概言之，悟禅者如同观众，山水如同艺术品，承认还是否认，全然系于一念之间，取决于观众对"艺术身份"（artistic identification）所持的态度及其肯定、否定或再肯定的变化过程。丹托借题发挥，认为"人对自己所造之物的认同，在逻辑上有赖于他所拒绝的种种理论与历史"。反过来说，人对自己所造之物或所观对象的认同，在逻辑上有赖于他所接受的种种理论与历史。显然，拒绝或接受一种艺术理论与历史，其认知的角度与认同的意识都将随之变化。有鉴于此，原来所见的现成品，会成为艺术品；或者，原以为是艺术品，随后看来又是现成品。譬如杜尚的《喷泉》，原来视其为小便器，后经前卫艺术理论的熏染，会将其视为艺术品；但由于接受别的艺术理论，观众也许会改变看法，回归原判。当然，在这里，丹托充其量只是在一定程度上解决了现成品与艺术品的身份转化问题。仅从分类意义上讲，《喷泉》似乎获得了艺术品的身份；但从价值意义上看，《喷泉》是不是一件好的作品，那就另当别论了。

十九　实践美学：论辩与真理[1]

> 在所有美好的事物中，真理居于首位，这在神与人之间亦无二致。所有人最不愿接受和……最为厌恶的东西，就是心灵中对种种现实真相的遮蔽隐瞒、盲目无知或以假当真。
>
> ——柏拉图：《法礼篇》730c；《理想国》382b

> 倘若有人想当哲学家，但又不问自己"何为哲学？"或"何为真理？"之类的问题，那他是在什么意义上称自己为哲学家呢？有鉴于此，我会直言不讳地说自己不是哲学家；不过，如果我所关注的对象仍是真理的话，那我依然是一位哲学家。
>
> ——福柯：《关于地理问题》

中国的实践美学（practical aesthetics）滥觞于 20 世纪 50 年代，历经波折，流布渐广，极尽"筚路蓝缕，以启山林"之能事。在其发轫之初，论辩即起，流派衍化，大体可分为朱（光潜）、王（朝闻）、蔡（仪）、蒋（孔阳）、李（泽厚）诸家。比较而言，以李泽厚为代表的实践美学，在学界所产生的影响最大，由此所引发的论辩也最多。与此相关的批判与传承、扬弃与超越等等，绵延有年，时起波澜，跨越两个世纪，形成国内美学界颇为罕见的一道风景。

以李泽厚为代表的实践美学[2]，其学术思想资源主要来自以下三家：

---

[1] 此文是笔者为《跨世纪的论辩：实践美学的反思与展望》（王柯平主编，合肥：安徽教育出版社，2006 年）所撰序言。

[2] 李泽厚本人认为，他讲"实践"，也讲"美学"，但从未将这两词复合为"实践美学"，这实属其他学者所为。在 2004 年 9 月 18—20 日于北京第二外国语学院召开的这次研讨会上，他本人首次宣布自己接受这一概念，同时也认同其英译名称 practical aesthetics，有关论说详见王柯平主编：《跨世纪的论辩：实践美学的反思与展望》一书。

马克思的实践哲学、康德的批判哲学、儒道互补的中国文化传统。李氏本人以此奠基，六经注我，创造转换（creative transformation），构建体系，自成一家。其主要论著《美学论集》《美的历程》《华夏美学》《美学四讲》《批判哲学的批判》以及《实用理性与乐感文化》等，以新锐的思想和理论的张力引起国内学者的广泛关注，有人甚至认为这些文字影响了一两代人理论思索和追问质疑的兴致。因此可以说，无论李氏的美学思想在学理细节上有怎样的"不足"，在逻辑实证上有怎样的"缺失"，但从历史发展的特殊语境来看，要了解和研究中国当代美学的流变，都难以绕过其相关学说。这也正是国外一些学者研究李氏实践美学的主因之一。

迄今，实践美学的主要症结何在？其发展前景怎样？如何对其进行总结？这些都是国内外相关学者颇感兴趣的问题。有鉴于此，2004年9月18—20日在北京第二外国语学院召开了"实践美学的反思与展望"研讨会。与会者有来自中国、德国、斯洛文尼亚和拉脱维亚等地的20余位学者（另有20余名研究生），其中包括李泽厚本人和国内外知名学者赵宋光、聂振斌、杨恩寰与卜松山（Karl-Henz Pohl）等人。该会由北京第二外国语学院跨文化研究所与中国社会科学院哲学所美学研究室联合举办。会前，滕守尧、徐恒醇、高建平、王柯平、徐碧辉与杨平等人，经过多次商定，在关注理论批评和征求一些学者（包括李泽厚本人）意见的基础上，建议从实践美学的主要问题切入，进而总结、分析和反思实践美学并展望其前景。这些问题主要从批评者的角度提出，诸如"实践美学中的理性是否压倒了感性？""实践美学中的哲学是否代替了美学？""实践与生存是何关系？（总体是否压倒了个体？）""实践美学是否与当代审美文化脱节？""实践美学的问题与前景（工具与符号的关系）"等等。

这次研讨会历时两天半，前后论辩五场，以平等对话为起点，以学术自由为准则，老少一堂，不分彼此，发言热烈，词锋尖锐，其气氛与收效颇为显著。德国学者卜松山感叹说："我在中国参加学术会议无数，但像这样真正讨论学术问题的会议尚属首次。"国内学者的反应诚如《美学通讯》所记：

> 这是一次真正的学术研究会。两天半的时间中，与会者一直处于高度紧张和兴奋状态。这里，没有权威，没有后辈，没有老师，没有

学生。所有人，本着对学术的真诚执着和追求真理的信念，平等地参与讨论和发言。虽说每个人都作了充分的准备，都有事先写好的发言提纲，有的学者为参加会议阅读了大量资料，但是，会议没有像通常的学术会议那样自说自话，而是紧紧围绕着实践美学的主要问题，展开了充分的讨论和热烈的争辩。包括李泽厚先生在内的学者在发言时，可以随时被打断、被反驳。会议气氛热烈而紧张，活跃而严肃。虽说是众声喧哗，却又有共同的主题；虽说有规定的讨论议题，但讨论的思路和问题却又有相当程度的自由。这里，真正体现了在学术面前人人平等的原则，创造了学术讨论的无拘无束却又严谨规范的真正的学术气氛。正如最后一场论辩的主持人梅宝树教授所说："这次会议，真正体现了学术会议的平等讨论，深入研究的原则，是一次有着高度含金量的学术研讨会。"……的确，在这次真正讨论学术问题的会场上，思想的火花不时在交锋中迸溅，智慧的灵感在对话中闪烁。讨论时而在平稳中进行，可以感受到理性的涓流；时而激情飞扬，能够看见激情的模样。会场气氛时而严肃，时而活泼，析理辩驳伴随着阵阵笑语。[1]

笔者是本次会议的参与者、组织者与承办者之一，亲身经历了全部过程。如今这虽已成为往事，但各位与会学者发言或论辩时的不同神态、睿智灵思、求实精神以及法乎其上的学术胸怀，依然历历在目，呼之欲出。回想起来，我认为此会在研讨方式和目的性上起码体现出三个主要特点：一是对话的艺术功效，二是真理的本源诉求，三是智慧的双重维度。

近年来，国内外学术、政治与文化等领域，都比较推崇对话理论（dialogue theory）或交往理性。其实，从历史上看，古代的哲学起源于对话，柏拉图的对话集就是现存的范本之一（有的学者认为《论语》亦然）。对话（dialogue）一词源自古希腊语 διαλογος，拉丁化为 dialogos，原意是指两人以上的交谈或论辩活动。这无疑是一种表达情思意趣的智力活动，在思想家和教育家眼里通常被视为一种技艺，即 τεχνη（techne），也就是现在常说的技

---

[1] 徐碧辉：《实践美学会议综述》，见中华美学学会：《美学通讯》2004年第2期。

巧（technique/skill）或艺术（art）。在苏格拉底及其弟子柏拉图那里，这种对话技艺得到进一步的发展和完善，成为从事哲学（philosophy）探讨或爱智（φιλοσοφια/philosophia）活动的基本方式。根据古希腊的传统，对话要求参与者恪守平等与自由的惯例，其间常以诘难（ελενχυς/elenchus）为导向，鼓励不断而深入地追问与反思，力求由盲从走向慎独，由模糊走向澄明。对话作为两人以上的交谈过程，其间有赞成反对，有正话反说，有顺情美言，也有自圆其说的论辩、诡辩或狡辩，等等。

对话艺术的极致就是柏拉图所称道的 διαλεκτικος（dialectikos），其原意是指两人以上进行论辩的艺术或论辩术（art of debating or arguing），现在被称为辩证法（dialectics）。这种论辩术以思辨说理为特征，是哲学家或爱智者（φιλοσοφος/philosophos）必须接受的训练和所应达到的境界。简言之，借助辩证术的对话是一个不断深化、彼此促进的动态过程。这一过程的目的与其说是为了赢得对方的赞同或臣服，毋宁说是为了激活与启发论辩双方的灵思与反驳。故此，在理想情况下，任何权威、强制或压力，在这里没有什么地位或作用。相应地，对话或论辩的过程，自然重于所得的结论。也就是说，对话或论辩本身就是目的。

"实践美学的反思与展望"研讨会之所以取得显著成效，固然可以说其关键在于事先商定了自由论辩的原则与平等对话的基调，但在中国的现实文化语境中，我们应当看到老一辈学者的博大胸怀与中青年学者的求实态度也是不可或缺的重要条件。总之，这次研讨会既不是嘉年华式的社交活动，也不是务虚性的学术纪念仪式，更不是为了论辩而论辩的智力作秀（intelligence show），而是为了从相关的问题切入去探寻可能的真理。此处所说的真理，并非那种"放之四海而皆准"的定理，而是本源意义上的真理性相（aspects of truth in its original sense）。

在古希腊，"真理"用 αληθεια（aletheia）一词指称。该词根是 ληθη（lethe），原意表示遗忘或可遗忘性（forgetting or forgetfulness），在希腊神话里指冥界的一条河流名称，举凡饮用其水之人，即可忘却过去的一切，故名为忘川或忘却之河（the river of oblivion in the lower world）。它加上否定性的前缀 α-（相当于英文的 no 或 non，相当于中文的"非"或"不"）构成复合词，字面义为"不遗忘"或"不忘却"，引申义为"不隐瞒"或"不遮蔽"（unconcealedness or unconcealability），后来的拉丁文和英文翻译将其分别转义为真理或真相

(veritas/truth)。陈康认为:"lētheia 是从动词引申而来,主观方面的意思是'遗忘',客观方面的意思是'躲避我们的认识'。alētheia 就是不躲避我们的认识。就是说,如若我们所要认识的事物自身没有躲避我们认识的性质,我们便可以认识它。所以,对象必须有真理和存在这两个方面,我们才能认知它。"[1] 由此来看真理的本源性相,我认为其不遗忘性至少隐含如下几个方面:第一,就其内容而论,是值得记忆和难以忘却的;第二,就其特征来看,它不回避理智的审视和认识;第三,就其存在的因缘而言,它经得起不同角度的分析和反思、批判和反驳;第四,就其功能而论,它作为进一步论辩与研讨相关议题的起点或参照系统,具有承前启后的绵延功效。英国哲学家柯林伍德(R. G. Collingwood)曾这样诠释真理:"真理具有自身的美德(arete as excellence),如同英雄人物一样,能够经得起考验。真理是经得起诘难(elenchus)的,也经得起精密的辩证式追问。总之,属于真理的东西不仅经得起这种痛苦的磨难,也经得起沉重打击的考验(hard-hitting test)。"[2]

在我国,实践美学所经受的考验委实不少。除去众所周知的非学术因素之外,无论是坚持学理性的否定或肯定立场,还是坚持批判性的重构或超越取向,实践美学的基本理论要素作为不可回避的对象,向来处于不可遗忘的地位,有时甚至到了如影随形、挥之不去的程度。这一切也正好印证了实践美学在本源意义上的真理性相。相应地,批判、追问、反思乃至展望实践美学本身,也就成了一种锲而不舍的真理性诉求。

按照西方传统的说法,追求真理者往往是热爱智慧之人(φιλοσοφος),用现在的话说,也就是探求哲理之人(philosopher)。《辞海》把智慧界定为"对事物认识、辨析、判断处理和发明创造的能力"[3]。梵文中的般若(pranjñā)也意指智慧,谓如实了解一件事物。古希腊文中的智慧(σοφια)则具有双重维度:一为实践之维(πραξις),二为理论之维(θεορω)。前者侧重行动、作为与应用,趋向有利于人类生存的实用智慧(practical wisdom);后者强调

---

[1] 汪子嵩、王太庆编:《陈康:论希腊哲学》(北京:商务印书馆,1990 年),第 209 页。

[2] R. G. Collingwood, *The Idea of Nature* (Oxford: Oxford University Press, 1945), p.69; also see Barry Allen, *Truth in Philosophy* (Cambridge, MASS.: Harvard University Press, 1993), pp. 22-21.

[3] 《辞海》(缩印本,上海:上海辞书出版社,1980 年),第 402 页。

审视、凝思与观照，引致言之成理的理论假设（theoretical hypothesis）。就实践美学来看，"自然人化"（humanization of nature）与"人自然化"（naturalization of human）作为"实践"活动的两大通道，"工具本体"（instrumental substance）与"心理本体"（psychical substance）作为"美学"理论的两大支撑，由此引申而来的"积淀说""文化心理结构说""以美启真说"和"以美储善说"以及"美学将是第一哲学"的假设等等，在一定程度上融贯了智慧的上述两个维度。当然，这两个维度是否丰满、是否圆神、是否具有普遍性，仍需要学者自己去评判、探讨、补充、完善乃至推翻重建。但不管怎么说，实践美学所留下的发展空间是不容忽视的，所留下的理论遗教是耐人寻味的。

二十　特色为美的城建原则

近三十多年来，中国城市化的快速发展是不争的事实。全国各地到处在拆迁，到处是工地，到处盖房子、建广场、修道路、上设施，由此一来，代表"中国"的外来语China被赋予一种新的寓意——"拆那"。这一黑色幽默式的演绎方式，虽然隐含某种讥讽与无奈的情绪，但也表示一种动态发展与重新建设的热闹景象。

那么，中国的城市化建设现状如何？全国各地的城市形象到底怎样？举凡居住或到过不同城市的人，肯定都有各自不同的观感。要知道，当你进入一座城市，就如同参观一座展览馆，当地的楼房与街景，如同展品一样呈现在你眼前，你看也得看，不看也得看。因为，建筑这东西，特别是一些地标性建筑，就站在那里，其空间形象具有一定的知觉强制力（perceptual compulsion），迫使你观看、凝照或评价，你想躲也躲不掉。凭借审美直觉，四周的建筑群体、空间形态、外部装饰、色泽调配、灯光设计、标识功能等等，多少会给你一种或美或丑、或雅或俗的感觉。这种感觉，若借用知觉现象学的话说，是一种"空间性体验"，既涉及空间性，也涉及身体性；既涉及心理，也涉及生理；既涉及"无止境的我思"与"情感的意向性"，也涉及"有条件的自由"与"外在的自我意义"。[1] 在这种双重性或多重性的感知体验中，你会从中发现一种"意义"或给予其一种"意义"，这等于你在当下所作出的一种初步评价。在这方面，我们听到的抱怨往往多于称赞，其中最有代表性的批评莫过于：千城一面，缺乏特点。因为，在大拆大建、求新求洋的都市化或城市化进程中，同质化的建筑样式拔地而起，一大批具有中国风格的旧建筑纷纷

---

[1]　梅洛-庞蒂：《知觉现象学》（姜志辉译，北京：商务印书馆，2001年），第196—203、463—469、565—571页。

被拆，城市或城镇原有的历史风貌遭到严重破坏，在片面追求城市化光鲜、洋气和排场的过程中，导致了城市或城镇面貌的千篇一律化或形式单一化。现如今，随处所见的是大同小异的城市广场布局与豪华的商厦超市门面等等。

为什么会这样呢？不少城市费尽心力，打造形象，为何"出力不讨好"呢？其中原因很多，譬如都市美学方兴，权力美学作祟，设计美学不给力，大众要求不高，感性欲望膨胀，物质消费先行，商业文化霸道，等等。在我看来，后现代艺术中所流行的制作方式——"拼接"也是主要原因之一。"拼接"是"pastiche"的汉译，原文的名词形式表示混合集成或模仿拼贴的文艺作品（音乐、绘画与文学），原文的动词形式表示把各种作品与风格拼凑或混成起来的做法。这方面较有代表性的艺术家当属毕加索，陈列在巴黎艺术馆里的几幅展品，主要是用画框、颜料、报纸、布条等材料粘贴混成。如果不是出自毕加索之手，一般观众很难将其视为重要而严肃的创作。现如今，这种"拼接"方式也用于现代城市建设，不仅反映在建筑风格上，也反映在现代设施配套上。这里面有"新旧相宜"的合理化"拼接"，旨在提高城市的人性化设计与功能建设；但也存在"什么都行"的随意性"拼接"，由此造成杂乱无章、花里胡哨的城市形象。相比之下，前者更像是有章可循的"拼接"，后者更像是无章可循的"杂凑"。国内不少新建或扩建的城市，其基本形象与风格样式在很大程度上是"山寨式"的"杂凑"，相关建筑的设计者做法简单，设计雷同，照抄照搬，更像是无所顾忌的杂凑者或混成型模仿者（pasticheur），而不是具有专业素养和美学眼光的建筑师（architect）。中国建筑界的吴良镛先生，曾在不同场合批评过这种顾此失彼、粗制滥造、不思进取的建筑"设计"——假如我们还称其为"设计"的话。我们知道，建筑是一个技术与艺术有机整合的综合体。早在古罗马时期，建筑理论家维特鲁威在《建筑十书》中总结出三项基本原则，即：坚固、经济、美观；在此基础上，不同建筑形式要因地制宜、自然合宜。迄今，这三项经典原则，依然在建筑界被奉为圭臬，虽在与时俱进的现代城市语境中，已引入了生态环境美学的一些积极要素，更讲究人与自然的和谐，人性化设计，低碳低耗等伦理性价值观念。

鉴于上述城建的知觉强制力、形式同质性、设计单一化以及随意性杂凑等问题，我们有必要参照国内外相对成功的经验（譬如英国牛津，西班牙托莱多，德国特里尔，云南丽江等范例），着力强调特色为美的城建美学原则。所谓特色为美，主要是指以因地制宜的方式，在城市总体规划与建筑形式设计上依照当地的环境与气候条件，凸显当地的历史文化意蕴，塑造一种宜居的社会生活空间和独具特色的建筑符号系统。要知道，建筑在审美意义上与象征型艺术形式相对应（黑格尔语），这就涉及建筑符号所表达和凝结的历史文化意蕴。这种意蕴会给居民一种特殊的亲和感与相识的家园感。在此基础上，美观的形式才会产生真正而持久的审美愉悦感，才会有助于提高居民的生活质量乃至生存意义。实际上，建筑，特别是城市建筑，在目的论意义上不是为了单纯满足视觉美学的需求，而是为了营造一个人性化合宜的生活空间，以便满足人类的社会生活与情思意趣。

概言之，特色为美的城建原则可从两个向度上看：一是从城建表现形式上看，需要关注历史文化与传统习俗在建筑形式中的符号化凝聚或象征性表现，这主要涉及传统建筑风格与现代转型，装饰元素与传统习俗，场所命名与文化意味，城市雕塑与历史人物，绿化树种与气候条件，符号空间、生活空间与知觉空间的适宜关系，等等；二是从主体知觉体验上看，需要关注居民与城市的共存关系，这种共存关系取决于城市生活空间的宜居程度及其符号空间的审美愉悦感。一般说来，如果所在城市宜居程度高，审美愉悦感强，就会在居民心目中构成一种主动型共存关系（active being-with），继而会孕育亲和感与家园感，有益于提高幸福指数，有助于引发"望而舒畅"或"相视而乐，莫逆于心"之类的积极感受；如果其宜居程度低，审美愉悦感弱，就会在居民心目中形成一种被动型共存关系（passive being-with），由此会导致疏离感与异在感，自然会降低幸福指数，有可能导致"不可久留"或"相看两厌，无心复观"之类的消极感叹。

另一方面，推举特色为美的理念，在某种意义上是为了培育现代城市化语境中的城市知觉或现代感性，是为了以此消解城市化过程中出现的过度商业化、拜物化、性感化以及欲望狂欢化等倾向，当然也是为了在一定程度上持守人类主体性生命自由的审美文化理想，同时也是为了尽可能地营造一种能够满足人类文化心理与美感需求的精神生态环境。

这一切无疑需要创构具有一定深度的空间表现形式，也就是象征型与符号化的建筑表现形式（包括纪念碑、主题广场、商厦、办公楼、居民楼、街景、公园等），以便用美感折衡性感，用审美自由折衡欲望狂欢，用生活质量折衡无度享乐。在此视野下，反观康德关于快适艺术与美的艺术的论述和分别，我们依然可以找到一定的关联意义和发展空间，借此涵养和提升人们的生活智慧与审美智慧。康德是这样说的：

> 审美的艺术是以快感作为其直接目的。这种艺术既可以是快适的艺术，又可以是美的艺术：前者伴随着作为诸单纯感觉的诸表现形式，后者伴随着作为诸认知活动的诸表现形式；前者是单纯追求享乐的那些艺术（譬如宴席间享受到的美味佳肴，曲调舒适的背景音乐，津津乐道的传闻故事，活泼随意的高谈阔论，不负责任的欢愉消遣，等等），后者则是一种具有合目的性表现形式的艺术，虽然没有直接或明确的目的，但却有益于陶冶或修养心灵的诸能力，借此有益于促进社会性的传达作用。应当指出的是，一种愉悦感的普遍可传达性，依然包含在其概念之中，该概念认为这绝非一种来自单纯感性的享乐性愉悦感，而是一种来自反思能力的认知性愉悦感，因为审美艺术作为美的艺术，是以判断的反思能力作为其准则，而不是以单纯的感觉作为其准则。[1]

相比之下，快适的艺术是享乐性的和消遣性的，也是不负责任的或随兴所至的；而美的艺术则是反思性的和认知性的，有社会担当职能，有助于陶冶人心。现代的城建艺术，理应在适当兼顾快适性的同时，花更多的气力去创构类似于美的艺术所表现出的那种认知性境界，这样才会使一座城市成为真正意义上的美的城市，宜居的城市，乃至让人流连忘返或魂牵梦萦的家园城市。

在国内外一些历史名城或新建城市里，由于其历史文化特色突出，居民与访客的感受也彼此接近，均会从所在的符号空间与生活空间里达成诸如此类的共识："牛津就是牛津！""托莱多就是托莱多！""特里尔就是特里尔！""丽江就是丽江！"不难看出，在体现特色为美的同时，这

---

[1] Immanuel Kant, *Critique of the Power of Judgment* (trans. Paul Guyer & Eric Matthews, Cambridge: Cambridge University Press, 2000), pp. 184-185.

些城市获得了自我身份（self-identification），相应地，生活在其中的居民，也会在认同城市自我身份的同时，自觉地认同自己的身份及其栖居的场所，这是一种包含着物理、地缘、文化与精神等多重认同感在内的家园意识，一种有家可归或有家思归的诗性情怀与自觉意识。如果没有这种情怀与意识，人们不但很难会生爱意，很难会有归属感，很难会确立积极的共存关系，而且会滋生一种无家可归的浪子心态，会使人们在心理受挫与情感焦虑中淡化"人生值得一过"的应有乐趣。

美学问题与文化琐议

二十一　中国古典美学文本的翻译问题[1]

在 1993 年 10 月在北京呼家楼召开的全国美学会议上，叶朗先生曾专门谈及建立中国美学概念库的必要性，我那时刚从瑞士洛桑大学哲学系学习归来，对"洛大"图书馆里中国图书资料的零落境况记忆犹新，因此对叶先生的提议一直比较关注。十余年后的今天，《中国历代美学文库》结集由高等教育出版社出版，这可以说是本年度中国美学界"求真务实"的一件幸事。不消说，这套资料丰富且选粹精当的文库，本身就涵盖着中国美学概念库的绝大部分内容，一方面为深入研究中国美学思想提供了一个系统性的文本，另一方面为跨文化的美学对话预设了一个参考性的平台。我个人从心里敬重和感激为这部文库付出热情、学力和心血的所有学者与贤达。

那么，面对这部"文库"，怎样才能使以往的经典成为一个个"活动的文本"（moving texts）呢？这里所谓的"活动"，包含着活跃与动人之意，不仅要彰显出文本向读者重新言说的动态性（dynamic character of speaking again to the reader），而且要展现出动人感人的思想活力，即感动和激活读者情思意趣的活力与动因。欲达此目的，解释学不失为有效的途径之一。

记得加达默尔（Hans-Georg Gadamer）和利克尔（Paul Ricoeur）在探讨解释学的方法论时，曾区别过两种做法：一是"复苏性解释学"（hermeneutics of recovery），二是"存疑性解释学"（hermeneutics of suspicion）。前者旨在使文本重新向我们言说，也就是让读者对文本及其所言产生共鸣或同感。后者旨在揭示文本含义生成的种种前提和过程，继而对这些前提与过程的合理性进行追问。另外，复苏性解释学假定，在文本与读者之间存在着某种距离或间离（distance or alienation），或者说是某种生疏之感。因此，该解释

---

[1]　此文写于 2006 年，是笔者应邀参加北京大学哲学系主办"中国美学讨论会"的发言稿。

方法主要立足于文本，向那些误解或片面理解文本的读者进行言说，其目的在于把文本带入当下，与现在联系起来，进而促使读者对文本的意义作出反应。存疑性解释学则假定，至少在部分意义上，若想解决目前所关注的重要问题，就需要把握以往的历史文本，而不是简单地毁掉人们对这些文本的兴趣或者抛开所谓的陈旧的历史包袱。[1]

在我看来，上述两种方法在一定程度上均有助于解决将"经典文库"转化为"活动文本"这一问题。因为，复苏性解释方法可使文本重新言说，借此引发读者的共鸣，激活读者的思想，交错互动，承上启下，拉近历史传统与当下现实的距离，消除历史文本与现代读者之间的陌生感或间离效果。存疑性解释方法犹如"二次反思"（second reflection），在追问文本意义、穷究古今之变的同时，力图从模糊走向澄明，从散乱杂陈走向逻辑系统，这样有利于推陈出新，乃至老树开花，即从某些"想当然"或"大而化之"的概念或学说中，重新剥离或创设出真正有参考价值的美学与艺术理论。此两者，无论取哪一种，均暗合"阐旧邦以辅新命"的现实目的与学理宗旨。

当然，面对中国美学文本，特别是中国古典美学文本，仅靠复苏性与存疑性两种解释方法显然不够，还需要从中国古典美学思想的独特性入手。譬如，中国古典美学资源中专论诗词歌赋、书画音乐的文本，大多是作者基于个人创作与欣赏体验撰写出来的，一般仅供"圈内人士"或"行家们"阅览和交流。其中，诗意的感受，生命的流转，理想的隐喻，含蓄的文字，模糊的表述以及逻辑的跳跃，等等，使这些文本的歧义性增大，令人颇为费解。因此，入乎其内的体验和出乎其外的感悟，就显得十分重要。有鉴于此，我这里把基于体验和感悟的解释方法，称之为"体验性解释学"（hermeneutics of Erlebnis）。也就是说，解释中国古典美学文本，不能简单地仅从表面的文字意义或语法逻辑去做笼统的推断和分析，那样容易忽略"言不尽意"的客观事实；而是要从字里行间的寓意出发，

---

[1] Paul Recoeur, *Freud and Philosophy: An Essay on Interpretation.* (trans. Denis Savage, New Haven: Yale University Press, 1970), pp.32-36. Also see Joseph Gibaldi (ed)., *Introduction to Scholarship in Modern Languages and Literatures* (New York: The Modern Language Association of America, 1992), pp. 170-171.

尽可能地潜入"言外之意"的生命与艺术体验之中，联系文中所列举的相关作品，进一步揣测和体味作者的真实用意或文本要旨。其间，读者或研究人员自身的艺术与审美体验，往往是解开文本奥秘的一把钥匙。在此过程中，诚如加达默尔所言，"认知者本人的存在发挥着作用"（The knower's own being comes into play）。按照我的理解，这"认知者"（the knower）既代表文本的作者，也代表文本的读者或解释者；至于"本人的存在"（own being），则是我之为我或人之为人的根本，是自我肉体与精神的综合体或全部身心；构成这一综合体或全部身心的重要部分，理应是包括艺术和审美等体验在内的整个人生体验。根据中国古典美学理论偏重艺术与审美体验的"惯习"（habitus），这种基于"本人的存在"的解释方法具有不可替代性，可望发挥特殊的作用。

上述三种解释方法到底具有何种可操作性呢？这无疑是一个有待探讨的问题。不过，根据"复苏性解释学"的基本原理，我以为目前有两件事是可以操作的。

首先，为了有效地消解文本与读者之间的距离（历史距离与语言距离），有必要将古汉语文本转化为现代汉语文本，这样不仅便于广大读者而非少数专业学者阅读，便于拉近历史文本与现代读者的距离，而且有利于古典文本的广泛传布和使用。从学理上讲，应当提倡阅读原典，这样会在理想条件（如理想的读者以及正确的理解等等）下避免不应有的误读、误解乃至误传。但如果对原典进行相对准确的释义或翻译，这样也不会有悖于阅读原典的学理要求。中华书局组织学者用现代汉语翻译原典，对中国文化精义的传承的确起了极大的促进作用。现代教育忽视古代语言的某些缺陷，在一定程度上可以通过基于现代语言翻译的"复苏性解释"予以弥补。当然，用现代语言翻译原典，有必要加上比较详致的注释与提要性的导读。

其次，在这个所谓的文化与经济全球化时代，人们经常推崇跨文化对话哲学与平等的对话意识。2002年在北京第二外国语学院召开的"美学与文化：东方与西方"国际美学会议上，意大利前美学学会主席玛齐亚诺（G. Machiano）教授曾满怀热情和自信地宣称："中西美学家会聚一堂，各自阐述东西方的美学思想，标志着世界美学发展的一个重要契机。"乍听起来，我们的一些同道也觉得这是一种积极的反应，西方学者对东方（特别是对中国）美学的重视也让我们颇受鼓舞。但是，我随后就想，中西学者的美学对话固然有一定基础（现实需要），但我们作为对话的一方，到底能提供什么样的文本呢？我们不必计较那些在制度化学术管理体系下营构出来的一大堆"成果"，我只是想谈谈如何利用古典美学资源，来纠正目前这种不对称的文本流通现象。也就是说，我们通常面对的是大量的西方美学文本（原本与译本），而西方学者所能阅读的中国美学文本则少得可怜。我们能够克服语言障碍来阅读西方文本，而西方学者能做到这一点的则是凤毛麟角。我们总不能守株待兔，坐等西方学者学好汉语再来研读中国古典美学文本。因此，我们有必要借用西方的语言，有选择地把我们的文本译介过去，这样做尽管不能消除文本流通的绝对不对称现象，但起码是有胜于无，能够逐步减少中国文本流通的"天文赤字"。在现阶段，追求"拿来"与"付出"的平衡，还只是一种理想愿望。当下要做和能做的事，恐怕是要实实在在地搞出一套套像样的西文译本，铢积寸累地为深化中西美学对话打下基础。在这方面，东亚诸国中的日本与韩国做得比较出色。在瑞士、加拿大、澳大利亚、美国和英国等几家大学的图书馆里，我发现书架上有关中国的外文图书远远少于有关日韩的外文图书；另外，中国的东西外国人做得多，日韩的东西本国人做得多。这大概体现了一定的经济实力和文化输出的抱负。就我个人亲眼所见，中国哲学的西文本还有冯友兰、陈荣捷、杜维明等人的著作撑着"面子"，中国美学方面仅有李泽厚的《美的历程》等极少数英德译本作为点缀，这种局面委实令人尴尬，与前后热闹过几阵的国内美学研究现状很不相称。

2000年我在牛津大学访学时，曾应中国学术研究所勃宁（Nick Bunnin）博士之邀，为牛津的一些汉学研究生和汉学家讲述王国维的文艺美学思想，那日有幸遇到萨列文（Michael Sullivan）夫妇。他们的捧场我不觉得有什么特殊，但他们对中国艺术以及绘画理论的研究和传布却让我心存感激，叹服不已。萨列文先生多年研究中国绘画艺术，著作甚丰，在西方汉学界影响很大。萨夫人是一位贤惠的中国知识女性，其丈夫的学术成果中想必也浸润着她的参与和奉献。其后，杜伦大学的库珀（David Cooper）教授也应邀来该所讲演。他编著过多部美学书，其中影响最大的一部是《布莱克韦尔美学导读》。该书包括中国美学部分，所选用的是石涛的画论与苏轼的诗说等英译短文。我看后对他说，这些译文总体不错，但有些地方存在理解问题，若译回中文其意显然已经"欧化"。这是一种客气的说法。我当时心里想：由于文化距离作祟，这种误读误解在所难免，而真要减少这些不必要的误读误解，恐怕需要我们自己来做。现在，也许是该做这项译介工作的时候了。这首先需要人力和财力的支持，也需要现行的学术成果量化考核制度能够网开一面，能够允许一些人专心致志地从事这件译介工作，而不必为发表几篇可写可不写的文章而耽误工夫。

二十二　符号论美学与艺术哲学问题[1]

20世纪50年代以降，在林林总总的西方艺术哲学著述中，我认为理论价值比较突出的至少有两部，一部是朗格（Susanne Langer）的《感受与形式》（*Feeling and Form*, 1953），另一部是阿多诺（Theodor W. Adorno）的《美学理论》（*Ästhetische Theorie*, 1970）。[2] 前者追求内在逻辑的统一与理论系统的贯通，可谓符号论美学的代表作；后者基于否定辩证法的怀疑论原则和反体系的批判意识，可谓否定美学或废弃传统美学的代表作。在这两者所设定的"一正一反"的理论形态中，读者可以充分领略建构性与颠覆性两个理论向度之间的差异与张力，继而反思和追问诸多复杂微妙、迷惑沉奥的艺术哲学问题。

朗格的《感受与形式》于1986年被译介到国内，列入李泽厚先生主编的"美学译文丛书"，名为《情感与形式》，曾在国内美学与艺术批评界引起颇大反响。当时翻译本书的译者有三位先生，即刘大基、傅志强、周发祥。我曾受滕守尧先生（他实际上是"美学译文丛书"的执行主编）的委托，前后花费了近五个月的时间审校此书译稿（其译文誊写在大稿纸上，总量足有几公斤重），随后写过一份简要的总结性报告，说明此书的译文质量基本达到出版要求。在我的印象中，三位译者都十分认真，在哲学、艺术与文学等内容分工上各有侧重，其行文风格也各有特点。比较而言，周发祥先生的译文质量属于上乘，其硬笔行楷清秀工整，给人以赏心悦目之感。后来彼此相识，我当面提及此事，周先生谦虚地回应说：写给别人看的

---

[1] 本文是作者应邀为高艳萍博士所译《感受与形式》（朗格著，南京：江苏人民出版社，2013年）所撰序言。

[2] 卢卡奇（Georg Lukács）本人计划撰写的美学著作如果完成，理应列为第三部理论价值甚丰的艺术哲学巨著。但他仅写讫第一卷《审美特性》（*Die Ergenart des Ästhetischen*, 1963），原定的第二、三卷因撰写《社会存在本体论》而未果。

字，还是写清楚为好。

朗格在艺术哲学上的理论建树，主要浓缩在《感受与形式》一书之中。所谓"感受"(feeling)，意指"生命感受"(vital feeling)，扩展而言，是指人类所能感受到的一切，也就是人类在各种活动中所能产生和体验到的普遍感受，反映在艺术中则成为各种具体感受的抽象物，即符号化的共通性普遍感受。所谓"形式"(form)，意指"生命形式"(life-form)，在艺术中则指"具有表现力的形式或符号形式"(expressive form or symbolic form)。正是借助"感受"与"形式"这两个关键词，朗格从符号论的哲学基础出发，认为艺术表现的正是艺术家所认识到的人类普遍感受，艺术抽象出的则是人类普遍感受的本质或概念。不过，艺术抽象不同于语言抽象，因为前者是直觉的，以全部人类的精神为基础；后者是推论的，以符合概念的本质规定为原则；前者的抽象物是体现或象征人类生命感受形态的可感形式，后者的抽象物则是基于理智化逻辑系统而制定的纯粹符号。有鉴于此，朗格将艺术界定为人类感受符号的创造，认定艺术旨在创造表现人类普遍感受的符号形式。她曾以音乐艺术为例，在详细论述了其中包含的特殊意味(significance in music)及其神话意识(mythical consciousness)之后，断言音乐这门艺术是"我们内在生命(our myth of the inner life)的神话，此神话是年富力盛、具有意义的，此生命是关乎新近灵感并且依然生长的"[1]。而音乐艺术的表现形式，从根本上说就是"有意识地抽象出来的符号形式，这些形式与其符号化的东西是融合在一起的"[2]。不难推论，这里所谓"符号化的东西"(the things they symbolize)，就是指人类普遍的或共有的各种感受。

在朗格的美学理论中，除了需要关注她从符号论的角度对各门艺术表现形式及其价值特征所作的界定和分析之外，还需要关注她对艺术哲学问题的归结与思索。这些问题涉及五个方面，即：

（1）如果一件艺术品不具备时间上的连续性（譬如一幅绘画，一座雕像，一栋建筑），它何以能够表现总是渐进的生命体验(vital experience)呢？

---

[1] Susanne Langer, *Philosophy in a New Key* (Cambridge: Harvard University Press, 1st ed. 1942, 3rd ed. 1974), p.245.

[2] Ibid..

在这样的一个[艺术]符号与感受形态之间，有什么样的逻辑形式的共同性（community of logic form）呢？

（2）除艺术家本人之外，每个人是如何认识一件艺术品的内在意义（import of a work）的呢？

（3）衡量优秀艺术的尺度（measure of good art）何在呢？也就是说，艺术中的"良好鉴赏力"（good taste）是什么？

（4）美（beauty）是什么？美与艺术有何关系？

（5）艺术的公共重要性或意义（public importance）何在？[1]

对于上列问题，朗格逐一作了回答。相关论述，不仅见于《感受与形式》一书，也见于另外两书，即《哲学新解》（Philosophy in a New Key, 1942）与《心灵：论人类感受》（Mind: An Essay on Human Feeling, 1967）。要而言之，朗格的艺术哲学或美学理论的发展，是贯穿在这三部著作之中的。按照她本人的说法，《哲学新解》是《感受与形式》的"绪论"（prelude）[2]，《感受与形式》是《哲学新解》的"第二卷"（volume II）[3]。熟悉朗格思想的读者知道，《哲学新解》的副标题是"理性、仪式与艺术的符号论研究"，所侧重论证的是符号学理论的哲学基础和艺术的性质与结构，其中有关"语言""符号转化""符号逻辑""生命形式""音乐意味"与"艺术意义的生成"等问题的讨论，具有开启艺术哲学新领域的重要意义。《感受与形式》一书的副标题为"从《哲学新解》中发展出来的一种艺术理论"，所侧重论述的是"艺术符号""符号创造""表现符号""生命形式""虚幻空间"与"同化原则"等问题，并通过综合分析各类艺术的表现特征，给符号论美学提供了强有力的实证基础。凭借对艺术的深入钻研，朗格本人满怀信心地宣称："艺术哲学发端于创作室，而非美术馆、讲座厅或图书馆。"[4] 这里所说的"创作室"（studio），主要喻示对艺术创作及其规律特性的洞察与把握。至于其第三部著作，也就是两卷本的《心灵：论人类感受》，朗格的

---

[1] Susanne Langer, *Feeling and Form* (New York: Charles Scribner's Sons, 1953), p.370.

[2] Susanne Langer, "A Prefatory Note to the Third Edition," in *Philosophy in a New Key* (Cambridge: Harvard University Press, 1974), p. vii.

[3] Susanne Langer, "Introduction," in *Feeling and Form*, p. vii.

[4] Ibid., p.ix.

思索更为精微，论说愈加细致，力图从人类学、心理学和生理学等不同角度，对艺术表现的内容、形式与过程等方面展开溯本探源式的论证，对前两部书中的相关论题加以有效的深化和拓展。诚如她自己在该书开篇所言："本书是《感受与形式》的续篇，而《感受与形式》又是《哲学新解》的续篇。"[1]

有鉴于此，当我们关注《感受与形式》的艺术批评理论时，不能忽略另外两部著作的相关论证。因为，朗格的艺术哲学作为一个整体，是以有机互补的方式连贯性地呈现在她的"美学三书"之中的。当然，这并非说朗格的其他著作就无关紧要了。要知道，朗格针对学界对其符号论美学的批评，有选择地开展了批评的批评或反批评，并且明确指出有些批评源自对艺术符号功能的误解；另外，对于艺术形象、艺术表现、艺术创作、艺术知觉、生命形式、艺术模仿与转化、艺术符号与艺术中的符号等论题，朗格随后作了进一步的阐述与厘清。她在这些方面的理论成果，均收集在《艺术问题》[2]一书中。我在此指出这一点，不仅仅是为了说明解读朗格符号论美学的思想脉络或发展线索，而且也是为了表明我们应当借鉴朗格的研究方法来重新思索艺术哲学问题。因为，这些年来，包括西方在内，美学界对艺术哲学问题的思索，与朗格那个时代相比，显得愈加单薄、浮泛或笼统，故此也就没有真正像样的美学理论建构。如今重温这类经典之作，或许能够激起学界的理论热情，进而去探索那些忽视已久的艺术哲学问题。

---

[1] Susanne Langer, "Preface," in *Mind: An Essay on Human Feeling* (two vols. Baltimore: Johns Hopkins University Press,1967, 1972), p.1.

[2] 朗格：《艺术问题》（滕守尧、朱疆源译，北京：中国社会科学出版社，1983年）。

二十三　美学研究中的可能缺漏[1]

回顾六十多年来国内的美学研究，在肯定主要成绩之时，也需反思其中存在的可能缺漏。所谓缺漏，约含三义：或指研究不深，故显浅泛；或指研究不多，流于粗放；或指研究稀少，几近空白。此处仅列二三，诚望有兴趣者予以关注，以便成就补苴罅漏之功。

美学核心术语流变的历史原因与理论意义何在？

西方美学史上，核心术语如"美"（beauty）、"趣味或鉴赏力"（taste）、"审美体验或审美经验"（aesthetic experience）与"审美文化"（aesthetic culture）的阶梯式转换，不仅代表相关历史阶段的研究焦点，而且代表相关理论界说的核心概念。那么，其中的历史原因何在？转换的理论意义何在？相关的研究成果何在？……假如我们认定学术研究主要在于反思中的积累与推进，那么在探寻这些术语流变的过程中，又将如何思索和展望美学研究的未来走向？又将如何提出具有思想张力的新命题或新概念？当然，这类命题应是既有历史根基又有理论价值的命题；这类概念是理论上提得起来、实证上放得下去的概念。否则，就会落入"言之无文，行之不远"的旧窠。

古希腊—罗马时期的美学理论与艺术批评相对脱节

从严格意义上说，古希腊—罗马时期的美学理论应为诗学理论。这方面的研究，国内几代学者继往开来，在引介述评中参照古典研究的方

---

[1]　此文是 2012 年参加"美学与文化研讨会"所撰发言稿。

法，对思想脉络和文本研究有所深入和推进。但就（广义上的）美学理论研究而言，在很大程度上与艺术批评的联系不够紧密，很少借助艺术欣赏或作品分析来实证相关理论的效度和信度。另外，对于古希腊与古罗马两大时期的思想渊源及其传承关系的研究明显不够。

中世纪美学研究多年稀缺

西方基于自身的精神文化渊源及其较为深厚便利的学术条件，对中世纪美学思想的研究虽不算多，但有章可循，有据可证，其成果对于文艺复兴时期美学研究帮助甚大。反观国内的中世纪美学研究，基础薄弱。这类研究涉及宗教神学知识、文献资料解读、语思诠释能力、历史文化背景等等。仅靠一般而有限的非专业汉译资料从事研究，在学理和内容上恐怕难以为继，实靠不住。在此若谈"才胆识力"，唯有"识"可称根基；其余三者，皆为蹈空之术，恐怕难有作为。这需要知难而进，入乎其内，铢积寸累。

新康德主义的哲学与美学研究未受重视

国内近年来的康德研究成果甚丰。我觉得注重文本分析和思想提炼固然重要，但其中似乎比较忽视一个重要环节。这一环节就是德国新康德主义的研究成果。广义上的新康德主义，包括所有康德的后继者；而狭义上的新康德主义，则特指"回到康德"运动（"Back to Kant" movement）。这场运动盛行于1860年，延续到第一次世界大战爆发。在这场运动中，先后创办了《哲学论著》(Philosophische Arbeiten)、《逻各斯》(Logos)与《康德研究》(Kant-Studien)等学刊，其中《康德研究》从1897年一直延续至今，现在依然是关于康德研究的主要资料来源；同时形成的两大学派——马堡学派（马堡大学）与西南学派（海德堡、弗赖堡与斯特拉斯堡大学），前者侧重文化与价值研究，后者侧重认识论与逻辑学研究，双方的学术兴趣也有彼此交叉之处；由此造就了诸多著名哲学家或康德专家，包括西南学派的文德尔班（Wilhelm Wendelband）、特勒尔奇（Ernst Troeltsch）、李凯尔特（Heinrich Rickert）、席梅尔（George Simmel）以及后来特立独行的瓦伊欣格

（Hans Vaihinger），马堡学派的柯亨（Hermann Cohen）、朗格（Friedrich A. Lange）、那托尔普（Paul Natorp）以及后起之秀卡西尔（Ernest Cassirier）和哈特曼（Nicholai Hartmann）等。在这些哲学家当中，柯亨对康德哲学和美学有过系统而深入的研究，其代表作有《康德的经验理论》《康德的伦理学基础》与《康德的美学基础》三书，随后著有《纯粹认识的逻辑学》《纯粹意志的伦理学》与《纯粹感觉的美学》三书。另外，创办《康德研究》杂志和成立"康德学会"（Kant-Gesellschaft）的瓦伊欣格，专门著有《〈纯粹理性批判〉评述》两卷（原计划写四卷），被认为是康德研究不可或缺的力作。基于系统研究，瓦伊欣格证明了康德第一批判"修修补补"的过程，认为康德在十一年里勉力撰写的《纯粹理性批判》是以不同阶段的笔记匆忙拼凑而成。所有这些研究成果，如能认真加以阅读和参考，对于推进国内康德哲学与美学研究具有不可或缺的作用。时至今日，无论是这方面的哲学研究还是美学研究，在国内都比较少见。研究康德，有必要认真借鉴这一时期德国人自己的研究成果，这样会使相关的阐释建立在更为可靠和有效的基础之上。

历史意识与艺术感觉的失衡现象

在国内研究西方美学，经常遇到的主要障碍是对资料的正确理解和全面把握。实际上，在进入自我预设的所谓细致而深入的研究过程时，我们时常发现更为缺漏的是历史意识与艺术感觉。这里所说的历史意识，主要是指涉及哲学史、艺术史、文化史乃至宗教史的历史会通意识或认知结构，可代表一种注重深度思辨和融贯古今的理论智慧。这里所言的艺术感觉，主要是指鉴赏艺术的水平和分析作品的能力，可代表一种注重实证和言之有据的实用智慧。假如能把历史意识与艺术感觉结合起来从事美学研究，就有可能建构具有根基的学问系统，就有可能创设提得起来放得下去的理论学说。当然，研究西方美学，对于中国学者来说，也需要借助一种跨文化视角。这不仅是为了尽可能准确地理解他者，也是为了尽可能深入地认识自己，继而在会通中外的基础上有所创新。在这个注重跨文化交流与对话的时代，研究者的意识与思考很难回归到想象中的特定历史语境之中，虽然传统历史主义的呼吁听起来不无道理。

二十四　美学与道德问题[1]

维特根斯坦曾把美学与伦理学等同视之，认为两者是"同一回事"（the one and the same thing）。如果从学科分野上看，这显然是有问题的。但从价值角度看，这两者的确关联密切。特别是当我们将其纳入艺术视域之后，就会发现一系列价值的相互重叠与内在关联。其中，审美价值与道德价值的关系最为显著和复杂。因为，在这两者之间，还不同程度地掺杂着彼此互动的艺术价值、情感价值、历史价值、认知价值、政治价值、教育价值乃至宗教价值等等。

毕加索的名画《格尔尼卡》就是一个范例。画面的形式、内容、色彩与背后的历史事件、政治语境以及表现出来的道德义愤和心理冲击，相互纠缠在一起，致使观众的审美活动过程，总是或多或少地伴随着包括道德和政治等诸多因素在内的价值判断与特殊体验。自不待言，这一切在一定意义上也离不开历史的认知作用；否则，对作品本身及其"有意味的形式"的理解与鉴赏，就会大打折扣。当然，除了上述各种价值判断之外，我以为还会涉及一种更为深刻的哲理反思，那就是关乎人类本性、战争本质和人类生存状况的反思，我们在此将其权且称之为人生价值判断。这无疑为艺术鉴赏增添了某种人类本体论或生命形而上学的向度。由此可见，真正伟大的艺术作品，绝非像一把标新立异的尿壶或所谓的《喷泉》那样，使得不少观众看后不是哑然失笑，就是满脸不屑，尽管某些评论家会从艺术哲学化的角度去追思艺术的终结。针对这种情景，人们至少会问：艺术到底何为？艺术还有用吗？应当如何看待艺术？……

有趣的是，呈现在读者面前的《美学与道德》一书，从审美与道德等

---

[1] 此文是笔者为舍勒肯斯《美学与道德》（王柯平等译，成都：四川人民出版社，2010年）中译本所撰后记。

多重角度审视艺术价值,同时也从艺术角度审视审美价值与道德价值等多重关系。本书作者无论是从柏拉图和亚里士多德的古典视域出发,还是从康德和席勒的现代立场出发,或者是从内在价值与外在价值的互动关系出发,所提供给读者的是一连串值得回味的参考性答案和一系列值得反思的哲学美学问题。诚如作者自己所言:"本书的主要目的在于协助读者搞清理论焦虑之所在,明白哲学问题到底是什么,了解这些挑战性的衍生结果到底意味着什么。换言之,本书的宏愿在于使人思索,使人深入地思索各式各样的、掩盖在多种假象下面的美学与道德的关系。"

在英国美学界,讨论审美与道德或美学与伦理学问题,总能引起众多学者与读者的兴趣和热情。譬如,从 20 世纪 80 年代到 90 年代,从虚构小说的道德问题、黄色艺术的道德问题、色情艺术的道德问题到不道德艺术的鉴赏问题和伦理批评问题等等,均不断引发出诸多学者的思考和论述。除了本书之外,相关的主要成果见于 J. L. Bermudez 与 S. Gardner 主编的《艺术与道德》(*Art and Morality*,2003),J. Levinson 主编的《美学与伦理学》(*Aesthetics and Ethics*,1998),P. Guyer 所著的《康德与自由体验:美学与道德论集》(*Kant and the Experience of Freedom: Essays on Aesthetics and Morality*,1993),M. Johnson 所著的《道德想象》(*Moral Imagination*,1993),M. Budd 所著的《艺术价值》(*Values of Art*,1995),C. McGinn 所著的《伦理学,邪恶与虚构小说》(*Ethics, Evil, and Fiction*,1997),等等。应当说,这一学术现象实为一种文化现象,而这种文化现象乃是英国哲学传统的组成部分。我们知道,在维多利亚时期,斯宾塞(Herbert Spencer)、罗斯金(John Ruskin)、莫里斯(William Morris)、阿诺德(Mathew Arnold)以及佩特(Walter Pater)等学者,均对艺术和道德、审美品位和道德修养等问题十分关注。他们提出的理论主张和美学论点,见于各自传世的著作之中。而在他们之前,哈奇生(F. Hutcheson)上承夏夫兹伯里(Shaftsbury)的哲学与美学思路,还专门著有《论我们关于美与德性之思想的起源》(*An Inquiry into the Original of Our Ideas of Beauty and Virtue*)一书。当然,到了现当代,维特根斯坦将美学与伦理学"化为一谈",给分析美学提出了一个重要的议题,这自然会激发一些学者的研究兴趣及其社会责任。总体而论,我觉得讨论审美与道德的关系,确是英国传统使然。历史地看,英国传统基本上类似希腊传统,均关注公民素养(citizenship)问题。这种素养,不仅需要良好的法治意识,而且需要良好的审美趣味和道德修为，唯此方可与其实践智慧相接，使人成为合格的公民。

顺便提及，本书作者舍勒肯斯（Elizabeth Schellekens）博士现任英国杜伦大学哲学系高级讲师（英国大学各系部通常只设一名教授），同时担任《英国美学杂志》副主编，美国《美学与艺术批评杂志》编委；其主要研究领域包括美学、伦理学、心灵哲学；除现已发表的十余篇学术论文之外，其主要著作包括《美学与道德》《哲学与观念艺术》《谁怕观念艺术?》与《哲学美学与审美心理学》等。

本套丛书在2008年申报选题时，我特意推荐了《美学与道德》(Aesthetics and Morality)一书。这一方面是因为近年来国内美学研究在相当程度上忽视了美学与道德的问题，需要我们认真关注这一研究，另一方面是因为艺术与审美在情感教育和素质教育中扮演着至关重要的角色，需要我们反思道德价值与审美价值的关系问题。若就现代艺术的创作思路而言，我当然希望艺术家也能关注美学与伦理或艺术与道德的关系问题。我个人向来"偏颇"地认为，仅靠单纯的视觉冲击或耸人耳目的怪异形式来打造艺术作品，只能产生某种瞬间即逝的"烟火效应"(firecracker effect)，难以造就给人以精神启迪和审美感受的、真正感人的传世杰作。

二十五　跨文化对话片议[1]

近些年来，有关对话（dialogue）的种种论说，令世人瞩目，近乎显学。其中，有的从话语权力的角度切入，期望以对话为契机，取得社会地位的客观认同与相应的尊重；有的则从多元文化的角度审视，试图以对话为支点，打破形形色色的文化中心主义，进而实现（哪怕是心理学意义上的）文化身份的平等与文化自律的权利；也有的从学理方法的角度出发，把对话视为一种理想的交流方式，着力于探讨相关命题如何从模糊走向澄明的可能途径……

"跨文化对话丛书"的根本宗旨主要基于后者。在这里，对话本身既是学术探索中的一种特殊话语行为，也是方法论意义上的一种比较研究过程。在此过程中，所谓苏格拉底式的辩证性对话（dialectic dialogue）、狄尔泰式的主体间性对话（intersubjective dialogue）、加达默尔式的解释学对话（hermeneutic dialogue）、德里达式的互文性对话（intertextual dialogue），以及哈贝马斯式的交往性对话（communicative dialogue），均有可能在开放而自由的原则统摄下，交互运用于相关议题的追问、反思、分析与评判之中。也就是说，举凡热衷于"究天人之际，通古今之变"的学者，有必要不拘一格，打破人为的"楚河汉界"，拓宽对话与思维的空间。这样，在涉入当下的、历史的、本土或异质文化的尤其是跨文化的不同语境中时，学理层面上的对话不仅在读者与作者、读者与文本之间展开，而且在文本与文本、作者与作者之间展开，同时还需要本着"无限交流的意志"，在"批评的循环"中展开，借此达到不断深化、不断发掘、不断总结、不断走向澄明之境的终极目的。

---

[1] 此文是笔者应邀为"跨文化对话丛书"（2002年）所撰总序。

值得指出的是,"跨文化"是一个外来术语,其笼统的汉译名称同时表示三个复合语词(cross-cultural, inter-cultural 和 trans-cultural),隐含着三种基本形态,即穿越式沟通、互动式交叉与会通式超越。至于广义上的"跨文化对话",一般呈现为各有侧重的对话形式,譬如,因不同文化碰撞所引致的火花四溅的、具有冲突性和启迪性的对话形式,因文化边缘的生成而促发创新机制的、具有互补性和会通性的对话形式,因时代精神的异同与流变而形成的彼此影响、具有动态传承或因革特征的对话形式…… 无论取哪一种形式,都需要在既能"入乎其内"又能"出乎其外"的相关历史、文化与文本语境中,以"博观"为手段,以"圆照"为态度,以"见异"为能事,以"鉴奥"为鹄的,实实在在地做一点有助于"识器""晓声"的研究工作。本套丛书的编者与作者,也正是基于上述理念走到了一起。他们各自均想尽其本分,就个人感兴趣的问题做一点力所能及的探讨。无论其水准怎样、学养如何,但也许无人会怀疑他们的那份真诚及其那股涌动的愚勇。

二十六　从话语伦理看中国形象塑造[1]

任何一个国家的形象，都不可能用单一的"好"或"坏"加以简单概括，因其根本属性通常是复杂而多向度的综合体。另外，无论是广义上的汉学研究及其知识生产方式，还是出于政治意向或交流目的的文化传播活动，均在一定程度上涉及话语伦理问题。一般说来，重视和参照符合话语伦理要求的形象塑造理据，将有助于提高文化传播的效度，改善被扭曲的中国形象。

一　汉学与汉学主义

总体而论，中国形象呈现在复杂而多维的光谱里，不仅分布于典籍、博物馆、文学艺术、大众传媒等多项来源中，而且反映在国家政治、经济、社会、文化与意识形态等各个领域里。

仅就中国的国际形象而言，汉学（sinology）的知识生产（knowledge production）无疑起着重要的辅助性引导作用，因为这种国际形象一般基于外国人对中国历史与现实的认知深浅。在英国，汉学通常限于前现代中国研究（a study of pre-modern China）；而在欧洲其他地方和北美等国，汉学也包括现代中国研究。多年来，汉学家的知识生产颇为丰厚，对中国思想文化的传布功不可没。不过，由于欧洲中心论、过度政治化和中国激进思潮的影响，渗透到汉学研究中的认识论和方法论出现了某些偏差，由此导致了颇具误导性和片面性的汉学主义（sinologism）。对此问题，美国

---

[1] 此文是为2015年文化部、中国社会科学院共同主办的"汉学与当代中国"国际座谈会所撰发言稿，后经修改刊于会议文集。

华裔学者顾明栋在其著作中有过系统而深入的剖析。[1] 这里所谓的"偏差""误导性"与"片面性",主要是指研究者在"文化无意识""认知无意识"和"政治无意识"的条件下,想当然地采用了意识形态化的认识论和方法论来研究中国的现实问题。结果,其知识生产落入强势话语权力的陷阱,不能科学、客观、公正地反映中国的现实情况和整体形象。有鉴于此,顾明栋推举"去政治化"(depoliticalization)的认识立场与研究方法,试图还原"为学术而学术"的中立传统,持守开放和实事求是的治学态度,设法消解主观性与前理解所造成的种种问题性知识(problematic knowledge)。

我本人原则上赞同顾明栋对汉学主义的批判,也同情地理解他本人关于"为学术而学术"的倡议。但要看到,这只不过是严肃学者一厢情愿的郑重呼吁而已。在现实生活中,人具有"政治动物"(political animal)的本性,这一点古今中外概莫能外。现如今,一切知识生产和思想游戏都或多或少地受到政治话语权力的把控或意识形态的干扰,更何况人们对异质文化的误解是普遍长存的,对异质文化的理解是持续渐进的,对异质文化的曲解是在所难免的。

不过,一些外国"中国通"对中国问题的误解或曲解,有可能是固化的政治立场或意识形态使然,也有可能是为了配合或迎合某种对华政治方略而有意为之。如果因此而导致误判和决策失误,那纯属是自为,怪不得别人。但也有一些"中国通",在大学执教时难免会受"不发表就玩完"(Publish or perish)这条潜规则的制约,就某些问题撰文炒作一番,借此吸引某些眼球,赚得媒介关注,完成工作定量。如同一位美国教授访华时所言,在大学当教授总要发表点儿什么,否则位子就成了问题。如此为了生计,显然可以理解。实际上,几十篇臆断性文章所产出的问题性知识,也许在一定时空背景下会抹黑一个国家,但绝不会唱衰一个国家。

在美国一些主流媒体上,关于中国现实的分析和中国问题的报道不

---

[1] MingDong Gu, *Sinologism: An Alternative to Orientalism and Postcolonialism* (London: Routledge, 2013). 另见顾明栋:《汉学主义:东方主义与后殖民主义的替代理论》(张强等译,北京:商务印书馆,2015 年)。

少,竭力想要抹黑或唱衰中国的时评也不少。对此,有一则故事颇具反讽意味。一位研究美国问题的日本专家与一位中国同行交谈,前者不无遗憾地抱怨说:日本与美国是盟国,但日本很少出现在美国主流媒体的头版头条中,而你们中国却经常占据这一位置。中国同行淡然回应说:情况确实如此,但大多是负面的东西。对此,这位日本同行不以为然,他认定日本即便像中国那样占据头版头条,也要比自身无踪无影**好得多**。由此可见,美国委实重视中国,老大总是盯着老二。我个人在20世纪80年代留学国外时,一年到头阅读当地主要报纸,都很少看到有关中国的消息。90年代初在瑞士洛桑大学研修整整一年,从当地法文版《24小时报》里仅读到两则关于中国的报道:一则是邓小平访日时与天皇会面,另一则是山西青年在农村传教。新千年以降,我每次出国访学,在国外机场候机楼随便浏览一份外文报纸,都能看到至少三则关于中国的报道。当然,负面报道依然不少,但符合实情的报道也不少。其中一些情绪化的语言或偏颇性的判断,由于论证不力或极端歪曲之故,对明者自明的读者而言影响甚微。

二 话语伦理:前提条件与目的性追求

外国有人研究和报道中国,中国也有人研究并报道外国,双方借此促进相互交流与理解。他们所用的话语,涉及伦理问题。近年来,为了促进国际民众了解中国,相关部门采用了旅游年、文化周和文艺巡演等多种方式,不断加大中国文化传播的力度。这里所用的话语,也涉及伦理问题。为此,我们有必要关注话语伦理(discourse ethics)。

为了化繁为简,我们假定话语伦理是因循一定前提条件来取得有效沟通的符号实践活动。这里将话语分为两种常见类型:

一类是用于事件报道与分析的话语,其前提条件是看清楚、讲实情或写真相。人们阅读新闻报刊,了解国际时事与社会百态,最看重的是实情与真相。举凡以准确的语言来表述和分析事实真相的深度报道,总是最有可能获得良好的传播效果,最有可能引起读者的肯定与反思。要想做到这一点,首先要求专业记者或作者站在客观而公正的立场上,通过审慎的调查与翔实的取证,看清楚事件本身的真相,想清楚事件发生的原委,讲明白或写明白事件的前因后果。这一切不仅是为了将事件袒露在阳光下,让人们了解相关的实情真相,也是为了从中汲取经验教训,以便引导人们尽可能地趋利避害。

简言之,沟通或传播的有效性,是话语伦理的目的性追求。这种有效性,主要取决于所用话语的明晰性(clarity)、可解性(intelligibility)、真实性(truth)与可信性(trustworthiness)。任何有悖于上列原则的"沟通"行为或"传播"活动,在其实效上都有可能事倍功半或劳而无功。相比之下,明晰性与可解性固然可用相关技术手段予以弥补,但若背离了真实性与可信性,就不止会失去读者,也会失去社会公信力。更何况造假一次,贻害多年,代价历来很高。

另一类是用于表达思想与感受的话语,其基本前提是想清楚,讲清楚或写清楚。人们听人讲话或阅读文章,只要其脉络清晰、结构严谨、逻辑通达、言语平实、论证充分,就容易听明白或读明白,从而有望获得有效的沟通或良好的沟通效果。否则,讲了半天,写了一堆,沟通效果甚微,等于无效劳动。其主要根由恐怕在于未想清楚,这自然导致讲不清楚、写不清楚。在社会交往中,假如你真要传达什么意向以取得相应效果的话,你就必须深思熟虑或慎思谨言,如若不假思索而为,惯用自动性套语,那就容易导致你不是在说话而是话在说你的境况。此时,你就不要自以为"言者谆谆",也不要责怪"听者藐藐",更不要期望有效的沟通了。

自西学东渐以来,中国学术文化发生了巨大变化,这主要得益于西学经典翻译的支撑。到了 20 世纪后半叶,经济与文化的全球化(globalization)和全球地域化(glocalization),更加速了中西文化互鉴的发展趋势。现如今,中国的改革开放与综合发展,在一定程度上**促成**了东学西传的契机。譬如,译介中国思想与文学艺术成果,确属满足现实需要的任务之一。在这方面,经常遇到跨文化沟通的疑难。

举例来说,从中国传统的"体用不二"思维角度审视"西体中用"(西学为体,中学为用)的互动互补关系,中国学者并不感到有什么困惑难解之处。但若将"西体中用"翻译成英文(或其他外文)——"Western learning for substance, Chinese learning for application",这对西方读者来讲就比较费解。我们知道，宋明理学讲"体"或"本体"，一方面是就隐而不显的基本缘由原理而论，故有"本体就是本然无形而永恒存在"（Being so without form but existing forever.）之类注解；另一方面是就内在道德修养境界而言，故有"心智无体，功夫所至即其本体"（The human mind has no substance, what ultimate cultivation one attains is the substance of the human mind.）之类阐释。

如此"本体"，在儒家那里意指"正心诚意"，在道家那里意指"返璞归真"，在佛教那里意指"明心见性"。而在西方思想史上，substance 是用来表示亚里士多德所言的 ousia，其作为 einai 的单数阴性分词形式，如同 being，表示不依赖其他事物的终极基质或本质，与 essence，reality 或 entity 近乎同义。Substance 也用来表示笛卡尔所言的"本体"，抑或指"非创造的本体"（上帝），抑或指"被创造的本体"（思维本体与物质本体）。另外，substance 还用来表示黑格尔所言的"绝对"，这具有神性的绝对是无界限、无规定和无条件的超越性存在。

因此，从翻译的角度看，若不顾 substance 一词在西方思想史上的用意，直接将其挪移过来翻译"西学为体"（Western learning for substance），会在西方读者中间导致理解上的困扰（不知何"体"），同时也无法从"体用不二"的角度阐明"西学为体"与"中学为用"的辩证关系。为了便于理解和避免混淆，我倾向于使用 rationale 一词来替换 substance。在这里，蕴含"理据"与"逻辑依据"等义的 rationale 一词，可用来表示基于理论原因和实用价值的理性原理（the rational principle of theoretical reasons and practical values）。有鉴于此，"西体中用"便可译为"Western learning for rationale, Chinese learning for application"，这在逻辑上既无碍于"原理"（rationale）和"应用"（application）的内在关联，也无碍于"体用不二"的辩证统一。

三 形象塑造的基本理据

历史经验告诉我们，海外文化传播绝非自娱自乐的"宣传活动"，而是推动国与国、人与人之间相互理解的"国之大业"。时下，积极而有效的文化传播，是国家乃至民族形象塑造（image construction）的重要组成部分。这种形象塑造会采用灵活多样的形式，包括合理运用现代多媒体等技术手段，但终究需要参照一定的理据，实施适当的做法，以免"过犹不及"

而致事倍功半。为了简约明晰，这里仅谈三点。

其一，信言胜于美言（True words are superior to beautiful words）。政治意识形态化的传播方式，习惯于大而化之的辞令和渲染情绪的巧言，华丽空洞，言之无物，这在一般人看来如同"美言"（beautiful words），听起来似乎悦耳，写出来似乎悦目，但在实效上无以谈悦心悦意，更遑论悦志悦神，可谓"洸洋自恣以适己"，其效应几乎被动机取代。相比之下，富有真实性和可信度的文辞，朴实无华，言之成理，品之有味，思之获益，这就是通常为人称道的"信言"（true words）。按照老子所述，"美言不信，信言不美"，此为恒道。

其二，谦和高于自夸（Modesty is above self-importance）。老子标举"上善若水"，因水象征谦下、和合与包容等德行。老子批评自夸言行，认为其成事不足、败事有余，奉劝人们尚谦和而弃自夸。对此，他以类比之法写道："企者不立，跨者不行。自见者不明；自是者不彰；自伐者无功；自矜者不长。其在道也，曰余食赘行。物或恶之，故有道者不处"，"是以圣人自知不见，自爱不自贵。故去彼取此"。目前，比较流行的中美经济发展趋势比较，大多以 GDP 为标尺，限于两国经济总量的横向对比，在赶超结果的预测上欣欣然而自得、隐隐然而自夸。在我看来，这类比较不够全面，还应将人均 GDP、国民素质、生活质量、决策机制、社会契约精神、全面法治制度、医疗保险体系、公共教育设施、种族阶层矛盾与文化心理问题等诸多参数纳入比较框架之中，这样有助于得出更为客观、真切的结果，有助于引导人们理解两国发展的现状与前景。

其三，适度至上的话语形式（discourse form of ultimate appropriateness）。做任何事情，小到烹小鲜，大到治大国，都需要把握好相应的度，以便恰当实施、成其所为。古希腊人崇尚"万事适度至上"（*Pan metron ariston*）的道理，即便到了现代，希腊人对此依然信奉如故。在中国媒体所用的话语中，有些传统的说法需要与时俱进，否则会导致消极的解构作用或不该有的误解与猜疑。

譬如"宣传"一词，我们常将其英译为"propaganda"，这在西方媒体与日常语言中，都是负面的或遭人轻视乃至讥笑的说法，与"空话""洗脑""自吹自擂"等词近乎同义。数年前，国内一位负责"宣传"工作的要人，在讲话中断言："建立孔子学院是我们宣传工作的一部分。"翻译成外文就是"The establishment of the Confucian Institutes is part of our propaganda setup"。该讲话刊登在英文版《中国日报》(*China Daily*)上，结果成为国外少数人士猜疑和挑剔孔子学院的口实。若从语境上看，这里所谓的"宣传"，更像是"传播"或"沟通"(communication)，与政治意识形态化的宣传工作并无瓜葛。在诸多特定场合，国内习以为常的"宣传"一词，可用"传播"或"交流"取而代之，这有助于还原相关工作的基本属性。

再如"战略"一词，更像一个具有军事色彩的用语。时下，"战略"已成热词，随处可见，××战略研究中心、××战略发展研究基地或××战略发展研讨会等等，更是层出不穷。有些国家对此现象颇为敏感，无论中方的出发点多么富有善意，他们首先关切的是中国的做法与想法到底有何战略意图？对他国安全会构成何种威胁或影响？这类几近"小题大做"的怪异现象，也反映出"战略"一词的异化程度。其实，用来表示"战略"的 strategy 一词，也用来表示"策略""对策""行动计划"等意。20世纪八九十年代，国内流行一本英语口语教材，名为《英语策略》或《策略英语》(*Strategies for English*)，主要是讲英语教学策略或方法。若将其称作《英语战略》或《战略英语》，显然大而无当，会产生歧义。另外，strategy 一词也用来表示"重大的适应性变化"，主要指生物体为获得进化而在行为、新陈代谢或构造等方面所产生的重大适应性变化。有鉴于此，这句短语 foraging strategies of insects 只能译作"昆虫在寻食方面的重大适应性变化"，不能强译为"昆虫的寻食战略"。

总之，为了取得良好的文化传播或沟通效果，话语形式理应遵循上述原则与理据。为此，我们需要持守慎思慎用的态度，不可放任从众心理，以免在随波逐流中不假思索地采纳某些流行说法，以免导致不必要的歧义、误解、曲解乃至误判等等。尤其是在命名方面，更需要深思熟虑，把握好度。《论语·子路》曰："名不正，则言不顺；言不顺，则事不成。"此中道理本属常识，可如今背离常识之事竟然屡见不鲜。是何原因所致，需要大家深思。

附 录

附录1 人文化成与东学西传[1]
——访王柯平研究员

问：最近读到您的新作《〈法礼篇〉的道德诗学》和旧作《〈理想国〉的诗学研究》修订版，前者可以说是后者的续篇，都是讨论和阐释柏拉图思想及其问题的。旧作所论侧重柏拉图的中期对话代表作《理想国》，新作所论侧重柏拉图的后期对话代表作《法礼篇》。在您看来，柏拉图的诗学在目的论意义上是兼有政治工具论色彩的道德理想主义诗学，简称为道德诗学。特别引起我注意的是，您在新作前言中，将自己的研究对象归结到轴心时期人文化成思想传统及其理想追求这一领域。这些年来，主流的学术研究趋向更多涉及现代性与后现代性等热门议题，您却反其道而行，回到历史，对轴心时期倾注了如此大的关注度。这是个人的学术兴趣使然吧？

答：兴趣是起因。缘由主要有两个，一是雅斯贝尔斯的轴心时期假设，其中涉及中国、希腊和印度三大文明的起源与历史的整体性，二是方东美的哲学三慧论，其中涉及希腊的如实慧、欧洲的方便慧和中国的平等慧。因此，我就想多了解一些相关的历史人物及其思想脉络，想搞清古代思想家是如何探讨那些人生问题的，也想从中搜寻一些有益的思想资源。

后来，在阅读希腊与中国先秦思想家的著作过程中，有三点对我触动较大。第一，轴心时期的思想成果原创性高，他们对宇宙人生的许多论述，的确让人惊奇惊叹，完全不能用庸俗的文化进化论观点去看待他们的智慧与灵思；因此，要想更好地理解后来的思想史，就需要从头做起，顺着源头向下梳理。第二，近现代出现的大批科技天才，大多是穷

---

[1] 此采访发表于《哲学动态》2015 年第 7 期。

究现象界的事理和规律的，他们的许多发明使日常生活变得更加便捷，但也促使工具或实用理性日益盛行，导致科技时代的人欲不断膨胀，使人在算计中纠结或在纠结中算计，过着为生活所遮蔽的生活，几乎无暇深入探寻自己的内心世界、本来真知或人生真谛。相比之下，轴心时期的思想家大多是精神天才，他们对精神世界与人生意义的思索，为后世奠定了精神生活的重要基石。譬如，轴心时期的古希腊人，把理性视为神馈赠给人的礼物，借此来寻获真正的智慧，追求当下的超越，育养非凡的德性，实现城邦的福祉。同一时期的中国先民，他们把德行或修身视为人生追求的目的，在心存天下或天下为公的广阔视域下，审视兼爱、四端与良知，注重齐家、治国、平天下。为此，孔子提倡戒色、戒斗、戒得乃至"克己复礼为仁"，庄子主张逍遥、无己、悬解乃至"离形去知，同于大通"。当这些思想理念被他们用来观照自然时，他们更多看到的是大美不言的和谐整体而非实惠功利的能源产地；当这些思想理念被他们用来确立人与人的关系时，他们更为看重的是实现个人德性的共同体而非交换私利的个体。总之，轴心时期那些精神天才所探讨的有些问题，依然是现代人所面临的问题；他们的相关言说，依然具有现代关联意义；他们流传至今的文本，在特定的问题语境中常读常新。第三，人不仅是社会存在，也是历史存在。在这一点上，中国传统实用理性中的历史意识，比较容易让我认同雅斯贝尔斯提出的三位一体式历史态度，那就是我们生活的现在，不仅向过去开放，也向未来开放，因为过去、现在与未来三者是彼此关联的，都统摄在时间的整体性之中。另外，人的"此在"与"真在"，也离不开历史的整体性与时间的整体性。我们常讲"温故而知新"，反过来说，"知新需温故"。王羲之在《兰亭序》里也说过，"后之视今亦犹今之视昔"。应当说，这并非厚古薄今或厚今薄古的两分法，而是一种贯通古今与借鉴经验的历史意识，这种意识在我们的文化传统和思维方式中根深蒂固。

根据上述观点来审视轴心时期的文化艺术与教育思想传统，我发现其目的性追求主要汇聚在"人文化成"或"人文教化"的理想上。在古代中国，"人文化成"的理想主要是通过礼乐文化教育，来移风易俗、教化民众、治理天下，也就是引导人们在"观乎人文"的过程中，了解和体察文采、文雅、文操和文明的言行举止与风俗习惯，以便培育德性、养成善行，确保社会人生和谐有序。自古以来，注重人文化成的中国先秦诸子，从不同角度推崇和谐、自由与仁爱的人文精神。这在儒家思想里主要表现为中和为美与美善相乐的境界，在道家思想里主要表现为自然为美与清净超然的境界，在古代艺术与审美意识里主要表现为美感形式中的生命精神，在人格品藻上主要表现为文质彬彬的"君子"与超然物外的"真人"。在古代希腊，"人文化成"的理想是通过"正确教育"来推行的，其核心内容关乎智慧、勇武、节制和正义等德行的修养与实践，其最终目的是为城邦造就贤明卓越的"哲人王"或"完善的公民"。在此教育的初级阶段，善心为本的诗乐教育与强身为用的体操训练占据重要位置，这一切在柏拉图那里，得到理论上的归纳和影响深远的传布。

总之，我以为古典研究的学术意义类似一种知识考古学，可借助相关思想资源及其相关理路来审视人类文化历史发展的过去、现状以及未来的可能走向。

问：的确，古代人讲"文化"，不单是讲生活方式意义上的文化，更多是讲"人文化成"意义上的人格教化与道德修为，而且具有宏阔的天下情怀，把宇宙人生联系起来比照，所以讲"观乎天文，以察时变；观乎人文，以化成天下"。那么，在您的研究过程中，古希腊人文化成思想传统中让您感受最为深刻的东西是什么？

答：令我感受深刻的东西不少。比较而言，最为突出的一点是如何通过"正确的教育"来培养"人的德性"，使人成为"完善的公民"，从而懂得如何"适当地治人和治于人"。这一点不仅仅是构建理想城邦的社会基础，而且也是人之为人的安身立命之处。我们知道，柏拉图是古希腊思想的集大成者。就他的相关论述来看，"正确的教育"绝非片面追求功利的教育，而是本质上寓教于乐、培养德性和造就完善公民的教育。

简单说来，寓教于乐主要是采用游戏、问答与诘难等方法，使受教育者形成爱智的习惯和求真的态度。这里所说的游戏，是融诗性与知性为一体的模仿型游戏。这种游戏兼有娱乐和教化作用，有助于养成某种惯习和掌握相关技能，关乎个体成为什么样的人或人格塑型的大事，因此具有人类学本体论的重要内涵。至于培养德性，主要是在注重身心健康的条件下培养智慧、勇武、节制、正义与健康等德性。在古希腊文化传统中，所谓人的德性或德行，意指卓越、超群或出类拔萃的素养和品行。基于这些非凡德性而造就的"完善的公民"，是"美善兼备"（*kalokagathia*）和全面发展的人，也就是具有卓越德性的整全之人。他们懂得如何"适当地治人和治于人"，这意味着他们在担任治理城邦事务的公职时，或者在接受城邦执政者的社会治理时，都知道如何行使公民应尽的义务或职责，不仅知道如何做事正确，而且知道如何做正确的事，因为每个公民的最高生活目的就是在实现城邦共同福祉的过程中成就自己的美好德性。这涉及公民作为个体的幸福感，这种幸福感主要来自个人生命之光在城邦这一公共空间里的卓异展现。这说起来确是一幅理想图景。在现实中，人的毛病很多，柏拉图对人性弱点有着深刻的认识，甚至对此持悲观态度，坦言人类的事务不值得认真对待。但是，他对于教育则持相对乐观的态度，认为"正确的教育"有助于消减人性的弱点，培养人类的德性，塑造完善的公民。

在柏拉图倡导的教育体系中，儿童时期的教育或蒙学阶段最为要紧，因为这是"染于苍则苍，染于黄则黄"的白板时期，关系到个人在理智成熟后能否学好数学、几何、天文、和声学与哲学的问题。对这一时期的诗乐教育和体操训练的思考，构成柏拉图道德诗学的核心内容。

但要看到，柏拉图根据至善的理念，将智慧、勇武、节制与正义等德行所构成的伦理基础理想化了，不仅认为这种伦理基础在一定意义上超越了规定性的法律体系，而且坚信通过正确教育会使这种伦理要素内化在公民的思想意识和行为举止之中。譬如，在《理想国》里，这种伦理至上的学说，显然超越了法律至上的希腊传统。但在《法礼篇》里，柏拉图虽然持守道德理想主义原则，但却回归到法律至上的希腊传统之内。他从维护城邦的共同利益与内部秩序这一目的出发，把对公民实施的艺术教育视为手段，就如同把对公民的法治教育视为手段一样，最终是要把公民培养成保家卫国的勇士和遵纪守法的楷模。

问：看来，柏拉图的教育宗旨，包括他的对话式教学方法及其创办学园的经历，与孔子的相关思想、做法和经历有许多相似之处。有趣的是，您刚才在谈德性卓越的"完善公民"时，我就在思考这对当下的公民素质会有哪些启示意义，尽管彼此的历史背景与文化传统迥然有别。在中国儒家人文化成的相关思想里，虽然没有论及公民德行，但的确讲到天民、爵民、庶民之类问题。譬如在《大学》里，就对大学与新民之道提出专论，先从"正心诚意"提升到"格物致知"，随后经过"修身齐家"阶段，进而上达"治国平天下"的境界，这里勾画出的是一幅简明易懂的"良民"教育或发展蓝图。我想知道的是，柏拉图对培养"完善公民"有没有勾画出一幅类似的简明蓝图呢？

答：您说得对。孔子与柏拉图这两位标志性历史人物，可以说是轴心时期人文化成教育实践的重要推动者。关于您提出的问题，在回答之前，我想补充一句。《大学》所勾画的这幅蓝图，在很大程度上是以道德为本位的。所谓"格物致知"，一般会将其理解为观察研究思索以求得对外物的正确理解与认识，我以为这是应有之义。不过，王阳明的解释也不可忽视，他是将"格物致知"这两个阶段与道德认识及其修养联系起来看，并且断言"知善知恶是良知，为善去恶是格物"，这显然是把"良知"作为一种追求目标，同时也把"格物"道德化了。

至于柏拉图给出的图景是啥样呢？在《理想国》里，他侧重探讨如培养"哲人王"的可能途径；在《法礼篇》里，他侧重探讨培养"完善公民"的可能途径，两者都比较繁复。相比之下，在《会饮篇》里，他描述的过程最为简明扼要，可视为培养"完善公民"的路线图。按照柏拉图的说法，这一过程如登"天梯"，步步上进：第一步是学会欣赏单个形体美；第二步是发现形体美的共相；第三步是学会珍视心灵美；第四步是学会重视行为美和制度美；第五步是学会掌握知识美或学问美，以此来彻悟美自体或绝对美。达到这一境界的人，已走过美的广大领域，面对美的汪洋大海，他凝神观照，心中生无限欣喜，深明无数优美崇高的道理，获得丰富的哲学收获，豁然贯通唯一的涵盖一切的学问，其中包括以美为对象的学问。

古希腊人心目中的"完善公民"，不仅具有健美的体魄与美好的心灵，而且具有高尚的公德与智慧的头脑。温克尔曼通过考古研究发现，古希腊人通过自由塑造出来的全民思维方式，就像健壮树干上萌发的优良分支一样。他们在风华正茂时就善于沉思。他们在精力旺盛的体格支持下，开始训练自己的心灵，吸收优质的养料，而我们的心灵因吸收低等的养料，一开始就发育不良，直到走向衰亡为止。古希腊人健全的理智，就像娇嫩的树皮，可以保存和放大留在上面的印记，不会因为空无思想的叽叽咕咕而转移自身的注意力。我想，温克尔曼的说法中可能隐含一种古典审美主义的理想,甚至隐含一种厚古薄今的思想倾向,但其中折射出的参照范型,是值得我们现代人重视和深思的。每当我们扪心自问"当下活得怎样"这个问题时,我们总有许多话要说。

问:看来,在古希腊传统中,"完善的公民"是人之为人的一种高标准设定。在中国儒道传统中,人之为人也是一个备受关切的重要问题,通常把"内圣外王"设定为人之为人的至高成就,因此,探讨"内圣外王"之道,是中国哲学精神的所在。那么,"完善的公民"在当时只是一种理想范型呢,还是具有某种现实参照性呢?

答:严格说来,一旦涉及"完善",总是一种理想化设定,但也不是说这毫无现实参照性,尽管达到这一"完善"程度的公民是极少数。在柏拉图心目中,他的业师苏格拉底在德性与言行上,都堪称良好公民的样板。不过,我这里想另举一例,那就是雅典历史人物伯利克里。伯利克里本人文武兼备,既是执政官和立法家,也是将军、诗人和演说家。据说,他曾带领一支舰队赴爱琴海攻占一座岛屿。战前的黄昏,他在旗舰甲板上与他的副将一同饮酒。其间,一名侍者在为他们斟酒时,夕阳的光辉照在这位年轻美貌的侍者脸上,显得神采奕奕。伯利克里诗兴大发,就与副将谈论起一位诗人对面色红润的美少年的描述,认为与其用"玫瑰色"一词来形容,远不如用"紫色"一词更为传神。但他的副将并不认同这一看法,依然赞同诗人原用的词汇。两人你来我往,在推杯换盏中高谈阔论,直至深夜。次日清晨,战斗打响,他们一鼓作气,击败对手,拿下岛屿,凯旋雅典。这一记载来自野史,可信度有限,但却传布久远,现代西方学者在引用这一传说时,有的是为了彰显伯利克里的人格魅力和非凡能力,有的是为了表明古雅典公民的典型德性和整全人格,有的是为了印证古希腊艺术教育对培养完善公民的积极作用或特殊功能。但不管怎么说,历史资料的确表明伯利克里是一位全才。在伯罗奔尼撒战争期间,伯利克里发表过著名的"葬礼演说",修昔底德在书中作了全文记载,这的确反映出伯利克里的睿智、勇武和才干。另外,伯利克里也犯过错误,遭到法律制裁,被流放外乡。他遵纪守法,遵从判决,刑满回国后,恪尽公民义务,后来再次被民选为执政官。这也表明伯利克里作为杰出政治家所具有的优秀公民德性。

问:很显然,与一般权术高德性低的政客相比,伯利克里可以说是一位与众不同的政治家，不仅有能力有品位，而且重德性尊法纪，时至今日依然具有积极的参照意义。可惜，马基雅维利在《君主论》里所鼓吹的为政手段，把玩权术理论化了，把讲德性空心化了，其后的为政者大多沦为假惺惺的政客，真正的政治家却为数寥寥。这在民主与非民主社会都是如此。对了，谈到民主问题，卡尔·波普尔在《开放社会及其敌人》一书中，把柏拉图列入贬斥民主的"敌对势力"一方，主要原因是柏拉图为了建构自己心目中的理想城邦，对雅典民主制度进行抨击，这是否足以说明柏拉图是民主社会或开放社会的敌人呢？

答：我个人不这么认为。的确，柏拉图在早期与中期对话中，对雅典民主政体提出过严厉批评，认为过度的自由导致了民主的乱象，滋生了许多社会与道德问题，他在《理想国》里嘲讽说，在民非善辈、邦已非邦的城邦里，民主政体腐败，群氓无法无天，就连驴马狗等饲养动物也抢道横行，与人相争。对于这一批评，应当从具体的历史语境出发进行具体分析，这样才能还原事实真相，做出合理判断。我们知道，在伯罗奔尼撒战争期间，雅典权力集团的某些成员与斯巴达内外勾结，最后导致雅典战败，使三十人团上台执政，推行专制的寡头政体，结果造成内乱，死人不少。后来，民主派发动攻势，夺取政权，但旧乱未停，新乱环生，这其中包括以莫须有罪名判处苏格拉底死刑。对此，柏拉图十分震惊和愤怒，他的《第七封信》有过相关描述。总体来看，柏拉图所批评嘲讽的民主，是败坏或腐化的民主，而非健康和有序的民主。晚年，在《法礼篇》中，他对因过度自由所导致的剧场政体和民主政体，依然持批评和否定态度。但在建构"次好城邦"的政治体制时，柏拉图毫不犹豫地从"适度"原则出发，提出一种混合政体，试图把斯巴达式的君主政体与雅典的民主政体予以适当融合，以便提高执政的有效性和决策的民主性。当他在推举雅典民主政体时，他满怀自豪，认为只有这种体制才能弥补其他体制的不足，才配得上为他的次好城邦提供制度范型。

问：现在国内鼓励译介优秀学术成果。您认为这里面存在的主要问题是什么？或者说，开展这项工作的主要难点是什么？根据您的英文写作经验，又当如何克服这些难点呢？

答：为了发出中国学者的声音，向国外译介中国优秀的学术成果十分必要，但问题的关键在于是否"优秀"，这需要认真筛选和专业翻译，使其翻译文本能在国外成为"流通"文本，这是跨文化对话不可或缺的条件。我们常讲平等对话精神，如果连相应的文本都没有，那就无法将对话引向深入。这里所说的"优秀"，是就内容而言，看其有没有新的思想、新的资料或新的视角。我曾在国内一次学术会议上说过，国内现在学术成果丰富，不少被认定为标志性成果，如果将其翻译成英文或法文，就比较容易鉴别出这些成果到底借用了多少国外的说法，自身到底说了多少有分量的东西。至于"流通"文本，那首先是基于具有丰富学术价值的"优秀"原作，再就是具有传达性、可读性的专业翻译。前者不易，后者也难。国内能从事这项工作的译者不多。因为，学术翻译既需要精到的外语写作能力，也需要充足的专业知识储备。否则，勉强翻译出来不是扭曲原意，就是读不明白。通常，要把汉语著作翻译成外语，从运思、谋篇以及遣词用句上就等于在原作基础上进行技术性"重写"（rewriting）。驾驭不了这类"重写"技能，也就很难说翻译得当。我曾请外语专业出身的博士翻译我用汉语撰写的论文。这种译文可用于会上宣读，但无法用于出版。到头来我得大改，几乎等于重译。

学术翻译的难点，最突出地表现在主要概念的处理上。为了取得较好的效果，在翻译时要对相关概念有比较深入的理解，在此基础上选用更贴近原意的外文词语，同时加上比较精要的阐释或注解。与此同时，要在符合外语表达习惯的前提下，构造一些特殊术语，这符合"哲学就是概念构造"这一西方传统。譬如，将《中庸》里的"诚"译为 sincerity，大体过得去。要是知道朱熹把"诚"解释为"真实无妄"和"天理本然"，就会觉得将其译成 truthfulness 更为契合。同时可将作为"天之道"的"诚者"，译为"being as it is"，意指天地万物"是其所是"的本然规律或"天理"；将作为"人之道"的"诚之者"，译为"being true to human nature"，意指"真实之人性"或"本真之人性"。这样就将其中的思想哲理显现了出来，超出单纯道德意义上的"sincerity"。

再如，《道德经》第一章讲到"有"与"无"两个重要概念，有的英文译本将其分别译为 Being 和 Non-being。我们知道，在西方哲学中，Being（是或在）是一个形而上学本体论概念，是看不见摸不着只能用思想来推论的永恒实在。Non-being 则是现象界可见可摸的东西，但不是实在的东西，是变化与生成的东西。前者为本，后者为末。上述译文，在西方读者看来，正好本末倒置。另外，在《道德经》里，"有"与"无"代表两个不同层次的范畴。第一章从宇宙创化的根源出发，认为"此两者，同出而异名，同谓之玄"，可见，这两个概念是相互联系的，是一枚硬币的两面，只不过"无"为本但无形，因此不可直观，"有"为本但有形，因此可以直观。我以为可将"无"译为 being-without-form，将"有"译为 being-within-form。至于《道德经》第十一章所论的"有"与"无"，是就其功用关系而言的。所谓车轱辘、水杯与房间的用处，是依据"有之以为利，无之以为用"的实用原则而成。这里的"有"与"无"，不同于前面的"有"与"无"。据其语境语义，可将此处的"有"译为 having-substance，可将此处的"无"译为 having-no-substance。这样做的目的，是想构造中国概念，而不是照搬外国概念。照搬的确方便，但会误导读者。所以，在翻译中华思想文化术语时，要注意形同而质异的问题，不可轻易用西方现成概念来翻译。否则，这会把中国自身独特的思维方式与思想内容统摄到西方的概念之中，给西方读者形成一种中国模拟西方或所见略同的错觉，由此他们会习惯性地因循西方思想文化的路径去解读中国的思想文化。另外，在翻译中华思想文化术语时，还要设法转换得抽象和简明一些，不要过细和过长，那样读起来"太水"。譬如，有学者将"玄览"译为 learn the world with a peaceful mind，这更像是短句，而非概念，比较简要抽象的译法可为 pure-minded contemplation。总之，翻译是一个复杂的工程，我的做法也是个人尝试，相信国内外有更多高手。

问： 人们常说翻译是再创作，这绝非虚言。苏格拉底说"美是难的"，我们套用过来可以说"翻译是难的"。今天我们刚谈到这个难题，因时间关系，只好先放开。这里，我想提最后一个问题。目前，我看到一些或长或短的报道，涉及国内美学界开过的一些讨论会，相关议题是中华美学精神的传承或弘扬。前面谈到，您侧重研究的对象是轴心时期的人文化成思想传统，您注重采用的方法是跨文化历史方法，我想知道您是如何看待中华美学精神的？这种精神的实践性体现在哪些方面？

答： 这是一个相当复杂的问题，也是一个开放的话题，学界有数种看法。按我目前的理解，"中华美学精神"大体是指中华美学反映在艺术创作、审美价值、鉴赏准则、道德情操以及人文精神等领域里的核心思想、典型特质与根本理据。从目的论上看,"中华美学精神"属于"人文化成"理想追求的重要组成部分,我们前面谈到了这种思想传统。从构成要素上看,这一精神主要隐含在情理并举、形神兼备、虚实相生、刚柔互济、言意、体性、气韵与意境之辩等基本审美范畴之中,既关乎艺术的创作法则与价值取向,也涉及艺术的风格神韵与鉴赏标准。

目前,研究中华美学精神,我觉得不单是从知识考古学角度去挖掘其生成语境与历史传统,更要从实用活力论角度来透视其绵延流变与因革创化。通常,前一类研究囿于典籍,多成旧忆,具有博物馆式展示价值,其趋于固化的思想资源,很难与现代艺术实践与审美智慧产生有机联通。后一种研究侧重流变,可得新生,具有艺术实践的创化功能和审美智慧的育养机制,体现出绵延不已或持久常新的独特魅力。为此,我前不久提出一种"活力因相说",尝试探讨中华美学精神的活力因相或生命力因缘特性,借此说明活力因的三相组合结构,也就是说明本体相(体)、应用相(用)与成果相(果)三者的互动作用。

比较而言,在活力因的三相组合中,本体相实属根基或理据。这里所言的"本体",主要是指具有化育或生发能量的基本起始之根(root as a fundamental genesis with generative energy),而非西方哲学中永恒不变、唯一自在与不可知的"本体"(noumenon)。在中华美学精神的诸要素中,"天人合一"观最具典型特质。它作为一种审美境界,虽有朦胧模糊之嫌,但不失为一种可思想的对象,可体悟的过程,可参照的量度。在审美经验中,其本体意义实为具有生发能量的根本性创始意义,主要是通过"天地有大美而不言"中的"大美"引发出来。这"大美"表示自然规律性的大道之美,表示万物化育创生的大德之美,表示宇宙生命精神或太虚之气的流动之美,表示天地神工鬼斧所造化的景观之美。这"大美",不仅是人类认识、欣赏和利用的对象,而且是艺术摹仿、灵思和创构的源头。

在中国思想传统里,"体用"关系是相辅相成的互动关系,因此有"体用不二"之说。这"体"对内作为具有生发能量的根本或根源,犹如一种活性机制,对外可显示其生发能量的"用",展示出不可或缺的引导或启迪作用。诸如上面所说的"天人合一"观,就是"体用不二"的范例之一。不过,要说明活力因的三相组合关系,还需参照"三位一体"的原理予以审视。若对艺术家来讲,其实践理路通常是基于本体相来启动应用相,讲究的是体悟与灵思，可谓"依体致用"；随之是实施应用相来达到成果相，讲究的是表现与创构，可谓"化用为果"。据此，作为活力因中的本体相（体），是根本或根源，是启动应用相的内在机能或基因密码；作为活力因中的应用相（用），它的实际作用至少体现在两个主要领域：一是对精神境界、道德修养或人格情操的促动与提升，这最充分地反映在道家所倡导的精神自由与独立人格等诸多方面；二是对艺术修养与艺术创作的驱动与推进，这最突出地反映在中国画境三分的学说与实践之中。作为活力因中的成果相（果），是依据本体相而施行应用相所成就的最终结果，或者说是艺术家将天人合一理据应用于艺术生产实践而创构出来的杰出作品。

在中国传统艺术领域，天人合一观深刻影响了文人山水画的进路，最终衍生出"外师造化""师法自然""师山川""师天地"之类主导性绘画原理。此类原理经过王维、马远、倪云林与董其昌等唐宋元丹青大家的实践运作，相继取得突破性艺术成就，最终将山水画（特别是文人山水画）推向历史高峰。一般说来，中国笔墨山水，注重画境文心，讲究修为创化。按照画家艺术造诣、人文素养与作品意境，山水画大体分为三级：一为师法古人、训练技法与临摹名作的移画，二为师法山川、培养独创意识与摹写山水景象的目画，三为师法天地、修炼传神功夫与表现宇宙生命精神的心画。相比之下，移画为基，目画为塔，心画为顶。三者循序渐进，终以逸品为上乘。在逸品类，文人山水画作占据首位。在这方面，董其昌、石涛与黄宾虹等大师，上承古法先贤，博采众长，在画作与画论上均取得杰出成就。由此说来，从古代到现代，我们不仅可以窥知活力因相说的理论衍生与因革之道，也可以看到显现画境文心的历代杰作，这皆表明蕴含在中华美学精神中的持久活力或机能，既具历史意义，也有现实意义，其对艺术实践的指导作用，在历史中绵延，在绵延中创化，在创化中发展。相比于那种思想固化的死东西，这种流变因革的活东西更值得我们重思、传承与弘扬。

附录2　如何走出无形的洞穴[1]
——追问苏格拉底

（对话人物：华来士——简称"华"，苏格拉底——简称"苏"）

华：尊敬的苏格拉底，真是巧遇。我来自中国，名叫"华来士"。

苏：您好，华来士！幸会！幸会！

华：据《斐多篇》所载，您老人家被迫饮下那杯毒酒后，就安然而眠了。随后只能在柏拉图的对话里听到您的声音。

苏：自那以后，我就离开雅典，"乘云气，骑日月，而游乎四海之外"了。

华：云游四海，逍遥自在，那可是神仙过的日子。今天不知您有无闲暇，想请教一个有关教育的问题。

苏：教育问题？柏拉图不是专门在《理想国》里谈过教育吗？

华：没错。此书我读过数遍，特别是专论教育的第七卷。有人曾归纳说：柏拉图教育思想的精髓在于"心灵转向"，也就是让人们扭转头来，走出那座洞穴。

苏：什么洞穴？

华：您忘了，柏拉图是用您的口气描述那座洞穴的。一般学者称其为"洞喻"。

苏：柏拉图总是拿我说事儿。您先讲讲看，到底是怎么回事？

华：书中是这样描述的："让我们想象一个地下的洞穴，长长的通道连着外面，可让同洞穴一样宽的亮光照射进来。有一些人从小就住在洞穴里，头颈和腿脚一直被捆绑着，不能走动也不能转头，只能向前观看洞穴的后壁。让我们再想象在他们背后远处高些的地方，有一堆燃烧

---

[1]　此文刊于滕守尧主编的《艺术教育》杂志（2014年）。

的火。在火与这些囚徒之间横着一道矮墙,其作用如同木偶戏演员在自己和观众之间设立的一道屏障,他们把木偶剧拿到屏障上去表演。接下来让我们再想象有一些人拿着各种器物举过墙头,从墙后面走过,有的还举着用木料、石料或其他材料制作的假人和假兽。这些人有的边走边说,有的沉默不语。火光将这些物件的阴影投射到对面的洞壁上,囚徒们便通过这些阴影和背后发出的声音来辨别这些东西。久而久之,他们习惯成自然,以假当真,把阴影当作实物。在他们之间曾举行过某种选举,有人从中就赢得过尊荣。特别是那些敏于辨别、擅长记忆过往阴影的惯常次序并能预言后面还有什么影像会跟上来的人,还曾获得过奖励。"

苏:这些人的记忆力的确惊人,只可惜没有用在追求真知方面,所记的东西全属假物的影像,那种假当真的惯习想必会毁掉他们的一生。其中难道没有人觉醒吗?没有人走出洞穴吗?总不会都甘愿做老实巴交的囚徒吧?

华:人各有志,说来话长。如果他们被解除禁锢,矫正迷误,你认为他们会怎样呢?如果有一人被解除了桎梏,被迫突然站了起来,转头环视,起身走动,抬头看望火光,你认为他会怎样呢?他开始时会感到痛苦,眼花缭乱,无法看见那些他原来只看见阴影的实物。如果有人告诉他,说他过去惯常看到的全然是假的,如今由于转头看到了比较真实的器物,比较接近了实在,所以比较真实了,他会作何感想呢?如果再有人把以往举过墙头上的每一件器物指给他看,并逼他说出那是些什么,你不认为他此时会无言以对吗?他依然认为自己过去所看到的阴影比现在所看到的实物更真实吗?如果让他直视火光本身,他的眼睛会感到疼痛,他会转身走开,仍旧逃向那些自以为更清楚更确实的影像吗?

苏:当然,由虚而实,由暗而明,由假而真,由影像到实物,这的确需要一个过程,而且是一个伴随着某种痛苦的过程。任何人在黑暗处待久了,一下子来到光亮的地方,必然会感到头昏目眩,双目刺痛,视而不见。但此后他将生活在一个敞亮的世界里,享受五彩缤纷的事物,怎么也不能从老路返回吧?

华:就人而言,都有些惰性。大多数人在不知道外部世界真相的情况下,都喜欢生活在自己习惯的地方,因此有"故土难离"的古训和习惯意识。这就需要一种外在的推动力。就像柏拉图所说的那样："如果有人硬拉这个人走上一条陡峭崎岖的坡道，一直把他拉出洞穴见到了外面的阳光，不让他中途退回洞里，他会感到痛苦而恼火。当他来到阳光下时，他会觉得眼前金星乱迸，金蛇乱窜，无法看见任何现在被称为真实的事物。这大概需要一个逐渐习惯的过程。首先，最容易看的是地上的物影，其次是看人和其他物体在水中的倒影，再次是看实物本身，再下来就是看夜晚的天象、天空、月光和星光。最后，他终于能直观太阳本身，看见其真相了。而烛照可视世界中一切事物的正是这个太阳。此时，他宁愿活在世上做一个穷人的奴隶，受苦受难，也不愿回到洞里，再过那种囚徒式生活。"

苏：这就对了。这就如同从牢狱中释放出来的囚徒，一旦真正享受到自由的快乐，谁还愿意自行返回到那座牢狱呢？我的意思是指那个黑暗的洞穴。

华：那也未必。如果他知道外部世界的真相之后，不忍心让原来的同伴依然待在黑洞里过着蒙昧的生活，他也许会毅然而然地再次步入洞穴，去劝说和引导他们一起走出洞穴。不过，就像《理想国》里所描述的那样，"假若他突然离开阳光走进洞穴，他的视力会因为黑暗而变得模糊起来，这同样需要相当长的时间来适应黑暗。如果有人趁此机会就要他和那些始终禁锢在洞穴里的囚徒比试一下'评价影像'的能力，他肯定不是对手。人家会讥笑他，说他到外面走了一趟，回来后眼睛就变坏了，因此更不会产生走出洞穴的任何念头。倘若他自己想说服他们，打算释放他们并把他们带到洞穴外面，他必将惹起众怒，被人杀掉"[1]。

苏：这倒令人有些匪夷所思。看来只要是有人的地方，什么事情都会发生。

华：尊敬的苏格拉底，您是柏拉图的老师，他是借用您的口气来讲述这一寓言故事的，意在用此来说明教育所存在的问题。我想其中必有深意，请您道出一二。

苏：我和柏拉图当年交谈时曾涉及这个话题。我用幽暗的牢狱作比喻，而他则用洞穴作比喻。其中隐含着一种双重的二元论。一是洞内影

---

[1] Plato. *Republic*. Book VII, 514-517.

像世界与洞外实物世界之间的二元划分,二是受过教育者(有识之士)与未受教育者(无知之士)之间的本质区别。洞喻一方面描述了地穴中的禁锢与囚徒般的生活,另一方面揭示了从洞底爬到洞口的艰难历程以及由黑暗转入光明的痛苦感受,这实质上暗示着"灵魂转向"的难度与可能。

华:什么能使人"灵魂转向"呢?什么能把囚徒从洞里的阴影中拉到洞外的阳光下呢?或者说,什么能把"灵魂拖着离开变化世界而进入实在世界的呢?" 一句话,怎样才能使人走出洞穴呢?这正是我要请教的主要问题所在。

苏:没有别的,只能是教育($\pi\alpha\iota\delta\epsilon\iota\alpha$)。不过,古希腊人所谓的教育,不只是教导人和传授知识,而且要培育人格,使人的身心健康成长,全面发展。在方法上,这种教育强调追问与对话,认为只有不断探索才能从模糊走向澄明,才能开显出真理和智慧。人们都说我喜欢诘难,提问刁钻,其实我只是看不惯那些掌握话语权力就自以为掌握真理的假权威,也就是你们现在称之为喜欢"作秀"或"作骚"的家伙,我向来对那些自以为是的真理心存疑虑。您也许知道,我经常诘难与追问,但从不提供肯定性的终极答案,我只希望用此方式鼓励人们不断求索,唯此方能逐步认识或接近真理。如今,制度化的教育理念过于偏狭,致使一般的教育实践蜕变为简单的知识灌输。这种所谓的教育,往往局限于事物的表象与简单的记忆,缺乏追求真理的精神与动力,禁锢人的才智和认识事物真相的理性,培养出来的人也大多是无知者,如同捆绑在黑暗洞穴里的囚徒,他们逆来顺受,画地为牢,以假当真,没有反思的精神与进取的念头。这种教育自称"能把灵魂里原来没有的知识灌输到灵魂里去,就好像能把视力放进瞎子的眼睛里去似的",但实际上并非如此,也丝毫无助于实现受教育者的"灵魂转向",其结果只能是误人子弟,阻碍灵魂视力的提升,使人囿困于感官的舒适与事物的影像,类似于柏拉图所说的那种"没有教养不知真理的人"。

华:您对教育的看法的确独到。那么,尊敬的苏格拉底,您是雅典城邦中最有智慧的人。凭您的经验和学识,到底要靠什么样的教育才能使人走出洞穴呢?

苏:亲爱的华来士先生,请不要用这种口吻赞扬我。他们都说我"最有智慧",其实我最知道自己无知。但作为对话讨论,我可以借此谈谈自己的一点看法。实现"灵魂转向",必须依靠真正的教育,也就是以追求真理与智慧的教育。这种教育不仅是启发式的,而且是艺术化的,是建立在"七科"基础之上的系统教育,其中包括诗乐、体育、数学、几何学、天文学、和声学和(哲学)辩证法等七门学科。概而言之,诗乐培养精神和谐与优雅得体;体操增强身体的素质和掌握军事技术;数学只能用理性去把握,"几何学是认识永恒事物的",两者均有助于培养理性思考能力,可通过研究一与多的关系而使心灵专注于实在,进而"把灵魂引向真理";天文学与和声学侧重研究宇宙中天体之间的和谐与音程中数量关系的和谐,有助于灵魂里的知识器官除去尘垢,恢复明亮,使灵魂的视力向上提升,从而引导人们"寻求美和善";辩证的过程也是理性的思维过程,"唯有辩证法的力量才能使人看到实在",因为辩证法不仅是交谈讨论的艺术,是哲学特有的研究方法,"能够不用假设而直接上升到第一原理本身,并在那里找到可靠的根据。当灵魂的眼睛真的陷入无知的泥沼时,辩证法能轻轻地把它拉出来,引导它向上发展,同时用我们所列举的那些学习科目来帮助它完成这个转变过程"。这个"转变过程",也就是"灵魂转向"的过程或学习研究的过程,该过程前后需要近三十年的系统教育和十五年的实践锤炼,最终才能够使"灵魂的最善部分上升到看见实在的最善部分"。

华:苏格拉底,您真不愧是个爱智的哲学家,说得很有道理,难怪柏拉图总是用您的名义把对话推向深入。但就我所知,柏拉图所说的洞穴,是无形的,是无处不在的。有的人不知不觉地走了进去,在那里养成了以假当真的习惯,也就走不出来了;而有的人由于教育体制的问题,从一开始就被放置在洞壁之前观看影像,为了应付测试,背诵了许多书本上的东西,从中也得到一些嘉奖,于是就心甘情愿地囚在里面了。诚如卢梭所感叹的那样:"人生来是自由的,但无往不在枷锁之中。"就说那些被捆绑在洞穴里的囚徒吧。我觉得这种束缚或禁锢,与其说是肉体上的,更不如说是心灵上的。他们的处境,固然有客观上的原因,如简单灌输式的教育方法,专制主义的社会环境,政治强权的意识形态,等等,但也有主观上的原因。

苏:您的意思是指人性的一些弱点,这些弱点也的确会反映到教育和认识上来。譬如,以下几点是需要关注的。其一,人生来专注于感觉对象，而且会因为习惯而成其自然，由此构成审视外物的心理定式。其二，人的灵魂里具有天赋的理智或知识的器官，会遭到习惯的毁坏而失之迷茫，结果使灵魂的视力下降，只看下等的东西，把虚幻的阴影当作实在的事物，最终堕入无知和愚昧。其三，由于习惯和从众心理作祟，一些人容易以适应环境为借口，逆来顺受，盲从盲信，在自以为是的安乐中不思进取，不顾真相，害怕真理，不接受新的知识，不能容忍思想观点不同的人，洞穴中的囚徒之所以在"评价影像"时自鸣得意，嘲笑从洞外回来的人，认为他出去一趟反倒把眼睛搞坏了，其根本原因就在于此。其四，人类心灵中某些品质，因所取方向不同，抑或变得有用且有益，抑或变得无用而有害，这后者会成为通常所说那种"机灵的坏人"。这些人目光敏锐，但"心灵狭小"，其视力在他们所关注的对象上显得十分锐利。只可惜他们的视力被迫服务于恶，结果是助纣为虐，其视力越敏锐，其恶行就越多。看来，这些内在的人性弱点，很容易使人腐化堕落。就像身陷洞穴的囚徒，沦为"井底之蛙"而不自知，获得奖励而沾沾自喜，相互之间心怀嫉妒，争权夺利，敌视明辨是非的有识之士，非要杀掉那位从洞外回来解救他们的人。其五，人性的弱点也会表现为另一种方式。走出洞穴看到真相的人，"宁愿忍受任何苦楚也不愿再过囚徒式的生活"，因此也就无意去解救那些被禁锢在枷锁中的人们。这种追求自在与洁身自好的做法，在一定程度上如同他本人遭到囚徒的拒绝一样，其结果类似一枚硬币的两面，终究会形成彼此的隔膜，拉开两者的差距，造成双方的疏离。的确，已经达到实在知识高度的人，是不愿意做那些琐碎俗事的，他们的"心灵永远渴望那留在高处的真实之境"。但如此一来，知识与真理的价值在实际运用中又当如何体现呢？这恐怕要涉及相关的政治文化及其伦理问题。

华：我说苏老先生，今天我们暂且不谈政治文化与伦理方面的问题，我知道古希腊雅典时期平民政体的腐败与僭主政体的专制，导致了许多失误与悲剧，您所遭受的莫须有的罪名就是范例。我马上要给学生上艺术教育课，借此机会向您再提一个问题。

苏：什么问题？

华：艺术教育如何帮助人们走出无形的洞穴？

苏：我想这肯定是有帮助的。在古希腊时期，音乐教育与体操教育备受重视，这两者融诗乐舞、文学艺术、健美体操、军训和田径为一体，类似于今天所说的艺术教育。音乐教育照顾心灵，体操教育照顾身体。前者使人具有鉴赏的能力与和谐的心境，后者使人具有健美的体魄和优雅的风度，两者最终殊途同归，旨在培养爱美之心。这种美，不仅仅限于文学艺术的美，身体风度的美，而且包括真知灼见的美，也就是智慧的美。有了智慧，才能去创造值得一过的人生。有了智慧，人就不会人云亦云或随波逐流，反倒会洞透这个现象世界，捕捉到背后的真理。而艺术教育，通常是强调自由、想象和创造性的。这对智慧的生成至关重要。在此意义上，艺术教育的确有助于人们走出无形的洞穴或教育的误区。

华：您说得很有道理。我时常在想，艺术教育对鼓励人们走出无形的洞穴具有多种潜能。譬如说，在培养创造性思维方面，艺术教育应当有所作为。创造意味着创新或与众不同，这当然不排除有效知识的积累、视野的拓展和思想的解放。您想，在艺术创造实践中，你要想推陈出新，给人以审美震撼，你必须有独特的想法或打破常规的思维。这种思维或许是反向的或逆向的，即别人肯定的东西恰恰是你要否定的对象，反之亦然。这就需要一种怀疑的精神，一种创造性的怀疑精神。陀思妥耶夫斯基的复调小说，贝克特的荒诞派剧作，杜尚的先锋派作品，"星星画展"的艺术风格，几乎都是这种精神促生的结果。有了这种精神，就为自己的主体创造性奠定了基础，同时也扩大了自己的思维空间，当然也就不会人云亦云，自设牢狱，把自己埋在陈旧的教科书里或关在风雨不透的灰暗的教室里，而是要在精品佳作里与艺术大师对话，在辽阔的大自然里与山湖草原对话，使自己的想象力达到"精骛八极，心游万仞"或"思接千载，视通万里"的程度，进而达到"观古今于须臾，抚四海于一瞬；笼天地于形内，挫万物于笔端"的境界。

苏：这听起来很有意思。还有呢？

华：我想，利用艺术教育，特别是优秀的文艺作品，在打动人的同时，使人感悟到人文素养教育的真正内涵或有效途径。譬如，我们可以引用诸多名家或领袖之言，来劝导人们"志存高远"。但我总怀疑这种教育方式的实际效果。通常，"言者谆谆，听者藐藐"，充其量只能感召于一时，过后又很快被人遗忘。

苏：那你有何高招？

华：谈不上什么高招。我只是觉得这种抽象的教育需要艺术的形象来图示和强化。譬如，绝大多数中国人从小背诵唐诗宋词。唐诗里有许多脍炙人口的绝句，王之涣的《登鹳雀楼》就是一例。"白日依山尽，黄河入海流；欲穷千里目，更上一层楼。"这首诗是在写景，是在写登高望远的游览方式，是在描绘观景者的空间移动，即由下而上地移动，为的是欣赏"黄河金带"这一自然奇观。但随着人生阅历的增多，体悟的加深，读者会给"欲穷千里目，更上一层楼"两句不断赋予新的解释和意义。视野的开阔，事业的发展，理想的追求，境界的提升，精神的升华，人生的成就，或者说志存高远的远大抱负，等等，都可以灌输进去，也可以从中解读出来。特别有趣的是，这首诗简短，明了，富有音乐感，便于记忆，便于不断吟诵和体味。如果让一位哲学家和诗人同台讲演此类话题，听众随后会忘记了哲学家，而依然记得诗人。

苏：的确如此。请你不妨再谈谈这个话题。

华：真抱歉，我得给学生上课去了，咱们下次再谈吧。我会把如何走出洞穴的问题带到课堂上去和同学一起讨论的。

苏：那好，再见！下次再谈。

附录3　询问孔子的诗教思想[1]

（对话人物：华来士——简称"华"；孔子——简称"孔"）

华：孔老先生，司马迁在《史记》中对您有这样的记载：周室微，礼乐废，诗书缺，您周游列国、不得重用之后，便自卫返鲁，删诗正乐，从古诗三千余篇中筛选出三百零五篇，并且配上音乐，自己能弹会唱，使其合乎《韶》《武》《雅》《颂》之音，使废弛的礼乐文化得以传承，使古代的"六艺"教育得以周备。这对华夏文明的"可持续发展"来讲，实可谓"功在万世"！

孔：过奖。那只是"从吾所好"罢了。相关的溢美之词，多为后世所加。我在九泉之下，奈其若何？

华：不过，从《论语》和《孔子家语》中的有关论述看，您对诗教十分重视，这也是"从吾所好"的个人兴味所致吗？

孔：是也。非也。

华：既是又不是，这话从何讲起？

孔：我说那是个人兴味所致，是因为我本人的确喜好诗。这诗在过去不仅是供人吟唱的，而且是供人表演的，实际上是一门综合性的艺术，与音乐和舞蹈密不可分，可以说是诗乐舞三位一体的统合结构。《乐记》对这三者的关系有过这样的描述："诗，言其志也；歌，咏其声也；舞，动其容也。三者本于心，然后乐气从之。是故情深而文明，气盛而化神，和顺积中而英华发外。"用现在的话说，诗词的作用在于表达内在的思想情感，歌唱的作用在于吟咏其言辞，使声音美化，易于接受；舞蹈的作用在于仪容姿态动作的具体表现。诗词之志，歌唱之声，舞蹈之容，这三者都必须依本于内在的心性或情思意趣，然后以音乐的形式

---

[1]　此文刊于滕守尧主编的《艺术教育》杂志（2015年）。

予以表达，这样的诗乐舞才具有真正可供人凝照与体味的审美价值。所以，内心深处若隐含着真挚的性情，其所表现出的文采自然是光华显著；其中若有内蕴充实的思想意识作用于外，那自然足以感鬼神、动天地了；若能具有纯正的思想和诚挚的情感基础，日积月累，储存于内心的全都是和谐顺畅的意念，由此意念发之于外的诗词歌唱舞蹈，也一定都是精美之善的表现。您想想，聆听这样的诗乐舞，能不令人心旌摇曳、无限神驰吗？

华：难怪您在齐国听到《韶乐》的演奏之后，竟然"三月不知肉味"，想不到音乐之美能够达到如此令人陶醉的程度。据说您还有一大爱好，一旦发现别人的诗歌吟唱得好，就请人再吟唱一遍，有时甚至亲自加入吟唱。如此看来，您的"删诗正乐"之举，在很大程度上是您个人的兴趣所在，个人的爱好所致。那么，您为什么又说不完全是这样呢？

孔：那主要是因为诗歌的教育作用及其当时在政治、外交等场合上的实用价值。春秋时期，诗歌在外交、文化与娱乐生活中占有极其重要的地位，担负着政治、审美与伦理等话语职能。

华：在您看来，诗歌的基本功用是什么呢？

孔：我曾说过："诗，可以兴，可以观，可以群，可以怨。迩之事父，远之事君；多识于鸟兽草木之名。"（《论语·阳货》）现代学者通常习惯于用"兴观群怨"四字来概括此说，殊不知"事父""事君""多识"这三者，在当时的社会文化背景下均不可偏废。

华：这就是说，您这段诗论至少包含七层意思。那么，诗"可以兴"应当如何理解呢？是指"托事于物"的修辞技巧，还是指"感发意志"的教育功能呢？

孔：更多的是指后者，也就是通过诗歌中生动鲜活、富有寓意的联想性意象，来感发和纯正人的情思意趣，激励人们习诗以向善。

华：具体说来，"兴"不仅借助诗歌的联想性从相关的意象或比喻中引申出一种意思，而且引人向善，通过审美体验使心灵得到净化、使精神得以升华。这种体验往往以某种情感的宣泄为特征，以激发实现至高生命形式的志向为结果。那么，如何理解诗"可以观"这层意思呢？

孔：所谓诗"可以观"，是指诗歌能反映或再现人类的生存状况与生活方式，能使人们通过观察分析而形成良好的判断力与洞察力。在古汉语中，"观"一方面意指看、观察或观赏，另一方面意指显示或反映。所谓"观风俗之盛衰"，就是指反映或再现不同历史阶段社会习俗惯例的沉浮变化或兴亡交替。在诗歌的原创过程中，作者自然会探讨和审视社会环境与人类生存条件，会关切与揭示作为社会存在的人的道德状况与心理状态。譬如在《诗经》中，《周南》与《召南》侧重于反映古代中国人的家庭生活；《郑风》与《陈风》多为情歌，表现的是人民大众的爱情故事；而《小雅》与《大雅》则侧重描述贵族和君王的生活。

华：这就是说，读诗如读史，通过诗歌，可以了解和观察到相关的历史情境与社会生活状况。古代的"采风"活动，在一定程度上也是"观风俗之盛衰"、体察社会生活和世道好坏的重要途径之一。另外，诗乐舞三位一体的艺术形式，也为人们提供了观赏与审视的对象。据《左传》所载，鲁襄公二十九年（前544），吴国公子季札作为外交使节到鲁国进行访问，其间，应邀"观于周乐"，就是借诗乐舞的演奏，来观察了解鲁国的政治意向与道德风尚。那么，诗"可以群"又指什么呢？

孔：诗"可以群"的功能，主要表现在以下两个方面：一是形式意义上的"群"，二是内容意义上的"群"。所谓形式意义上"群"，也就是诗歌音乐形式所表现出的"从和"或"聚合"功能。《诗经》中，《国风》160篇多为当时流行的民歌民谣，《小雅》74篇多为西周贵族专用的宴乐，《大雅》31篇多为朝廷用于庆典的乐章，而《颂》40篇则多是用于宗庙祭祀的赞歌，可见诗与乐同，两者皆"从和"，甚至以"和为贵"，内有平和心神、怡情悦性之效，外有协调家庭关系、社会人伦之用。

华：这很有趣。据说汉语"群"一词，本身就包含"聚集，会合"的意思。孔安国取其广义，将其解释为"群居相切磋"。若用时髦的话说，诗"可以群"是指诗歌作为一种特殊的审美话语，能够提供或者创设某种双向交流沟通或对话的契机，即通过其中所描写的人物事件来启动思想情感的交流，以期取得相互间的理解，增进相互间的友善，建立相对和谐的人际关系。古时，在各种社交场合（如祭祀、饮宴、外交等礼仪性的场合），诗"可以群"的功能，正是凭借吟唱作和、评点应对的方式，在营造友好气氛和协调人际关系方面表现得尤为突出。那么，您怎么看待诗"可以怨"？

孔：诗"可以怨"这一使命，除了有助于人们掌握讽刺艺术来揭示人类生活所面临的困境之外，还能引发人们对社会环境及其问题的不满与批判。但是，必须掌握"怨而不怒"这一"中和"之度，否则，不但于事无补，反而招致混乱。

华：这样看来，孔安国将"可以怨"视为"刺上政"，多少失之偏颇。按照给我的理解，诗歌之"怨"可以从广义上划为两类：一是针对社会政治，二是针对心理情感。前者侧重批判社会政治生活中有悖"仁道"的种种弊病，表现人们的怨愤与忧思，目的在于"曝光"或揭露，在于引起社会的关注和促动相应的矫枉举措。一般说来，社会问题包罗万象，譬如道德败坏、政治丑闻、争权夺利、腐败堕落、昏庸无能、实施暴政、剥削压迫与嫉贤妒能等等。所有这些在《大雅》中表露得尤为明显。读《民劳》与《板》等篇，我们看到的是对社稷民生之困境的揭示和抨击。心理情感作为诗"怨"的另一维度，侧重于描绘形形色色的个人生活体验、不同形式的恩爱情恨感受与烦恼压抑的思绪心态等等，主要目的在于表白、传达或宣泄。此类心理情感的范围甚广，如失意、孤独、埋怨、愤懑、遗憾、绝望、焦虑、受挫等等均在其中。《国风》中有不少诗歌，就是以"比兴"的手法描写"闺怨"或离愁别恨的，如《雄雉》等篇。不过，无论出于哪种形式的"怨"，都必须遵循一定的度，适可而止，不能偏激。那么，除了"兴观群怨"之外，诗的其他三项功能又当如何理解呢？

孔："迩之事父"，表示学诗有益于培养人们的孝心，此乃诗歌道德教化的必然追求。"远之事君"意指诗歌的政治服务功能。鉴于《诗经》中展现和融含着久远而深刻的文化传统与历史意义，学诗和用诗的目的就在于树立一种建功立业的使命感，练就一套服侍君王的外交技巧，这种技巧主要表现在一种以赋诗为主要形式的应景作和的能力之上。《左传》中记述了诸多吟诵诗歌、相互唱和的重要外交场面，有的甚至关系到国家之间的邦交与战争。因此，我特别强调学诗与用诗必须并重。最后，"多识"是就诗歌的认知层面而言的，意思是说学诗有助于识别鸟兽草木的名称与种类等等。

华：关于学用并重的问题，我记得您有过这样忠告："诵《诗》三百，授之以政，不达；使于四方，不能专对；虽多，亦奚以为。"（《论语·子路》）显然，您倡导学《诗》的目的在于"学以致用"，即"用"于促进个人的修养和维护社稷的利益，这恐怕与您想把大部分弟子培养成合格有用的政治家的教育目的密切相关。关于"多识"的问题，汉代以来的一些研究《诗经》的学者,如陆玑、毛晋、徐雪樵等,对其中的草木鸟兽虫鱼和动植物做过疏要与图鉴,认为《诗经》所涉的种类名目相当繁盛,不亚于一部古代博物志。时过境迁,与这三种功能相比,前面所述的"兴观群怨",恐怕是诗教中更为核心的内容。在我看来,"兴"与"怨"更富有感性色彩,重在表现和激发人的情思意趣;"观"与"群"则更具有理智倾向,重在借助审美观照与理性反思,给人以道德的启迪与顺和的愉悦。总之,这四者会对人的思想品格产生潜移默化的效用,因此可以用来协助完善人格,提升"迩之事父,远之事君"的能力。那么,这与您所倡导的"温柔敦厚,诗教也"是何关系呢?

孔:彼此相得益彰。"兴观群怨"主要是就诗歌的基本功能而言,"温柔敦厚"主要是就诗教的运作方法与人格培养的结果而论。所谓"温柔",主要是指言语柔和,即诗教过程中讲究方式方法,侧重循循善诱,相互切磋,反对声色俱厉的勉强人意之为;所谓"敦厚",主要是指性情忠厚的人格品质,这与"文质彬彬,然后君子"的说法可以相互融通或彼此参证。总之,希望能凭借言语柔和、循循善诱的诗教,培养出性情忠厚、文质彬彬的人。

华:好!我知道您一直倡导"过犹不及"这一中道。在艺术表现与欣赏领域,您也特别重视"乐而不淫,哀而不伤"的基本原则。那么,我们是否可以根据上述意思,将您的诗教思想归纳为以中和为美的兴观群怨与温柔敦厚之道呢?

孔:我想可以。不过,在具体的诗教实践中,不可囿于文字的界说,而要关注"时中"的法则。

华:谢谢您的忠告。所谓"时中",就是因时而中,随时调整,即根据具体情境、场合与需要来调整中道这一正确性原则。只要凡事不失其时,其道必然光明,其为必有功效。

附录4　古代乐教的六种妙用[1]
——与荀子对话

（对话人物：华来士——简称"华"；荀子——简称"荀"）

华：先生做人为学，后世敬重者多。虽说儒学以孔孟为宗，习称"孔孟之道"，但真正弘扬因革儒学要旨、享有承上启下之功者，举世而论，非您莫属。

荀：罢了！罢了！一介儒生，已化尘埃；世人评说，一任诸君。

华：当然，您已羽化成仙，不论人间之事。但后世之人，总要参照先贤遗风遗教，给自己确定某种安身立命或修身养性之道。

荀：此言倒是不差。鄙人五十岁时游学于齐国，也常对亲朋好友与莘莘学子谈论自己的人生哲学体验。

华：这方面的情况我们稍有所闻。据司马迁在《史记·孟子荀卿列传》中所载：您当时在齐国是最年长的老师，因为有人嫉妒您的才学、谗毁您的人格，于是您拂袖而去，离开齐国前往楚国，后以兰陵为家，授业解惑，治学传道。因您痛恨乱世政治的污浊，憎恶邪门歪道的学术，于是集中精力，阐发儒墨道三家的学说，昭示政治上兴衰沉浮之事，写成数十万言论著便驾鹤西去了。

荀：大约如此。

华：在您阐发三家学说时，我发现您的批墨言辞最为锋利。在将墨子所著的《非乐》篇与您所撰的《乐论》篇对照参读的过程中，我时常觉得你们二位在论辩艺术上各有千秋。只可惜你们不是同时代人。否则，便可相聚于兰陵，辩乐于当面，琴瑟友之，钟鼓鸣之，那一定会成为千古美谈。

---

[1]　此文刊于滕守尧主编的《艺术教育》杂志（2016年）。

荀： 非也！辨乐之事，实乃经世治国之大业，岂能等同于儿戏。再说，吾辈心系社稷民生，不同于当下政界学界这等喜好作骚或作秀之徒。

华： 依此说来，墨子非乐，亦属正途。他认为儒者所行之道，是在作践天下大众。繁饰礼乐则使浮费泛滥过多，久丧伪哀则使亲情涣散稀薄（《非儒》）；弦歌鼓舞，习为声乐，浪费时间，消耗资产，足以毁掉天下（《公孟》）。他声称，正因为全国上下沉湎于轻歌曼舞，迷乱于感官享乐，他才不得已而为之，站出来非乐非命，批判礼乐文化的种种弊端（《鲁问》）。

荀： 此乃一家之言。礼乐文化，应以仁德为本，以人和为鹄的。舍此而求其末，耽于声色之乐，则有悖其原旨。墨子所见，可谓一叶障目，只知其一而不知其二。

华： 司马迁对墨子的记述非常简略，认为他老人家善于守城防御，提倡节约用度（善守御，为节用）。在墨子的《非乐》中，我发现他最关切的是广大贫民的基本生存条件，也就是他所说的衣食住等"民之三患"。在当时的现实生活中，制乐、作乐和观乐等活动，是少数人能够享受而多数人需要奉献的娱乐形式。那种撞巨钟、击鸣鼓、弹琴瑟、吹竽笙、扬干戚的歌舞表演，虽然会给人以视觉之美与听觉之乐，但却劳民伤财，废弛政务，贻误农时，影响生产，无助于解决老百姓的衣食住行等实际问题。因此，他提出严厉批评，建议废除乐舞，认为真正具有仁民之心的君子，要为天下众生排忧解难，不可只顾自己锦衣玉食、寻欢作乐。

荀： 故墨子蔽于用而不知文。我以为墨子之非乐，则使天下乱；墨子之节用，则使天下贫。

华： 您的意思是说，墨子过于注重实用，而忽略了礼乐文化的妙用。墨子废除礼乐教育，就会使人复归于野蛮粗野，导致社会秩序混乱；墨子一味提倡节约用度，而不让大家积极致富，正当消费，就会阻滞社会生产发展，导致国穷民贫。这听起来颇有道理，但他反对浪费奢侈之风也不错啊！

荀： 然也。但不可因噎废食，无视乐教之数用。

华： 照您所说，音乐教育的多重效用到底表现有哪些方面呢？

荀： 其一，乐本乎情。"夫乐者，乐也，人情之所必不免也。故人不能无乐，乐则必发于声音，形于动静。而人之道，声音、动静、性术之变尽是矣。故人不能无乐,乐则不能无形,形而不为道,则不能无乱。先王恶其乱也,故制《雅》《颂》之声以道之,使其声足以乐而不流,使其文足以辨而不息,使其曲直、繁省、廉肉、节奏足以感动人之善心,使夫邪污之气无由得接焉。是先王立乐之方也"。

华:荀老先生,我们最好还是与时俱进,用白话交谈吧,这样可以方便更多的读者。您这段话的意思是说:(由歌舞诗形成的)音乐(艺术),就是人的喜乐之情的表现,是人的感情生活所不可缺少的。所以,人不能没有音乐。人的喜乐之情,必然会流露在声音中,表现在动静上,而做人的道理、声音、动静和思想感情的变化,全都表现在音乐之中。所以,人不能没有音乐,有音乐就不能没有表现形式,有表现形式而不加以引导,就不能不发生(人心与社会秩序的)乱象。先代君王厌恶这种乱象,所以制作了雅乐、颂乐来引导人们,以便疏导他们的种种感情,设法使乐音足以表现欢快而不流于淫癖,使其节奏完全清晰而不滞塞,使其曲折平直繁简与刚柔的节奏足以感动人们的善心,使邪秽污浊之气无从接触感染人们,这就是先代君王制定乐制的原则。看来,"乐本乎情",不仅涉及音乐创生的本源问题,而且涉及音乐所表现的情感价值。除此之外,这段话似乎还表达了好几层意思,譬如,音乐对人的情感的疏导作用,对人的道德情操的教育作用,等等。

荀:对。这就是我所要说的第二点——乐导七情。我们知道,人通过礼乐教化,具有了人性、德性和理性,但人依然是感性的存在。七情六欲,在所难免。人们常说的喜怒哀乐惊恐悲之情,一旦发生,就不能不有所节制,否则就会伤害自己的身心乃至做出非理智的事情。但简单而硬性的节制,恐怕行不通,因此需要适当的疏导。而美好的音乐,会使人在自由的聆听中,发挥陶情冶性的作用,使人由狂喜而达怡然,由愤怒而达平和,由惊惧而达神安,由悲伤而达冷静,也就是让自己的情感在悦心悦意的流韵节奏中,不知不觉地得以宣泄或净化,合于"乐而不淫、哀而不伤"之度,达到中和为美的精神境界。

华:您所说的"乐导七情",实际上是讲音乐所表现出的心理价值。现在,由于工作压力和环境嘈杂等原因,人们感染上许多焦虑、失眠、郁闷、受挫、紧张等心理疾病。这些疾病若用一般药物治疗,不仅花费太大,而且副作用也大,有害身体。因此,不少人采用音乐疗法。针对自己的不同疾病,选择听取不同的音乐,这恐怕也是"乐导七情"在现代生活中的一种新用途吧!

荀: 这听起来有点儿新鲜。看来,你们现代人毛病多了,办法也就多了。我们古代也讲音乐疗法,但不是为了治病,而是为了善心,这就是我要说的第三点——乐善民心。在《乐论》篇中,我曾强调指出:音乐可以用来善化人心,而音乐本身对人的影响是异常深刻的,在感化人心方面是十分迅速的,在移风易俗方面是相当有效的。譬如,倾听伤感的音乐,就使人心意悲哀;沉迷靡靡之音,就使人心意淫荡;欣赏庄重的音乐,就使人心志振奋。因此,聆听什么音乐,这很重要。雅正的音乐在感化人的时候,正气就会应和,邪气就难入内;正气一旦形成风气,社会太平就会随之出现。所以,君子用乐审慎,时用钟鼓来引导心志,用琴瑟来陶冶性情,用盾斧之类的舞蹈来运动肢体,用野鸡毛、牦牛尾之类的舞具来修饰,用磬、管之类的乐器来调和节奏。因此,其音乐曲调或清脆明朗,可以比拟苍天;或广大深厚,可以比拟大地;伴随音乐的舞蹈动作,俯仰周旋,类似四季的变化。由此,人的心志得以纯洁,人的德行得以养成。如果人人耳聪目明、心平气和、德行合一,那么天下就会平安无事。

华: 您所讲的"乐善民心",也就是音乐对民众所产生的道德教化作用。其中除了上述"化人"功效之外,还有"制欲"的一面。

荀: 对。圣人喜欢音乐是为了提高道德修养,小人喜欢音乐是为了满足个人的欲念。因此,用音乐来善化民心时,需要注意用道德来制约欲念,以便使人们不因为欲念而忘乎道德,不因为伤心而拒绝欢乐,也不因为得到欢乐而迷情乱性。金石丝竹之声,在疏导人情与欢乐时,也制约欲念与引导德行。雅正之乐盛行,百姓就会趋向正道,这也是治理百姓的重要方面。

华: 运用音乐并且因循此道,就会使人与人之间的关系趋向和谐。是这样吗?

荀: 是。这也是我所讲的第四点——乐和人伦。譬如,当音乐在祖庙中奏响时,君臣上下共同聆听,其相互之间的关系就没有不谐和、不恭敬的(莫不和敬);在家庭中奏响时,父子兄弟共同聆听,其相互之间的关系就没有不谐和、不亲近的(莫不和亲);在乡里亲族中奏响时,老少妇幼共同聆听，其相互之间的关系就没有不谐和、不温顺的（莫不和顺）。所以，音调的和谐，节奏的呼应，配上合适的乐器，便可用来统率做人的道理，调整各种各样的变化，再加上礼法的范导与协助，就可以端正人的品行，使人群而有分、乐而不流。

华：通过音乐教育，君臣彼此和敬，父子兄弟彼此和亲，乡里亲族彼此和顺，这是得到世人称道的"乐教三和论"，我们可以将其视为音乐的社会作用。那么，音乐还有其他功效吗？

荀：当然有。譬如，乐以修身，就很重要。古乐可谓乐舞并重，借此来提高自身行为举止的修养，既有从内在精神感动自发的一面，也有从外在姿势训练的一面。在人们听到雅正的音乐时，心胸就会变得开阔起来；在拿起盾斧之类的武具去练习俯仰、屈伸之类的动作时，体态容貌就会变得庄重起来；符合节奏的列队与行军训练，队伍不仅整齐划一，进退也会从容得当。所以，通过乐舞的训练，对外可以征讨作战，对内可以使人相互礼让、彬彬有礼。可见，音乐作为天下最整齐划一的艺术表现形式，对人的身心可产生直接的影响，可使人的性情符合礼法要求。

华：如此说来，音乐具有内外双修的功能，我们可以称它为一种特殊的教育作用。就我所知，"尽善尽美"的《韶》乐，属于和平之乐，可以用来修炼平和沉静的心境。尽美而非尽善的《武》乐，属于战争之乐，可用来训练体态姿势、作战技术并鼓舞士气。

荀：此言不差。最后，还有一点，那就是乐以安邦。一般说来，音乐中正平和，百姓就会受到积极的影响，彼此和谐而不淫邪；音乐庄严端正，百姓就心齐而不混乱。百姓和谐心齐，凝聚力就高，战斗力就强，城防就坚固，敌国就不敢侵犯，国家就会安宁，人民就会安居乐业。倘若音乐妖冶而险恶，百姓就会受到负面的影响，变得淫邪散漫而卑鄙低贱；进而会导致混乱与争斗，结果使得士气低落，兵力衰弱，城池遭到破坏，敌国趁机来犯。这样，国家就会灭亡，人民无法安居。因此，为了国泰民安，就必须禁绝淫邪之音，倡导雅正之乐。

华：您所说的"乐以安邦"，可以视为音乐特有的政治效应。不过，与音乐的上述六种作用相比，这种政治效应听起来有些夸大其词。譬如盛唐时期，各种音乐并存，甚至连来自波斯等国的胡乐胡舞都十分盛行，但并未影响当时的盛世气象。

　　荀：凡事总有例外。但是，淫邪之音的消极影响不可否认。

　　华：那是。只有健康的音乐，才会成就健康的人格。孔子所言的"成于乐"，理应包含此义。

　　荀：所见略同。

　　华：谢谢！

附录5　最后一次交谈[1]
——追忆李泽厚先生

惊悉李泽厚先生溘然长逝，我与各位同人一样深感突然与悲痛。近几年来，我和李先生有一约定，那就是在每年元月用手机长谈一次（一般70分钟左右）。李先生只谈学术，不扯闲篇，这是他多年的习惯，也是我期待的主因。

我们的最后一次交谈，是在2021年元月。我原本计划2022年元月再与李先生联系，准备向他请教几个问题并汇报相关著述的进展。如今，这类交谈只能在天上与地下的梦境或神交中进行了，思来委实令人伤感和追念不已。

我们最后一次交谈主要涉及三件事。第一件事是李先生对于《伦理学新说述要》（2019年）一书颇为重视，其中对伦理与道德的划分，实属国内外学界首次尝试，关乎由外而内的发展与转化过程。故此，李先生建议我用英文撰写一篇分析文章，将其推介给世界哲学界。在我调入中国社会科学院哲学所美学研究室之后，他曾郑重地建议我多参加国际学术会议，少参加国内各种会议，多用英文写作，在国外发表后再让学生翻译成中文出版。因为，他发现国外对中国思想文化了解甚少，认为国内有条件的学者理应担负一定责任，设法让更多的西方读者了解中国的思想文化。这当然需要长期的努力和推广，但不能推脱或回避。

我遵嘱而行。千禧年以来，我每年至少应邀参加两次国际学术会议，每次按照国外会议论文筛选程序撰写论文，近二十年来积累了四十余篇，先后在国内外英文杂志或论集中刊出。在2008年北京奥运会与2010年上海世博会举办之前，为了满足来华外国读者的需要，有两家出版社

---

[1]　此文写于2021年11月6日。

找我筛选发表过的部分英文论文，将其分别汇编为《中华文化特质》《中国诗学精神》与《中国人的思维》三书出版。李先生得知后，拨冗为《中国人的思维》撰写序言（其英文版由我翻译，请李先生审定），随后聚餐时不吝鼓励与肯定。

最后一次交谈的第二件事，涉及先生推荐我撰写的一篇稿件。2018年国外学者 Ghilardi 和 Moeller 组织 The Bloomsbury Research Handbook of Chinese Aesthetics and Philosophy of Art（《布卢姆斯伯里中国美学和艺术哲学研究手册》）一书，特邀李先生撰写一章。先生因年事已高，推荐我完成此事。2019年我交稿时，近乎四万字，未料篇幅过长，按规定只要一万余字。我按要求将其压缩后交稿，继而将其余部分加以扩充，用一年时间撰写了 Beauty and Human Existence in Chinese Philosophy（《中国哲学中的美与人生》）一书。该书稿写讫后，我想请先生就相关内容提提意见，以便在修改清样时做些必要补充。先生闻知后，说自己年老眼花，无法阅稿，让我讲讲就行。我就从儒家中和为美、道家自然为美、墨家功用为美与禅宗空灵为美的基本原理讲起，随后说明如何从礼乐与诗画等艺术角度进行论证，最后以老先生的审美形而上学话题作为末章，借此引出他所论的以美启真、以美储善与以美立命等命题，以便组成"温故知新"的追溯理路和阐述结构。先生的回答很爽快，他让我放手去写，只要言之有据、言之成理，不必拘泥于现有的其他论说（包括他自己所论在内）。

今年9月，此书由 Palgrave Macmillan 出版社付梓发行海外。我原计划待到新年元月时向先生汇报此事。如今先生辞世，再也没有这种可能了。值得一提的是，在此书的原稿"谢词"里，我特意这样注明："我首先谨向李泽厚教授表示衷心感谢，感谢他多年来鼓励我多用英文著述中国思想与美学，以期促进跨文化交流与全球性理解（I would first of all like to extend my heartfelt gratitude to Professor Li Zehou who has been encouraging me to write more in English about Chinese thoughts and aesthetics for the sake of intercultural communication and global understanding.）。"

最后一次交谈的第三件事，涉及李先生有关"如何活"、人性能力与审美形而上学等论述的一篇英文论稿。在2020年元月我与先生的交谈中，曾谈过相关问题。为了避免长途话音失真和力求准确，我们特意用微信书面交流，下面我会附上当时的交谈内容。2021年元月的交谈，我只是告知李先生这篇题为 "A New Alternative to the How-to-live Concern"（《"如何活"难题新解》）的文稿，在投给《中西哲学杂志》后已经通过盲审，主编来函要求压缩后刊发。我询问李先生是否需要看看稿子，他说不看了，因为相关问题先前已经有过交流。这里仅将 2020 年元月 28—30 日的微信交流内容转录如下：

王柯平：李老师，这段时间我在修改一篇文章，其基本结构包括三部分：(1) About the how-to-live concern, (2) The structure of human capacity, (3) Beyond aesthetic engagement。因西双版纳居所没有所需资料，有关您所论的主体性问题，遇到疑惑，请您拨冗指教。您在《批判哲学》修订版 429 页有一脚注里表明：人类学本体论与主体性在《康德哲学与建立本体性论纲》一文中基本通用……其共同点在于强调人类的超生物种族的存在，力量与结构。主体性侧重主体的知情意的心理结构方面，人性能力的提升也强调主体的知情意的（文化）心理结构方面。

从审美维度看（见《人性与审美》），人性能力的全面成长，既是人性的完满实现，也是人的主体性的完满实现，而后者内涵审美超越性的特征。这是否可以说，人的主体性的理想状态，(1) 是人之为人的全面生成结果（human subjectality as the outcome of the whole becoming of human as human）？(2) 是人性能力所能达到的顶端（Human subjectality is the acme of human capacity）？(3) 同时也是人类（特别是人类个体）实现其超生物种族之存在，力量和结构的体现？(4) 审美形而上学不仅是助人立世（建立以美的秩序为参照的世界和宇宙观），而且是助人完善（下学上达至与天地参）？

李泽厚：刚才又看了一遍你提的问题，我的回答是 Yes。

王柯平：此文篇幅限制，我日后会进一步研究，专写一文。用对比的方法来写，需要在您和康德的哲学系统中展开，这样便于呈现二者的品性异同与解决问题的导向。

李泽厚：不是在我与康德之间展开，而是在与当代西方哲学中展开，如与 Habermas、Heidergger、后现代主义诸名家以及 O. E. Wilson 等社会生物学派之间的对立等等，以展示具有悠久传统的当代中国哲学的特色和对当今世界的普遍意义。不多说了，供你参考而已。

王柯平：好的，明白。再回到昨天所读的访谈。您提到和谐涉及理性，但无人追问，也未能展开。原本您是将基于情感的和谐与基于理性的公正有意对开，借此补正西方当代工具理性的偏颇。这次将理性纳入和谐的概念内涵，我因循您的思路，初步理解如下：和谐的根源发自情本体，其目的是平衡关系主义，这在运作中需要权衡利弊或趋利避害，追求合情合理的最大公约数，这自然就有儒家式的实用理性参与。因此，在尝试落实和谐的过程中，所涉及的情理结构之中的情感性与合理性，是否可理解为情感的合理性，合理的情感性。如果说成情感的理性化，理性的情感化，那就有过之而无不及了。

关于天道一说，牟宗三层讲天道为范型而下贯，人道经下学而上达。将天道如此玄设，似有故作神秘的天人互动或感应的用意。这与宋明理学有关，也与董仲舒有关。若与横渠四句相比，远不及后者来得铿锵有力，实事求是。

关于一个世界说，若联系您所讲的乐感文化传统精神，如何活的现实理路，审美形而上学与行动辩证法的目的性追求，颇能理解。孔子与朱熹论祭祀活动，隐含另一个神灵界，但此神灵界是为现世界设立的，是祖先信仰的体现。荀子的三本说包含此意。福建乡下的祭祖，先放爆竹，驱邪并唤醒祖灵，再放音乐，迎请祖灵，后摆桌上菜，款待祖先，一起用餐，借此以示孝道，表达情感，教诲后人，其亲和力胜过远在天国的三位一体信仰。前者实则将神灵界与现世界链接在一起。

李泽厚：具体的和谐各有其不同的情理结构。后二则我无异议。驱邪祭祖保安康，正是一个世界也。所以英文中没有的"情理结构"一词很重要，既非情感的理性化，也非理性的情感化，而是情感与理性有多种不同比例、次序、方式的结构体。有待未来的神经科学作具体研究，哲学只能提出这一方向而已。

迄今，专论李泽厚哲学思想的英文文章，我仅写过三篇，即："Li Zehou's View of Pragmatic Reason"（《李泽厚的实用理性观》，刊于 Roger Ames & Jinhua Zhang ed.s, *Li Zehou and Confucian Philosophy*, Hawaii：University of Hawaii Press, 2018），"Behind Harmony and Justice"（《在和谐与公正的背后》，刊于 *Asian Studies*,

2019/1），与"A New Alternative to the How-to-live Concern"（《"如何活"难题新解》，刊于 *Philosophy East and West*, 2022/1）。今年初在与李先生的最后一次交谈中，我承诺撰写的那篇伦理学文章，至今只有提纲而未成文，主要是其他稿约在先和身体欠佳所致。不过，待在我休整恢复后，定会回到这项任务上来，尽力写好李先生托付和看重的这篇伦理学新说文章。交往多年，我深知李先生在学术上一生求真务实，向来厌恶花拳绣腿。这一点很值得我们后辈学人一起守护和践行，以此来告慰先生的在天之灵。阿门！

附录6　李泽厚先生谈学琐忆[1]

2021年11月2日,李泽厚先生停止了思想。这位思想家,倾其一生精力,究于天人之际,自成一家之言;其为学运思,或从华夏远古到当代,或从西哲康德到马克思,或从美学到哲学,或从思想史到伦理学,晚年以春秋笔法,将所思精要浓缩在《人类学历史本体论》(2016)与《伦理学纲要续篇》(2017)等论作之中。

清明时节将至,追忆过往二十余年里与李先生的多次交谈与聚餐,许多旧忆历历在目,自自然然,相关感应令我惊讶不已。在如此鲜活的记忆链条中,这里仅举几个细微片段,略记李先生谈学时的少许感言与启示。

一、读书卡片

千禧年初始,我们去王府井东厂寓所拜访李先生。在他的书斋里,我看到墙上挂着一副对联,出自冯友兰先生手笔。书体略显朴拙,内容极为精要。上联为"刚日读经,柔日读史",下联是"西学为体,中学为用"。显然,这是对李先生为学立论的概括与褒奖。出于讨教与好奇,我曾询问李先生早年读经读史时,如何处理相关要点的筛选与记忆问题。李先生告知我,他通常读思并进,做过许多卡片,以备著述时参考。

这一细节令我深感意外和惊奇,原以为李先生天分非常,不会用此方法。我自己则不然,早先在老家陕西长安(今西安长安区)读书时,是用大笔记本摘录自以为妙为要的文句或片段。后来到北京读书,开始从西单成文厚商店购买卡片做读书笔记。我坦承自己缺乏博闻强记之能,只能

---

[1] 2022年清明节前写讫于澜沧江畔寓中。

借此补拙于万一。李先生闻之一笑说，读书卡片在过去是常用之法，以往博闻强记者享有较大优势。现如今电脑普及后，这一优势就越来越小了。在日后我看到的有关采访中，李先生数次言及自己早年在北京大学读书的情景。他也曾亲口说过，自己当学生时使用过任继愈老师的借书证，先后从图书馆借来诸多典藏，在独处一统的阁楼宿舍里带病研读和写作。我自己推想，在他所作的那些阅读卡片中，其中不少或许是在那时完成的。

二、"货比三家"

在西学领域，李先生所著《批判哲学的批判》，是国内康德哲学研究的一部重要著作，其中对"主体性"（subjectality 而非 subjectivity）的论述，可谓转换性创造的范例之一。谈及治学之道，李先生力主在细读原作的基础上，要参考相关的经典研究文献，也就是认真解析知名专家撰写的代表著作及其阐释理路。在这方面，至少要选择阅读三家以上的名著，由此便可进行相互比照和二次反思。

我想其中的道理，类似于"货比三家"这句中国老话所言。不过，这等事说起来容易，做起来甚难。首先是选本的眼光，这取决于自身的学养和治学的目的。其次是解析的能力，这涉及不同的语言和运思的水平。在康德哲学研究领域，李先生晚年还抽时间借阅 Paul Guyer 的康德三大批判英译本和相关研究原作。这让我联想到国外老一辈古典学者 Tom Robinson 的经验。他告知我说，他晚年重读柏拉图的对话集，总能欣然获得原先未曾有过的感悟和觉解。上述情况在很大程度上印证了"学者学其乐，乐者乐其学"的宋儒格言。

三、自设结构

在李先生的同辈学者中，有数位人杰学贯中西、声名远播。他们当年在干校劳动期间，孜孜不倦为学，甚至用阅读伟人选著英译本之名，遮掩研习康德著作英译本之实。有一位德高望重的老先生告知我，他同李氏在干校期间交往甚密，都喜欢偷阅康德著作并时常交谈体会。他发现李氏读书的特点是一次就能抓住要点。数年前，在王府井烤鸭店与李先生聚餐交谈时，我将此言转述给李先生，并特意请教其中的秘诀。李先生告知我：他自己设定了一种结构，但凡阅读其他哲学家的著作，他会对照自设结构，采纳其中要旨，以便作为补充。

按照我的理解，李先生所说的"结构"，实则是他自己的思想结构或思想体系。虽然他本人很少专论"横渠四句"，但我总觉得他是一位有历史担当和使命感的思想家。当他数次谈及哲学旨在研究人类命运的界说时，当他数次宣称自己从事思想研究是为全人类工作时，我就更为深切地感受到他的使命所系与哲学追求。有鉴于此，他参照自设结构来审视其他哲学家的思想，就能很快抓住其中要旨精义。这一敏悟能力，实则是其"六经注我"的方法使然。

孔子曾言："学而不思则罔，思而不学则殆。"这实际上是在劝诫为学者以思促学、以学养思。在这方面，李泽厚先生勤而行之，踔厉不怠，堪称典范，因此也成就了他留给后世的一家之言。

主要参考文献

外文文献

Adorno, T. W., *Aesthetic Theory*, trans. C. Lenhardt, London et al: Routledge & Kegan Paul, 1984.

Adorno, T. W., *Aesthetic Theory,* trans. Robert Hullot-Kentor, Minneapolis: University of Minnesota Press, 2002.

Allen, Barry, *Truth in Philosophy,* Cambridge, MASS.: Harvard University Press, 1993.

Aristotle, *The Poetics*, in S. H. Butcher, *Aristotle's Theory of Poetry and Fine Art: with a Critical Text and Translation of The Poetics*, London: MacMillan, 1911.

Aristotle, *Metaphysics,* trans. Richard Hope. New York: Columbia University Press, 1952.

Aristotle, *Politics*, Oxford: Oxford University Press, 1950.

Armstrong, A. H. (ed.), *Cambridge History of Later Greek and Early Medieval Philosophy*, Cambridge: Cambridge University Press, 1967.

Armstrong, John M., "After the Ascent: Plato on Becoming like God," in *Oxford Studies in Ancient Philosophy*, 26(2004).

Bargeliotes, L. C. et al (eds.), *Religion, Politics and Suffering: Intercultural Dimensions and Challenges for Philosophy*, Hellas: Ennoia Books, 2004.

Barnes, Jonathan et al (eds.), *Articles on Aristotle: Psychology and Aesthetics*. London: Duckworth, 2003.

Barnes, J., "Rhetoric and poetics," in J. Barnes (ed.), *The Cambridge Companion to Aristotle,* Cambridge Cambridge University Press,1999.

Beardsley, Monroe C., "Aesthetic Welfare, Aesthetic Justice, and Educational Policy," in *Journal of Aesthetic Education* 7, no. 4 (October 1973): pp.49-61; reprinted in Ralph A. Smith and Berman, Ronald (eds.), *Public Policy and the Aesthetic Interest*, Urbana: University of Illinois Press, 1992.

Beardsley, Monroe C., *The Aesthetic Point of View: Selected Essays,* eds. Michael S. Wreen and

Donald M. Callen, Ithaca: Cornell University Press, 1982.

Bobonich, Christopher (ed.), *Plato's Laws: A Critical Guide*. Cambridge: Cambridge University Press, 2010.

Bowra, C. M., *Primitive Song*. New York: The World Publishing Company, 1962.

Burnet, John, *Early Greek Philosophy*, New York: Meridian Books, 1964.

Butcher, S. H. *Aristotle's Theory of Poetry and Fine Art*. New York: Dover Publications, 1951.

Collingwood, R. G., *The Idea of Nature*, Oxford: Oxford University Press, 1945.

Cornford, F. M., *From Religion to Philosophy*. New York: Harper Torchbooks, 1957.

Cornford, F. M., *The Unwritten Philosophy and Other Essays*. Cambridge: Cambridge University Press, 1950.

Crotty, Kevin, *The Philosopher's Song: The Poets' Influence on Plato*. Lanham et al: Lexington Books, 2011.

Doreen G. Innes, "Horace," in "Augustan Critics," cf. George A. Kennedy (ed.), *Classical Criticism*, in *The Cambridge History of Literary Criticism*, vol. I, pp. 254-267.

Demetrius, *Peri hermeneias (On Style)*, ed. Ludwig Radermarcher, Leipzig, 1901; rpt. Stuttgart, 1967.

Dewey, John, *Art as Experience*, New York: Minton, Balch & Company, 1934.

Diels, and Kranz (eds.), *Die Fragmente der Vorsokkratiker*, 6th ed. 3 vols., Zurich, 1951-2; rpt. 1966.

Dover, J. K., "Aristophanes' Speech in Plato's *Symposium*," in *Journal of Hellenic Studies* No. 86, 1966.

Else, G. F., *Aristotle's Poetics: The Argument*, Cambridge, Mass.: Harvard University Press, 1957.

Gentili, Bruno. *Poetry and Its Public in Ancient Greece*, trans. Thomas Cole, Baltimore: The John Hopkins University Press, 1990.

Gonzalez, Francisco J. (ed.), *The Third Way: New Directions in Platonic Studies*, Maryland: Rowman & Littlefield Publishers, 1995.

Guthrie, W. K. C., "Memoir," *The Unwritten Philosophy and Other Essays*. Ed. F. M. Cornford. Cambridge: Cambridge University Press, 1950.

Halliwell, Stephen, *Aristotle's Poetics*, Chapel Hill: University of North Carolina Press, 1986.

Heraclitus, *Allegoriae Homericae*, ed. Félix Buffière, Paris, 1962.

Herausgegeben von Martin Vöhler und Bernd Seidensticker (eds.), *Katharsiskonzeptionen vor Aristoteles: Zum kulturellen Hintergrund des Tragödiensatzes*. Berlin: Walter de Gruyter, 2007.

Horace, *The Epistles and Ars Poetica of Horace: With Short English Notes for the Use of School*, Oxford: James Parker and Co., 1877.

Jaspers, Karl, *The Origin and Goal of History*, trans. Michael Bullock, London: Routledge & Kegan Paul, 1953.

Kennedy, George A. (ed.), *Classical Criticism*, vol. 1 in *The Cambridge History of Literary Criticism*, Cambridge: Cambridge University Press, 1989, digital printing, 2003.

Kenny, Anthony, *A Path from Rome*, Oxford: Oxford University Press, 1986.

Kenny, Anthony, *Ancient Philosophy*, Oxford: Clarendon Press, 2004.

Hamilton, Edith, *The Greek Way*, New York: W. W. Norton, 1942.

Liddell, Henry G. & Scott, Robert (eds.), *A Greek-English Lexicon*. Oxford: Clarendon Press, 1961.

Lucas, D. W., *Aristotle: Poetics*, Oxford: Clarendon, Press, 1968, rep.1980.

Lucas, F. L., *Tragedy: Serious Drama in Relation to Aristotle's Poetics*, London: The Hogarth Press, 1857.

Longinus, *On the Sublime*, trans. H. L. Havel, London: Macmillan, 1890.

Kant, Immanuel, *Critique of the Power of Judgment*, trans. Paul Guyer & Eric Matthews, Cambridge: Cambridge University Press, 2000.

Kohanski, Alexander S., *The Greek Mode of Thought in Western Philosophy*, Rutherford: Associated University Presses, 1984.

Marcuse, Herbert, *Eros and Civilization*, Boston: Beacon Press, 1966.

Morgan, Kathryn, *Myth and Philosophy from the Presocratics to Plato*, Cambridge: Cambridge University Press, 2000.

Nietzsche, F., *La naissance de la tragéédie*, traduit M. Haar et al, Paris: Gallimard, 1977.

Partenie, Catalin (ed.), *Plato's Myths*. Oxford: Oxford University Press, 2008.

Parry, Richard D., *Plato's Craft of Justice*, New York: State University of New York Press, 1996.

Plato, *Laws*, trans. R. G. Bury, Cambridge and London: Harvard University Press, 1994.

Plato, *The Laws*, trans. Trevor J. Saunders, London: Penguin Books, 1975.

Plato, *Republic*, trans. Paul Shorey, Cambridge and London: Harvard University Press, 1994.

Plato, *Statesman*, trans. Harold N. Fowler, London: William Heinemann, 1925.

Plato, *Philebus*, trans. Harold N. Fowler, London: William Heinemann, 1925.

Plato, *Ion*, trans. W. R. M. Lamb, London: William Heinemann, 1925.

Plato, *Sophist*, trans. Harold N. Fowler, London: William Heinemann, 1925.

Plato, *Symposium*, trans. W. R. M. Lamb, Harvard University Press, 1996.

Plato, *Complete Works* (ed. John M. Cooper), Indianapolis and Cambridge: Hackett Publishing Company, 1997.

Plato. *Phaedo,* trans. Harold N. Fowler. London & Cambridge, Mass.: Harvard University Press, 1999.

Plato. *Phaedrus,* trans. Harold N. Fowler. London & Cambridge, Mass.: Harvard University Press, 1999.

Plotinus, *The Enneads,* trans. Stephen MacKenna, London: Penguin Books, 1991.

Porphyry of Tyre, *On the Cave of the Nymphs,* ed. and tr. Classic Seminar 609, Arethusa, Monograph 1 (Buffalo, 1969), sect. 2; also see other versions ed. with commentary by L. Simonini, Milan, 1986, trans. Robert Lamberton, Barrytown, New York, 1983.

Read, Herbert, *The Redemption of the Robot: My Encounter with Education through Art,* New York: Simon and Schuster, 1966.

Russell, Daniel, *Plato on Pleasure and the Good Life,* Oxford: Clarendon Press, 2005.

Santas, Gerasimos, *Goodness and Justice: Plato, Aristotle and the Moderns,* Oxford: Blackwell Publishers, 2001.

Schiller, Friedrich, *On the Aesthetic Education of Man,* trans. Elizabeth M. Wilkinson & L. A. Willoughby, Oxford: The Clarendon Press, 1967.

Smith, R. A., *Excellence in Art Education,* Reston: National Art Education Association, 1987.

Stewart, John A., *The Myths of Plato,* London: Macmillan, 1905.

Tawney, R. H., *The Acquisitive Society,* New York: Harcourt, Brace and World, 1958.

Osborne, Harold, *The Art of Appreciation,* London et al: Oxford University Press, 1970.

Vazquez, Adolfo S., *Art and Society,* London: Merlin Press, 1973.

Veeser, H. Aram (ed.), *The New Historicism.* (New York/London: Routledge, 1989.

Wilamowitz, *History of Classical Scholarship,* trans. by Alan Harris, Baltimore: The John Hopkins University Press, 1982.

中文文献

阿多诺:《美学理论》(修订译本),王柯平译,上海:上海人民出版社,2020年。

奥斯本:《鉴赏的艺术》,王柯平等译,成都:四川人民出版社,2006年。

奥古斯丁:《忏悔录》,周士良译,北京:商务印书馆,1987年。

柏拉图:《理想国》,郭斌和、张竹明译,北京:商务印书馆,1995年。

柏拉图:《柏拉图文艺对话集》,朱光潜译,北京:人民文学出版社,1980年。

布克哈特:《世界历史沉思录》,金寿福译,北京:北京大学出版社,2007年。

布克哈特:《希腊人和希腊文明》,王大庆译,上海:上海人民出版社,2008年。

布克哈特：《意大利文艺复兴时期的文化》，何新译，北京：商务印书馆，1986 年。

布里松：《柏拉图的神话观》，卓新贤译，张文涛选编：《神话诗人柏拉图》，北京：华夏出版社，2010 年。

陈康：《陈康：论希腊哲学》，汪子嵩、王太庆编，北京：商务印书馆，1990 年。

常培杰：《拯救表象——阿多诺艺术批评观念研究》，北京：人民出版社，2020 年。

芬利主编：《希腊的遗产》，张强等译，上海：上海人民出版社，2004 年。

斐奇诺：《论柏拉图式的爱——柏拉图〈会饮〉义疏》，梁中和、李旸译，上海：华东师范大学出版社，2012 年。

弗兰克：《浪漫派的将来之神——新神话学讲稿》，李双志译，上海：华东师范大学出版社，2011 年。

赫西俄德：《工作与时日　神谱》，张竹明、蒋平译，北京：商务印书馆，1999 年。

吉尔伯特·默雷：《古希腊文学史》，孙席珍等译，上海：上海译文出版社，2007 年。

克雷默主编：《世界古代神话》，魏庆征译，北京：华夏出版社，1989 年。

克罗齐：《历史学的理论和历史》，田时纲译，北京：中国人民大学出版社，2012 年。

克罗齐：《作为思想和行动的历史》，田时纲译，北京：商务印书馆，2017 年。

肯尼：《牛津西方哲学史（第一卷）：古代哲学》，王柯平译，长春：吉林出版集团有限公司，2010 年。

李泽厚：《美学四讲》，北京：生活、读书、新知三联书店，1989 年。

列维、史密斯：《艺术教育：批评的必要性》，王柯平译，成都：四川人民出版社，1998 年。

罗森：《柏拉图的〈会饮〉》，杨俊杰译，上海：华东师范大学出版社，2011 年。

马特：《论柏拉图》，张竝译，上海：华东师范大学出版社，2008 年。

马丁·杰：《法兰克福学派的宗师——阿道尔诺》，胡湘译，长沙：湖南人民出版社，1988 年。

梅洛-庞蒂：《知觉现象学》，姜志辉译，北京：商务印书馆，2001 年。

默里：《早期希腊》，晏绍祥译，上海：上海人民出版社，2008 年。

尼采：《悲剧的诞生》，周国平译，北京：生活·读书·新知三联书店，1986 年。

让-弗朗索瓦·马特：《论柏拉图》，张竝译，上海：华东师范大学出版社，2008 年。

塞涅卡：《论幸福生活》，覃学岚译，南京：学林出版社，2015 年。

舍勒肯斯：《美学与道德》，王柯平等译，成都：四川人民出版社，2010 年。

施米特：《现代与柏拉图》，郑辟瑞、朱清华译，上海：上海书店出版社，2009 年。

史密斯：《艺术感觉与美育》，滕守尧译，成都：四川人民出版社，2000 年。

王焕生：《古罗马文学史》，北京：人民文学出版社，2006 年。

王柯平：《柏拉图的城邦净化说》，《世界哲学》2012 年第 2 期。

王柯平：《〈理想国〉的诗学研究（修订版）》，北京：北京大学出版社，2014 年。

王柯平：《〈法礼篇〉的道德诗学》，北京：北京大学出版社，2015 年。

汪流等编：《艺术特征论》，北京：文化艺术出版社，1984 年。

维尔南：《希腊人的神话和思想》，黄艳红译，北京：中国人民大学出版社，2007 年。

维拉莫威兹：《古典学的历史》，陈恒译，北京：生活・读书・新知三联书店，2008 年。

文德尔班：《古代哲学史》，詹文杰译，上海：上海三联书店，2009 年。

温克尔曼：《希腊人的艺术》，邵大箴译，桂林：广西师范大学出版社，2001 年。

西塞罗：《论神性》，石敏敏译，北京：商务印书馆，2012 年。

亚里士多德：《尼各马科伦理学》，苗力田译，北京：中国人民大学出版社，1997 年。

亚里士多德：《诗学》，陈中梅译，北京：商务印书馆，1999 年。

姚淦铭、王燕编：《王国维文集》第 1—4 卷，北京：中国文史出版社，1997 年。

叶嘉莹：《王国维及其文学批评》，石家庄：河北教育出版社，1997 年。

朱光潜：《西方美学史》，北京：人民文学出版社，1964 年。

朱光潜：《悲剧心理学》，张隆溪译，北京：人民文学出版社，1985 年。